Herausgeber: Dr. H. Christ · Dr. F. Lammert · Dr. K. H. Schneider

Kriemhild Elias
Dr. Karl Heinrich Schneider
Mitarbeit: Gisela Anger, Dr. Harry Christ

Fachschule
für
Wirtschaft

HANDLUNGSFELD KOMMUNIKATION

2. Auflage

Stam 1672

www.stam.de

Stam Verlag
Fuggerstraße 7 · 51149 Köln

ISBN 3-8237-**1672**-7

© Copyright 1999: Verlag H. Stam GmbH · Köln
Das Werk und seine Teile sind urheberrechtlich geschützt. Jede Verwertung in anderen als den gesetzlich zugelassenen Fällen bedarf deshalb der vorherigen schriftlichen Einwilligung des Verlages.

In den letzten Jahren hat sich ein erheblicher Wandel im Berufsleben gezeigt. Lebenslanges Lernen ist heute eine Grundvoraussetzung für die Entwicklung einer humanen Industriegesellschaft. Neben der beruflichen Erstausbildung gewinnt daher zunehmend die berufliche Weiterbildung an Bedeutung.

Vorwort zur Fachbuchreihe

Die Fachschulen für Wirtschaft, die seit Jahren die fachliche Weiterqualifizierung der Kaufleute fördern, haben ein **neues Konzept** entwickelt, das nicht nur dem wachsenden Weiterbildungsbedarf gerecht wird, sondern auch auf die Veränderungen im gesamten Bildungs- und Beschäftigungssystem reagiert.

Entsprechend den geänderten curricularen Zielsetzungen bringt der Verlag für den Bereich der Wirtschaftsfachschulen erstmalig eine **Lehrbuchreihe** heraus, die eine **erwachsenengerechte Didaktik und Methodik** berücksichtigt und den **praxisbezogenen Fall zur Grundlage der Erörterung** macht. Ziel der Unterrichtsreihe ist die Vermittlung beruflicher Handlungskompetenz, d.h., die Fähigkeit und Bereitschaft, in beruflichen und außerberuflichen Situationen problemorientiert und sachgerecht, durchdacht sowie in gesellschaftlicher Verantwortung zu handeln.

Aus diesem Verständnis heraus wurde die Buchreihe so aufbereitet, dass betriebliche Handlungsfelder inhaltlich relevante und problemhaltige Lernsituationen schaffen und darauf bezogene theoretische Kenntnisse vermitteln. Die Studierenden können ihr vorhandenes Wissen auf eine neue Situation übertragen und so in einem aktiven Lernprozess ihre bisherigen Erfahrungen erweitern und neu strukturieren.

Die Herausgeber

Das vorliegende Buch umfasst die aktuellen kommunikationspraktischen Inhalte, wie sie in der betrieblichen Arbeit von Praktikern der Kommunikation sowie in Schule und Weiterbildung benötigt werden. Die zwei grundlegenden Handlungsfelder, nämlich mündliche und schriftliche Kommunikation, werden insgesamt in 11 Kapiteln dargelegt. In der Regel führen Situationen in die jeweiligen Gebiete ein. Beispiele und eine Fülle praktischer Aufgaben sollen dazu beitragen, das Kommunikationsgeschehen zu verstehen und Kommunikationskompetenz zu entwickeln, zu erweitern und zu vertiefen.

Vorwort zum vorliegenden Buch

Fachliche und didaktisch-methodische Anregungen werden dankbar entgegengenommen.

Die Autoren

Kommunikation – Eine allgemeine Betrachtung vorweg 9

1	**Grundlagen des Kommunikationsgeschehens**	**13**
1.1	Kommunikationsmittel und Kommunikationsverlauf	14
1.1.1	Kommunikationsmittel	14
1.1.2	Kommunikationsverlauf	18
1.2	Das „Vier-Seiten-Kommunikationsmodell" nach Schulz von Thun . . .	19
1.2.1	Sachaussage	21
1.2.2	Selbstaussage	21
1.2.3	Beziehungsaussage	23
1.2.4	Appellaussage	23
1.3	Grundregeln für Verschlüsselung und Entschlüsselung	
	von Nachrichten	24
1.3.1	Die Verschlüsselung von Nachrichten (Codierung)	25
1.3.2	Die Entschlüsselung von Nachrichten (Decodierung)	28
1.4	Die fünf Grundsätze der Kommunikation von Watzlawick	33
1.5	Das Kommunikationsmodell der Transaktionsanalyse nach Berne . . .	38
1.5.1	Die Persönlichkeitsstruktur	38
1.5.2	Differenzierungen	42
1.5.3	Parallele, gekreuzte und verdeckte Transaktionen	42
1.5.4	Das Egogramm	43
1.5.5	Personenspezifisches Verhalten	44
1.6	Einflussfaktoren in der Kommunikation	46
1.6.1	Motivation	47
1.6.2	Selbstwert	49
1.6.3	Verhaltensstil	50
1.6.4	Situativer Hintergrund	52
1.6.5	Rahmenbedingungen	52
2	**Gesprächstechniken als Verständigungshilfen der**	
	mündlichen Kommunikation	**57**
2.1	Feedback	59
2.1.1	Die Aussagebereiche des Feedbacks	60
2.1.2	Das Drei-Stufen-Feedback	61
2.2	Aktives Zuhören	65
2.2.1	Zuhören oder aktiv zuhören?	65
2.2.2	Zuhörerreaktion „Türöffner"	67
2.2.3	Kommunikationsstörer	68
2.3	Ich-Botschaften	71
2.4	Fragetechniken	73
2.5	Meta-Kommunikation	76

3 Stress und Stressbewältigung 81

3.1	Stress, Stressoren und Auswirkungen von Stress	81
3.1.1	Begriffliche Klärungen	81
3.1.2	Stressoren	81
3.1.3	Arten von Stressoren	82
3.1.4	Personenbezogene Stressanalyse	83
3.1.5	Die Auswirkungen von Stress	86
3.2	Stressprävention	87
3.3	Bewältigung von Disstress	88
3.3.1	Das Individuum betreffende Maßnahmen	88
3.3.2	Maßnahmen der Institutionen	89
3.4	Empfehlungen für den persönlichen Umgang mit Stress	90

4 Das Gespräch als dialogische Kommunikation 94

4.1	Das Mitarbeitergespräch	94
4.1.1	Gesprächsvorbereitung	95
4.1.2	Eröffnungsphase	95
4.1.3	Informationsaustausch	96
4.1.4	Verhandlungs- und Vereinbarungsphase	97
4.1.5	Abschlussphase	97
4.1.6	Gesprächsnachbereitung	97
4.2	Das Kritikgespräch	98
4.2.1	Die Zielkonzeption	99
4.2.2	Die Gestaltung des Kritikgesprächs	99
4.2.3	Der Abschluss	101
4.3	Das Konfliktgespräch	102
4.3.1	Konflikte und ihre Ursachen	102
4.3.2	Konflikte und ihre Stufen	103
4.3.3	Konfliktlösungsstrategien	103
4.3.4	Planung der Gesprächsinhalte und des Gesprächsverlaufs	104
4.4	Das Zielvereinbarungsgespräch	105
4.4.1	Zielkonzeption und Zielformulierung	106
4.4.2	Der Ablauf des Zielvereinbarungsgesprächs	107
4.5	Das Vorstellungsgespräch	108
4.5.1	Das Vorstellungsgespräch aus der Sicht des Einstellenden	108
4.5.2	Das Vorstellungsgespräch aus der Sicht des Bewerbers	111
4.6	Das Telefongespräch	113
4.6.1	Die Sprache am Telefon	113
4.6.2	Die Gesprächsgestaltung	114
4.7	Kommunikation auf dem gesellschaftlichen Parkett	117
4.7.1	Unterhaltung	118
4.7.2	Vorstellen und Bekanntmachen	119
4.8	Betriebsklatsch	120

5	**Spezielle Formen der dialogischen Kommunikation**	123
5.1	Die Verhandlung	123
5.1.1	Verhandlungsvorbereitungen	124
5.1.2	Der Verhandlungsablauf	125
5.1.3	Verhandlungsstrategien	127
5.1.4	Aus der „Trickkiste"	128
5.2	Die Konferenz	132
5.2.1	Zusammensetzung der Mitglieder	132
5.2.2	Einladungen	133
5.2.3	Sonstige vorbereitende Aufgaben	134
5.2.4	Der Konferenzbeginn	134
5.2.5	Der Konferenzverlauf	135
5.2.6	Die Behandlung der Beschlüsse	138
5.2.7	Beendigung und Nachbereitung	138
5.3	Kommunikation im Rahmen der mündlichen Prüfung	140
5.3.1	Vorschriften für den mündlichen Teil der Fortbildungsprüfung	141
5.3.2	Der Ablauf der mündlichen Prüfung	141
5.3.3	Kommentierungen und Empfehlungen	142
5.3.4	Die richtige Fragestellung in der Prüfung	145
5.4	Das Interview	147
5.4.1	Planungsschritte	147
5.4.2	Personale Voraussetzungen	148
5.4.3	Der Inhalt des Interviews	148
5.5	Die Moderation	149
5.5.1	Der regelmäßige Ablauf	150
5.5.2	Der Moderator/Die Moderatorin	153
5.6	Exkurs: Supervision und Coaching	153
5.6.1	Supervision	153
5.6.2	Coaching	155

6	**Monologische Formen der mündlichen Kommunikation**	158
6.1	Der Vortrag	158
6.1.1	Das Vortragsmanuskript	158
6.1.2	Anrede und einleitende Formulierungen	161
6.1.3	Die äußere Vorbereitung	163
6.1.4	Das Auftreten	163
6.1.5	Sprache und Sprechen	164
6.2	Reden für jeden Anlass	168
6.2.1	Anlässe und Rednerwahl	169
6.2.2	Die inhaltliche Vorbereitung	170
6.2.3	Äußere Bedingungen und Durchführung	171
6.2.4	Formulierungsvorschläge	172
6.3	Die Präsentation	174
6.3.1	Die Vorbereitung der Präsentation	174
6.3.2	Die Inhalte der Präsentation	175
6.3.3	Rahmenbedingungen und Präsentationsmittel	177
6.3.4	Der Ablaufplan der Präsentation	178

7	**Besonderheiten der schriftlichen Kommunikation**	183
7.1	Die Distanz zum Partner	183
7.2	Der Text als alleiniger Informationsträger	184
7.3	Der Austausch schriftlicher Informationen	184
8	**Beschaffung und Auswahl der Informationsquellen**	187
8.1	Der Weg zur Information	187
8.2	Quellen zur Informationsbeschaffung	188
9	**Lesen als Informationserwerb**	190
9.1	Was bedeutet „Lesen" eigentlich?	190
9.1.1	Die Begriffe	190
9.1.2	Überblick über einige schriftliche Informationsträger	191
9.2	Funktionen von Texten	192
9.3	Kommunikationsprobleme beim „Lesen"	192
9.4	Hilfen zur grundsätzlichen Annäherung an Texte	193
9.5	Hilfen zur Sicherung des Textverständnisses	195
9.5.1	Hilfsmittel des aktiven Lesens	195
9.5.2	Die Vorteile der Verwendung von Hilfsmitteln	196
9.6	Die Bearbeitung schriftlicher Eingänge	197
10	**Das Sichern gelesener Informationen**	200
10.1	Stichworte	200
10.2	Auszüge	201
10.2.1	Exzerpt	202
10.2.2	Zitat	202
10.2.3	Quellenangaben	203
11	**Informationen darstellen**	206
11.1	Rhetorische Ausdrucksmittel	206
11.1.1	Verteidigung der Redekunst	206
11.1.2	Einige rhetorische Stilmittel	207
11.2	Bericht	210
11.2.1	Ziel des Berichts	210
11.2.2	Merkmale des Berichts	210
11.2.3	Anlässe und Arten des Berichts	210
11.3	Beschreibung	212
11.3.1	Formen der Beschreibung	212

11.3.2	Merkmale der Beschreibung	213
11.3.3	Hilfen bei der Formulierung von Beschreibungen	213
11.4	Stellenbeschreibung	214
11.4.1	Die Stelle im Rahmen der Organisationsstruktur	214
11.4.2	Merkmale der Stellenbeschreibung	215
11.5	Gesprächsnotizen	216
11.6	Protokoll	217
11.6.1	Allgemeine Aspekte	217
11.6.2	Verlaufsprotokoll	218
11.6.3	Ergebnisprotokoll	218
11.6.4	Gestaltung von Protokollen	218
11.6.5	Beispiel für den Aufbau eines Ergebnisprotokolles	219
11.6.6	Exkurs: Direkte und indirekte Rede	220
11.7	Weitere Formen der Dokumentation	221
11.7.1	Verträge	221
11.7.2	Rechtsvorschriften	221
11.7.3	Ein Beispiel: Die Schlussakte des Handelsmaklers	223
11.8	Die komplexe Leistung: Das schriftliche Referat	224
11.8.1	Definition „Referat"	224
11.8.2	Arbeitsschritte und Vorbereitung	224
11.8.3	Aufbau des Referates	226
11.8.4	Die formale Gestaltung	228
11.8.5	Der Vortrag des Referates	228
11.9	Unternehmen treten an die Öffentlichkeit	229
11.9.1	Geschäftsbriefe	229
11.9.2	Werbetexte	235
11.9.3	Stellenanzeigen	237
11.10	Die schriftliche Bewerbung	240
11.10.1	Der Ansatz des Unternehmens	240
11.10.2	Anschreiben	241
11.10.3	Lebenslauf	243
11.10.4	Zeugnisse	244
11.11	Exkurs: Formulare	245

Literaturverzeichnis 250

Sachwortverzeichnis 254

„Of all affairs, communication is the most wonderful."
(John Dewey [1859–1952])

Kommunikation –
Eine allgemeine Betrachtung vorweg

Mit **Kommunikation** bezeichnet man die Verbindung zwischen Menschen, die durch **persönliche Äußerungen** sowie durch **Zeichen** entsteht. Bei den persönlichen Äußerungen, die ein Empfänger wahrnimmt, denkt man vor allem an das **Sprechen.** Bei den Zeichen ist es vor allem die **Schrift,** durch die die Menschen miteinander in Verbindung treten.

◆ **Persönliche Äußerungen** umfassen allerdings weit mehr kommunikative Elemente als nur das Sprechen. Da sind zunächst die so genannten nonverbalen Äußerungen zu nennen, womit in erster Linie Mimik, Gestik und Haltung, aber auch Bewegungsabläufe gemeint sind. **Lächeln** – als die kürzeste Verbindung zwischen Menschen bezeichnet – und **Lachen** bedürfen einer besonderen Erwähnung.

Flöten bzw. **Pfeifen** sind Lebensäußerungen, die auf andere Menschen einwirken. Das Gleiche gilt für das Singen bzw. den Gesang sowie für die Instrumentalmusik. Beim Sprechen sind bekanntlich auch die **Pausen** sehr wichtig; dem **Schweigen** kann man spezielle Ausführungen widmen.

Die genannten und für die Verbindungen zwischen Menschen wichtigen Lebensäußerungen treten gewöhnlich in selbstverständlichen Zusammenhängen auf. So schließt ein Gespräch unter Anwesenden ein, dass der Hörer den Sprechenden in seinen nonverbalen Äußerungen erlebt. Bestimmte Kunstformen betonen dagegen die Verbindung bestimmter kommunikativer Elemente. Im Schauspiel z.B. bilden Sprechen, Mimik, Gestik und Bewegung eine Einheit. Stehen Gesang und Musik im Vordergrund, wird die Darbietung zum Singspiel oder zur Oper. In den beispielhaft genannten Darstellungsformen ist es häufig die Verbindung der Teilbereiche, die die Qualität der Darbietung ausmacht.

Denkbar ist Kommunikation auch durch isoliert auftretende Elemente. Innerhalb der Gestik beispielsweise kann Kommunikation durch Flaggensignale erfolgen wie aus der Seefahrt bekannt. Dabei ist die Bedeutung von Gesten genau festgelegt.

Mit dem Ausdruck **„Zeichen"** sind nicht nur Buchstaben gemeint, sondern alle an andere Menschen gerichteten dauerhaften Botschaften.

Deshalb zählen Symbole, Noten, Skizzen und Bilder genauso zu den Zeichen wie die mannigfaltigen Schriftzeichen der Völker. Allein Symbole stellen eine Kulturvielfalt eigener Art dar, man denke nur an Bezeichnungen für Maße und Gewichte, an mathematische, chemische oder physikalische Symbole, an die Zeichen für die Verkehrsregeln, an Warenzeichen, Qualitätsbezeichnungen, Herkunftszeichen auf Porzellan oder Silber, Gefahrenhinweise u. v. a. m.

Botschaften können übrigens auch an zukünftige Menschen gerichtet sein, wie der gegenwärtig in den USA unternommene Versuch zeigt, Hinweise auf die Gefahr gelagerten atomaren Mülls auch dann entzifferbar zu gestalten, wenn unsere gegenwärtigen Schriften vielleicht nicht mehr lesbar sind.

„Die Bechtel Group Inc., einer der größten US-Mischkonzerne, ist von dem späteren Außenminister George Shultz beauftragt worden, für ein 'Nationales Müll-Lagerungs-programm' zu klären, wie heutige Informationen über toxic trash – hochgiftigen, meist atomaren Abfall – in 100 Jahrhunderten noch verstanden würden. Denn das Unverständnis ist vorprogrammiert:
Bereits nach drei Generationen verändern sich beispielsweise Wortbedeutungen oder auch die sozialen Bezugssysteme menschlicher Sprach- und Zeichenmuster derart, dass eine Verständlichkeit nicht mehr von vornherein angenommen werden kann."
(Jogschies, Rainer, Nachrichten an die Zukunft, DAS 41/94)

Kommunikation kann auch als Gespräch mit sich selber verstanden werden. Bei Kindern in den ersten Schuljahren haben Selbstgespräche eine wichtige Funktion. Mit ihrer Hilfe steuern sie das Handeln, meistern schwierige Situationen oder erlernen neue Fertigkeiten. Später formen Kinder die Worte nur noch im Stillen, d.h., sie denken leise.

◆ Kommunikation ist ein wichtiges, vielleicht das wichtigste **Instrument zur Bewältigung von Lebenssituationen:**
* Verbale Zuwendungen, Blickkontakt und Zuhören sind unerlässliche Hilfen zum Spracherwerb des Kindes und für sein Gedeihen im Allgemeinen.
* Kommunikation ist die Brücke zwischen den Menschen für Gedankenaustausch, Informationen, Überzeugungen und damit für die Bildung des Verstandes, des Willens und der Gesinnung, des Geschmackes u.v.a.m.
* Durch Kommunikation erfolgen persönliche Zuwendungen, Bindungen entstehen und geistige Verwandtschaften werden begründet.

Kommunikation ist aber auf der anderen Seite ein **gefährliches Instrument** im menschlichen Zusammenleben:
* Verletzungen, Zurücksetzungen und Nichtbeachtung gehören zum Feld der Kommunikation. Wörter und Gesten können beleidigen, verletzen und jede Liebe töten.
* Kommunikation kann Unwissen, Vorurteile und Fehlurteile verbreiten, die Wahrheit verschleiern, zur Verdummung beitragen und notwendige Entscheidungen verschleppen.

Wenn Vorschriften, Anordnungen, Befehle, Drohungen, Nötigungen und Lügen inhumane Handlungen erzwingen, ist die Verrohung eines Volkes oder eines anderen sozialen Gebildes die erschütternde Folge.

Kommunikationskompetenz ist eine Grundvoraussetzung dafür, das Leben zu meistern.

◆ Die bisherigen Ausführungen haben zwei Aspekte noch nicht berücksichtigt. Eingegangen wurde noch nicht auf die Inhalte der Lebensäußerungen und auch nicht auf die Hilfsmittel zur Übertragung.

In dem vorliegenden Buch werden die für das Berufsleben typischen Anlässe erörtert, in denen bestimmte Kommunikationsformen angewendet werden, wobei angemessen auf die jeweiligen **Inhalte** eingegangen wird. Als **Kommunikationsformen** sollen solche Kombinationen von persönlichen oder zeichenhaften Lebensäußerungen verstanden werden, die notwendig sind, um bestimmte Situationen zu meistern. Solche Situationen sind z.B. die Verhandlung oder das Personalgespräch als Entwicklungsgespräch. In allen Fällen gehört die schriftliche Vor- und Nachbereitung zur Situationsmeisterung. Die Situationen werden in anderen Fällen schriftlich angegangen, z.B. durch einen Werbebrief oder durch ein Protokoll.

Kommunikation – Eine allgemeine Betrachtung vorweg **11**

Kommunikationstechnik hat es in früheren Jahrhunderten oder Jahrtausenden auch gegeben, etwa die Musikinstrumente, die Feuer- oder Rauchzeichen, das Geläut der Glocken usw. Immer aber hatten Menschen unmittelbar mit den Hilfsmitteln der Kommunikation zu tun bzw. an den Hilfsmitteln zu schaffen. Das Neue seit ca. 100 Jahren besteht darin, dass **persönliche Lebensäußerungen konserviert** werden können und damit eine Eigenschaft erlangen, die bis dahin nur die Zeichen hatten. Seit ca. 100 Jahren kann man bekanntlich Stimmen bzw. Töne auf Tonträger bannen und fast beliebig oft bzw. zu jeder Zeit abspielen. Durch die Erfindung des Films kann man weitere Elemente der persönlichen Lebensäußerungen festhalten, nämlich Mimik, Gestik, Haltung und Bewegung. Dass es sich dabei in Wirklichkeit nur um die Aneinanderreihung von Bildern handelt, spielt für die Auswirkung keine Rolle. Tatsache ist, dass die Erfindung der Hilfsmittel zur Konservierung und Übertragung in eine neue Dimension der Kommunikation einführte.

Von großer Bedeutung ist auch die Tatsache, dass die Lautstärke von Musik und Sprache um ein Vielfaches durch technische Mittel erhöht werden kann. Auswirkungen auf das Hörvermögen junger Menschen sind bereits deutlich zu erkennen.

Der **Film,** durch weitere technische Erfindungen permanent attraktiver geworden, hat sich durch das **Fernsehen** derart verbreitet, dass man inzwischen von einer „Wirklichkeit aus zweiter Hand" spricht. Gemeint ist die Tatsache, dass für viele junge Menschen Welt- und Lebenserfahrung vorrangig durch das Fernsehen eingeleitet werden. Inzwischen gehört es zu den pädagogischen Aufgaben der Schule, Kinder möglichst an Realerlebnisse heranzuführen, z.B. an den Umgang mit der Natur.

Weitere Auswirkungen dieser Verbreitung des Films betreffen den Bereich der persönlichen Lebensäußerungen. Das „Einschalten" von Fernsehprogrammen bedeutet das „Ausschalten" von Gesprächen, wenn die Sendung aufmerksam verfolgt werden soll. Persönliche Lebensäußerungen während der Sendung sind grundsätzlich „systemwidrig". Mit anderen Worten: Gespräche werden unmöglich. Eine Beschränkung auf Kurzkommentare ist die Folge. Da sich vielleicht durch die Attraktivität der Sendungen oder durch verbesserte Techniken die Anzahl der Stunden vor dem Fernsehgerät vergrößert, nimmt in gleichem Maße die persönliche Kommunikation ab. Das könnte Auswirkungen vor allem auf die Kommunikationsfähigkeit haben, und zwar auf den ersten Blick negative. Hier sind allerdings voreilige Schlüsse unangebracht.

◆ Möglicherweise sind die Auswirkungen auf die **Kommunikationsfähigkeit** auch nach Alter, nach Schichtzugehörigkeit, nach Begabung und Intelligenz oder auch nach Wohnlagen sehr unterschiedlich. Für die Kommunikationsfähigkeit in Form von persönlichen Lebensäußerungen könnte beispielsweise gelten, dass sich Bewohner ländlicher Gegenden, die sich in früheren Jahrzehnten von vielen Kulturereignissen ausgeschlossen fühlen mussten, nunmehr als dazugehörig fühlen und dieses auch ganz anders artikulieren können.

Für den Umgang mit Zeichen als das zweite große Kommunikationsfeld gibt es Untersuchungen, die zu dem Schluss kommen, dass Anregungen durch das Fernsehen zu vermehrtem Lesen führen können. Wenn sich allerdings herausstellt, dass diese positiven Auswirkungen nur für den ohnehin begabteren bzw. interessierteren Bevölkerungsteil gilt, ergibt sich auf Dauer möglicherweise eine starke Polarisierung innerhalb der Gesamtbevölkerung. Vielleicht kommen spätere Untersuchungen zu der Erkenntnis, dass allein das richtige Maß beim Mediengebrauch darüber entscheidet, ob die Kommunikationsfähigkeit steigt, gleich bleibt oder sinkt.

◆ Unabhängig vom Gebrauch von Kommunikationstechnik kann der Leser den Blick auch darauf richten, von welchen weiteren Einflüssen die Entwicklung seiner Kommunikationsfähigkeit geprägt wird. Dazu zählt z.B. die Überlegung, sich nicht in einer vorrangig gelebten Rolle zu verstecken, beispielsweise nicht seine Berufsrolle oder eine spezifische Familienrolle als einzige auszuleben. Man kann seine Kommunikationsfähigkeit, die ja sehr eng mit **Kontaktfähigkeit** zusammenhängt, auch dadurch verbessern, dass man solche Segmente der gelebten Rollen fördert, die in besonderem Maße zu Kontakten führen. Beispielsweise sollte ein Lehrer nicht das Segment „Medieneinsatz" innerhalb seiner Lehrerrolle derartig pflegen, dass die Gesprächskontakte zu seinen Schülern versiegen. Würde, um ein weiteres Beispiel anzuführen, eine Mutter das Segment „Versorgen mit Kleidung" derartig übertreiben, dass sie vor lauter Suche nach günstigen Angeboten oder Änderungsarbeiten keine Zeit mehr hätte, mit ihren Kindern zu sprechen, läge ebenfalls eine kommunikationshemmende Übertreibung vor.

Unter dem Aspekt der Kommunikation ist **Kooperationsfähigkeit** eine wichtige Eigenschaft. Wo Kooperation realisiert wird, ist Kommunikation eine selbstverständliche Bedingung. Kooperative Situationen herbeizuführen ist somit gleichbedeutend mit einer Erweiterung der Kommunikationsbasis.

Hinderlich für Kontakte, Kooperation und Kommunikation sind manchmal Verhaltensweisen wie Besserwisserei, Halsstarrigkeit, Genauigkeitsbesessenheit, Prahlsucht, aber auch durchaus äußerliche Eigenschaften wie Ungepflegtsein. Alle diese Eigenschaften erschweren den Umgang mit anderen, gefährden die Kontakte und können letzten Endes zu Kommunikationsschwierigkeiten führen.

Wer mit körperlichen Einschränkungen leben muss, hier besonders mit Schwerhörigkeit bzw. mit einem Sprachfehler, sollte kein Hilfsmittel zur Lösung seines Problems scheuen. Hierzu gehören auch Schulungen, die das Selbstwertgefühl und das Selbstbewusstsein fördern.

In einer Informationsgesellschaft wird von jeder Mitarbeiterin und jedem Mitarbeiter in den verschiedensten Situationen des Berufslebens eine **kommunikative Kompetenz** erwartet, die es gestattet, zielorientiert und fallbezogen zu handeln.

Dieses Buch gibt Ihnen mit zahlreichen Fallbeispielen sowie Darstellungen und Überlegungen eine Orientierungshilfe zur Bewältigung verschiedener mündlicher sowie schriftlicher Handlungssituationen in Ihrem beruflichen Alltag.

1 Grundlagen des Kommunikationsgeschehens

Grundlagenkenntnisse des Kommunikationsgeschehens tragen zur Entwicklung beruflicher Handlungskompetenz wie auch zur Persönlichkeitsbildung bei, da Kommunikation eigentlicher Träger sozialen Geschehens ist und sich unsere beruflichen, gesellschaftlichen wie auch privaten Lebensvollzüge zu einem überwiegenden Teil in Kommunikationsprozessen abspielen. Wie wir bald erkennen werden, handelt es sich bei Kommunikation um einen äußerst vielschichtigen und störanfälligen Akt des menschlichen Miteinanders, weshalb eine eingehende, intensive Beschäftigung notwendig und lohnenswert ist. Wer weiß, ob wir ohne die Fähigkeit zu kommunizieren als Spezies überlebt hätten!

Abb. 1.1: Lebensrettende Kommunikation

Wir werden fragen, wie die von der Menschheit ständig weiterentwickelten Kommunikationsmittel angemessen und zielgerichtet anzuwenden sind, und den Verlauf der Kommunikation beispielhaft nachvollziehbar machen. Ein psychologisches Modell dient der Analyse von Nachrichten und versetzt uns in die Lage, Ursachen für Störungen und Missverständnisse aufzuspüren, indem der komplexe Ver- und Entschlüsselungsprozess einsichtig wird. Die Grundsätze von Watzlawick und das Erklärungsmodell der Transaktionsanalyse von Berne liefern weitere hilfreiche Einsichten in die wesentlichen Grundzüge der Kommunikation. Schließlich haben uns weitere, auch auf die Kommunikation einwirkende Einflussfaktoren zu interessieren, da ihre Kenntnis unseren Handlungsspielraum erweitern und wir angemessener zu reagieren lernen.

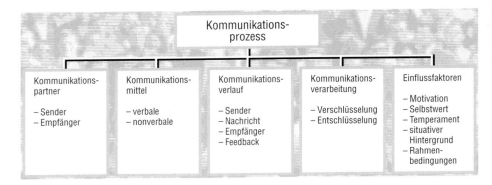

1.1 Kommunikationsmittel und Kommunikationsverlauf

Begriffe

Kommunikation wird der Prozess genannt, bei dem Personen oder andere Systeme zum Zwecke der Verständigung Nachrichten oder Informationen übermitteln und verarbeiten. Genauer gesagt, ist Kommunikation die Bezeichnung für Prozesse, „die einen Sender, einen Empfänger, einen Kommunikationsmodus oder -kanal (z.B. Sprache), eine inhaltlich bestimmbare Botschaft oder Nachricht und eine auf Empfang erfolgende Verhaltensänderung oder allgemein einen Effekt gleichwelcher Art (...) aufweisen."
(Drever/Fröhlich, Wörterbuch zur Psychologie, S. 165. In: Stroebe, Rainer W., Kommunikation I, Heidelberg 1991, S. 7)

Im weitesten Sinne des Wortes können wir Kommunikation als Wechselbeziehung zwischen Organismen verstehen, z.B. Zellen, komplizierten elektronischen Netzwerken, Tieren, Personen, wirtschaftlichen oder politischen Systemen, Kulturen und Nationen, die Signale oder Informationen austauschen.

Teilbereiche der Kommunikation

Die in unserem Zusammenhang interessante menschliche Kommunikation meint die Art und Weise, wie Menschen sich verständigen und miteinander umgehen. Drei Teilbereiche sind dabei zu unterscheiden:
- die Mittel zur Verständigung
- die Bedeutung der Information
- das menschliche Verhalten

1.1.1 Kommunikationsmittel

Der Mensch ist als **soziales Wesen** angelegt und kann daher isoliert von sozialer Einbindung in eine Gruppe (Familie, Klasse usw.) oder in andere soziale Gebilde (Verein, Partei usw.) sein Menschsein nicht entwickeln. So erwuchsen aus dem Zusammenleben in der Gruppe **Kommunikationssignale,** die der Verständigung dienen und dem Einzelnen ermöglichen, unter Verwendung von unterschiedlichen Mitteln (Code) mit seinen Artgenossen in Verbindung zu treten.

Grundlagen des Kommunikationsgeschehens 15

◆ Verbale Kommunikation

Das erste verbale Mittel, die Muttersprache, erwerben wir im Kleinkindalter durch unsere Bezugspersonen, indem wir beobachten, zuhören und nachahmen. Der Wortschatz baut sich nach und nach auf, und entsprechend unserer Sprachbegabung und dem uns umgebenden Sprachmilieu differenziert sich unser Sprachvermögen. Da wir in der Regel später unsere Wortwahl bewusst vornehmen und entsprechend gezielt und kontrolliert Worte einsetzen können, ist unser Einfluss auf unsere sprachliche Wirkung groß. Wir können „das Blaue vom Himmel reden" oder „einen vom Pferd erzählen" – noch besser geht es schriftlich, denn „Papier ist geduldig" –, ohne dass wir überzeugt davon sind und hinter dem Gesagten stehen. Worte lassen sich also auch manipulativ (zur unterschwelligen Beeinflussung) missbrauchen. Manche Politiker und manche Verkäufer erlernen die Rhetorik, die Kunst der Rede, um über ihre Sprache Einfluss und Macht zu gewinnen. Ein gerne eingesetztes taktisches Mittel zum Zwecke der Einschüchterung ist das so genannte „Fachchinesisch", gespickt mit Fremdwörtern und hochtheoretischer Aufmachung, oder auch das „leere Gerede" (Worthülsen), ein Verwirrspiel zur Verhinderung von Verständigung und Festlegung. Wenn ich rede, ohne etwas auszusagen, muss ich mich auch nicht kritisch hinterfragen lassen.

Muttersprache
Bewusste Wortwahl

„Meine Damen und/oder Herren,
in diesen unruhigen Zeiten ist es mir eine Ehre, zu Ihnen über die so bedeutsame Angelegenheit zu sprechen. Es handelt sich um einen Bereich, in dem großartige Fortschritte erzielt wurden. Wir sind natürlich – und zu Recht – auf die auf unserem Gebiet erzielten Erfolge stolz. Doch wir müssen auch an jene Persönlichkeiten und Gruppen denken, die, in größerem Zusammenhang gesehen, so Außerordentliches dazu beigetragen haben, sei es im regionalen, nationalen und – darf ich es sagen? – im internationalen Rahmen.
Wir sollten die Wunder, die durch persönlichen Einsatz, Entschlussfreudigkeit und Beharrlichkeit verwirklicht werden können, niemals unterschätzen. Doch ich glaube, es wäre vermessen, wenn wir erwarten wollten, dass wir die Probleme, mit denen die besten Köpfe der verflossenen und gegenwärtigen Generation vergeblich gerungen haben, kurzerhand lösen könnten. Lassen Sie mich zusammenfassend meine Haltung wertfrei, aber auch unmissverständlich darlegen. Ich unterstütze den Fortschritt; ich wünsche den Fortschritt; ich hoffe, den Fortschritt zu erleben! Doch was ich verlange, ist ein echter Fortschritt, nicht eine bloße Veränderungssucht um der Veränderung willen. Meine Freunde, dieser tatsächliche Fortschritt wird nach meiner Meinung nur dann verwirklicht, wenn und solange wir uns innerlich unverbrüchlich unserem großen geschichtlichen Erbe verpflichtet fühlen, diesen großen Traditionen, auf denen jetzt und für immer unsere wahre Stärke beruht."
„Rohentwurf für eine Allzweck-Rede"

(Quelle: Peter/Hull, Das Peter-Prinzip oder die Hierarchie der Unfähigen, zitiert nach Kratz, H.-J., Rhetorik, Modul-Verlag, Wiesbaden 1989, S. 114)

Ungeachtet dessen ist die Entwicklung der rhetorischen Fähigkeiten für alle Lebensbereiche entscheidend, da verbale Kommunikation die Verständigung ungeheuer erleichtert und bereichert. Besonders im beruflichen Bereich sind neben den berufsspezifischen Fertigkeiten und Kenntnissen für verantwortliche Positionen rhetorische Gewandtheit und überzeugende Argumentationsfähigkeit entscheidend für den Erfolg.

Rhetorische Fähigkeiten

Wer „etwas zu sagen haben" will, muss auch reden können. Unsere demokratische Gesellschaftsordnung ist angewiesen auf die Bereitschaft und Fähigkeit ihrer Mitglieder, das Recht auf freie Meinungsäußerung eigenverantwortlich in Anspruch zu nehmen. Unsere jüngste Vergangenheit mahnt uns, niemals mehr als „schweigende Mehrheit" zu „ver-sagen". Demnach ist es erste Bürgerpflicht, die rhetorischen Ausdrucks- und Einwirkungsmöglichkeiten zu entwickeln und ständig zu erweitern.

„Die Demokratie braucht Persönlichkeiten, die Diktatur braucht Knechte."

(Hoffbauer)

Sprache ist darüber hinaus ein Kulturgut, das Genuss und Freude auslösen kann, wie Literatur, Dichtung und Schauspiel zeigen.

„Nichts Schöneres haben die Götter den Menschen gegeben als die Majestät der Rede."

(Quintilianus)

◆ Paraverbale und nonverbale Kommunikation

Das bedeutsamere und stammesgeschichtlich ältere Kommunikationsmittel ist die Körpersprache, die einen paraverbalen Anteil (wie meine Stimme klingt) und einen nonverbalen Anteil (wie mein Körper spricht) hat.

Paraverbal

„Der paraverbale Anteil meiner Kommunikation besteht in der Art, wie ich spreche: Lautstärke, Tonhöhe, Sprechgeschwindigkeit, Betonung, Akzent, Sprechmelodie, Sprechpausen, Deutlichkeit der Aussprache und anderes. Während der verbale Bereich hauptsächlich den Inhalt des Gesprochenen transportiert, vermittelt der paraverbale Kanal dem Zuhörer, wie dieser Inhalt zu verstehen ist und welche Gefühle und Beziehungsangebote damit verbunden sind."

(Fritz, Jürgen, Körpersprache lernen. In: Praxis Spiel und Gruppe 2, Zeitschrift für Gruppenarbeit, Mainz 1990, S. 51)

Nonverbal

Der nonverbale Anteil der Kommunikation vermittelt sich über den sprechenden Körper: Mimik, Gestik, Körperhaltung, räumliche Nähe und im weiteren Sinne auch Kleidung und andere Ausstattungsmerkmale, die das Erscheinungsbild prägen. (Im Bewerbungsgespräch z.B. wird das „sichere Auftreten" gewünscht.) Wir wissen, wie störanfällig Verständigung per Telefon ist, wo die nonverbalen Signale fehlen, die ja zusätzliche Informationen über die Bedeutung des Gesagten liefern. In der Kunst der Pantomime wird deutlich, wie ausdrucksstark und differenziert der Körper sprechen kann (vgl. dazu Molcho, Samy, Körpersprache, München 1996, S. 12). Wir sollten daher als Empfänger nicht nur hinhören, sondern vor allem auch hinschauen, um bei der Verarbeitung der Mitteilung alle Informationen aufgreifen zu können.

Körpersprache

Besonders die gefühlsmäßigen Anteile der Kommunikation werden über die Körpersprache ausgedrückt. Ob uns ein Fremder sympathisch und glaubwürdig erscheint, entscheiden wir, noch bevor ein Wort von ihm gesprochen ist. Ähnlich ist es auch mit der „Liebe auf den ersten Blick." Diese unwillkürliche Vorurteilsbildung hat mit unserem urtümlichen Selbsterhaltungstrieb zu tun, der reflexartig entscheidet, ob Freund oder Feind vor uns steht, ob wir flüchten oder standhalten sollen. Eine vom Bewusstsein gesteuerte Reaktion beinhaltet eine Verzögerung unserer Reaktion (wir halten inne) und könnte uns gefährlich werden (der Feind greift an, während wir noch nachdenken).

So ist auch zu erklären, warum Körpersprache im Gegensatz zur verbalen Kommunikation in der Regel unbewusst und unkontrolliert abläuft. Das hat zur Folge, dass wir hier auch ehrlicher und direkter reagieren. Wenn uns durchaus die Notlüge: „Ich freue mich, Sie hier zu treffen!" flüssig über die Lippen kommt, so hat der aufmerksame Empfänger doch den verkrampften Zug in den Mundwinkeln oder die steife Körperhaltung wahrgenommen. „Der Körper lügt nicht!", sagt eine Volksweisheit. Die Kommunikationsforschung spricht hier von „inkongruenter" Kommunikation oder „double-bind". Gesagtes Wort und gezeigter Körper stimmen nicht überein, sagen Gegensätzliches aus.

Abb. 1.2: Beispiel für inkongruente Nachrichten
(Skizze nach Schulz von Thun, Miteinander reden, Hamburg 1988, S. 36)

Weiter lehrt uns die Forschung,
„dass uns ein bestimmtes Programm angeboren ist, das Gefühlsregungen mit mimischen Reaktionen koppelt. Die Primär-Affekte wie Freude und Trauer, Liebe und Hass, Genuss und Ekel, Erschrecken, Zorn und Scham zeichnen sich auf den Gesichtern aller Menschen aller Rassen und Kontinente auf ähnliche Weise ab. Kulturelle Prägungen führen lediglich zu kleinen Varianten. Viele unserer Reaktionen, die von bestimmten Gefühlen ausgelöste Muskelbewegungen sind, müssen als uns Menschen angeboren und eigentümlich gelten."
(Reuter, B.H., Körpersprache im Bild, Wiesbaden 1986, S. 8)

Den Zusammenhang von seelischem Befinden und körperlichem Ausdruck vermitteln auch stehende Redewendungen wie „Sie steht erhobenen Hauptes da!", „Er schaut mit verkniffenen Augen!", „Er lässt die Schultern hängen!", „Mit stolz geschwellter Brust steht sie da!", „Er zieht den Kopf ein!".

● **Partnerarbeit**

Finden Sie weitere Redewendungen wie oben. Denken Sie dabei auch an Rückfragen über das Wohlbefinden des anderen. Achten Sie auch auf den Zusammenhang zwischen Körpersprache und Gefühlsausdruck in der jeweiligen Redewendung.

Ein Signal besonderer Art ist der Kuss. Unterschiede sind sowohl in den Formen (z.B. Handkuss, Nasenkuss, Wangenkuss, Zungenkuss) als auch in der jeweiligen Bedeutung bekannt. Der Begrüßungskuss auf die Wange gehört in vielen Ländern zur normalen Begrüßung. Ob Begrüßungsküsse zwischen Frauen, zwischen Männern und Frauen

Kulturelle Unterschiede

oder zwischen Männern ausgetauscht werden, kann ebenfalls eine unterschiedliche Bedeutung haben, je nach den kulturellen und schichtspezifischen Gepflogenheiten. Wenn z.B. während und nach dem Zweiten Weltkrieg ein amerikanischer Soldat ein englisches Mädchen bald nach dem Kennenlernen auf den Mund küsste, war die Engländerin einigermaßen irritiert, denn sie hatte gelernt, dass ein Kuss sehr starke Intimität ausdrückt. Danach fühlte sie sich gewissermaßen verlobt und verhielt sich auch entsprechend. Das wiederum irritierte den amerikanischen Soldaten, für den der Kuss eine viel geringere Bedeutung hatte.

An diesem besonderen Beispiel wird deutlich, dass sowohl der kulturelle Hintergrund als auch die Schichtzugehörigkeit im Kommunikationsprozess Beachtung finden müssen, um Missverständnisse zu vermeiden.

Zusammenfassung

Erst das Zusammenspiel aller Kommunikationsmittel (verbale, paraverbale und nonverbale) und die Einbeziehung des Umfeldes, in dem diese Mittel ihre besondere Bedeutung haben, bewirken ein angemessenes Verständnis des Gesagten und des Senders, da sie aufeinander bezogen sind und sich wechselseitig ergänzen und interpretieren.

1.1.2   Kommunikationsverlauf

Zusammenhang zwischen Sender, Information und Empfänger

Gehen wir zur Verdeutlichung des Kommunikationsverlaufes zurück zu den Anfängen menschlichen Lebens. Wie schon beim Tier, so ist auch das Verhalten des „Homo sapiens" gesteuert vom Selbsterhaltungstrieb. Ganz unwillkürlich zielt sein Verhalten z.B. auf Befriedigung seiner körperlichen Bedürfnisse wie Hunger und Durst. Er spürt also beispielsweise ein Hungerbedürfnis und beschließt, alsbald etwas Essbares zu sich zu nehmen. Nehmen wir an, ein weiteres Bedürfnis gesellt sich dazu, nämlich dies einem Gruppenmitglied mitzuteilen, möglicherweise in der Hoffnung auf Gesellschaft beim Essen. In die Sprache der Kommunikationstheorie übersetzt heißt das, unser Mensch wird zum **Sender** (1), da er eine **Information** (3), also eine zweckbezogene Nachricht, übermitteln will. Aus seinem Wunsch, sein Bedürfnis mitzuteilen, entsteht eine **Beziehung zwischen dem Sender und der Information** (2). Da ihm seine Idee, etwas zu essen, absolut klar und wichtig ist, also mit seiner Einstellung übereinstimmt, ist die Beziehung des Senders zu seiner Sendung optimal, was ihm hilft, die notwendige Verschlüsselung, d.h. die Übersetzung seines Bedürfnisses in eine sendefähige Botschaft, vorzunehmen und in der Wahl des **Kommunikationsmittels** (Sendegerät) (4) sicher und schnell entscheiden zu können. Er wählt z.B. die Worte: „Ich möchte jetzt gerne essen!" Die Körpersprache spricht ganz automatisch mit. Die Sendung schwingt nun per **Schall- und Lichtwellen** (5) in Richtung des angepeilten **Empfängers** (9). Im Idealfall hat der Empfänger erkannt, dass er eine Sendung in Empfang nehmen soll, und seine sinnlichen **Wahrnehmungskanäle auf Empfang** geschaltet (6). Die gesendeten Signale gehen naturgemäß zu einem gewissen Teil verloren, gehen unter, werden nicht aufgenommen. Die **empfangene Sendung** muss nun entschlüsselt, d.h. in die ursprüngliche Sendeabsicht rückübersetzt werden (7).

Wie vollständig und originalgetreu diese schwierige Umwandlung gelingt, hängt in entscheidendem Maße davon ab, wie kompetent der Empfänger in Sachen **Informationsverarbeitung** ist und wie intensiv er mit der empfangenen Information in Beziehung tritt (8), was wiederum von der besonderen Beziehung zwischen Sender und Empfänger sowie weiteren Einflussfaktoren abhängt.

Da Kommunikation sich erst im Wechselspiel ereignet, wechselt nun der Empfänger in die Position des Senders und reagiert in der ihm gemäßen Weise, z.B. fragt er zurück: „Bist du sehr hungrig?" Erst durch die **Rück-Information** (10) des Empfängers ist überprüfbar, ob die Kommunikation erfolgreich war, d.h., ob die Sendeabsicht mit dem Empfangsergebnis annähernd übereinstimmt.

Feedback

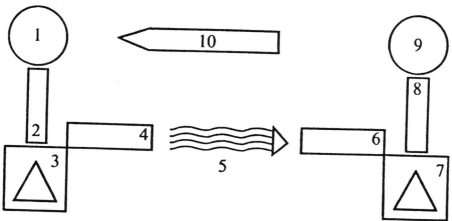

1 Sender
2 Beziehung Sender – Information
3 Information (Botschaft, Nachricht)
4 Sendegerät
5 Kanal (Kommunikationsmodus)
6 Empfangsgerät
7 beim Empfänger angekommene Information
8 Beziehung Empfänger – Information
9 Empfänger
10 Feedback

Abb. 1.3: Kommunikationsverlauf
(Quelle: Ackermann, A., Innerbetriebliche Information als Führungsaufgabe, entnommen aus: Stroebe, Rainer W., Kommunikation I, Heidelberg 1991, S. 9)

In unserem Beispiel zeigt sich aufgrund der Reaktion des Empfängers, dass die Sendeabsicht noch nicht übermittelt wurde. Der „Hungrige" muss sein Bedürfnis nach einer gemeinsamen Mahlzeit direkter, konkreter ansprechen, um erfolgreich zu sein. Auch wenn der Kommunikationsprozess wie dargestellt äußerst komplex und kompliziert ist, so lohnt er doch die Mühe, denn Kommunikation ist der wichtigste Faktor, der unsere Gesundheit und unsere Beziehungen beeinflusst.

1.2 Das „Vier-Seiten-Kommunikations-Modell" nach F. Schulz von Thun

Zwei Kollegen begegnen sich beim Verlassen des Arbeitsplatzes im Flur. Der eine Kollege (Sender) richtet eine Nachricht (oder Mitteilung, Botschaft, Information) an den anderen Kollegen (Empfänger). Seine Nachricht lautet: „Ich habe schon fünfmal bei Ihnen angerufen!"

Codieren Diese Aussage macht der Sender aufgrund verschiedenster Gedanken, Gefühle, Regungen und Wünsche, die ihn momentan beschäftigen, und er gibt ihnen diesen sprachlichen Ausdruck. Begleitet wird diese Botschaft von ent-„sprechenden" nonverbalen Signalen wie Stimme, Tonfall, Mimik, Gestik und Körperhaltung. Diesen Vorgang nennen wir „Codieren", d.h. Umsetzung einer Botschaft in ein Zeichensystem. Der Empfänger ist nun aufgefordert, diesen Verschlüsselungsvorgang nachzuvollziehen und seinerseits zu entschlüsseln, d.h., zu decodieren. Es kommt ganz erheblich auf das Sprach- und Einfühlungsvermögen sowie auf weitere im Einzelnen noch näher auszuführende Faktoren an, wie gut dem Empfänger dieser Decodierungsprozess gelingt.

Abb. 1.4: Codieren und Decodieren einer Nachricht

Um die Problematik der Kommunikation zu verdeutlichen, bedienen wir uns eines kommunikationstheoretischen Modells, und zwar des „Vier-Seiten-Modells" von F. Schulz von Thun.
(Schulz von Thun, F., Miteinander reden, Hamburg 1988, S. 23 f.)

Danach enthält jede Mitteilung vier verschiedene Aussagebereiche oder -ebenen.

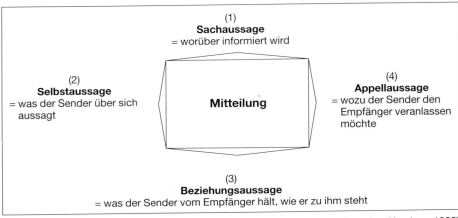

Abb. 1.5: Aussagebereiche jeder Mitteilung (nach Schulz v. Thun, Miteinander reden, Hamburg 1988)

Grundlagen des Kommunikationsgeschehens 21

1.2.1 Sachaussage

Betrachten wir zunächst den Sachgehalt der obigen Mitteilung **als Empfänger,** so ist uns recht klar, dass da der Sender fünfmal einen Telefoniervorgang vollzogen hat, indem er höchstwahrscheinlich die Telefonnummer seines Kollegen wählte und einige Sekunden durchklingeln ließ. Ob er die richtige Nummer wählte, wie lange er klingeln ließ, wann und in welchen Abständen er das Telefonat tätigte, bleibt dabei offen. Da jede Mitteilung immer nur einen Teil ihres Gesamtzusammenhanges ausdrückt, muss nun das Wechselspiel der Kommunikation stattfinden, wenn Verständigung erzielt werden soll, d.h., der Empfänger wird seinerseits zum Sender mit der Nachfrage: „Wann haben Sie es denn versucht?" Damit tritt er in den gemeinsamen Klärungsprozess ein.

Sachinhalt der Mitteilung

1.2.2 Selbstaussage

Jeder Sender vermittelt nicht nur eine Sachlage, sondern interessanterweise immer auch eine Aussage über sich selbst. Er gibt gewissermaßen preis, „wes Geistes Kind" er ist. In unserem Beispiel könnte die Selbstaussage lauten:

Aussage über sich selbst

– „Ich bin sehr eifrig."
– „Mir war wichtig, etwas mitzuteilen."
– „Ich bin jemand, der am Ball bleibt, sich nicht schnell entmutigen lässt."
– „Ich bin hartnäckig, strebsam."

Hier fänden sich noch weitere Aussagen – und jetzt wird es schon komplizierter, denn je nachdem, welches Bild, welche Meinung ich als Empfänger von der Person des Senders habe, welche Einstellungen zu und Erfahrungen mit Menschen ich überhaupt in die Kommunikation hineintrage, „empfange" ich eine eher positive oder eher negative Selbstaussage. Ich fülle also den Deutungsspielraum dessen, was der Sender über sich sagt, mit meinen eigenen Gedanken, Meinungen, Erfahrungen, Vorurteilen und Phantasien. Ich gebe damit also etwas in die Mitteilung hinein, was aus **meinem** subjektiven, zumeist auch unbewussten Erleben stammt, vom Sender aber vielleicht überhaupt nicht ausgesprochen wurde. Der Volksmund sagt: „Er hört die Flöhe husten!" Oder: „Er hört nur, was er hören will!"

Dass wir eine Mitteilung sofort deuten und bewerten, statt uns präzise am Informationsgehalt zu orientieren, hat seinen Ursprung im Selbsterhaltungstrieb, der unser Verhalten sehr stark bestimmt. Unser Sicherheitsbedürfnis bewertet jede Wahrnehmung in Bruchteilen von Sekunden nach der Dimension „Gefahr". Entsprechend schnell können wir im Fall einer drohenden Gefahr, z.B. eines Angriffs, Vorsichtsmaßnahmen einleiten, z.B. in Deckung gehen (uns schnell verabschieden) oder Drohgebärden aussenden (das Kinn nach vorne nehmen, die Augenbrauen zusammenziehen und die Hände in die Hüften stemmen).

Grundlagen des Kommunikationsgeschehens

Abb. 1.6: Beispiel differierender Wahrnehmungen

Die zwei Wirklichkeiten
nach Paul Watzlawick

„Der erste Begriff der Wirklichkeit (Wirklichkeit erster Ordnung) bezieht sich auf die rein physischen und daher weitgehend objektiv feststellbaren Eigenschaften von Dingen und damit entweder auf die Fragen des so genannten gesunden Menschenverstands oder des objektiven wissenschaftlichen Vorgehens (experimentell, wiederholbar). Der zweite beruht ausschließlich auf der Zuschreibung von Sinn und Wert an diesen Dingen und daher auf Kommunikation."

Beispiel für Wirklichkeiten erster Ordnung
– Die Mondoberfläche ist fest genug, um das Gewicht von Raumfahrzeugen gut zu tragen.
– Die physischen Eigenschaften von Gold sind bestimmt.

Beispiel für Wirklichkeiten zweiter Ordnung
– Täglich wird in London der Tagesgoldpreis ermittelt. Es erfolgt eine Wertzuschreibung, die für viele Menschen von größter Bedeutung ist.
– In der Kultur A steht der Kuss am Anfang, in der Kultur B am Ende des Paarungsverhaltens. Eine Wahrheit über absolut richtiges Verhalten kann es nicht geben.

„Im Bereich dieser *Wirklichkeiten zweiter Ordnung* ist es absurd, darüber zu streiten, was ‚wirklich' wirklich ist."

(Watzlawick, Paul, Wie wirklich ist die Wirklichkeit?
München 1985, S. 142 u. 143)

Grundlagen des Kommunikationsgeschehens 23

Spätestens jetzt wird klar, dass Kommunikation gar nicht problemlos-eindeutig verlaufen kann, da ja mindestens zwei Individuen mit ganz unterschiedlicher Ausprägung
einen subjektiven Verarbeitungsprozess vornehmen. Je besser wir uns durch häufige
Kontakte und gemeinsames Kommunizieren kennen, desto besser kann die Verständigung erfolgen.

1.2.3   Beziehungsaussage

Der für Kommunikationsprozesse wohl konfliktträchtigste Aussagebereich ist die Beziehungsebene, auf der der Sender etwas darüber sagt, wie er zum Empfänger steht,
d.h., welche Beziehung er zu ihm hat bzw. welche Beziehung er anstrebt.

Aussage über die Beziehung

Nehmen wir unser Beispiel „Ich habe schon fünfmal bei Ihnen angerufen!" auf und
filtern mögliche Beziehungsaussagen aus der Mitteilung:

– „Ich hätte gerne mit Ihnen gesprochen."
– „Ihre Meinung ist mir wichtig."
– „Ich möchte mit Ihnen zusammenarbeiten."
– „Ich will Kontakt zu Ihnen haben."

Während alle diese Beziehungsaussagen Interesse und Wertschätzung ausdrücken,
kann auch eine gegenteilige Beziehungsaussage von Seiten des Empfängers gehört,
unterstellt oder vermutet werden:

– „Sie sind zu schlecht für mich erreichbar."
– „Sie haben mich in eine ärgerliche, angespannte Lage versetzt."
– „Sie sind mir ein unbequemer Kollege."
– „Sie machen mir das Leben schwerer."

Wonach richtet sich, ob ich eine positive oder negative Beziehungsaussage empfange? Das hängt u.a. von der Wertschätzung ab, die dieser Person entgegengebracht
wird, aber z.B. auch von der Bedeutung dieser Person im gesellschaftlichen Gefüge.

1.2.4   Appellaussage

Wir wollen mit jeder Information oder Mitteilung, die wir als Sender geben, eine Wirkung erzielen und darüber hinaus vielleicht sogar den Empfänger zu einer Handlung
bewegen. Auf unser Beispiel bezogen könnte der Sender mit seiner Mitteilung den
Empfänger auffordern wollen:

Aufforderung zu einer Handlung

– „Seien Sie öfter erreichbar!"
– „Rufen Sie mich doch auch mal an!"
– „Geben Sie mir Anerkennung für mein Bemühen!"
– „Haben Sie jetzt ein schlechtes Gewissen und zeigen Sie sich kooperativ!"
– „Passen Sie jetzt besonders gut auf und gehen Sie auf meine Wünsche ein!"
– „Haben Sie wenigstens jetzt Zeit für mich!"

Auch hier brauchen wir mehr Informationen, um mit der Mitteilung zurechtzukommen,
und auch hier bestimmen die nonverbalen Signale den Bedeutungsgehalt entscheidend mit.

Zusammenfassung

Eine Mitteilung ist ein Geflecht von vier unterschiedlichen Aussagebereichen, die – abgesehen von der Sachaussage – alle grundsätzlich positiv wie negativ, also sehr unterschiedlich, gedeutet werden können. Der Volksmund spricht davon, dass wir etwas in den „falschen Hals" bekommen, was das Dilemma des Missverstehens umschreibt. Hier wird deutlich, dass der Empfänger einen beträchtlichen Anteil am Verständigungsprozess hat. Kommunikation ist also immer ein Gemeinschaftsprodukt von Sender und Empfänger!

Ein Grundsatz der Kommunikation lautet: „Erst wenn ich die Antwort auf meine Nachricht gehört habe, weiß ich, wie sie verstanden wurde!" Beide Partner müssen sich um die notwendigen Kompetenzen bemühen, damit gemeinschaftlich Kommunikation gelingen kann.

Die folgende Aufgabe soll zeigen, dass der Bedeutungsgehalt einer Mitteilung nie als eindeutig und unmissverständlich angesehen werden darf. Natürlich geben die Signale der Körpersprache die grobe Richtung an, doch unsere Wahrnehmung ist immer getrübt und unser persönlicher Standort spricht immer mit.

● **Partnerarbeit**

1. Wenden Sie für die Mitteilung

   „Wenn ich Ihren Schreibtisch sehe, wird mir ganz anders!" das „Vier-Seiten-Modell" an, indem Sie für jeden der vier Aussagebereiche unterschiedliche Aussagen formulieren.

2. Variieren Sie die Aussage durch unterschiedliche Betonung und entsprechender Mimik.

3. Unterscheiden Sie Aussagen mit positiver wie auch negativer Auswirkung.

4. Bewerten Sie die unterschiedlichen Aussagen als kommunikationsfördernd bzw. kommunikationshemmend.

5. Diskutieren Sie die Aussagebewertung bei unterschiedlichem nonverbalem Ausdruck.

1.3 Grundregeln für Verschlüsselung und Entschlüsselung von Nachrichten

„Ist das Wort der Lipp' entflohen,
du ergreifst es nimmermehr.
Fährt die Reu' auch mit vier Pferden
augenblicklich hinterher."
(Wilhelm Müller, Gedichte 1837)

Um erfolgreich zu kommunizieren, sind wir gut beraten, unsere Mitteilungen nach bestimmten Grundsätzen zu verfassen.

Betrachten wir zunächst die Regeln zur Optimierung der Sendung.

1.3.1 Die Verschlüsselung von Nachrichten (Codierung)

Abb. 1.7: Die Nachricht aus der Sicht des Senders

◆ **Sachaussage**

Um auf der Sachebene möglichst exakt und eindeutig verstanden werden zu können, sollte die Mitteilung eine hohe Verständlichkeit aufweisen. Die Kommunikationsforscher Schulz v. Thun, Langer und Tausch haben „Vier Verständlichmacher" ausgemacht, die eine Sachaussage leicht und gut „verdaulich" machen.
(Langer, Schulz von Thun, Tausch, Sich verständlich ausdrücken, München 1990, S. 13 f.)

Der erste „Verständlichmacher" ist **Einfachheit.**
Meine Mitteilung gewinnt an Klarheit und Verständnisqualität, wenn ich eine komplizierte, zu theoretisch-wissenschaftliche Ausdrucksweise mit vielen Fremdwörtern vermeide. Statt mich in einer übertriebenen Fachsprache auszudrücken, formuliere ich möglichst einfach.

Regeln zum besseren Verstehen der Sachaussage

Der zweite „Verständlichmacher" ist **Gliederung/Ordnung.**
Wenn ich eine Mitteilung in einen logisch nachvollziehbaren Zusammenhang einbette, statt den Empfänger mit meinem eigenen Chaos im Kopf zu konfrontieren, ist Verständigung natürlich einfacher. Daher sagen wir: „Erst denken, dann reden!"

Der dritte „Verständlichmacher" ist **Kürze/Prägnanz.**
Wie einfach und angenehm ist Verständigung mit Menschen, die in der Lage sind, ihre Gedanken und Gefühle in kurze, aber treffende Worte zu fassen, statt weitschweifig auszuufern und „von Höckschen auf Stöckchen" zu kommen!

Grundlagen des Kommunikationsgeschehens

Der vierte „Verständlichmacher" ist zusätzliche **Stimulanz.**
Wie geradezu dankbar sind wir unserem Gesprächspartner, wenn er sich die Mühe macht, seine Ausführungen mit konkreten Beispielen, Vergleichen, sprachlichen Bildern oder auch sichtbaren Veranschaulichungen wie Abbildungen oder Zeichnungen zu unterstützen, statt sie völlig abstrakt und theoretisch-trocken zu „servieren". Nicht nur der Intellekt, sondern auch das Gefühl will angesprochen werden, z.B. durch ein witziges Beispiel oder einen bildhaften Vergleich.

Beispiele:
– Es ist zerbrechlich wie ein rohes Ei.
– Ich schlich wie die Katze um den heißen Brei.
– Es fühlt sich an wie Samt.
– Ich empfinde es so, als ob ich dauernd gegen den Strom schwimmen müsste.
– Ich komme mir vor wie das fünfte Rad am Wagen.
– Das ist ein Tropfen auf den heißen Stein.
– Sie wollen doch nicht ins offene Messer laufen!
– Wir sollten uns auch ein Stück vom Kuchen abschneiden!

◆ **Selbstaussage**

Optimierung der Selbstaussage

Was kann ich als Sender zu einer möglichst treffenden Deutung des Selbstaussagegehaltes meiner Mitteilung beitragen? Ganz einfach: Ich spreche offen über mich, meine Meinung, meine Gefühle, meine Wünsche und Bedürfnisse, meine Ziele und Absichten. Dadurch verringere ich den Deutungsspielraum des Empfängers und damit die Gefahr, missverstanden zu werden. Der Empfänger weiß recht gut, was für ein Mensch ich bin, und muss nicht Rätsel raten. Jeder weiß, wie unkompliziert und erfreulich der Umgang mit offenen Gesprächspartnern ist.

Offenheit darf allerdings nicht mit übertriebener Selbstdarstellung verwechselt werden. Wir haben alle schon Beiträge z.B. von Diskussionsteilnehmern erdulden müssen, die einzig und allein auf Selbstdarstellung abzielten. Kommunikation wird hier benutzt, um sich zu profilieren. Aber wer ist schon so ehrlich mit sich selbst und durchschaut sein eigenes Imponiergehabe? Wer gibt schon offen zu, dass er über seine Arbeitsergebnisse spricht, um Bewunderung und Anerkennung zu bekommen, nicht um die Einschätzung oder womöglich die Kritik der Kollegen zu hören?

◆ **Beziehungsaussage**

Störanfälligkeit der Beziehungsaussage

Wie bereits ausgeführt, ist der Beziehungsaussage-Anteil einer Mitteilung am störanfälligsten, weil hier der Empfänger eine Bewertung seiner Person erfährt. Abwertung, Minderbewertung oder Infragestellung unseres Wertes erleben wir sofort als Angriff, was uns in Alarmbereitschaft versetzt. Hier kommt das elementare Bedürfnis nach Anerkennung, Achtung und Akzeptanz ins Spiel, d. h., wir wollen unseren Wert verteidigen.

Die Grundhaltung jedes Kommunikationspartners sollte also von Wertschätzung sich selbst und dem Empfänger gegenüber geprägt sein. Die Einstellung lautet: „Ich bin okay, du bist okay! Wir haben zwar unterschiedliche Anschauungen, Wertmaßstäbe und Vorstellungen zum Beispiel von Recht und Ordnung, aber als Mensch bringe ich dir grundsätzlich Achtung entgegen." Diese Grundhaltung führt uns zwar zuweilen an die Grenzen unserer Toleranz und Geduld, doch wenn wir zu tragfähigen Ergebnissen im Kommunikationsprozess kommen wollen, ist eine minimale Wertschätzung unverzichtbar.

Grundlagen des Kommunikationsgeschehens **27**

◆ **Appellaussage**

Direktheit/Klarheit

Wir haben die Fähigkeit zur Kommunikation entwickelt, um als Menschen miteinander in Verbindung zu treten, d.h., wir verfolgen eine Absicht. Oft hängt der Anlass zur Kommunikation mit einem Bedürfnis des Senders zusammen, der durchaus nicht bewusst sein muss. Wir kennen diese unausgesprochenen, mitschwingenden Aufforderungen, z.B. wenn der Kollege sagt:

– „Ganz schön kalt hier!"
– „Waren Sie schon in der Kantine?"

Wir erleichtern dem Empfänger seine Entschlüsselungsarbeit erheblich, wenn wir als Sender möglichst direkt und klar unser Bedürfnis, unsere Absicht offen und direkt aussprechen. Eine Mitteilung, die dem Grundsatz der Direktheit genügt, würde lauten:

– „Ich würde gern das Fenster schließen. Sind Sie einverstanden?"
– „Falls Sie gleich mal in die Kantine gehen, könnten Sie mir etwas mitbringen?"

Zusammenfassung

Wenn wir als Sender die vier Verständlichmacher berücksichtigen, aus unserem Herzen keine „Mördergrube" machen, sondern offen auftreten, wenn wir dem Gegenüber Wertschätzung entgegenbringen und unsere Absichten direkt und klar aussprechen, haben wir unsere Verantwortung als Kommunikator (Sender) ernst genommen und können jetzt nur auf einen ebenso qualifizierten und kommunikationswilligen Kommunikanten (Empfänger) hoffen.

● **Partnerarbeit** *wie kann ich ohne Missverständnisse senden?*

1. Nennen Sie die Grundregeln zur optimalen Gestaltung einer Sendung, bezogen auf die vier Aussageebenen.

2. Teilen Sie Ihrem Partner eine bestimmte Nachricht mit und lassen Sie sie auf ihren Aussagegehalt von Ihrem Partner untersuchen. Was von dem, was Sie ausdrücken wollten, ist beim Partner angekommen? Wo lag gegebenenfalls eine Übereinstimmung von Sendung und Empfang? Was fehlte gegebenenfalls zur Übereinstimmung? *— auf Körpersprache achten*

Hier mögliche Beispiele:

Kollege A zu Kollege B:
a) „Ich muss mich unbedingt um eine Urlaubsregelung kümmern."
b) „Gestern wurde es wieder reichlich spät."
c) „Immer diese Berichte, die doch keiner liest!"
d) „Der neue Mitarbeiter kommt aus meinem Heimatort."
e) „Schwer einzuschätzen, der neue Geschäftsführer!"
f) „Ich war mir sicher, dass ich Ihnen die Akte schon kopiert habe."

Grundlagen des Kommunikationsgeschehens

1.3.2 Die Entschlüsselung von Nachrichten (Decodierung)

„Am Anfang war das Wort. Gleich danach kam das Missverständnis. Unsere Sprach-zeichen reichen zwar im Regelfall aus, um miteinander zu kooperieren. Wir sind sogar zu beeindruckenden Kooperationsleistungen in der Lage. Aber in letzter Konsequenz werden wir den anderen nie verstehen. Wir werden nie wissen, wie er uns erlebt. Wir werden nie wissen, wie sein inneres Bild aussieht, wenn wir beide glauben, wir sprächen über den gleichen Sachverhalt. Selbst wenn Sie zwanzig Jahre lang mit Ihrem Kollegen zusammenarbeiten: Sie haben nicht den Schatten einer Ahnung, wie er Sie erlebt.
Dass Verstehen unwahrscheinlich ist, zeigen schon die Wortanteile: ver(für)... *und...* stehen. *Rein mechanisch ist es unausführbar: Genau an dem Ort, an dem der eine steht, kann zur gleichen Zeit niemand anderes stehen. Gleichzeitig, gleichortig können wir nicht stehen. Nicht-Verstehen ist der Normalzustand.“*
(Reinhard K. Sprenger, Das Prinzip Selbstverantwortung, Frankfurt 1995, S. 121)

„Das Wort geht aus einem Munde, aber in tausend Ohren.“
(Spruch im Berliner Rathaus, 1. Stock)

Decodierung als wichtige Leistung des Empfängers

Gerade als Empfänger habe ich großen Anteil am Erfolg der Kommunikation, da ich ja die Mitteilung entschlüssele, interpretiere, deute. Wir kennen alle den Vorwurf des Senders: „Du hörst nur, was du hören willst!" Tatsächlich ist der Sender stark abhängig von mir als Empfänger, denn ich kann herausfiltern, was mir beliebt, und steif und fest behaup-ten: „Das hast du aber gesagt!" statt: „Das habe ich so verstanden!" Wir können uns einfach „dumm" stellen. Der Empfänger ist der eigentliche Macher der Mitteilung!

Ist mir an Verständigung und Kooperation gelegen, so schalte ich als Erstes alle Wahr-nehmungskanäle auf Empfang, denn ohne meine wachen Sinne läuft nichts! Im Kom-munikationsprozess erhalten wir Informationen vor allem über den optischen und akustischen Sinneskanal. Doch auch Körpergerüche, die Berührung eines Körperteils, z. B. das Spüren der Schweißabsonderung oder der Hautkälte beim Händedruck, sind Informationen, die uns beim richtigen Entschlüsseln helfen.

Sogar das Erscheinungsbild des Senders, seine Kleidung, der Schmuck, die beson-dere Brille sind (meist unbewusst) mitbestimmend bei der Entstehung des Bedeu-tungsgehaltes.

Den verbalen Anteil einer Mitteilung nehmen wir über unsere beiden Ohren auf. Wie wir am Modell sahen, können wir vier Ohren gebrauchen, um die Aussagebereiche besser zu differenzieren. Da ich nicht weiß, auf welche Aussageebene die an mich gerichtete Mitteilung besonders abhebt, ist es hilfreich, wenn ich zunächst allen vier Ebenen gleichermaßen Bedeutung schenke, d.h. bildlich gesprochen, ich sperre alle vier Ohren gleichzeitig auf.

Grundlagen des Kommunikationsgeschehens

Abb. 1.8: Die Nachricht aus der Sicht des Empfängers

Es ist zwar eine wichtige Voraussetzung für Verständigung geschaffen, wenn die Wahrnehmungsfähigkeit gut entwickelt ist, doch der erfolgreiche Entschlüsselungsprozess ist auch darauf angewiesen, dass der Empfänger von eigenen Gedanken abschaltet und bereit ist, sich von inneren wie äußeren Reizen und Störungen nicht ablenken zu lassen, sonst bekommt er nur die Hälfte mit. Auch der Faktor Zeit ist hier bedeutsam. So sollten wir uns häufiger fragen, ob wir momentan überhaupt empfangsfähig sind, d.h., ob wir überhaupt zuhören können.

Abb. 1.9: Verständigungsprobleme als Folge innerer und äußerer Reize

30 Grundlagen des Kommunikationsgeschehens

◆ **Sachaussage**

Kommen wir auf unser Beispiel zurück:

„Ich habe schon fünfmal bei Ihnen angerufen!"

Klärungs-bedarf beachten

Um diese Aussage möglichst exakt zu verstehen, lasse ich mir vom Sender weitere Informationen über den von ihm angesprochenen Sachverhalt geben. Warum sollte ich auf Vermutungen zurückgreifen, wenn doch der Informant leibhaftig vor mir steht? Tatsächlich ist eine Mitteilung nie vollständig, doch wir Menschen erliegen dem Drang nach Vollständigkeit. So wissen wir in unserem Beispiel vielleicht nicht, was „bei Ihnen" meint, im Büro oder zu Hause, wir wissen nicht, wann und in welchen Abständen telefoniert wurde, ob besetzt war oder niemand abhob.

Wenn wir nicht nachfragen, beantworten wir automatisch die noch offenen Fragen selbst. Aus einem gewissen Sicherheitsbedürfnis, gleichzeitig aber auch aus dem Bedürfnis nach Handlungsfähigkeit heraus tun wir so, als wüssten wir, was gemeint war. Auf dem „Sachohr" zu hören hat den großen Vorteil, dass die reine Information im Vordergrund steht und Missverständnisse hier meist schnell geklärt werden können, sofern der Sender alle verfügbaren Informationen preisgibt.

● **Partnerarbeit**

Partner A entwirft schriftlich beliebige Mitteilungen und trägt sie, von entsprechenden Körpersignalen unterstützt, vor.

Partner B hört nur auf dem „Sachohr" und meldet den gehörten Sachgehalt zurück. Rollenwechsel!

Beispiele
a) „Das neue Betriebssystem soll wohl ein Witz sein."
b) „Morgen hole ich mein neues Auto ab."
c) „Im Baumarkt sind seit gestern Rasenmäher im Angebot."
d) „Je höher die Stellung, desto niedriger die Befähigung dazu!"
e) „Die Materiallieferung ist wieder nicht vollständig!"
f) „Wenn ich heute nach Hause komme, ist der Bär los."
g) „Der Frühling ist überfällig!"
h) „Völlig übertrieben, diese Feierei der Kollegengeburtstage!"
i) „Unser Büro ist total überheizt!"

◆ **Selbstaussage**

Wir erinnern uns: Der Sender liefert uns, meist unbewusst, immer auch ein Stück Selbstoffenbarung. In dieser Tatsache liegt eine große Chance für den Empfänger.

In unserem Beispiel „Ich habe schon fünfmal bei Ihnen angerufen!" können wir vielleicht hören:

– „Ich bin an einer wichtigen Sache!" oder
– „Ich brauche Hilfe!"

Diesen Anteil der Mitteilung hörend, kann ich nun viel gelassener in die Kommunikation einsteigen, als wenn ich die Beziehungs- oder Appellaussage verstärkt beachte. Wir werden noch erkennen, welche Möglichkeiten uns das Hören der Selbstaussage bei schwierigen Gesprächen eröffnet.

Grundlagen des Kommunikationsgeschehens

● **Partnerarbeit**

A nimmt das oben verwendete Beispiel, doch filtert Partner B jetzt nur den „Selbst-offenbarungsgehalt" heraus, d.h., er fragt sich: „Was ist das für einer, der da spricht?"

◆ **Beziehungsaussage**

Für den Entschlüsselungsprozess hat die Beziehungsaussage herausragende Bedeutung, da unser Bedürfnis nach Akzeptanz und Achtung mit großen „Ohren" mithört. Vermuten wir in der Mitteilung nun einen mitschwingenden Angriff in Form von leiser Kritik, wie eventuell in unserem Beispiel, so ist es notwendig, unser Entschlüsselungs-ergebnis zu überprüfen. Wir können z.B. nonverbale Signale beobachten, die viel über die Wertschätzungshaltung des Senders uns gegenüber verraten. Schaut uns der Gesprächspartner mit offenen oder mit etwas zusammengekniffenen Augen an? Sieht er uns direkt an oder schaut er an uns vorbei?

Bedürfnis nach Akzeptanz berücksichtigen

Natürlich fällt auch ins Kalkül, welche Beziehung uns grundsätzlich verbindet. Leider werden oft Sachaussagen benutzt, um einen Beziehungskonflikt auszudrücken. Wir sagen dann nicht: „Ich bin sauer, dass Sie mich bei der Sitzung nicht als Kollege einbe-zogen haben", sondern: „Die Resonanz auf Ihren Beitrag in der letzten Besprechung war ja erstaunlich schwach". Grundsätzlich sollten wir nicht von heimlichen Spitzen auf der Beziehungsebene ausgehen, sondern genau beobachten und nachfragen. Im Zweifelsfall entscheiden wir uns für den positiven Aussagegehalt, denn schließlich ist die Grundhaltung des idealen Empfängers optimistisch.

Sach-aussagen zur Tarnung

● **Partnerarbeit**

A wiederholt seine Aussage, doch Partner B hat sein „Beziehungsohr" ganz weit aufgesperrt.

◆ **Appellaussage**

Hier ist zur Vermeidung von Missverständnissen Besonnenheit geboten; zum einen, weil nicht jede gehörte Aufforderung auch vom Sender als solche beabsichtigt war, zum anderen, weil jede Aufforderung, die mehr oder weniger versteckt ausgedrückt wird, zunächst einmal nicht mehr als ein Bedürfnis des Senders ist! Unser Harmoniebe-dürfnis prescht gern unwillkürlich vor, und der Wunsch des Senders ist uns gleich Be-fehl. Eilfertig antworten wir dem Kollegen, der die Raumtemperatur anspricht: „Ich mach' mal das Fenster zu!" Wir kennen alle diese lieben Kollegen, denen wir ein Kom-pliment über den selbst gebackenen Kuchen machen, mit dem Ergebnis, dass am nächsten Tag wenigstens das Rezept nachgereicht wird, dabei backen wir doch nie! Umgekehrt dient es nicht der Verständigung, wenn wir nur auf ausdrücklich als solche gekennzeichnete Appelle reagieren und uns ansonsten „stur" stellen nach dem Motto: „Ich weiß zwar, was du von mir willst, aber ich will ausdrücklich gebeten werden." Der Kollege sagt beispielsweise:

Appelle kritisch aufnehmen

– „Ich komme mit der neuen Software nicht so gut zurecht wie Sie."

Sie als Empfänger reagieren auf die Beziehungsaussage und antworten:

„Ja, ich bin wirklich froh, dass es mir so leicht fällt."

Oder Sie reagieren auf die Selbstaussage:

– „Das neue Programm fällt Ihnen offensichtlich schwer."

Der einfachste Weg aus der Deutungsnot ist auch hier wieder die Nachfrage, z.B.:
„Würden Sie mich gerne gelegentlich zu Rate ziehen?"

● **Partnerarbeit**

Aussage von A wie oben, doch jetzt liegt Partner B auf der „Appell-Lauer" und meldet die gehörten Aufforderungen zurück.

Zusammenfassung

Wie oben ausgeführt, ist der Deutungsspielraum des Empfängers in Sachen Mitteilungsentschlüsselung immens. Weil wir dies wissen und beachten wollen, fragen wir lieber einmal zu viel als zu wenig nach, immer mit der Grundhaltung, dass der Sender sich alle Mühe gibt, aber ohne unsere hilfreichen Fragen meist hoffnungslos überfordert ist. Schließlich profitieren wir im Wechselspiel der Kommunikation ebenso als Sender von der positiv-konstruktiven Grundhaltung des Mitspielers, der unsere Sendung ebenso wohlwollend aufnimmt und zu vervollständigen hilft.

Ein Empfänger mit hoch entwickelter Kommunikationskompetenz bemüht ständig seine Wahrnehmungsfähigkeit und verfeinert sein Einfühlungsvermögen. Er achtet alle Aussagebereiche gleichermaßen (hat alle Ohren offen) und nimmt grundsätzlich Sender und Sendung ernst, d.h., er bringt Interesse, Konzentration und Wohlwollen in das Kommunikationsgeschehen mit ein. Im Zweifelsfall ist es immer ratsam und hilfreich, und zwar sowohl für das Kommunikationsgeschehen als auch für die Befindlichkeit des Empfängers selber, das Signal als positive Botschaft aufzunehmen.

Abb 1.10: Ohren besitzen, die Lärm als Engels-Choräle aufnehmen

(Quelle: Das Buch der guten Wünsche, Verlag Bärmeier und Nikel, Frankfurt 1959, S. 21)

1.4 Die fünf Grundsätze der Kommunikation von Watzlawick

Paul Watzlawick, ein in die USA immigrierter österreichischer Kommunikationsforscher, hat mit seinen weltweit bekannten Werken dazu beigetragen, dass der Kommunikationsprozess noch besser verstanden wurde. Er stellte folgende fünf „Axiome" (anerkannte Grundsätze) auf:

(Watzlawick, Paul, Menschliche Kommunikation, Bern 1990, S. 14 f.)

1. Axiom

*„Man kann nicht **nicht kommunizieren**."*

Jedes Dasein ist Kommunikation

Beispiel Eine Frau betritt das Zugabteil, um ihren reservierten Platz einzunehmen. Im Abteil sitzt bereits eine ältere Frau, die in eine Zeitschrift schaut und bei Eintritt des Neuankömmlings ihr Verhalten beibehält. Obwohl die ältere Frau vordergründig nicht kommuniziert, z.B. lächelt, grüßt, nickt, ernst aus dem Fenster sieht, so kommen doch vieldeutige Signale bei der eingetretenen Frau an:

- „Ich bin fasziniert von dem Artikel!" (Selbstoffenbarung)
- „Ich bin eine gehemmte Person!" (Selbstoffenbarung)
- „Ich möchte nicht mit Ihnen reden!" (Beziehungsaussage)
- „Sie sind mir sehr fremd!" (Beziehungsaussage)
- „Sprechen Sie mich bitte nicht an, ich spreche kein Deutsch!" (Appellaussage)
- „Lassen Sie mich weiterlesen!" (Appellaussage)

Auch **Nichthandeln** und **Schweigen** haben also Mitteilungscharakter und sind sehr aussagestark. Die nonverbale Kommunikation ist i. d. R. die echtere, ehrlichere Botschaft, da wir uns mit unserer **Körpersprache** weniger gut verstellen können als mit Worten.

Ich will meine Ruhe haben! | **Schweigen** | Fangen Sie bloß kein Gespräch mit mir an!

Sie sind kein attraktiver Gesprächspartner für mich

Abb. 1.11: Das Schweigen im Zugabteil

(Quelle: Schulz von Thun, Miteinander reden, Hamburg 1988, S. 35)

2. Axiom

„Jede Kommunikation hat einen Inhalts- und einen Beziehungsaspekt, derart, dass Letzterer den Ersteren bestimmt und daher eine Metakommunikation ist."

Beziehungsaspekt wichtiger als Inhaltsaspekt

Beispiel Kollege A sagt zu Kollege B: „Wo haben Sie die Krawatte gekauft?"

Sehen wir einmal von den körpersprachlichen Signalen dieser Mitteilung ab und verarbeiten nur die **Daten und Informationen,** so hören wir als Empfänger den Wunsch nach Bekanntgabe des Kaufortes der Krawatte. Wir geben die gewünschte Information, z.B.: „Im Kaufhaus!", und die Kommunikation nimmt ungestört ihren weiteren Verlauf.

Betrachten wir nun den nonverbalen Anteil der Mitteilung, so wird uns der Beziehungsaspekt deutlich. Wir nehmen bei Kollege A ein breites Grinsen wahr, hören ein unterdrücktes Auflachen in der Stimme, die Betonung des Wortes „die" mit gleichzeitigem Zeigefingerhinweis und wissen sofort, wie der Sender seine Botschaft verstanden wissen will. Der Informationsaspekt ist hier nur Mittel zum Zweck, um eine Beziehungsaussage zu transportieren. Die **unterschwellige Botschaft** des Senders könnte lauten:

„Sie sind mal wieder lächerlich, ich nehme Sie nicht ernst!"

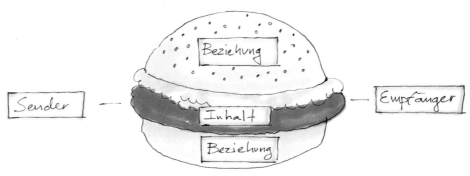

Abb. 1.12: Sandwich-Form einer Botschaft

Die Botschaft geht in „Sandwich-Form" an den Empfänger. Der Inhalt ist in Beziehungsaspekte „eingepackt".

Die Kenntnis dieses Gesetzes kann uns in die Lage versetzen, die versteckte Aufforderung zum Kampf entweder offen zu legen und die gestörte Beziehung zu thematisieren, oder wir können den Spieß herumdrehen und unsererseits eine Beziehungsattacke reiten, indem wir zum Schein den Inhaltsaspekt aufgreifen und mit süffisantem Lächeln und treu dreinschauenden Augen (damit klar ist, wie wir die Sendung verstanden wissen wollen!) antworten: „ Dieser Laden wird bei Kennern als Geheimtip gehandelt, sorry, da muß ich passen!" Der Volksmund warnt: „Wer andern eine Grube gräbt ...!" Wenn sich nicht einer der Kollegen entscheidet, aus dem (So-tun-als-ob-) Spiel auszusteigen und den eigentlich gemeinten Beziehungsaspekt anzusprechen, werden sie weiterhin Pseudokommunikation statt Metakommunikation pflegen. Metakommunikation bedeutet hier, dass sie darüber reden, wie sie miteinander reden.

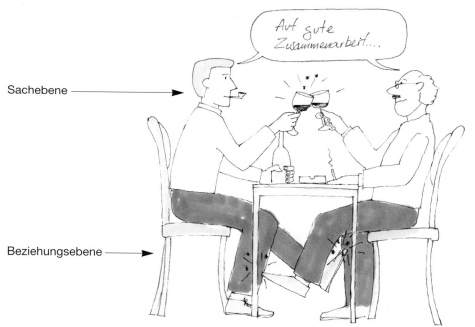

Abb. 1.13: Störung des Sachanteils der Kommunikation durch „Nadelstiche" von unten

(vgl. dazu: Brauneck, Peter, u.a., Moderatorenschulung, Materialien zur Lehrerfortbildung, Landesinstitut für Schule und Weiterbildung, Soest 1988, S. 45)

3. Axiom

„Die Natur einer Beziehung ist durch die Interpunktion der Kommunikationsabläufe seitens der Partner bedingt."

Ursache – Wirkung – Problem

Mit Interpunktion ist hier gemeint, welcher Kommunikationsteil von Seiten der Partner als Ursache, welcher als Wirkung aufgefasst wird.

Beispiel Kollege A sagt erbost zu Kollege B:
– „Ich gehe nicht mehr mit Ihnen in die Kantine, weil Sie so mürrisch sind!"

Kollege B antwortet ebenso erbost:
– „Ich bin doch nur mürrisch, weil Sie nicht mehr mit mir in die Kantine gehen!"

Abb. 1.14: Gegenseitige Reaktion
(vgl. dazu Watzlawick, P., a.a.O., S. 59)

Wer von beiden hat angefangen? Hier stellt sich also die alte unlösbare Frage: Was war zuerst, die Henne oder das Ei? Als Beobachter einer solchen Kommunikation ist uns klar, dass diese Frage nicht zu klären ist. Als Beteiligter aber gehen wir davon aus, dass wir doch nur reagieren. Die Kommunikationspartner haben die gemeinsame Kommunikation auf ihre subjektive Weise interpunktiert und erhalten so völlig **unterschiedliche „Wahrheiten" über die Realität.**

4. Axiom

Digitale und analoge Kommunikation

„Menschliche Kommunikation bedient sich digitaler und analoger Modalitäten. Digitale Kommunikation hat eine komplexe und vielseitige Syntax (Aufbau der Sprache), aber eine auf dem Gebiet der Beziehungen unzulängliche Semantik (Bedeutung der Sprache). Analoge Kommunikation dagegen besitzt dieses semantische Potential, entbehrt aber die für eindeutige Kommunikation erforderliche logische Syntax."

> Beispiel Ein Auto kann grundsätzlich auf zwei verschiedene Weisen dargestellt werden, entweder durch eine Zeichnung (analoge Kommunikation) oder durch den Namen (digitale Kommunikation).

Digitale Kommunikation meint alle **Zeichen** (z.B. Zahlen und Buchstaben), **Wörter** oder **Symbole,** die wir als Übereinkunft für bestimmte Inhalte in unserer Kommunikation verwenden. So sind wir übereingekommen, dass eine bestimmte Abfolge von Buchstaben, wie z.B. A-u-t-o, einen bestimmten Gegenstand, nämlich das Auto, bezeichnet.
Würden wir über das Auto analog kommunizieren wollen, würden wir **Bilder** zeigen oder eine **Pantomime** aufführen.
An diesem Beispiel wird deutlich, dass wir Gegenstände über digitales Mitteilungsmaterial sehr genau, detailliert und umfassend bezeichnen können, während die Analogiekommunikation kein entsprechendes logisches System kennt. Dennoch besitzt sie eine weitaus allgemein gültigere und vielseitigere Aussagekraft als die stammesgeschichtlich viel jüngere und abstraktere digitale Kommunikation. Wir sind in der Lage,

uns über Zeichen- und Körpersprache mit Menschen zu verständigen, von deren Sprache wir kein Wort verstehen. Vor allem für den Beziehungsaspekt von Kommunikation ist die analoge Kommunikation angemessener und glaubwürdiger. Gestik und Mimik sagen wesentlich mehr darüber aus, wie jemand zu uns steht und über uns denkt, als noch so viele Worte („Ein Blick sagt mehr als tausend Worte!"). Weil der Körper nicht lügt, empfiehlt sich schon deshalb die bevorzugte Wahrnehmung der Körpersprache (analoge Kommunikation).

5. Axiom

"Zwischenmenschliche Kommunikationsabläufe sind entweder symmetrisch oder komplementär, je nachdem, ob die Beziehung zwischen den Partnern auf Gleichheit oder Unterschiedlichkeit beruht."

Beispiel Das Verhalten zweier Schachspieler, die Zug um Zug ihr Spiel machen, ist sozusagen spiegelbildlich und ihre Interaktion daher symmetrisch, also gleichartig, da keiner dominiert. Ihre Kommunikation beruht auf Gleichheit.
Das Verhalten zwischen dem Chef und seinem Mitarbeiter, der einen Bericht abliefert, ist i. d. R. komplementär, d.h., das Verhalten des Mitarbeiters ergänzt das Verhalten des Chefs.

Symmetrische oder komplementäre Kommunikation

Abb. 1.15: Beispiel einer komplementären (oben) und einer symmetrischen (unten) Interaktion (vgl. Watzlawick, P., a.a.O., S. 69)

„Symmetrische Beziehungen zeichnen sich durch Streben nach Gleichheit und Verminderung von Unterschieden zwischen den Partnern aus, während komplementäre Interaktionen auf sich gegenseitig ergänzenden Unterschiedlichkeiten basieren."
(Watzlawick, P., a.a.O., S. 69)

In der betrieblichen Kommunikation, wo kooperatives Führen und teamorientierte Zusammenarbeit gewollt sind, sollte die symmetrische Kommunikation angestrebt werden.

Zusammenfassung
Watzlawick nennt fünf Axiome, die für den störungsfreien Verlauf von Kommunikation wichtig sind. Jeder Mensch, der erfolgreich kommunizieren will, muss nach seiner Auffassung beachten, dass

1. er unwillkürlich kommuniziert, sobald er Menschen begegnet,
2. jede Botschaft einen Inhalts- und Beziehungsaspekt aufweist,
3. jeder der Kommunikationspartner seine subjektive Sichtweise hat,
4. digitale und analoge Kommunikation parallel ablaufen,
5. symmetrische und komplementäre Kommunikationsabläufe zu unterscheiden sind und richtig eingeschätzt werden müssen.

1.5 Das Kommunikationsmodell der Transaktionsanalyse nach Berne

Grundsituation

Sachbearbeiter A: „Machen Sie mir bitte bis heute Mittag je zwei Kopien von diesen Unterlagen."
Mitarbeiterin B in der Registratur- und Kopierstelle: „Ich habe noch ziemlich viel Dringendes liegen. Kommt es bei Ihnen aus, wenn es 14.00 Uhr wird?"
Sachbearbeiter A: „Das geht noch. Danke!"

1.5.1 Die Persönlichkeitsstruktur

Drei Persönlichkeitszustände

Der Amerikaner Eric Berne hat in den 60er Jahren Analysen zur Kommunikation erarbeitet. Sein Konzept geht von einer recht einfachen Annahme aus: Der Mensch handelt und spricht aus unterschiedlichen Persönlichkeitszuständen heraus. Dabei unterscheidet E. Berne grundsätzlich drei Persönlichkeitszustände bzw. Ebenen, die jeder Mensch in sich vereinigt, nämlich

* die Ebene des Erwachsenen-Ichs,
* die Ebene des Eltern-Ichs und
* die Ebene des Kindheits-Ichs.

(Berne, Eric, Spiele der Erwachsenen, Hamburg 1970, S. 27)

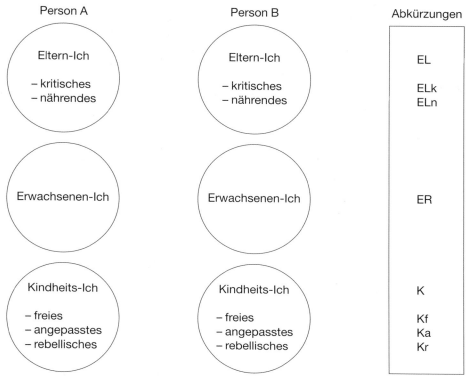

Abb. 1.16: Die Persönlichkeitszustände des Menschen

* Das Eltern-Ich (EL) steht für ein Handeln, wie die Person es von ihren Eltern oder von anderen Autoritätspersonen her kennt und übernommen hat. Da Eltern in ihrem Erziehungsverhalten gewöhnlich Strenge und Milde bzw. Verbot und Erlaubnis koppeln, kennt das Eltern-Ich auch zwei Ausprägungen, nämlich das kritische Eltern-Ich (Elk) und das nährende Eltern-Ich (Eln).

Beschreibung der Persönlichkeitszustände

* Dem Erwachsenen-Ich entspricht das vernünftige, rationale Handeln. Der Erwachsene setzt sich mit der Welt, auch mit seiner sozialen Umwelt, als ausgeglichener Partner auseinander (ER).

* Dem Kindheits-Ich entsprechen die Erfahrungen, die der jetzt Erwachsene in seiner Kindheit gemacht hat. Ein Handeln gemäß dem Kindheits-Ich-Zustand hat allerdings verschiedene Ausprägungen:

    – Den freien, natürlichen, spielerisch-sorglosen Gefühlen des Kindes entspricht der Zustand des freien Kindheits-Ichs (Kf).
    – Das angepasste Kindheits-Ich steht für ein Verhalten, das als hilfebedürftig, zuwendungsbedürftig, unsicher und leitungsbedürftig zu bezeichnen ist (Ka).
    – Ein Verhalten, das aus einer Einengung der kindlichen Freiheit und aus einer Überbetonung der Protektion entsteht, wird als das rebellische Kindheits-Ich verstanden (Kr).

**Sprach-
verhalten**

Das Sprachverhalten gemäß den Persönlichkeitszuständen ist folgendermaßen beispielhaft zu charakterisieren:
ELk: urteilend, fordernd, zurechtweisend
ELn: beratend, mitfühlend, beschützend, ermutigend
ER: abwägend, objektiv, konstruktiv
Kf: kreativ, spontan, freudig, begeistert
Ka: zurückhaltend, vorsichtig, gehemmt, absichernd
Kr: fordernd, aggressiv, trotzig, wütend
Tonfall, Gestik, Mimik und Haltung sind dem Sprachverhalten vergleichbar.

Im oben angeführten Gespräch befinden sich beide Gesprächspartner auf der Ebene des Erwachsenen-Ichs. A hat einen bestimmten Wunsch, der sich aus seiner Funktion als Sachbearbeiter begründet und im Rahmen von vernünftigen Erwartungen liegt. Diesen Wunsch artikuliert er in einer Normalsprache, d.h. weder von oben herab noch angepasst. Die Antwort von Mitarbeiterin B liegt auf der gleichen Persönlichkeitsebene. Sie antwortet situationsgerecht und gibt diese Antwort ebenfalls in einer Sprache, die ihrem Erwachsenen-Ich entspricht.

Variation 1

Angenommen, die Antwort der Mitarbeiterin B lautet:

Die Antworten erfolgen aus einem bestimmten Ich-Zustand heraus

„*Das geht nicht. Hier muss sich jeder an die Ordnung halten!*"
Diese Äußerung ist belehrend und von oben herab gesprochen. Die Mitarbeiterin macht sich zur Vertreterin der betrieblich vorgegebenen Ordnung und hält die Ordnung selber auch strikt ein. Gleichzeitig macht sie damit ihre Macht deutlich. Sie verkörpert gewissermaßen das Regelsystem des Betriebes. Damit handelt sie aus dem Persönlichkeitszustand des Eltern-Ichs heraus.
Ihr Verhalten entspricht dem Regelwerk der gesellschaftlichen Normen. Wer sich zum Anwalt dieser Normen macht, handelt aus dem kritischen Eltern-Ich heraus.

Variation 2

Die Antwort der Mitarbeiterin könnte auch lauten:
„*Wie soll das gehen? Ich muss mir meine Arbeit auch einteilen. Außerdem habe ich gleich Kaffeepause.*"
Wenn diese Antwort aufsässig geäußert wird, macht sich die Mitarbeiterin zum rebellischen Kind. Sie betont ihre eigene Wichtigkeit und stellt sich gegen den Sachbearbeiter.
Sie handelt damit auf der Ebene des rebellischen Kindheits-Ichs.

Grundlagen des Kommunikationsgeschehens 41

Variation 3

Antwort der Mitarbeiterin B:

„Ich bringe das bei mir leider nicht mehr unter. Moment bitte, ich telefoniere gerade mal mit Herrn C, der kann das vielleicht für Sie erledigen. Machen Sie sich keine Sorgen, es wird schon klappen."
In dieser Situation handelt die Mitarbeiterin B auf der Ebene des nährenden Eltern-Ichs. Zwar lehnt sie den Auftrag des Sachbearbeiters aus sachlichen Gründen ab, da sie die vorgegebene Ordnung, nämlich ihre Arbeiten nach Eingang zu erledigen, einhält. Gleichzeitig bietet sie aber eine Lösung an, damit der reibungslose Ablauf des Betriebsgeschehens gewährleistet bleibt und dem Sachbearbeiter geholfen wird.
Sie reagiert konfliktvermeidend, gütig, verstehend, beratend und umsorgend. Würde der umsorgende Verhaltensaspekt wegfallen, wäre ihre Antwort eher dem Erwachsenen-Ich zuzuordnen.

Variation 4

Mitarbeiterin B könnte aber auch antworten:

„Na ja, ok. Geben Sie's mal her, vielleicht schaffe ich's, vielleicht auch nicht. Ist es arg schlimm, wenn es nicht geht?"
In diesem Fall ist die Mitarbeiterin sorglos, was den Ausgang des Auftrags angeht.
Sie verhält sich spontan, aber nimmt den Arbeitsauftrag nicht ernst. Die Mitarbeiterin B handelt aus dem spielerisch-sorglosen Kindheits-Ich heraus.

Variation 5

Die Antwort der Mitarbeiterin könnte auch lauten:

„Selbstverständlich. Ich erledige das sofort. Die Unterlagen bringe ich gleich in Ihr Büro."
Die Äußerung erfolgt betont unterwürfig.
Auch mit dieser Antwort macht sich die Mitarbeiterin zum Kind.
Sie stimmt all dem zu, was ihr aufgetragen wird, unabhängig von einer eigenen Ordnung oder Zeitgestaltung. Sie orientiert sich in ihrer Reaktion an dem Wunsch des Sachbearbeiters, sie gehorcht, sie will gefallen.
Die Mitarbeiterin handelt somit nach dem Muster des angepassten Kindheits-Ichs.

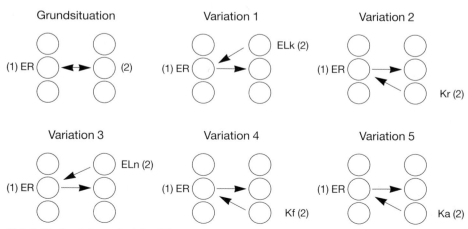

Abb. 1.17: Darstellung der Interaktionen

1.5.2 Differenzierungen

Auch die Erstäußerungen können aus unterschiedlichen Ich-Zuständen heraus erfolgen

In allen bisherigen Situationen hat der Sachbearbeiter A von einer einzigen Ebene aus gehandelt. Die Mitarbeiterin B hat nach sechs verschiedenen „Mustern" reagiert. Das Leben ist natürlich viel bunter. So können Äußerungen von A selbstverständlich ebenfalls aus den unterschiedlichen Ich-Zuständen heraus erfolgen. Vielgestaltig wird Kommunikation aber besonders dadurch, dass die Gesprächspartner ihre Ich-Zustände innerhalb des Gesprächs von sich aus ständig wechseln bzw. der Wechsel auch als Reaktion auf ein bestimmtes Verhalten des Partners zurückzuführen ist.

Ein Beispiel aus dem Familienleben:
1. Erwachsener (A): Wo sind meine blauen Socken?
2. Erwachsene (B): Hast du immer noch keine Ordnung in deinen Sachen?
3. Erwachsener (A): Du solltest dir an die eigene Nase fassen. Denke nur an deine Brille, die du ständig suchst.

Der Vorgang ist leicht zu erklären:
1. Die Frage von A ist aus dem Erwachsenen-Zustand heraus gestellt.
2. B antwortet aus dem Zustand des kritischen Eltern-Ichs.
3. Die „Klarstellung" von A erfolgt ebenfalls aus dem kritischen Eltern-Ich heraus.

Die „Socken-Situation" ist natürlich in vielerlei Hinsicht zu variieren.

Aufgaben

1. Stellen Sie die Socken-Situation graphisch dar.
2. Wie würden Sie folgende Äußerungen von A als 3. Schritt einordnen?
   a) 3. (A): O.k., ich werde das mit dem Platz im Schrank am Wochenende regeln. Nur jetzt brauche ich deine Hilfe.
   b) 3. (A): Du hast ja recht, nur dieses Mal hilf mir bitte noch.

Im Falle a), so werden Sie das auch gefunden haben, reagiert A als Erwachsener. Er sieht das kritisch vorgetragene Argument ein, wiederholt aber, ohne sich zu erhitzen, seinen Wunsch nach Hilfe.

Im Falle b) antwortet A als Kind, wenn die Äußerung ohne Selbstbewusstsein erfolgt, und zwar aus dem Zustand des angepassten Kindheits-Ichs heraus. Würde die Antwort dagegen selbstbewusst geäußert werden, gehörte sie zum Erwachsenen-Ich-Zustand.

1.5.3 Parallele, gekreuzte und verdeckte Transaktionen

◆ Parallele Transaktion

Gleiche Ich-Zustände

Sofern die verbale und nonverbale Antwort (Reaktion, Erwiderung) auf einen Reiz (Stimulus, Anstoß) aus dem gleichen Ich-Zustand heraus erfolgten, spricht man von einer parallelen Transaktion.

Beispiel A: „Können Sie mir in der und der Sache helfen?"
B: „Ja."
(Vgl. dazu auch die Grundsituation.)

Grundlagen des Kommunikationsgeschehens   **43**

◆ Gekreuzte Transaktionen liegen dann vor, wenn die Erwiderung nicht aus dem gleichen Ich-Zustand entspringt wie der Anstoß.
Das war der Fall bei den Variationen 1 bis 5.

Ungleiche Ich-Zustände

Beispiel A: „Sie sollten sorgfältiger mit dem Material umgehen." (Elk)
B: „Ja, das wird nicht wieder vorkommen." (Ka)

◆ Von verdeckten Transaktionen spricht man dann, wenn neben der nach dem Wortlaut erkannten (formalen) Transaktion „unter der Hand" noch eine andere Transaktion stattfindet.

Doppeldeutigkeit

Beispiel A: „Können Sie mir den Vorgang noch einmal erklären?"
B: „Ja, noch einmal."

A hat aus dem Erwachsenen-Zustand heraus um eine Erklärung gebeten. Die Antwort von B könnte formal als Antwort gemäß dem Erwachsenen-Ich-Zustand eingestuft werden, denn es wurde nur um eine einmalige Erklärung gebeten. Hinter der Wortwahl von B steht aber deutlich Kritik, so dass die Antwort verdeckt aus dem kritischen Eltern-Ich-Zustand heraus erfolgte.

1.5.4   Das Egogramm

Es wurde bereits mehrfach festgestellt, dass Kommunikation ein von den Partnern bestrittener **Prozess** ist. Die eigene Kommunikationskompetenz hängt in nicht unerheblichem Maße davon ab, ob es gelingt, den Kommunikationspartner in seinen entscheidenden Wesenszügen und Eigenschaften richtig einzuschätzen. Genauso wichtig ist es aber auch, sich selber zu kennen. Hierzu eignet sich das Egogramm.

Das Egogramm stellt die jeweiligen Anteile der Ich-Zustände an den eigenen kommunikativen Äußerungen dar.

Mit Hilfe folgender Vorgehensweise lässt sich ein Egogramm erstellen:

1. Zu einem beliebigen Zeitpunkt stellt man sich die Frage, an welchen Kommunikationen man in den letzten 12 oder 24 Stunden beteiligt war.
2. Nunmehr vergegenwärtigt man sich die Situationen und erinnert sich genau an die eigenen Kommunikationsbeiträge sowohl in Form von Stimuli als auch von Reaktionen.
3. Die eigenen Kommunikationsbeiträge sind daraufhin den sechs Ich-Zuständen, kritisches Eltern-Ich (ELk), nährendes Eltern-Ich (ELn), Erwachsenen-Ich (ER), freies Kindheits-Ich (Kf), angepasstes Kindheits-Ich (Ka) sowie rebellisches Kindheits-Ich (Kr), zuzuordnen.
Unter Umständen bereitet die Zuordnung Schwierigkeiten. In diesem Falle sollte man durchaus mit vertrauten Personen darüber sprechen. Diese Situation ist vertrauten Personen gegenüber schließlich nicht neu; man erzählt ja häufiger von kommunikativen Erlebnissen sowie der eigenen Rolle in diesen Prozessen, um durch Kommentare und Rückfragen die Situation im Nachhinein besser einordnen zu können.
Das Ergebnis der Zuordnung ist sodann in eine Grafik aufzunehmen.
4. Das einmal erstellte Egogramm lässt sich als Basis für Beobachtungen an sich selber verwenden. Möglicherweise erstellt man in absehbarer Zeit ein neues Egogramm. Entscheidend ist natürlich, den Selbsterkenntnisprozess fortzuführen und gegebenenfalls sein Verhalten zu korrigieren.

Anleitung zum Erstellen eines Egogramms

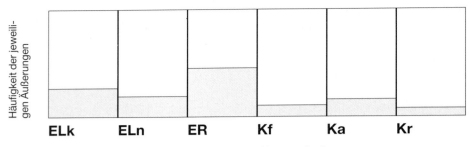

Abb. 1.18: Egogramm

5. Eine Verfeinerung der Selbstbeobachtung und Selbsteinschätzung könnte noch in folgendem Schritt liegen: Statt der allgemeinen Auflistung meiner Kommunikationsäußerungen – und der Zuordnung zu den Ich-Ebenen – teile ich meine Kommunikationsäußerungen danach ein, in welchem sozialen Gebilde sie stattfanden. Beispielsweise stelle ich fest, dass ich mich als Gruppenleiter im Betrieb ganz anders verhalte als in der Rolle des Ehepartners, eines Elternteils oder eines Vereinsmitglieds. Ausdrücke wie „Pantoffelheld" oder „Straßenbengel" deuten darauf hin, dass der Volksmund diesen Sachverhalt für nicht ungewöhnlich hält.

1.5.5 Personenspezifisches Verhalten

Durch die Lebensgeschichte eines Menschen sowie als Folge von Erwartungen und Verstärkungen durch die soziale Umwelt werden unter Umständen bestimmte Verhaltensmuster so einseitig ausgeprägt, dass sie das Gesamtverhalten der Person dominieren. Solche Verhaltensweisen sind teilweise mit den Persönlichkeitsebenen zu erklären; so ist z.B. das Verhalten des Nörglers mit einer Dominanz des kritischen Eltern-Ichs gleichzusetzen. In anderen Fällen ist die Zuordnung schwieriger, aber für das Thema Kommunikation gleicherweise wichtig, weil dominierende Verhaltensweisen sich in einem entsprechenden Kommunikationsverhalten niederschlagen.

◆ **Dominante Verhaltensweisen bei einzelnen Personen**

Zunächst soll der Tatbestand ins Auge gefasst werden, dass eine einzelne Person eine ganz spezielle Ausprägung zeigt.

Starke Ausprägungen von Verhaltensweisen

> Beispiel **Der Hochbeschäftigte**
> Das Verhalten des Hochbeschäftigten ist dadurch gekennzeichnet, dass er nach seinen Vorstellungen der einzige im Betrieb, in der Familie oder im Verein ist, der wirklich arbeitet. Er ist bereit, für dieses Ansehen seine Gesundheit und seine sozialen Kontakte zu opfern. Sein „Spielgewinn" kann in einem Überlegenheitsgefühl gesehen werden. Da er sich für bedeutungsvoller als alle anderen in seinem Umfeld hält, liegt darin auch eine Herabwürdigung Dritter.
> Seine Kommunikationsanteile laufen immer auf dieselbe „Leier" hinaus.

> Beispiel **Der Zuwendungsbedürftige**
> Bekanntlich braucht jeder Mensch Zuwendungen, um sich wohl zu fühlen. Der Bedarf an „Streicheleinheiten" kann aber über das Normalmaß weit hinausgehen. Das geht so weit, dass nicht nur auf Lob Wert gelegt, sondern auch Mitleid gerne angenommen wird. Deshalb ist der Zuwendungsbedürftige auch bereit, z.B. seine Krankheiten in allen Einzelheiten darzulegen. Die Hauptsache ist, Beachtung zu finden.

Die Kommunikation mit solchen Personen ist verständlicherweise einseitig.

Grundlagen des Kommunikationsgeschehens · 45

◆ Symbiosen im Verhalten

Es gehört zum menschlichen Dasein, dass zwei Personen Verhaltensweisen realisieren, die durch enge Bezugnahme aufeinander gekennzeichnet sind. Wenn es sich um extreme oder dominante Verhaltensweisen handelt, bestimmen diese Ausprägungen auch die Kommunikation.

Rollensymbiose

> **Beispiel** **Opfer – Helfer**
> Die Person O versagt im Beruf oder an anderer Stelle, will keine Verantwortung mehr übernehmen und wartet auf Hilfe. H bietet diese Hilfe an und kann sie auch geben. Möglicherweise wird dadurch der Selbsthilfeprozess bei O verzögert, aber H braucht diese Rolle, z.B. aus humaner Überzeugung, zur Stärkung der eigenen Persönlichkeit oder aus anderen Gründen.
> Die Kommunikation zwischen O und H ist durch die dominanten Verhaltensausprägungen und die ständig sich verfestigenden Rollen bestimmt.

Übrigens kennt das Leben bei solchen Symbiosen auch gewaltsame Änderungen, wenn etwa das Opfer eines Tages seinem Helfer vorwirft, es unmündig gemacht zu haben. Hier kann das Opfer dann zum Ankläger werden und der Helfer zum Opfer.

◆ Bündnisse

Kommunikationen unter Gleichgesinnten sind normalerweise intensiv und erfreulich. Zu beobachten sind aber auch Kommunikationsformen, die durch gemeinsame Bündnisse gegen Dritte entstehen. Dabei werden die Dritten als eine Art Bedrohung dargestellt.

> **Beispiel** **Die da oben**
> Dieses Kommunikationsspiel hat eine ganz einfache Basis. Die da oben, z.B. in der Regierung, in der Betriebsleitung, im Vereinsvorstand oder wo auch immer, kennen die Wirklichkeit nicht oder nicht ausreichend. Deshalb ist es auch kein Wunder, dass ... Wissend sind dagegen wir, die ... In diesem Zusammenhang spricht man von „Stammtisch-Mentalität".

Solidaritätsgefühle als Spielgewinn

Korrekturen innerhalb solcher Gespräche sind durch einen Einzelnen fast immer aussichtslos.

> **Beispiel** **Wer arbeitet denn noch?**
> Diese Verbündeten ähneln den Vielbeschäftigten. Hier ist es aber z.B. eine ganze Hierarchie-Ebene im Betrieb, die solche Vorurteile vertritt. Auch hier sind Korrekturen schwer einzubringen. Das ist sowieso immer der Fall, wenn die Urteile auf schwachen Füßen stehen.

Ähnliche Vorurteile und damit Kommunikationsbündnisse spielen vielerorts eine erhebliche Rolle. „Die Jugend von heute" oder „Die Putzhilfen heutzutage" sind beispielsweise beliebte Themen, die zur Solidarisierung und zu einseitigen Aussagen veranlassen.

Zusammenfassung

Die verbalen Transaktionen zwischen Menschen finden aus drei verschiedenen Persönlichkeitszuständen heraus statt, die im Verlauf eines Gesprächs wechseln können. Um Missverständnissen und Streit vorzubeugen, ist es ratsam, als Erwachsener den Erwachsenenzustand im Gespräch zu realisieren. Besonders wichtig ist dabei, aus dem Erwachsenen-Ich-Zustand heraus zu reagieren, wenn man aus dem kritischen Eltern-Ich-Zustand heraus angesprochen wird. Auf diese Weise kann man Konflikte auf der Beziehungsebene, die zu nichts führen, am besten vermeiden.

Grundlagen des Kommunikationsgeschehens

Gruppenarbeit

Aufgabe 1

1.1 Erörtern Sie in Kleingruppen, welchem Ich-Zustand die Stimuli in den folgenden Situationen entsprechen bzw. entsprechen könnten.

1.2 Versuchen Sie, die Reaktionen den Ich-Zuständen der beteiligten Personen zu-zuordnen.

1.3 Bilden Sie selber Situationen und mögliche Erwiderungen.

Situationen

a) Der Hotelgast an der Rezeption: „Im Badezimmer fehlen noch die Hand-tücher."

b) Ein Vorgesetzter einem Mitarbeiter gegenüber: „Die Unterlagen hatte ich vor einer Stunde erwartet."

c) Eine Kundin im Textileinzelhandel bei der Reklamation: „Ich bringe die Bluse zurück. Sie ist am Kragen verschmutzt."

d) Mutter zum Sohn: „Wo hast du die ganzen Taschentücher gelassen?"

e) Partner zur Partnerin: „Kannst du das Auto heute Nachmittag in die Werk-statt fahren?"

Reaktionen

a) „Das tut mir aber leid."

b) „Es ging leider nicht früher."

c) „Na ja, das kann ja mal vorkommen."

d) „Wenn ich das wüßte."

e) „Als wenn ich sonst nichts zu tun hätte!"

f) „Danke für die Information. Wird sofort in Ordnung gebracht."

g) „Wird nicht wieder vorkommen."

h) „Wer weiß, wo das passiert ist."

i) „Da muss ich mal nachgucken ..."

j) „Das wird nicht klappen. Ich bin beim Zahnarzt angemeldet."

Aufgabe 2

Sammeln Sie Sprechanteile von Mitgliedern Ihrer Arbeits- oder Lerngruppe inner-halb eines vereinbarten Zeitabschnitts (Woche, Tag, Dauer einer Sitzung). Ordnen Sie diese sodann den Ich-Ebenen zu und ermitteln Sie nach Art des Egogramms, welches Sprechverhalten in Ihrer Gruppe dominiert.

1.6 Einflussfaktoren in der Kommunikation

Wie schon mehrfach erwähnt, wirken auf den ohnehin schwierigen Verarbeitungs-prozess des Ver- und Entschlüsselns weitere Faktoren und Bedingungen massiv ein. Diese zu erkennen, zu analysieren und im Kommunikationsprozess zu berücksichtigen ermöglicht es, Störungen und Missverständnissen zuvorzukommen oder sie im aktu-ellen Geschehen identifizieren und klären zu können.

1.6.1 Motivation

In Ableitung des lateinischen „movere" (= bewegen) bezeichnet der Begriff „Motivation" die Bedingungen und Faktoren, die das Verhalten eines Menschen erklären. Welche Bedingungen sind der Anlass, dass wir uns mit einer bestimmten Intensität auf ein Ziel hin bewegen.
Durch Beobachtungen des menschlichen Verhaltens lassen sich Motive (Beweggründe) benennen, die wiederum auf Bedürfnisse zurückzuführen sind. Ein Bedürfnis motiviert (bewegt, steuert) so lange ein Verhalten, bis es befriedigt ist. Können wir einen Wunsch, z.B. ein eigenes Haus zu besitzen, nicht befriedigen, so lenken wir uns ab. Beispielsweise finden wir ein Haus belastend oder unvernünftig. Bleibt der Wunsch nach Eigentum jedoch bestehen, so sind z.B. Überstundenvergütung und Leistungszulagen für mich Motive, um mich für die Mitarbeit in einem entsprechenden Unternehmen zu bewerben und mehr zu leisten. Ein anderer Mensch wertet Überstundenvergütung nicht als motivierend, da er sowieso lieber mehr Freizeit möchte. Die individuelle Bedürfnislage entscheidet darüber, wofür wir uns „bewegen", d.h. motivieren lassen und wofür nicht.

Motive/ Bedürfnisse/ Wünsche

Allem menschlichen Verhalten liegt ein Urbedürfnis zugrunde, das uns motiviert, nämlich zu überleben, der sog. Selbsterhaltungstrieb.

Betrachten wir unsere Bedürfnisse einmal im Modell des amerikanischen Psychologen Maslow, um dann zu klären, wie unsere Bedürfnisse im Hinblick auf Kommunikation wirksam werden.
(Maslow, A., Motivation und Persönlichkeit, Hamburg 1987, S. 62 f.)

Abb. 1.19: Die Bedürfnispyramide von Maslow

| | Grundlagen des Kommunikationsgeschehens |

Die unterste Bedürfnisebene verdeutlicht die absolute Priorität des Überlebensprogramms. Wir brauchen Essen, Trinken, Schlaf sowie die Möglichkeit der Fortpflanzung.

Skalierung der Bedürfnisse

Sind diese unmittelbaren **Grundbedürfnisse** befriedigt, so drängt es uns nach Absicherung unserer Existenz auf die Zukunft hin: Stabilität, Schutz vor Schmerz, vor Furcht und Angst, z.B. vor zukünftigen Hunger. Diese **Sicherheitsbedürfnisse** befriedigen wir über Geld, d.h., wir streben einen sicheren Arbeitsplatz an, um über das nötige Geld für Wohnung, Versicherungen jeder Art und einen „Notgroschen" verfügen zu können. Auch Gesetze, Regeln und Verhaltensvorschriften verhelfen uns zu einem geordneten und vorhersehbaren Miteinander und verschaffen uns Sicherheit.

Wie bereits erwähnt, ist der Mensch ein soziales Wesen mit dem **Bedürfnis nach Zugehörigkeit zur Gesellschaft.** Also schafft er sich einen Freundes- und Bekanntenkreis, tritt Vereinen bei oder betätigt sich politisch und gründet schließlich eine eigene Familie (siehe auch Selbst- und Arterhaltungstrieb). Hier erhalten wir im Idealfall neben Geselligkeit und Austausch auch Liebe, Zärtlichkeit und Geborgenheit.

Des Weiteren suchen wir **Anerkennung,** z.B. durch geleistete Arbeit, Zustimmung für unser Sozialverhalten, einen gewissen Status sowie Einfluss, Geltung und Macht. Der Befriedigungsgrad auf dieser Ebene bestimmt entscheidend die Ausprägung des Selbstwertgefühls einer Person, welches wiederum einen sehr bedeutsamen Einfluss im Kommunikationsgeschehen hat.

Auf der letzten Bedürfnisstufe ist das **Streben nach Selbstverwirklichung** angesiedelt. Gemäß dem biblischen Auftrag: „Erkenne Dich selbst!" denken wir über unsere Existenz und deren Sinn nach und suchen nach Verwirklichung unserer Potentiale und Talente.

Kommt es zu einem Konflikt zwischen verschiedenen Bedürfnissen, so setzt sich tendenziell das in der Pyramide **tiefer gehende** Bedürfnis durch. Je tiefer das Bedürfnis in der Pyramide angesiedelt ist, desto drängender wird das Verlangen nach Befriedigung. Jeder weiß, wie stressig es ist, hungrig zu sein. In diesem Zustand vernachlässigen wir gemäß unserem Überlebenstrieb alle höher stehenden Bedürfnisse, sind z.B. überhaupt nicht mehr zuvorkommend und geduldig.

Kritik an der „Pyramide"

Gegen die Maslow-sche Bedürfnispyramide ist viel Kritik geäußert worden. Kritisiert wird vor allem die mangelnde Abgrenzbarkeit der Begriffe sowie die Tatsache, dass individuelle Unterschiede und Unterschiede in den Kulturen nicht berücksichtigt werden. Offenbar wird die Pyramide aber von vielen Menschen als einleuchtend empfunden, so dass dieser Sachverhalt möglicherweise die weite Verbreitung in der westlichen Welt erklärt.

Bedürfnishierarchie und Kommunikation

Welche Auswirkungen hat die Bedürfnishierarchie des Menschen nun auf die Kommunikation?

Wenn wir als Individuen aufeinander treffen, stehen wir uns mit im Einzelnen nicht näher bekannten Bedürfnissen gegenüber und sind interessiert, diese auch mit Hilfe des Gegenübers zu befriedigen.

Die einfachste Art ist die offene, direkte Nennung meiner Bedürfnisse und Interessen im aktuellen Fall. Der neue Mitarbeiter könnte z.B. sagen:

Beispiel „Ich bin Ihr neuer Mitarbeiter, fühle mich äußerst unsicher und habe Angst, zu versagen sowie nicht gemocht und unerwünscht zu sein. Bleiben Sie deshalb bitte bei mir, um mir zu helfen, mit der Arbeit zurechtzukommen. Tun Sie dies bitte mit Gefühlen der Sympathie und Wertschätzung, und stellen Sie mich den anderen Kollegen so vor, dass die Gruppe mich akzeptieren wird."

Grundlagen des Kommunikationsgeschehens

Wir erkennen, wie viele Bedürfnisse und Wünsche gleichzeitig wirken, zum Teil auch nicht bewusst. Das Bedürfnis nach Schutz vor Ablehnung und Schamgefühle werden häufig völlig vernachlässigt bzw. nicht artikuliert. Tatsächlich wird der neue Mitarbeiter sagen:

Beispiel „Guten Morgen, mein Name ist Neuling, und ich freue mich, Sie kennen zu lernen."

Der Vorgesetzte wünscht ihm vielleicht einen guten Start, rät ihm, sich erst mal in Ruhe umzusehen, und vertröstet ihn auf einen späteren Zeitpunkt, wo mehr Zeit für nötige Erklärungen vorhanden sein wird. Je nachdem, wie stark die Bedürfnisse des neuen Mitarbeiters auf der Wertschätzungsebene sind, kommt er mit dieser Kommunikation gut zurecht oder fühlt sich noch mehr verunsichert, weil er befürchtet, sein Vorgesetzter ist desinteressiert. Je stärker das Selbstwertgefühl und das Selbstvertrauen, desto einfacher und klarer kann Kommunikation ablaufen. Je geringer das Selbstwertgefühl, desto stärker achte ich auf Signale der Wertschätzung (z.B. ein Lächeln, Blickkontakt, freundliche Worte) und desto eher befürchte und vermute ich, Signale der Missachtung und des Desinteresses zu empfangen.

1.6.2   Selbstwert

Da der Selbstwert eine bedeutende Einflussgröße im Kommunikationsgeschehen darstellt und unser gesamtes Denken, Sprechen und Handeln nachhaltig beeinflusst, wollen wir uns mit dessen Entstehungsgeschichte beschäftigen.

Hoher Rang des Selbstwertgefühls

Der Säugling ist noch nicht mit einem Bewusstsein für sein Selbst ausgestattet und erlebt sich zunächst noch nicht als von der Mutter getrenntes Wesen (Symbiose).
Wenn nun die Mutter oder/und eine entsprechende Bezugsperson dem Kind durch ihr zunächst vornehmlich körpersprachliches Verhalten vermitteln, dass das Kind liebenswert, mutig, begabt und erfolgreich im Lernen ist („Du kannst das!"), und wenn es erlebt, dass seine Existenz für die Eltern von Bedeutung ist, so entwickelt es ein Gefühl für den eigenen Wert. Verhalten sich die Bezugspersonen dagegen kritisierend, tadelnd, strafend oder, noch verhängnisvoller, ignorierend, so gewinnt das Kind die Einstellung sich selbst gegenüber, lästig, schlecht, bedeutungslos und unwert zu sein. Wir lernen uns so zu sehen, wie die nächste Umwelt, später auch Erzieher und Lehrer uns sehen. Die **Fremdbewertung wird zur Selbstbewertung** und bestimmt entsprechend unser Verhalten.

Als Wesen mit positivem Selbstwertgefühl bin ich offen, optimistisch, experimentier- und lernfreudig, denn ich habe die Zuversicht, etwas zu schaffen und auch Schwächen haben zu dürfen. Entsprechend zuversichtlich gehe ich auf meine Kommunikationspartner zu, bringe ihnen ebenfalls Wertschätzung und Interesse entgegen und gestalte so die Kommunikation konstruktiv (aufbauend, unterstützend).

Selbstwert und Kommunikation

Umgekehrt verhält es sich im Fall eines mangelnden Selbstwertgefühls: Ich vermeide Kommunikation aus Angst vor Misserfolg, bleibe dadurch unsicher, weil ich ungeübt im Sprechen bin, trete misstrauisch auf und bleibe verschlossen.
Mein Negativimage kann auch zu aggressivem, arrogantem (anmaßend-eingebildetem) Verhalten führen, d.h., ich verhalte mich gemäß meiner negativen Selbsteinschätzung destruktiv (zerstörend, zersetzend).
Während im ersten Fall die Kommunikation entspannt und effizient verläuft, brauchen wir im zweiten Fall sehr viel Geduld, Verständnis, aber auch Klarheit und Entschiedenheit, damit Verständigung überhaupt stattfinden kann.

Je mehr wir den Kommunikationspartner wertschätzen und das entsprechend auch signalisieren, umso eher motivieren wir ihn zu einem konstruktiven Miteinander. Je weniger wir ihn als Person achten und ernst nehmen, umso eher fördern wir Unverständnis, Konflikt und Misstrauen. Wenn wir unseren Gesprächspartner nicht anschauen, ihn ignorieren, anmeckern, lächerlich machen, abqualifizieren, auf seinen Fehlern herumhacken, vielleicht noch den Fehler von letzter Woche auftischen, brauchen wir uns nicht zu wundern, wenn er sich der Kommunikation entzieht oder ebenso mit Worten zurückschlägt. Dieses Verhalten entspräche seinem Wertschätzungsbedürfnis (4. Ebene).

Kommunikationsfördernde Reaktionen, wie Rückmeldung geben, Anerkennung aussprechen, Blickkontakt aufnehmen usw., werden im zweiten Kapitel näher behandelt.

Zum Schluss noch eine kurze, aber äußerst aussagekräftige Geschichte zur Macht der eigenen Vorurteilsbildung.

Die Geschichte mit dem Hammer

Ein Mann will ein Bild aufhängen. Den Nagel hat er, nicht aber den Hammer. Der Nachbar hat einen. Also beschließt unser Mann, hinüberzugehen und ihn auszuborgen. Doch da kommt ihm ein Zweifel: Was, wenn der Nachbar mir den Hammer nicht leihen will? Gestern schon grüßte er mich nur so flüchtig. Vielleicht war er in Eile. Aber vielleicht war die Eile nur vorgeschützt, und er hat etwas gegen mich. Und was? Ich habe ihm nichts angetan; der bildet sich da etwas ein. Wenn jemand von mir ein Werkzeug borgen wollte, ich gäbe es ihm sofort. Und warum er nicht? Wie kann man einem Mitmenschen einen so einfachen Gefallen abschlagen? Leute wie dieser Kerl vergiften einem das Leben. Und dann bildet er sich noch ein, ich sei auf ihn angewiesen. Bloß weil er einen Hammer hat.

Jetzt reicht's mir wirklich. – Und so stürmt er hinüber, läutet, der Nachbar öffnet, doch noch bevor er „Guten Tag" sagen kann, schreit ihn unser Mann an: „Behalten Sie Ihren Hammer, Sie Rüpel!"

(Watzlawick, Paul, Anleitung zum Unglücklichsein, Piper Verlag, München/Zürich, 1983, S. 37)

1.6.3 Verhaltensstil

Wenn wir als Personen kommunizieren, wirken nicht nur erworbene Persönlichkeitsmerkmale wie Sprachfähigkeit und Selbstwert, sondern auch das Temperament, der typische, wahrscheinlich ererbte Verhaltensstil.

Menschentyp und Kommunikation

Die Besonderheit der Interaktion (= Wechselwirkung zwischen aufeinander bezogen handelnden Partnern) wird also auch von der Gemütsart der Gesprächspartner geprägt.

So unterscheiden wir die introvertierte und die extravertierte Persönlichkeit.

Der **introvertierte Mensch** ist nach innen gewandt und verarbeitet Erlebnisse eher mit sich selbst. Demnach wirkt er eher schüchtern und kontaktscheu.

Dagegen ist der **extravertierte Mensch** für äußere Einflüsse leicht empfänglich, schnell ansprechbar und kontaktfreudig.

Auch Eigenschaften wie Sensibilität, Erregbarkeit, Launenhaftigkeit, Reizbarkeit, Aggressivität, Schwerfälligkeit, Trübsinnigkeit und Eigensinn können temperamentbedingt sein.

Die Unterscheidung zwischen dem introvertierten und extravertierten Persönlichkeitstyp geht auf den Schweizer Psychologen Carl Gustav Jung („Psychologische Typen", 1920, 1950) zurück. In letzter Zeit gewinnen Typenlehren amerikanischer Wissenschaftler an Bedeutung, die nach Lern-, Denk- und Handlungsstilen unterscheiden. Hinzuweisen ist z.B. auf Ned Herrmann (nähere Informationen durch das Herrmann-Institut Deutschland GmbH, Roland Spinola, Fulda).

Das **Herrmann-Dominanz-Modell** unterscheidet vier Denk- und Verhaltensstile, die durch Schlüsselwörter grob skizziert werden können:

A – logisch, analytisch, technisch
B – strukturiert, organisiert, kontrolliert
C – emotionell, einfühlsam, musisch
D – intuitiv, aufbauend, ganzheitlich

Die Stile werden weiter ausdifferenziert, so dass für A und B die Betonung der Verstandesseite, für C und D die Betonung der Gefühlsseite deutlich wird. Die Denk- und Verhaltensstile lassen sich als Menschentypen umdeuten:

Typ A lässt sich als **Theoretiker** bezeichnen, weil das rationale Ich im Vordergrund steht. Er denkt und handelt analytisch, detailliert, technisch, logisch, dominierend, mathematisch, selbstsicher, tatkräftig, unabhängig, konfliktbereit, zielstrebig, kritisch, konsequent, distanziert und introvertiert.
Eine unbekannte Situation analysiert er nach allen Seiten, und zwar in logischen Schritten. Er argumentiert rational und bezieht sich dabei auf Zahlen und Fakten.

Typ B ist der **kontrolliert Handelnde,** für den das Sicherheitsbedürfnis die entscheidende Rolle spielt. Er denkt und handelt beharrend, kontrolliert, planerisch, zuverlässig, sequentiell, nachdenkend, exakt, pünktlich, ausdauernd, fleißig, zuverlässig, gewissenhaft, korrekt und systematisch.
Durch systematisches und beharrliches Vorgehen stößt er bei einer Problemlösung auf alle denkbaren Probleme, wobei ihm auch verdeckte Probleme bzw. auch Teilprobleme nicht entgehen. Er entwickelt detaillierte Pläne, wobei auch die Zeitplanung berücksichtigt wird. Sein Führungsstil beruht auf Kontrolle und fester Hand.

Typ C lässt sich im deutschen Sprachgebrauch als der **sozial Handelnde** bezeichnen. Er denkt und handelt integrierend, harmoniebedürftig, einfühlsam, emotional, zwischenmenschlich, kommunikativ, kontaktfreudig, gesellig, hilfsbereit, verstehend, empfindsam, warmherzig, zugewandt und teamfreudig.
Für ihn ist eine Problemlösung nicht ohne Berücksichtigung sozialer Komponenten denkbar, wobei sich diese soziale Grundeinstellung sowohl auf die gemeinsame Arbeit als auch auf das Ergebnis der Problemlösung bezieht.

Typ D ist der **Innovator,** der **experimentell** eingestellt ist. Er denkt und handelt originell, ideenreich, kreativ, sprunghaft, ganzheitlich, konzipierend, überzeugend, flexibel, spontan, risikofreudig, mitreißend, abenteuerfreudig, neugierig und lebendig.
Probleme werden in größeren Zusammenhängen gesehen und behandelt. Er sucht neue Wege und Verfahren, kann unterschiedliche Konzepte integrieren und toleriert Unwägbares.

Jeder Mensch vereinigt in sich Anteile aller vier Denk- und Handlungsstile, jedoch in unterschiedlichem Maße.

Als Kommunikationspartner kann mir diese Kenntnis helfen. Wenn ich Temperament, Wesensart sowie Denk- und Verhaltensstile meines Gesprächspartners richtig einschätze, kann ich ihn besser verstehen und auch meine eigenen Aktionen und Reaktionen darauf einstellen. Das gilt grundsätzlich für alle kommunikativen Lebensäußerungen, hat aber z.B. bei Anweisungen oder bei Abstimmungen im Team große praktische Bedeutung.

1.6.4 Situativer Hintergrund

Bedeutung der Situation für erfolgreiches Kommunizieren

Eine weitere Einflussgröße sollten wir im Auge haben, wenn wir mit Menschen kommunizieren: die besondere **aktuelle Situation, in der die Beteiligten stehen.** Diese ist wiederum beeinflusst von der vergangenen und auch der zukünftigen Situation. Ist z.B. mein Kollege privat sehr gestresst, weil sein Hausbau nicht planmäßig verläuft oder ein Pflegefall das Familienleben belastet, und hat er vom Chef gerade einen dringenden Auftrag auf den Tisch bekommen, muss aber pünktlich fertig werden, wird die Interaktion ganz anders verlaufen, als wenn der Kollege nicht in dieser Drucksituation steht und mir seine ganze Aufmerksamkeit widmen kann. Zeitdruck ist eine ungünstige Voraussetzung für erfolgreiches Kommunizieren, ebenso Stress und momentane Überbelastung. Ich höre zwar augenscheinlich zu, aber Auffassungskapazität und Konzentrationsfähigkeit sind erschöpft, und ich bekomme nichts oder nur die Hälfte mit.
Wann hat uns zuletzt ein Gesprächspartner gefragt: „Hörst du überhaupt zu?"
Das Entschlüsseln der Nachricht kann den Gesprächspartner überfordern, obwohl er besten Willens ist.
Ich achte als kompetenter Gesprächspartner also auf die Signale meines Gegenübers, inwieweit er aufgrund seiner individuellen Situation überhaupt ansprechbar ist.

1.6.5 Rahmenbedingungen

Raum Sitzmöbel Tageszeit Reize

Wie das äußere Erscheinungsbild der Kommunikationspartner auf das Kommunikationsgeschehen einwirkt, so nimmt auch **der äußere Rahmen** Einfluss. Ob das Gespräch z.B. in einem Arbeitsraum stattfindet, wo ich „Heimvorteil" genieße oder der andere „Heimspiel" hat, ob mich fremde Umgebung eher einschüchtert, ob mir der niedrigere Stuhl angeboten wird, ob wir sitzen oder stehen, ob es ein unruhiger Ort ist, wo das Gespräch z.B. durch Besucher oder Telefon häufig unterbrochen wird oder nebenan eine Baustelle hörbar ist, zu welcher Tageszeit wir uns treffen (Biorhythmus!) – alle diese Faktoren beeinflussen die Interaktion unterschwellig. Äußere Reizüberflutung, so wie sie unsere Lebens- und Arbeitswelt prägt, bindet kostbare Energie und erzeugt inneres Chaos (totale Verwirrung), so dass unsere Wahrnehmungsfähigkeit für die Signale unseres Gesprächspartners häufig getrübt, wenn nicht sogar blockiert ist.

Zusammenfassung

Es kann festgehalten werden, dass die kommunikative Kompetenz der Gesprächspartner und damit der Erfolg der Kommunikation wachsen, je mehr **psychologisches Grundlagenwissen** über die Wirkung von menschlichen Bedürfnissen und von Motivation, über Persönlichkeitsmerkmale wie Einstellung zu sich und anderen, Verhaltensstil bzw. Temperament sowie Situation und Rahmenbedingungen als Einflussgrößen der Kommunikation vorhanden ist.
Natürlich ist Wissen allein noch nicht Können. Die Anwendung des Wissens in der Praxis, die **Erforschung und Bewusstmachung der eigenen Persönlichkeitsanteile** und ihr Einfluss auf das Kommunikationsverhalten sowie auch die ständige Überprüfung der Wahrnehmungsfähigkeit ermöglichen erst erfolgreiche Kommunikation.
Klare Kommunikation setzt Selbstklärung voraus.

Grundlagen des Kommunikationsgeschehens

A Aufgaben

1. Durch welche Merkmale ist das Vier-Seiten-Modell nach Schulz von Thun gekennzeichnet? Erörtern Sie die Frage mit Hilfe der Mitteilung von Kollege A an Kollege B: „Ich habe Sie heute wieder beim Chef reingehen sehen."

2. Zur gelungenen Kommunikation gehört sowohl eine optimale Codierung als auch eine optimale Decodierung. Warum wird die Decodierung als eine besonders wichtige und besonders schwierige Aufgabe angesehen?

3. Interpretieren Sie das erste Axiom nach Watzlawick mit Hilfe der Begriffe „verbale" und „nonverbale Kommunikation".

4. Erläutern Sie den Zusammenhang zwischen Sachebene und Beziehungsebene im Sinne des zweiten Axioms nach Watzlawick.

5. Eine Kommunikation auf der Erwachsenen-Ich-Ebene lässt sich als die günstigste Ebene für die Kommunikation zwischen Betriebsangehörigen ansehen. Können Sie sich dieser Auffassung anschließen? Warum entspricht die durchaus noch verbreitete gekreuzte Transaktion, die von der kritischen Eltern-Ebene ausgeht, nicht mehr den Anforderungen moderner Betriebsführung?

6. Welche Hilfestellung leistet nach Ihrer Auffassung die Maslow-sche Bedürfnistheorie für die Erklärung von Kommunikationsvorgängen?

7. Verhaltensstile und andere Ausprägungen der Persönlichkeit eines Menschen müssen als wichtige Einflussfaktoren auf das Kommunikationsgeschehen angesehen werden. Warum?

B Methodische Anmerkungen

Die Ausführungen in diesem Kapitel sind durch eine Fülle von Gesprächssituationen gekennzeichnet, wobei diese Situationen wiederum durch Variationen und Beispiele unterlegt sind. Dieses Vorgehen soll als Aspekt der situations- und handlungsorientierten Methode hervorgehoben werden. Es findet sich auch in anderen Kapiteln, weil es sich für die Darstellung kommunikationswissenschaftlicher Erkenntnisse grundsätzlich gut eignet.

Profilermittlung und Profildarstellung des persönlichen Denk- und Handlungsstils

Der Denk- und Handlungsstil von Personen lässt sich in Anlehnung an N. Herrmann mit folgender Methode ermitteln und darstellen:

1. Die Testperson vergleicht die vorgegebenen, auf bestimmte Typen hin konstruierten Einstellungen/Verhaltensweisen (Statements) mit ihren eigenen Einstellungen/Verhaltensweisen.

Grundlagen des Kommunikationsgeschehens

Im Folgenden sind hierzu 16 Beispiele (Statements) genannt. Von Testinstituten verwendete Vorgaben sind natürlich wesentlich umfangreicher.

1 Ich treffe Entscheidungen am liebsten, wenn ich mehrere Alternativen vor mir liegen habe und ich gründlich abwägen kann.

2 Lösungen, die durch Teamarbeit entstehen, haben für mich immer den Vorzug gegenüber selbst konstruierten Lösungen.

3 Mit logisch und analytisch denkenden Menschen komme ich gut aus.

4 Neue Ideen probiere ich am liebsten sofort aus auf ihre Anwendungsmöglichkeit in der Praxis.

5 Mit knappen Terminen arbeite ich ungern, weil mir dann die Zeit zum Nachdenken fehlt.

6 Ich fühle mich wohl, wenn mein Wissen in ein zusammenhängendes Muster einzuordnen ist. Methodisches Vorgehen ist mir eine Selbstverständlichkeit.

7 Ich habe meine besten Ideen, wenn ich gerade nichts tue.

8 Es ist nicht mein Fall, planmäßig über Zukunft oder Vergangenheit nachzudenken. Ich handele lieber aus gegenwärtigen Anstößen heraus.

9 Eine Besprechung sollte in jedem Fall einen roten Faden haben; der rote Faden sollte im Auge behalten werden.

10 Krisensituationen finde ich immer spannend und suche bei solchen Gelegenheiten, zu neuen und für alle erträglichen Lösungen beizutragen.

11 Im Großen und Ganzen höre ich bei Besprechungen lieber zu und mache mir Notizen, als dass ich mich an Diskussionen beteilige.

12 Tagträumen ist für mich ein wichtiger Anstoß für das Lösen von Problemen.

13 Besprechungen sind wichtige Elemente im beruflichen Leben, weil sie die Möglichkeit eröffnen, zu übereinstimmenden Ansätzen zu kommen.

14 Interpretierbaren und offenen Themen gehe ich gerne aus dem Weg.

15 Es stört mich, wenn jemand kopfüber in eine Sache einsteigen will.

16 Ideen anderer beurteile ich danach, ob ich darin einen praktischen Nutzen erkennen kann.

2. Übereinstimmungen macht die Testperson z.B. durch Ankreuzen kenntlich und trägt in die Tabelle pro Übereinstimmung an der betreffenden Stelle ein Pluszeichen ein. Trifft z.B. Statement 3 zu, so ist in der Tabelle hinter „3" ein Pluszeichen zu machen.

Theoretisch Handelnder		Kontrolliert Handelnder		Sozialintegrativ Handelnder		Innovator	
3	+	1	+	2		4	
6		5		8		7	
9		11	+	10		12	
14	+	15	+	13	+	16	+
2		3		1		1	

Grundlagen des Kommunikationsgeschehens 55

3. Die erzielten Punkte werden in den Spalten addiert und in die zutreffenden Achsen der folgenden Skizze übertragen. Dabei geht man von der Mitte aus und kreuzt die richtige Entfernung an. Wenn die Kreuze verbunden werden, hat man das ermittelte Profil.

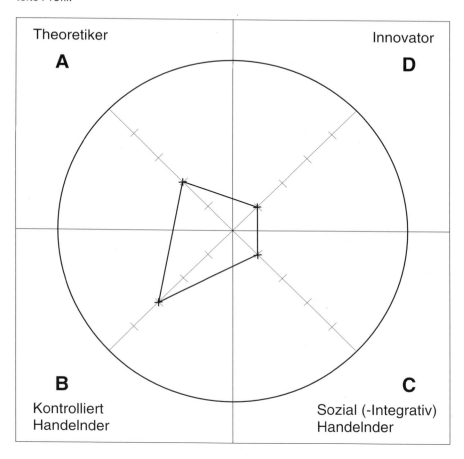

- Die Aussagefähigkeit dieser Methode hängt von mehreren Faktoren ab.
  * Es muß sicher sein, dass die Typenbildung als solche realistisch ist, d.h., die Typen müssen in der Realität vorkommen und sich mit den vorgesehenen Statements zutreffend beschreiben lassen. Hierbei ist zu beachten, dass nach Ländern und Kulturen große Unterschiede bestehen und dadurch eine Methode der Typenbildung keineswegs auf alle Kulturen und Gesellschaften übertragbar ist. Mitglieder anderer Kulturen erkennen sich u.U. in den konstruierten Statements gar nicht wieder.

  * Eigenbeobachtung und Zuordnung muss die Testperson gewissenhaft vornehmen.

  * Die Anzahl der Statements muss so groß sein, dass die Aussagefähigkeit der Tests gesichert ist.

Grundlagen des Kommunikationsgeschehens

◆ Die Anwendung der Methode bzw. die Verwendung der Testergebnisse lässt sich als vielfältig bezeichnen.

　★ Für die einzelne Testperson können die Kenntnisse über sich selber nützlich sein. Selbstverständlich unterliegt die Zugehörigkeit zu einem bestimmten Typ bzw. die Dominanz eines bestimmten Typs keiner Wertung. Wer aber z.B. für sich ein sehr starkes Sicherheitsstreben (Kontrolliert Handelnder) und einen ausgeprägten Wunsch nach Strukturen (Theoretiker) feststellt, während für die Typenmerkmale C und D keine Punkte zu vergeben waren, ist möglicherweise in seiner Kommunikation auf Menschen mit ähnlichen Strukturen ausgerichtet. Dieses Wissen könnte ihn veranlassen, gefühlsbetonteren Menschen großzügiger gegenüberzutreten.

　★ Kenntnisse über Denk- und Handlungsstrukturen sind für alle Personen mit Führungsaufgaben wichtig, z.B. bei der Teambildung.

C Literatur

Argyle, M., Körpersprache und Kommunikation, Jungfermann Verlag, Paderborn 1992

Berne, E., Spiele der Erwachsenen, Rowohlt TB-Verlag, Hamburg 1972

Brauneck, Peter, Brönstrup, Uwe, Horster, Leonhard, Rottmayer, Birgit, Moderatorenschulung, Materialien zur Lehrerfortbildung, Landesinstitut für Schule und Weiterbildung, Soest 1988

Fritz, J., Körpersprache lernen, in: Praxis Spiel und Gruppe 2, Zeitschrift für Gruppenarbeit, Verlag Grünewald, Mainz 1991

Langer/Schulz v. Thun/Tausch, Sich verständlich ausdrücken, Ernst Reinhard Verlag, München 1990

Maslow, A., Motivation und Persönlichkeit, Rowohlt Verlag, Hamburg 1987

Molcho, S., Körpersprache, Goldmann Verlag, München 1996

Reutler, B. H., Körpersprache im Bild, Englisch Verlag, Wiesbaden 1986

Schulz von Thun, F., Miteinander reden, Rowohlt Verlag, Hamburg 1988

Watzlawick, P., Wie wirklich ist die Wirklichkeit?, Piper Verlag, München 1985

Watzlawick/Beavin/Jackson, Menschliche Kommunikation, Verlag Hans Huber, Bern 1990

2 Gesprächstechniken als Verständigungshilfen der mündlichen Kommunikation

Führen Sie jeweils zu zwei Personen eine Nachzeichenübung nach folgenden Spielregeln aus:
A hält eine Zeichnung verdeckt bereit, in der geometrische Figuren zusammenhängend dargestellt sind.
Erfinden Sie zu diesem Zweck eine Zeichnung nach der folgenden Anregung.

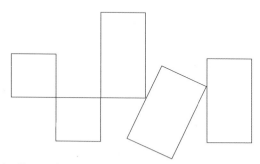

Abb. 2.1: Geometrische Figuren für das Zeichenexperiment

B sitzt mit Papier und Stift für ein Zeichenexperiment bereit.
A stellt sich mit dem Rücken zu B und verhindert, dass B die Zeichnung einsehen kann.
Sodann beginnt A damit, die Zeichnung zu beschreiben.
B fertigt nun einzig nach den mündlichen Anweisungen von A eine Zeichnung an.
A verwendet keine Zeichensprache!
A gibt B genügend Zeit zum Zeichnen, erlaubt aber währenddessen keine Rückfragen.
Heraus kommt das Ergebnis einer „Einwegkommunikation", d.h., die Kommunikation erfolgt nur in eine Richtung ohne Rückkopplung.

In diesem Kapitel geht es um die **Erarbeitung geeigneter Muster (Schemata) und Techniken für Sprechhandlungen** in beruflicher, persönlicher und gesellschaftlicher Hinsicht sowie um deren Analyse und Reflexion. **Geeignete Gestaltungsformen** werden erarbeitet und trainiert, um teamfördernd, problem- und konfliktlösend sowie kreativ-mitgestaltend handeln und so unserer Verantwortung als soziale Wesen gerecht werden zu können.

Die dargestellten und trainierten Gesprächstechniken sind geeignet, in unterschiedlichen Situationen kommunikationsfördernd zu wirken und die Zielerreichung der Kommunikation zu sichern.

Verständigungshilfen

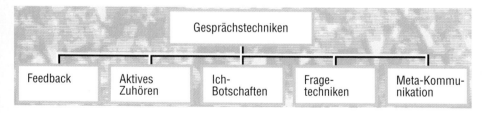

Die Grundlagenkenntnisse des Kommunikationsgeschehens versetzen uns in die glückliche Lage, den Fallstricken der Kommunikation nicht hilflos ausgeliefert zu sein, sondern Kommunikation als Aufgabe zu begreifen und Brücken zu bauen, um die gewünschte und letztendlich lebensnotwendige Verständigung zwischen Menschen zu unterstützen und zu fördern.

Da wir bereits erkennen konnten, dass das Ergebnis der Kommunikation vor allem ein Werk des Empfängers ist, beschäftigen wir uns zunächst mit Gesprächstechniken, die vor allem helfen, das Empfangsergebnis der Sendeabsicht möglichst anzunähern.

Zunächst ein nicht ganz ernst zu nehmendes Beispiel, wie Nachrichtenvermittlung auch verlaufen kann: die Einwegkommunikation am Beispiel der Sonnenfinsternis.

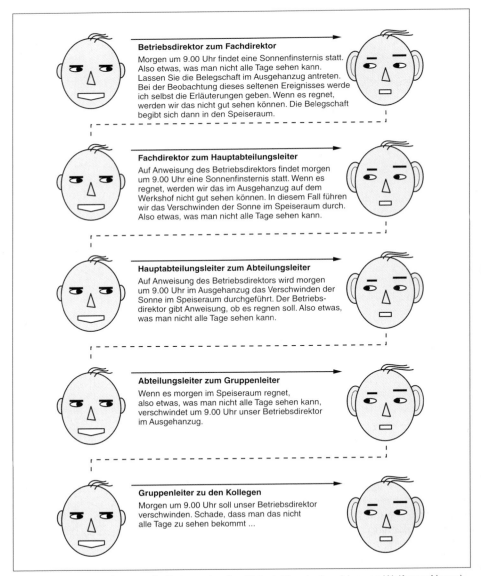

Abb. 2.2: Die Einwegkommunikation am skurrilen Beispiel (nach einer Idee von Wolfgang Neuss)

Gruppenarbeit

1. Tauschen Sie in der Kleingruppe Erlebnisse und Erfahrungen in ähnlich verlaufenen Situationen aus.

2. Diskutieren Sie Ihre Vermutungen und Einschätzungen der Ursachen für diese und ähnlich fehlerhafte Kommunikationsabläufe.

2.1 Feedback

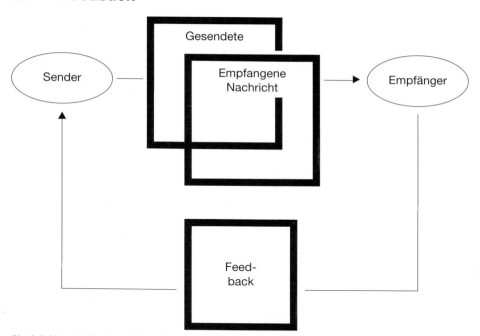

Ab. 2.3: Vervollständigtes Modell der zwischenmenschlichen Kommunikation
(nach: Schulz von Thun, F., Miteinander reden, Hamburg 1988, S. 81)

Es gibt einen einfachen Weg aus dem Dickicht der Vieldeutigkeit von Aussagen, die unausgesprochen in einer Mitteilung enthalten sind, nämlich das Feedback.
Feedback (Rückkoppelung) ist die Rückmeldung des Empfängers auf die empfangene Mitteilung. Der Empfänger spricht im Feedback mit seinen Worten aus, wie er die Mitteilung entschlüsselt hat, und stimmt so mit dem Sender Empfangsergebnis und Sendeabsicht ab. Zur Verdeutlichung nochmals unser o.g. Beispiel: „Ich habe schon fünfmal bei Ihnen angerufen!" Stellen wir uns wieder vor, der Empfänger hat für jeden der vier Aussagebereiche ein eigenes Ohr.

60   Gesprächstechniken

2.1.1   Die Aussagebereiche des Feedbacks

Sach-
Feedback

◆ Würde der Empfänger ein Feedback zur **Sachaussage** geben, könnte er zurück-melden: „Sie informieren mich darüber, dass Sie fünfmal meinen Apparat im Büro an-gewählt haben."

Ist diese Aussage vom Sender beabsichtigt, so bejaht er, im anderen Fall stellt er richtig: „Nein, ich habe es auch bei Ihnen zu Hause versucht."

Hier könnten jetzt weitere Einzelheiten zu Zeitpunkt und Telefonnummer ausgetauscht werden und die Kommunikation nähme einen sachlichen Verlauf. Das „Sachfeedback" klärt die Sachlage, also den eigentlichen Tatbestand.

Selbstaussage
klären

◆ Wie wir jedoch inzwischen wissen, will uns der Sender zumeist nicht nur eine Sach-lage schildern, uns nicht nur über Tatsachen in Kenntnis setzen, sondern immer auch eine **Selbstaussage** mitliefern, wenn auch meist unbewusst. Wenn ich als Empfänger nun das „Selbstoffenbarungs-Ohr" in den Vordergrund stelle, könnte ich verstehen bzw. entschlüsseln:
  – „Ich war sehr eifrig!"
  – „Mir war wichtig, etwas mitzuteilen!"
  – „Ich konnte meine Ungeduld kaum bremsen!"

Mein Feedback könnte lauten:
  – „Mir gefällt Ihr Engagement, Ihre Einsatzbereitschaft!"
  – „Ich bedaure, erst jetzt von Ihren Bemühungen zu hören!"
  – „Es tut mir leid, dass Ihre Bemühungen bisher erfolglos blieben!"
  – „Ich kann Ihre Ungeduld gut nachfühlen, es ist schrecklich, jemandem ohne Erfolg hinterherzutelefonieren!"

Jetzt hat der Kollege Gelegenheit, mein Empfangsresultat zu bestätigen, es gegebe-nenfalls zu ergänzen oder es richtig zu stellen, falls ich seine Selbstaussage missver-standen haben sollte. Auf jeden Fall sind wir im Gespräch und mein Feedback signali-siert Interesse und Einfühlungsvermögen, was den Kollegen ermuntert, sein Anliegen vorzutragen.

◆ Wenn der Empfänger nun auch sein **„Beziehungsohr"** auf Empfang geschaltet hat, könnte er entschlüsseln:
  – „Es war mir wichtig, Sie zu sprechen!"
  – „Ich brauchte dringend eine Auskunft von Ihnen!"
  – „Ich bin durch Ihre Unauffindbarkeit in Schwierigkeiten geraten!"

Sein Feedback könnte lauten:
  – „Sie wollen mir also sagen, dass Sie mich dringend sprechen wollten?"
  – „Vermute ich richtig, Sie benötigten dringend eine Auskunft?"
  – „Das hört sich an, als hätten Sie bedauert, mich nicht anzutreffen?"
  – „Meinen Sie damit, Sie hatten durch mich Schwierigkeiten?"

Beziehung
durch
Feedback
definieren

Das „Beziehungsfeedback" hebt auf die in der Mitteilung mitschwingende Beziehungs-definition ab, und zwar im Sinne von: so stehe ich zu dir, du bist für mich ...
Es ist hilfreich, meine Vermutungen, die ich ohnehin hege, nicht für mich zu behalten, sondern offen den näheren Hintergrund der Beziehungsaussage nachzufragen. Ich

vergewissere mich also, ob ich auf dem richtigen Weg im Entschlüsselungsprozess bin. Jetzt kommt es noch darauf an, ob der Sender in der Lage ist, offen und ehrlich zuzugeben, dass er sich tatsächlich über meine Unerreichbarkeit geärgert hat oder dass er sich vielleicht unsicher fühlte. Im Idealfall konkretisiert der Sender nach meinem Feedback seine Aussage auf der Beziehungsebene, so dass ich als Empfänger genau weiß, wie der Sender zu mir steht, ob er mir Freund oder Feind ist.

Meist sieht die Praxis aber ganz anders aus. Der Empfänger interpretiert möglicherweise stillschweigend die Mitteilung als Missfallensäußerung, ist irritiert, fühlt sich zu Unrecht kritisiert und antwortet, anstatt ein Feedback zu geben, mit einem zurückweisenden „So wichtig wird es doch nicht gewesen sein!", was der Telefonierer seinerseits, auf dem „Beziehungsohr" hörend, interpretiert als: „Nehmen Sie sich mal nicht so wichtig!" Spätestens jetzt haben die beiden ein Problem, entstanden aus einer unzureichenden Kommunikation, weil beide Gesprächspartner davon ausgehen, dass Verständigung ein eindeutiger, eindimensionaler Vorgang ist. Ganz besonders problematisch ist diese Fehleinschätzung im Zusammenhang mit der Beziehungsebene einer Mitteilung, da wir uns auf vermeintliche Angriffe gegen unseren Selbstwert (Anerkennungsbedürfnis!) sofort in höchste Alarmbereitschaft versetzen und unwillkürlich zurückschlagen oder uns defensiv zurückziehen, was beides der Kommunikation schadet.

◆ Vor allem auch in Bezug auf die **Appellaussage** ist das Feedback eine notwendige Vorsichtsmaßnahme, um nicht völlig aneinander vorbeizuagieren.
Auf dem „Appellohr" entschlüssele ich vielleicht:

- „Seien Sie öfter erreichbar!"
- „Sagen Sie mir, wie ich sonst an Sie rankomme!"
- „Haben Sie wenigstens jetzt Zeit für mich!"

Appellaussage durch Feedback konkretisieren

Das Feedback könnte dementsprechend lauten:

- „Möchten Sie, dass ich mich in Zukunft bei Ihnen melde, wenn ich schlecht erreichbar bin?"
- „Soll ich Ihnen die Nummer meiner Vertretung geben?"
- „Wollen Sie mich jetzt für einen Augenblick sprechen?"

Ein solches Feedback könnte nützliche Vereinbarungen zur Folge haben, die den zukünftigen Informationsfluss dauerhaft verbessern und damit die Zusammenarbeit und das Arbeitsklima positiv beeinflussen.

2.1.2   Das Drei-Stufen-Feedback

◆ Handelt es sich um eine besonders sensible und heikle Gesprächssituation, wie z.B. im Kritikgespräch, so könnte ein **Feedback in drei Schritten** den Verständigungsprozess unterstützen. Nehmen wir als Beispiel folgende Situation:

Kollege A betritt den Arbeitsraum von Kollege B in der Absicht, eine Schwierigkeit in seinem Arbeitsvorgang anzusprechen. Kollege B zieht die Augenbrauen hoch und holt tief Luft. Diese wahrgenommenen Körpersignale bauen bei Kollege A eine Spannung

Empfangsvorgang differenzieren

auf, denn er interpretiert die Signale als Abwehr, als Nein zu seinem Ansinnen, etwas zu klären. Die drei zu unterscheidenden Empfangsvorgänge:

1. Wahrnehmen
2. Interpretieren
3. Fühlen

werden von Kollege A nicht unterschieden, sondern verschmelzen diffus ineinander. Wahrgenommenes und Interpretiertes werden für „wahr" genommen, statt im zweiten Schritt, in der Interpretation, zu berücksichtigen, dass eben diese wahr oder falsch sein kann.

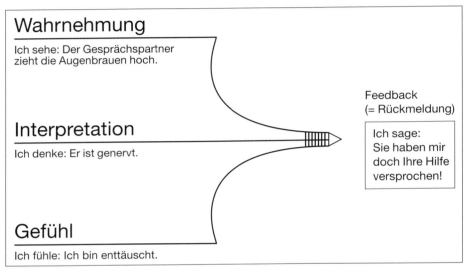

Abb. 2.4: Die Rückmeldung als ein Verschmelzungsprozess dieser Vorgänge
(nach: Schulz von Thun, F., Miteinander reden, Hamburg 1988, S. 73)

Da also die Verschmelzung der drei Empfangsvorgänge die Kommunikation irreführen kann, wäre im vorliegenden Fall folgendes „Drei-Stufen-Feedback" möglich:

Drei Vorgänge

1. „Ich nehme wahr, dass Sie die Augenbrauen hochziehen und tief durchatmen."
2. „Ich deute Ihre Reaktion als Desinteresse oder Unmutsäußerung."
3. „Darüber bin ich enttäuscht und besorgt, weil ich gehofft hatte, dass Sie mir in der Sache helfen."

◆ B kann das „Drei-Stufen-Feedback" jetzt seinerseits kommentieren: „Ich habe in der Tat tief durchgeatmet, doch das war keine direkte Reaktion auf Ihre Anfrage, sondern ich habe zu schwer zu Mittag gegessen und fühle mich müde. Da helfe ich mir schon mal mit einem tiefen Atemzug!" Hätte A seine gefühlsmäßige Reaktion auf seine Interpretation für sich behalten, wäre er möglicherweise mit den entschuldigenden Worten abgezogen: „Ich stelle gerade fest, das hat noch Zeit!", hätte sich heimlich über die vermeintlich mangelnde Kooperationsbereitschaft des Kollegen B geärgert und für die Zukunft eine Beziehungsverstimmung mit Langzeitwirkung programmiert.

Wie häufig nehmen wir etwas für „wahr" an, ohne die zwar nicht ganz einfache, aber so klärende Form des Feedbacks zu wählen. Was wir neben der Nachfragetechnik dazu allerdings benötigen, ist etwas Mut, uns unserer Gefühle (Enttäuschung, Wut, Verun-

sicherung, Verlegenheit, Hoffnung, Freude usw.) nicht zu schämen, sondern sie frei und direkt auszusprechen und dazu zu stehen.
Überhaupt ist der **Mut zu offener und ehrlicher Kommunikation** ein entscheidender Erfolgsfaktor.

Gruppenarbeit

Üben Sie in einer Dreiergruppe (A, B, C) mit den unten vorgeschlagenen Botschaften das „Drei-Stufen-Feedback".

A liest die Botschaft still durch und entscheidet sich für eine bestimmte Betonung und einen entsprechenden körpersprachlichen Ausdruck. Dann spricht A den Satz zu B.

B nimmt möglichst alle Signale wahr (sehen, hören) und
1. spricht die Wahrnehmungen an,
2. interpretiert, d.h. deutet den Gehalt der Botschaft,
3. nimmt die eigene gefühlsmäßige Reaktion wahr und spricht sie aus.

C schreibt das Drei-Stufen-Feedback auf.

Beispiel

A: „Sie haben ja heute ein Parfum aufgelegt!" (runzelt die Stirn, die Betonung liegt auf den Wörtern „haben" und „Parfum")
B: 1. „Sie sprechen mein Parfum an und Sie runzeln dabei die Stirn."
2. „Ich vermute, der Duft ist Ihnen zu stark, zu aufdringlich."
3. „Das verunsichert mich und macht mich verlegen."

C schreibt das Drei-Stufen-Feedback von B auf.

A, B und C vergleichen Sendeabsicht und Empfangsresultat und untersuchen die Ursachen für eventuelle Missverständnisse.

In einem zweiten Durchgang werden die Rollen getauscht und A legt jetzt eine andere Bedeutung in die Botschaft, indem ein anderes Wort betont wird und entsprechend andere Körpersignale begleitend hinzukommen.
Jeder übt das Drei-Stufen-Feedback mit drei verschiedenen Botschaften.

Beispiele für Botschaften

a) Das neue Schreibprogramm ist ein echter Fortschritt.
b) Die Fahrten mit öffentlichen Verkehrsmitteln machen einfach keinen Spaß.
c) Bei Sonnenlicht sieht man erst, wie schmutzig die Fenster sind.
d) Dieser Abschlussbericht liegt mir wie Blei auf der Seele.
e) Sie können sich ja meine neue Wohnung mal anschauen.
f) Sie hätten sich doch um die Stelle bewerben können.
g) Es ist ja wieder schrecklich warm hier im Raum.
h) Ich sehe nicht ein, warum ich länger bleiben soll, nur weil Sie nicht planen können.
i) Widerlich diese neuen Büromöbel!

Gesprächstechniken

Trennung von Wahrnehmung und Interpretation

◆ Wenn wir uns in besonders heiklen Situationen die Mühe machen, im Empfangsprozess Wahrnehmung und Interpretation voneinander zu unterscheiden und die Interpretation als unser „Werk" anzuerkennen, leisten wir einen bedeutenden Beitrag zur Verständigung. Ob das Ansprechen der Gefühlsebene angebracht ist, muss von Situation zu Situation entschieden werden.

Die folgende Übung ist ebenfalls geeignet, Fallstricke im Zuhörprozess bewusst zu machen und uns in die Lage zu versetzen, echte Zuwendung zu praktizieren.

Gruppenarbeit: Kontrollierter Dialog
(vgl. auch Mohl, A., Auch ohne dass ein Prinz dich küsst, Paderborn 1994, S. 62 f.)

Kommen Sie zu einer Dreiergruppe zusammen und üben Sie nach folgenden Spielregeln:

1. Drei Mitspieler, A, B, C, legen die Rollen für den ersten Durchgang fest.
2. A und B treffen eine Vereinbarung über das Dialog-Thema.
   Beispiele: Tempolimit auf der Autobahn, Gentechnik, Tagespolitik, Hobbys
3. A vertritt die Pro-, B die Kontra-Meinung (z.B. pro/kontra Motorsport).
4. C beobachtet und achtet auf Einhaltung der Spielregeln.
5. A beginnt den Dialog, stellt seine Meinung dar.
6. B antwortet zunächst nicht, sondern wiederholt das von A Gesagte inhaltlich (nicht wörtlich), möglichst genau und vollständig.
7. A bestätigt die Richtigkeit der Wiedergabe oder verneint.
8. Im Falle der Verneinung bemüht sich B um eine Berichtigung; gelingt das nicht, soll A seine Aussage wiederholen.
9. B formuliert sein Gegenargument, A wiederholt es inhaltlich möglichst vollständig.
10. B bestätigt die Richtigkeit der Wiedergabe oder verneint, dann weiter wie 8.
11. C schaltet sich bei Regelverstößen ein und bricht nach zehn Minuten den Durchgang ab.
12. C tauscht die Position mit A oder B und der zweite Durchgang beginnt bei 2.

Auswertung:

A, B und C tauschen sich nun über folgende Fragen aus:
1. Welche Spielregeln waren besonders schwer einzuhalten und warum?
2. Welche Bedingungen erschwerten die Gesprächsführung?
3. War zu beobachten, ob im Laufe der Übung die Dialogfähigkeit anstieg, abfiel, schwankte oder konstant blieb?
4. Haben sich die Partner A und B gegenseitig in ihrem Sprechverhalten unterstützt und, wenn ja, wie?
5. Welche Auswirkungen hatte die Gesprächsform des „kontrollierten Dialoges" auf Ihre Befindlichkeit, wie ging es Ihnen dabei?
6. Für welche Gesprächssituationen halten Sie den „kontrollierten Dialog" für hilfreich?

Ein Erfahrungsaustausch im Plenum wäre eine interessante Ergänzung und Bestätigung der gewonnenen Erkenntnisse.

Gesprächstechniken

2.2 Aktives Zuhören

Im Wechselspiel der Kommunikation hat der Sender das Wort, ist „auf Sendung", während der Empfänger seine sämtlichen Wahrnehmungskanäle (Augen, Ohren, Nase, Hände) auf Empfang geschaltet hat und die wahrgenommenen Signale entschlüsselt. **Dieser Verarbeitungsprozess, der Wahrnehmen, Deuten (Interpretieren) und Fühlen beinhaltet, wird allgemein als Zuhören bezeichnet.**

Aufmerksam hinzuhören ist ein anspruchsvoller Akt, wie wir erfahren haben. Genauer ausgedrückt müsste es „aktiv wahrnehmen" heißen, da ja nicht nur das Hören eine Rolle spielt, sondern wir auch über das Hinsehen, Tasten und Riechen Signale empfangen, die sogar häufig noch bedeutsamer sind.

2.2.1 Zuhören oder aktiv zuhören?

Der amerikanische Psychologe Thomas Gordon hat dem häufig unterschätzten Vorgang des Zuhörens in der Kommunikation seine besondere Aufmerksamkeit geschenkt und im Rahmen seiner erziehungswissenschaftlichen Arbeit die Gesprächstechnik des „Aktiven Zuhörens" entwickelt. Er geht noch einen Schritt weiter und empfiehlt das „Hinfühlen". Jede Mitteilung hat ja den Selbstoffenbarungsanteil, der auch etwas über die Gefühle des Senders offenbart. Gordon hat erkannt und dargestellt, dass das Heraushören, besser Herausspüren der mitschwingenden Gefühlsbotschaft sowie deren Ansprechen die Verständigungsqualität in bestimmten Situationen noch steigern kann. (Gordon, Thomas, Managerkonferenz, München 1991)

Zuhören als Verarbeitungsprozess

Ziel

Beispiel Die Kollegin A sagt: „Erst ist es dem Chef ganz dringend und wichtig, so dass ich mich ... dann liegt die Sache herum, ohne dass es noch interessiert!"

... are denkbar:
... er!"
... ist typisch für Verwaltung!"
... eiß gegessen, wie's gekocht wird!"

Abstufungen

Ke... ugehört, aber weder ein Feedback noch „Aktives
Zu... ich gesprochen und gute Ratschläge erteilt! Diese
Zu... Antwortverhalten" bezeichnet.

D...

... erst Druck und lässt dann die Sache liegen."

... einen Schritt weiter, es wiederholt (spiegelt) nicht nur
... pricht auch die Gefühlsreaktion des Senders an:

... cht und verärgert, dass dein Einsatz und deine Anstrengung
...!"

... edlichen Auswirkungen von spontanem Antwortver-
... ng), Feedback und aktivem Zuhören, um dann zu ent-
... ngen das Aktive Zuhören angebracht ist.

Vergleich der Abstufungen

... reaktionen geben dem Sender wahrscheinlich den Ein-
... edingt verstanden worden zu sein, da der Empfänger
... h spricht.

Gesprächstechniken

Beim Feedback ist das Entschlüsselungsresultat schon genau auf die Information, d.h. auf die Sachebene bezogen, was immerhin auf hohe Aufmerksamkeit des Empfängers deutet und deshalb dem Sender Interesse und Achtung signalisiert. Der Empfänger verzichtet hier auf eine eigene Botschaft, hält sich und seine Meinung wohltuend zurück und testet nur die Richtigkeit seiner Entschlüsselung.

Qualitativ noch differenzierter ist die aktive Zuhörerreaktion, da hier die vermuteten Gefühle des Senders angesprochen werden, so dass er sich ganzheitlicher verstanden fühlt. Eine solche Reaktion setzt Einfühlungsvermögen (Empathie) voraus und stärkt das Vertrauensverhältnis und damit langfristig die Beziehung. Der aktiv Zuhörende muss auf einen entwickelten Wortschatz für Gefühlswörter zurückgreifen können, um die nachempfundenen Gefühle auch versprachlichen zu können. Da wir in unserem Kulturkreis gelernt haben, eher die sachlichen, rationalen Fakten in den Vordergrund der Interaktion zu stellen, und Gefühle eher dem Privatbereich vorbehalten bleiben, müssen wir das aktive Wahrnehmen und entsprechend das aktive Zuhören lernen und üben.

Übungs- und Gruppenarbeit

Schreiben Sie innerhalb von drei Minuten alle Gefühlswörter auf, die Ihnen einfallen.

Vergleichen Sie in der Arbeitsgruppe die „Ausbeute". Sind Sie mit dem Ergebnis zufrieden?

Hier einige Beispiele (nach Mohl, a.a.O., S. 78 f.)

Ich fühle mich:

> froh, erregt, angeregt, angestachelt, angetan, animiert, aufgeregt, aufgewühlt, aufgekratzt, aufgemuntert, ausgelassen, belebt, begeistert, beglückt, berauscht, berührt, beschwingt, betört, bewegt, bezaubert, entzückt, erfreut, erheitert, ergriffen, fabelhaft, fasziniert, freudig, fröhlich, glücklich, glückselig, heiter, himmlisch, göttlich, gerührt, hingerissen, inspiriert, mitgerissen, motiviert, lustig, munter, prächtig, prima, pudelwohl, selig, übermütig, unbeschwert, vergnügt, wohlgemut, wunderbar, zufrieden

Ich fühle mich:

> unzufrieden, abgebrannt, abgekämpft, abscheulich, angeödet, ausgebrannt, ausgelaugt, benachteiligt, entsetzt, enttäuscht, erbärmlich, furchtbar, gelangweilt, genervt, grässlich, grauenhaft, lustlos, matt, mies, miserabel, missgestimmt, missgelaunt, missmutig, missvergnügt, müde, schauderhaft, scheußlich, schrecklich, schlaff, überflüssig, überfordert, übergangen, unbehaglich, unterfordert, unverstanden, unwohl, verdrossen, verkannt, verstimmt, widerlich, widerwärtig, zerfahren, zurückgesetzt

Grenzen und Chancen des Aktiven Zuhörens

◆ Natürlich kann und soll unsere alltägliche Kommunikation jetzt nicht nur mit Aktivem Zuhören ablaufen, dazu würde uns bald die Aufmerksamkeit und Energie fehlen, da es eine vollkommene Überforderung darstellt, ständig wie ein Seismograph die mitschwingenden Gefühle aufzuspüren, die dem Sender selbst vielleicht noch verborgen sind. Doch kann uns diese Zuhörform in besonders schwierigen Situationen helfen,

Gesprächstechniken 67

z.B., wenn unser Kommunikationspartner eher in sich gekehrt ist und auftauen soll, schwer über sich sprechen kann, oder auch dann, wenn die Kommunikation eine Konfliktklärung anstrebt. Das aktive Zuhören fördert das Aussprechen verborgener Gedanken und Gefühle und unterstützt das Finden einer Problemlösung durch den Betroffenen selbst. Voraussetzung für die heilsame Wirkung des aktiven Zuhörens ist natürlich die Echtheit und Aufrichtigkeit der Anteilnahme beider Kommunikationspartner füreinander.

Kollegiale Beratung

2.2.2 Zuhörerreaktion „Türöffner"

Thomas Gordon unterscheidet eine weitere Zuhörerreaktion, die dem Sender gleichsam eine Einladung zur Kommunikation übermittelt und als „Türöffner" wirken soll.
(Gordon, T., Managerkonferenz, München 1991, S. 66 f.)

Beispiel Der Kollege A sagt, unterstützt von entsprechenden körpersprachlichen Signalen: „Ich befürchte, ich bin für diesen Job nicht geeignet, ich schaffe es nicht mehr!"

Diese Botschaft weist den Empfänger auf das mögliche Vorhandensein eines tief greifenden Problemes hin. Je nachdem, wie stark sich der Empfänger nun auf die Kommunikation einlassen will oder muss (z.B. als Vorgesetzter), kann er den indirekten Hilferuf aufgreifen und dem Sender durch folgende Reaktionen die Tür zur Kommunikation öffnen:

- „Ich würde gerne hören, was Sie meinen/befürchten."
- „Kann ich Ihnen bei diesem Problem helfen?"
- „Würde es Ihnen helfen, wenn wir darüber sprechen?"
- „Ich hätte Zeit, falls Sie darüber reden möchten."
- „Möchten Sie darüber reden?"
- „Erzählen Sie mir von Ihren Befürchtungen."

Einladungen zur Kommunikation

Da Menschen sich im Allgemeinen scheuen, anderen ihre Probleme „aufzuladen" bzw. andere zu „belasten", unterstützen wir als Zuhörer durch unser Signal der Einladung und Gesprächsbereitschaft die Vertrauensbildung als Grundlage für die Problemlösung.

Als weiteres **Unterstützungssignal** sind folgende **Aufmerksamkeitsreaktionen** hilfreich:

- Blickkontakt
- Nicken
- „Ich verstehe"
- „Oh"
- „Wirklich?"

Sie verdeutlichen dem Sender, dass der Empfänger bei der Sache ist und die Äußerungen mit Anteilnahme aufnimmt.

Folgende Kommunikationshilfen sind als Elemente des aktiven Zuhörens geeignet:

- „Ich glaube zu verstehen, dass Sie ..."
- „Sie glauben, dass ..."
- „Sie haben das Gefühl, dass ..."
- „Es scheint mir, als fühlen Sie sich jetzt ..."
- „Das hört sich an, als wären Sie ..."

Gruppenarbeit

Formulieren Sie Zuhörerreaktionen im Sinne des Aktiven Zuhörens.
A spricht eine Mitteilung.
B hört „aktiv" zu und reagiert entsprechend.
C hält als Beobachter die Reaktionen schriftlich fest.
A bestätigt das Empfangsergebnis oder stellt richtig.

Wechseln Sie bei neuen Botschaften die Rollen.

Beispiele

a) „Ich weiß einfach nicht, wie ich dieses Problem anpacken soll."
b) „Der Termin war letzte Woche, aber der Bericht liegt noch nicht vor."
c) „Wenn ich Ihnen nicht ganz folgen kann, dann liegt das an meiner aufkommenden Grippe."
d) „Können Sie nicht ein anderes Mal wiederkommen?"
e) „Die Prüfung war überhaupt nicht schwer!"
f) „Von mir bekommen Sie keine Informationen mehr!"
g) „Solche Besprechungen können wir uns in Zukunft schenken!"

Effizientes Zuhören

Die „Zehn Gebote" des effizienten Zuhörens

1. Alle vier „Ohren" gleichmäßig auf Empfang schalten.
2. Durch Aufmerksamkeitsreaktionen zeigen, dass wir zuhören wollen!
3. Gegebenenfalls Zwischenfragen zur Vertiefung der Informationen stellen.
4. Um zusätzliche Erläuterungen bitten, z.B. zu Fremdwörtern und Fachausdrücken.
5. Geduld üben! Nicht unterbrechen!
6. Kurzfristig den Standpunkt des Senders beziehen, in seine Welt, so wie er sie sieht, eintauchen, seine „Brille" aufsetzen. („Selbstoffenbarungs-Ohr" auf!)
7. Bei Vorwürfen und Kritik Ruhe bewahren und weiter zuhören!
8. Eigene Deutungen (Interpretationen) als solche wahrnehmen und sie durch Feedback überprüfen.
9. Ehrlich zugeben, wenn man jetzt nicht oder nicht mehr länger zuhören kann.
10. Wirklich zuhören und nicht insgeheim schon das Gegenargument auf der Zunge haben.

Zuhören ist wohl der anspruchsvollste, aber auch kommunikationsförderlichste Kommunikationsprozess.

2.2.3 Kommunikationsstörer

Es sei nochmals ausdrücklich darauf hingewiesen, dass das aktive Zuhören über einen „normalen" Dialog hinausgeht und deshalb auch wirklich nur in besonders wichtigen Gesprächssituationen phasenweise eingesetzt werden soll, z.B. im Konfliktfall. Weil diese Gesprächstechnik viel Geduld und sicher auch Übung und Erfahrung verlangt, seien hier noch einige Hinweise zu Kommunikationsstörern, auch „Kommunikationskiller" genannt, erlaubt. Die folgenden Reaktionen sind zwar im alltäglichen Umgang völlig normal und (gelegentlich auch) erlaubt, beim aktiven Zuhören aber verboten, da sie allesamt Verständigung und Verstehen verhindern.

Gesprächstechniken 69

◆ **Von sich selbst reden**

 Kollege A: „Ich war eben beim Chef. Der hatte vielleicht eine Laune!"
Kollege B: „Davon kann ich ein Lied singen! Neulich erst hat er mir beim ..."
Kollege A: „Auf jeden Fall ging es um die neuen Beurteilungsvorschriften."
Kollege B: „Wenn ich daran denke, wird mir ganz anders! ..."

Hier werden von dem Kollegen B laufend Stichworte des Kollegen A aufgegriffen und mit eigenen Ideen, Erfahrungen und Kommentaren versehen, so dass Kollege A sein Bedürfnis nach Aussprache oder Zuwendung nicht befriedigen kann und sich entsprechend missverstanden oder zu oberflächlich wahrgenommen fühlt.

◆ **Lösungen liefern, Ratschläge erteilen**

 Kollege A: „Ich fühle mich in letzter Zeit immer so müde und erschöpft."
Kollege B: „Ich an deiner Stelle würde mal richtig früh ins Bett gehen."
Kollege A: „An Schlafmangel kann es nicht liegen."
Kollege B: „Mach' dir vorher eine heiße Milch mit Honig, dann liest du noch ein paar Seiten leichte Lektüre, und dann sprechen wir uns in einer Woche wieder."

Hier wird von Kollege A eine Diagnose gestellt, obwohl Kollege B keine haben will und sich deshalb wohl eher bevormundet und bemuttert fühlt als verstanden.

„Wie bereitwillig und leichtfertig sind wir doch mit unseren Ratschlägen! Sobald ein Gesprächspartner über ein Missgeschick oder ein Leid klagt, springen wir hilfsbereit mit einem guten Rat ein. Ob der gute Rat dann auch wirklich ein guter Rat ist, darüber machen wir uns keine Gedanken. Und gerade hier liegt das Risiko. Wer garantiert uns, dass unsere Ratschläge auch richtig sind? Sind wir für alles Experten? Es ist erstaunlich, was da an Hilfsmitteln, Methoden, Personen und sogar Medikamenten empfohlen wird! Ein Wunder, dass nicht mehr Leute an so gut gemeinten Ratschlägen sterben!"
(H. Holzheu, Aktiv zuhören – besser verkaufen, Landsberg am Lech, 1992, S. 103)

◆ **Herunterspielen, bagatellisieren, beruhigen**

 Kollege A: „Ich verlege seit kurzem ständig wichtige Gegenstände, ich mache mir ernsthaft Sorgen über meinen Zustand."
Kollege B: „Das ist doch nicht so tragisch, das gibt sich sicher wieder."
Kollege A: „Erst gestern habe ich bestimmt eine halbe Stunde meinen Schlüssel gesucht. Ich erinnerte mich einfach nicht, wann ich ihn zuletzt benutzt hatte."
Kollege B: „Wenn's weiter nichts ist, da gibt es doch schlimmere Probleme."

Auch hier haben wir nur die besten Absichten, wollen doch nur trösten. Tatsächlich nehmen wir die Gedanken und Gefühle unseres Gesprächspartners überhaupt nicht ernst, sondern ignorieren sie und verhindern so Verständigung und Verständnis.

◆ **Ausfragen, dirigieren**

 Kollege A: „Die neue Kollegin kennt das Schreibprogramm nicht gut."
Kollege B: „Hat du mit ihr schon darüber gesprochen?"
Kollege A: „Nein, sie hat mich nur dazu befragt."
Kollege B: „Was wollte sie denn sonst noch wissen?"
Kollege A: „Sie ist interessiert an dem neuen Projekt."
Kollege B: „Kommt das öfter vor, dass sich neue Kollegen an dich wenden?"

Hier hat Kollege B das Thema voll übernommen und ist dem Gesprächspartner mit seinem persönlichen Bedürfnis nach Befriedigung seiner Neugier in die Parade gefahren. Die eigentliche Gesprächsabsicht von Kollege A kommt nicht zur Sprache und möglicherweise wird er dem lästigen, neugierigen Kollegen B nicht mehr so vertrauensvoll begegnen. Wieder wurde Verständigung aufgrund unbedachten Verhaltens verfehlt.

◆ **Interpretieren, Ursachen aufzeigen**

`Beispiel` Kollege A: „Gerade habe ich mit dem Chef aber mal Klartext geredet."
Kollege B: „Sie wollten sich wohl in den Vordergrund stellen?"
Kollege A: „Ich habe ihm nur gesagt, was andere nur hinter seinem Rücken zu sagen wagen."
Kollege B: „Sie sind wohl gekränkt, dass er Ihnen nicht mehr Spielraum lässt?"

Es ist klar, dass es uns nicht ansteht, das Verhalten unseres Gesprächspartners zu interpretieren, es sei denn, er bittet uns ausdrücklich darum. Auch lenken wir sonst das Gespräch eindeutig in eine uns genehme Richtung und dominieren das Gespräch.

◆ **Vorwürfe machen, moralisieren, urteilen, bewerten**

`Beispiel` Kollege A: „Die Besprechung gerade war wieder mal völlig überflüssig."
Kollege B: „Warum haben Sie denn nicht den Mund aufgemacht?"
Kollege A: „Den Versuch habe ich hinter mir, das nützt nichts."
Kollege B: „Dieses Duckmäusern finde ich schwach und schlimm."
Kollege A: „Sie haben eben nicht meine Erfahrung mit dieser Person."
Kollege B: „Ich versichere Ihnen, Sie sind auf dem falschen Weg!"

Das Ergebnis dieser Kommunikation ist unschwer zu erkennen. Kollege A, der sich ein bisschen Luft machen wollte, um sich zu beruhigen, ist durch den moralischen Zeigefinger des Kollegen jetzt erst recht aufgebracht, und die Beziehung hat erst einmal einen Knacks. Kritik sollten wir konstruktiver vermitteln! (Ausführungen dazu finden Sie unter dem Stichwort „Kritikgespräch".)

◆ **Befehlen, drohen, warnen**

`Beispiel` Kollege A: „Ich glaube, ich muss mal mit Kollegen XY unter vier Augen reden."
Kollege B: „Machen Sie bloß keinen Fehler, das wird Ihnen noch leid tun!"
Kollege A: „Ich möchte nichts unversucht lassen in der Angelegenheit."
Kollege B: „Zuerst halten Sie sich mal bedeckt, damit nicht noch mehr Schaden entsteht."
Kollege A: „Aber vielleicht entpuppt sich alles als ein Missverständnis."
Kollege B: „Wenn die Sache noch mehr den Bach hinuntergeht und Sie allein im Regen stehen, brauchen Sie aber nicht auf mich zu zählen."

Keine Frage, hier wird auch gegen die vornehmsten Grundregeln der Kommunikation verstoßen. Die Direktheit und Offenheit sind zwar gegeben, nicht aber die Wertschätzung für den Gesprächspartner. Wer soll da noch Interesse an einem Gedankenaustausch oder einer gemeinsamen Lösungssuche haben?

Gesprächstechniken **71**

Beispiele für positiv zu wertende Äußerungen:

* Statements abgeben, die die
  Gefühle des Gesprächspartners ansprechen:
  Das bedrückt Sie.
  Das freut Sie.
* Spiegeln
  Mit eigenen Worten wiederholen, was der Gesprächspartner gesagt hat.
* Signale
  „Hm", „Ah ja", Kopfnicken
* Vertiefende Fragen
  Was meinen Sie mit „Unsinn"?
  Was war denn vor dem Gespräch für eine Stimmung?
  Was bedeutet denn xy für Sie? (nach H. Holzheu, a.a.O., S. 92)

Partnerarbeit

Ordnen Sie die folgenden Äußerungen einem Gesprächsstörer zu:
1. „Nun machen Sie sich mal keine Sorgen, auf Regen folgt Sonnenschein."
2. „Damit werden Sie garantiert eine Bauchlandung machen."
3. „Strengen Sie sich in Zukunft einfach etwas mehr an."
4. „Kommt mir bekannt vor, das passiert mir auch. Neulich noch ..."
5. „Finden Sie das etwa in Ordnung, was Sie da von sich gegeben haben?"
6. „Da müssen wir alle mal durch."
7. „Sie geben doch jetzt nur nicht nach, weil Sie eine Retourkutsche fahren."
8. „Haben Sie es schon einmal mit einem Computerkurs versucht?"
9. „Kommt das bei Ihnen öfter vor?"
10. „Ganz furchtbar unqualifiziert, Ihre Äußerung."
11. „Am besten, Sie gehen sofort mal zum Chef rein."
12. „Jetzt reißen Sie sich aber mal zusammen."
13. „Sie sind wohl ein bisschen überarbeitet."
14. „Was hat er Ihnen denn versprochen?"
15. „Find' ich ja überhaupt nicht schlimm."
16. „Sie können sich nicht vorstellen, wie das bei mir gelaufen ist damals."

2.3   Ich-Botschaften

Nachdem wir nun wissen, wie wir uns als Zuhörer hilfreich und kommunikations-fördernd verhalten können, so dass der Partner seine Botschaft ungestört übermitteln kann, soll es im Weiteren darum gehen, **wie wir uns als Sender helfen können, unseren eigenen Bedürfnissen, Wünschen, Ideen und Meinungen Gehör zu verschaffen,** sie „rüberzubringen", sie zu vermitteln.

Wie wir uns erinnern, gibt es keine ärgere „Sünde" in der Kommunikation, als den Wert des Gesprächspartners in Frage zu stellen. Was aber tun wir, wenn uns das Verhalten des anderen Probleme macht? Wir verfassen **Du/Sie-Botschaften** folgender Art:
- „Du versuchst, dich vor der Aufgabe zu drücken!"
- „Du solltest jetzt auch mal was sagen!"
- „Sie benehmen sich wie ein Anfänger!"
- „Ihnen ist wohl das Betriebsklima egal!"

Gesprächstechniken

Du-Botschaften sind häufig Angriffe

Lassen wir solcherlei Reaktionen als Angesprochene auf uns wirken, so wird uns unschwer deutlich, dass wir hier angegriffen, herabgesetzt und bewertet werden. Solche Botschaften treffen uns wie Pfeile, und die natürliche Reaktion ist entweder Rückzug („Mit dem rede ich doch nicht mehr!") oder Verteidigung („Sie haben neulich doch auch ... Sie sollten erst mal vor Ihrer eigenen Türe kehren! Sie kommen mir gerade recht ...")

Überprüfen wir unsere spontane Alltagskommunikation einmal auf solche Du/Sie-Botschaften, und wir werden sicher schnell fündig! Erreichen wir aber statt Provokation, Frustration, Unterdrückung oder gar Feindseligkeit etwas Konstruktives? Der **Ich-Botschaft** fehlt diese provozierende und herabwürdigende Wirkung, da sie ausdrücklich als subjektive Äußerung gekennzeichnet ist.

Beispiel Du-Botschaft: „Du versuchst, dich vor dem Sortieren der Ablage zu drücken!"
Ich-Botschaft: „Ich werde diese Woche keine Ablage mehr sortieren."

Du-Botschaft: „Du solltest jetzt auch mal etwas dazu sagen."
Ich-Botschaft: „Ich habe gesagt, was ich zu sagen habe."

Sie-Botschaft: „Sie benehmen sich wie ein Anfänger!"
Ich-Botschaft: „Ich möchte Ihnen das Programm noch einmal erklären. Ich bin mit der Ausfertigung so nicht einverstanden."

Sie-Botschaft: „Ihnen ist wohl das Betriebsklima egal!"
Ich-Botschaft: „Ich möchte nicht im Streit mit Ihnen verbleiben. Ich wünsche mir eine Klärung des Streitfalles."

Ich-Botschaften sind meistens offene Angebote

Mit der Ich-Botschaft teile ich nur meine Meinung oder Idee zu einer Angelegenheit mit, überlasse aber die Einschätzung und Reaktion dem anderen. Es steht ihm frei, in Eigenverantwortlichkeit seine Position zu bestimmen, ob er in dieser Angelegenheit ein Drückeberger, ein Feigling, ein Anfänger oder ein Stänkerer ist. Vor allem die Verallgemeinerungstendenzen in solchen Du/Sie-Botschaften („Du Spießer", „Sie Rohling!") wirken vernichtend und sind grundsätzlich destruktiv und daher unangebracht.

In der Ich-Botschaft stelle ich meine Idee, meinen Wunsch, meine Meinung zur Disposition und stelle mich und meinen Standpunkt deutlich dar. Jetzt ist der Kommunikationspartner an der Reihe, seinen Part zu übernehmen, frei und unbelastet von meiner Bewertung.

Im Übrigen sollte sich jeder in seinen Aussagen selbst vertreten und deutlich seinen eigenen Standpunkt beziehen, statt sich hinter „man" oder „wir" oder „alle" zu verstecken, um so der Verantwortung für die geäußerte Überzeugung zu entkommen.

Gruppenarbeit

Trainieren Sie in der Dreiergruppe (A, B, C) im Rollenwechsel Ich-Botschaften zu senden.

Beispiele für Botschaften

a) „Diese Arbeit ist unter aller Kritik!"
b) „Sie haben den Bericht falsch verfasst!"
c) „Sie irritieren mich!"

d) „Wir haben hier doch alle keine Ahnung!"
e) „Man informiert uns doch an letzter Stelle!"
f) „Man weiß ja, wie hier kooperiert wird!"
g) „Wir wünschen uns doch alle eine andere Führung!"
h) „Sie machen doch alles im Alleingang!"
i) „Hier wird man laufend von allen kritisiert."

Decken Sie die folgenden Lösungsvorschläge beim Trainieren ab!

Mögliche Ich-Botschaften:

1. „Ich habe mich vielleicht nicht klar genug ausgedrückt, aber was ich wirklich möchte, ist ..."
2. „Ich möchte den Bericht zukünftig in folgender Art verfasst haben ..."
3. „Ich bin irritiert!"
4. „Ich hätte gerne mehr Informationen zu ... Mir wäre mehr Information in dieser Angelegenheit sehr hilfreich!"
5. „Ich würde gerne Neuerungen in unserer Abteilung zukünftig möglichst schnell erfahren."
6. „Ich möchte das Thema „Kooperation" bei der nächsten Besprechung einbringen."
7. „Ich wünsche mir einen gemeinsamen Gedankenaustausch zum Thema ‚Führung‘."
8. „Ich bitte Sie darum, diese Aufgabe an mich zu delegieren."
9. „Ich fühle mich von Ihnen, Herr X, und von Ihnen, Frau Y, kritisiert."

Natürlich sind auch andere Ich-Botschaften möglich und richtig. Es ist auch nicht notwendig, dass die Ich-Botschaft immer mit „Ich" eingeleitet wird. Wichtig ist, dass die Aussage keinen Angriff, z.B. in Form einer Schuldzuweisung, enthält, sondern im Sinne einer gemeinsamen Problemlösung verstanden werden kann.

2.4 Fragetechniken

Die Frage ist in besonderem Maße geeignet, Kommunikation im Sinne der gemeinsamen Problemlösung voranzutreiben, da sie die Informationen hervorbringt, nämlich Daten, Fakten, Zahlen, Zustimmung, Ablehnung, die für die Problemlösung grundlegend sind.

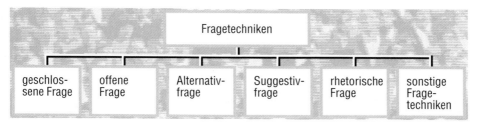

Gesprächstechniken

◆ Im Zusammenhang mit dem **Feedback** sind wir bereits auf eine Frageform gestoßen, nämlich auf die **„geschlossene Frage"**.

> **Beispiel**
> – „Verstehe ich Sie richtig, Sie möchten einen Dienstwagen haben?" – „Ja!"
> – „Meinen Sie damit, wir haben einen Konflikt zu klären?" – „Nein!"
> – „Sie haben also die Absicht zu kündigen?" – „Unter Umständen, ja!"
> – „Glauben Sie an eine Verschwörung gegen uns?" – „Bestimmt nicht!"

Absicht des Fragers

Hier dient die geschlossene Frage zur Kontrolle der Übereinstimmung zwischen Redeabsicht und Empfangsresultat. Sie fordert ein knappes Ja oder Nein als Orientierungshilfe. In einer anderen Situation möchte derjenige, der eine geschlossene Frage stellt, vielleicht aus Zeitgründen kurze Antworten.

> **Beispiel**
> – „Kennen Sie unser neues Serviceangebot?" – „Nein!"
> – „Darf ich Ihnen dazu unser Info-Blatt mitgeben?" – „Ja sicher!"
> – „Werden wir uns auf der Fachtagung in Köln sehen?" – „Vielleicht!"
> – „Soll ich mich vorher noch einmal bei Ihnen melden?" – „Nein, nicht nötig!"

Mit dieser Fragetechnik wird die Absicht verfolgt, möglichst viele Informationen in möglichst kurzer Zeit zu erhalten. Am folgenden Beispiel wird jedoch auch eine Besonderheit der geschlossenen Frage deutlich:

- Kennen Sie Fragetechniken?
- Haben Sie die Erklärung der geschlossenen Frage verstanden?
- Können Sie weitere Beispiele nennen?
- Spüren Sie den Verhörcharakter aufeinander folgender geschlossener Fragen?

Negative und positive Beurteilung

Es ist also darauf zu achten, dass der Gesprächspartner sich nicht ausgefragt fühlt und im Laufe des Gespräches auch seinen Spielraum erhält. Andererseits gibt es Situationen, in denen die geschlossene Frage sinnvoll ist. Besonders am Ende einer Verhandlung, z.B. bei Vertragsabschluss, stelle ich die Ergebnisse mit geschlossenen Fragen sicher und überprüfe Daten, Fakten und Termine.

Offene Fragehaltung = offene Kommunikation

◆ Für die Informationsbreite viel ergiebiger ist die **„offene Frage"**, da sie dem Antwortenden ein weites Aktionsfeld eröffnet. Sie wird eingeleitet mit den Fragewörtern: welche, wie, wann, wo, was, womit, warum, wie viel, wobei usw.

> **Beispiel**
> – „Worin sehen Sie die Unterschiede zwischen geschlossener und offener Fragestellung?"
> – „Welche Gründe sprechen für eine offene Frageformulierung?"
> – „Was könnte Sie im Zusammenhang mit Fragetechniken noch interessieren?"

Die Kommunikation ist bei offener Fragehaltung ausgewogener, obwohl ich als Fragender natürlich die Gesprächsrichtung stark bestimme. Wer fragt, führt das Gespräch! Besonders wortkargen Menschen verhelfe ich mit der offenen Frage zu größerem Redeanteil und mehr Kontakt. Wenn ich sie taktisch einsetze, erhalte ich u.U. einen großen Informationsvorsprung! Vor allem im Beratungs- und Mitarbeitergespräch sind offene Fragen wichtig.

◆ Die **„Alternativfrage"** hilft, wenn sich der Gesprächspartner entscheiden soll, da sie im Allgemeinen nur zwei Antwortmöglichkeiten zulässt!

> – „Möchten Sie ein Auto mit Schiebedach oder ohne?"
> – „Bevorzugen Sie ein Zimmer mit Bad oder mit Dusche?"
> – „Soll die Kur noch vor oder lieber nach Weihnachten stattfinden?"

Ebenso wie schon die geschlossene Frage strukturiert die Alternativfrage sehr stark das Gespräch.

◆ Die „**Suggestivfrage**" arbeitet mit Unterstellungen:

– „Sie sind doch auch der Meinung, dass Fragetechniken zur Manipulation nützlich sind?"
– „Sicher ist Ihnen auch lieber, das Gespräch hier abzuschließen?"
– „Sie halten Suggestivfragen doch sicher auch für massive Beeinflussungsversuche?"

Die Suggestivfrage setzt immer voraus oder unterstellt, dass der Befragte im erwarteten Sinne antworten wird. Wenn wir beabsichtigen, unsere eigene Meinung durchzudrücken, Gespräche abzuwürgen, schwatzhafte Gesprächspartner vorübergehend zum Schweigen zu bringen und willensschwache Personen zu beeinflussen und zu unterwerfen, entscheiden wir uns für Suggestivfragen. Sie zielen auf Anpassung und reizen allein schon deshalb leicht zum Widerspruch.

Form der Beeinflussung

Werden uns als Befragte Suggestivfragen gestellt, wissen wir uns zu wehren, z.B. mit einer Gegenfrage:

– „Nutzen Sie Fragetechniken zur Manipulation?"
– „Möchten Sie das Gespräch hier abschließen?"
– „Halten Sie Suggestivfragen für massive Beeinflussungsversuche?"

◆ Bei der „**rhetorischen Frage**" beantwortet der Fragende die Frage selbst. Sie ist ein Stilmittel des Redners, das dazu dient, lediglich die Aufmerksamkeit des Zuhörers zu wecken:

Positiv wie negativ zu beurteilendes Stilmittel

– „Was ist denn das Bedeutende an dem Thema, das uns heute zusammenführt?"
– „Warum sind wir denn alle verzweifelt über die Marktentwicklung?"

Ein anderes Beispiel für eine rhetorische Frage ist die **Provokation**:

– „Soll ich mich vielleicht zu Tode arbeiten?"
– „Wollen Sie, dass wir Pleite machen?"
– „Muß ich mir das von Ihnen bieten lassen?"

Da hier die Antwort bereits feststeht – „Natürlich nicht!" –, handelt es sich um eine rhetorische Frage.

◆ Es kann sinnvoll sein, eine Frage, die ich stelle, zu **begründen,** damit der Befragte frei entscheiden kann, ob er unter den gegebenen Umständen überhaupt antworten will:

Frage mit Begründung

– „Sind Sie heute Vormittag am Platz? Ich frage, weil ich Sie bitten möchte, einen wichtigen Anruf entgegenzunehmen."

◆ Als Fragesteller erwarte ich, dass der Befragte zuhört, die Frage verarbeitet und reagiert. Umgekehrt wissen wir aus eigener Erfahrung, wie anstrengend es ist, auf häufig fragende Kollegen zu reagieren, besonders wenn sie mit uns in einem Raum sitzen. Wir sollten als Fragende daher unseren Wissens- und Mitteilungsdrang auf die aktuelle Situation abstimmen, gegebenenfalls vorher nachfragen, ob wir stören dürfen, um ein paar Fragen zu stellen, und die Geduld des Befragten nicht über Gebühr strapazieren (keine Löcher in den Bauch fragen). Übrigens hat jeder Befragte das Recht, Fragen unbeantwortet zu lassen und die Aussage zu verweigern. Manchmal ersparen wir uns viel Ärger, wenn wir freundlich antworten:

Frage ohne Antwort

– „Dazu möchte ich nichts sagen!"
– „Bitte haben Sie Verständnis, wenn ich dazu jetzt noch nichts sage."

Gesprächstechniken

◆ So manche Frage wird gestellt, **ohne** dass der Fragende sich für die **Antwort** interessiert. Nehmen wir als Beispiel unsere täglich im Vorbeigehen gestellte Frage: „Wie geht's denn so?" Hier handelt es sich um eine Grußformel ohne tiefere Bedeutung. Andererseits muss sich der Frager klar sein, dass er mit einer ganz naiv gestellten Frage eine Lawine lostreten kann:
„War der Urlaub schön?", fragen wir so beiläufig, und schon bricht der Kollege in Tränen aus, da er einen schweren Unfall hatte, dabei wollten wir es gar nicht wissen.

Fragen mit den unterschiedlichsten Absichten

◆ Zum Schluss seien noch Fragearten erwähnt, die etwas anderes bezwecken, als sie vorgeben:

- „Na, was sagen Sie zum Bundesligaergebnis?" zielt auf Kontaktanknüpfung und ist austauschbar.
- „Hat jemand etwas gegen eine Pause einzuwenden?" wird der Form halber gefragt.
- „Waren Sie bei der letzten Besprechung dabei?" zielt auf Aushorchen, ob bestimmte Informationen vorhanden sein könnten.
- „Haben Sie uns nicht unseren Hauptkunden an Land gezogen?" dient der Motivation.
- „Bei Ihnen gibt es keinerlei Reibung unter dem Personal?" soll Widersprüche aufdecken.
- „Haben Sie schon Pläne für das Wochenende?" bereitet eine Einladung vor.
- „Gehen Sie gerne ins Kino?" dient dazu, miteinander bekannt zu werden.

Das Wirkungsfeld der Frage ist sehr mächtig, gehen wir also verantwortungsvoll damit um!

Partnerarbeit

Führen Sie ein Interview mit Ihrem Partner durch!
Verwenden Sie zu Beginn die offene und zum Schluss die geschlossene Fragetechnik!
Diskutieren Sie nach dem Rollentausch die Wirkungsweise dieser Fragetechniken!

2.5 Meta-Kommunikation

Eine Projektgruppe muss einen Protokollanten bestimmen, der die Treffen regelmäßig schriftlich festhält.
Kollege A: „Ich schlage Kollege B vor. Bei Ihnen bin ich mir sicher, dass das Protokoll pünktlich zum nächsten Treffen vorliegt!" Dabei lächelt er Kollege C auffordernd an.
Kollege C: „Ich bin ganz Ihrer Meinung, Kollege B kann Protokolle immer so auf den Punkt bringen!" Er schaut Beifall heischend in die Runde.
Kollege D: „Ganz eindeutig macht Kollege B hier die kompetentesten Protokolle!" Auch er nimmt lachend Blickkontakt zu den anderen Kollegen auf. Jetzt fühlt sich Kollege B endgültig verschaukelt und versucht es mit Meta-Kommunikation:
"Ich kann mich über Ihre Lobeshymne nicht freuen. Stattdessen drängt sich mir der Verdacht auf, dass Sie mich hochloben, um selbst ungeschoren davonzukommen. Was mich stört, ist nicht etwa Ihr Versuch, sich dieser lästigen Aufgabe zu entziehen, sondern wie Sie sich, schnell einig geworden, auf den ausgeguckten Dummen stürzen. Ich fühle mich nicht gut dabei, so behandelt zu werden, und deshalb bitte ich Sie, mit mir eine faire Regelung in dieser Sache zu suchen."

Gesprächstechniken

Wenn uns im Gesprächsverlauf ein ungutes Gefühl beschleicht, wenn wir auf der Stelle treten, wenn die Atmosphäre nicht mehr stimmt oder wir uns gar angegriffen fühlen, könnte Meta-Kommunikation aus der Sackgasse heraushelfen. Wir verlassen das „Schlachtfeld", also das Thema selbst, und begeben uns für einen Moment auf den „Feldherrnhügel", denn jetzt tauschen wir uns über unser Kommunikationsverhalten aus.
(nach Schulz von Thun, F., Miteinander reden, a.a.O., S. 91 f.)

Abb. 2.5: Beispiele für Meta-Kommunikation (... sich selber über die Schultern schauen und darüber sprechen, wie wir miteinander umgehen ... die Art, wie wir miteinander umgehen, zum Gegenstand des Gesprächs machen); 3. Skizze nach Schulz von Thun, a.a.O., S. 92

Um so reagieren zu können, musste Kollege B sich innerlich aus der aktuellen Situation (Schlachtfeld) herausstellen, sich sozusagen selbst über die Schulter blicken (Feldherrnhügel) und das Lobgehudel diagnostizieren. Dazu brauchte er neben der Fähigkeit und dem Mut, Meta-Kommunikation in Gang zu setzen, auch den nötigen Überblick über das gestörte Geschehen und ein Gespür für die eigene verworrene Situation.

Meta-Kommunikation als Abhilfe bei Kommunikationsstörungen

Mit anderen Worten, um Meta-Kommunikation einsetzen zu können, müssen wir lernen, Beziehungsstörungen zu erkennen und sie mutig anzusprechen. Danach ist der Weg frei für eine intensive Auseinandersetzung mit der verfahrenen Situation. Wer diese Hürde des Ansprechens einer Kommunikationsstörung einmal überwunden hat, weiß, wie befreiend und konstruktiv Meta-Kommunikation wirken kann und wie erleichtert und dankbar auch die Beteiligten über die Offenlegung des Missstandes sind, da sie oft ähnliche Gefühle des Unbehagens und der Unsicherheit verspüren, aber nicht immer imstande sind, damit offen umzugehen.

Eine besondere Bedeutung für den Einsatz von Meta-Kommunikation haben das Selbstoffenbarungs- und das Beziehungsohr des Empfängers. Hier finden sich Hinweise für Heimtücke und versteckte Abwertungstendenzen.

Kollege B könnte sich helfen, indem er bewusst das Vier-Ohren-Bild vor seinem geistigen Auge erscheinen lässt und die Selbstaussage des Kollegen A aufspürt, z.B.:

- „Ich weiß mit Sicherheit, wer meine Interessen zuverlässig vertritt!"
- „Ich weiß, wie ich mir Unterstützung durch andere verschaffe!"

Auf der Beziehungsebene könnte B beispielsweise empfangen:

- „Du, Kollege B, bist jemand, der mir Probleme abnehmen kann."
- „Du bist so ein gutmütiger Trottel, der gerne anderen hilft."
- „Du bist jemand, der nicht merkt, dass ich ihn benutzen will."

Gruppenarbeit

Erinnern Sie sich an eine Situation, in der Sie während eines Gespräches oder danach unzufrieden, verunsichert, verärgert oder hilflos mit Verlauf und Ergebnis waren, ähnlich wie im Beispiel oben?
Vielleicht haben Sie während des Gespräches aber nicht auf die Störung reagiert. Tauschen Sie gegenseitig diese Erfahrungen aus und stellen Sie fest, ob Ihr Unbehagen oder Ihre Beklemmung mit dem besonderen Umgangston, der spezifischen Haltung des oder der Kommunikationspartner(s) zusammengehangen haben könnten.
Nehmen Sie einen Fall als Beispiel und stellen Sie fest, welche Signale verbaler und nonverbaler Art Ihr Unwohlsein ausgelöst haben. Was hätten Sie im Nachhinein am liebsten in der Situation gesagt und getan? Was hat Sie in der Situation damals daran gehindert, offen Ihre Verunsicherung oder Verwirrung auszusprechen? Gibt es etwas, das Sie jetzt noch gerne loswerden würden? Welche Phantasien haben Sie bezüglich möglicher Gedanken, Gefühle und Absichten des oder der Beteiligten? Überlegen Sie, ob Sie die Angelegenheit mit Hilfe von Meta-Kommunikation noch einmal aufgreifen wollen und wie.

Rollenspiel

1. Entscheiden Sie innerhalb der Kleingruppe (drei bis fünf Teilnehmer), welche der besprochenen Situationen Sie nachspielen wollen. Wenn Ihnen keine geeignete Situation eingefallen ist, spielen Sie den oben beschriebenen Fall: Wer führt Protokoll?
2. Teilen Sie die jeweiligen Rollen auf, benennen Sie evtl. auch einen Beobachter.
3. Üben Sie sich in Meta-Kommunikation und werten Sie sie gemeinsam aus.
4. Tauschen Sie die Rollen, bis jeder einmal Meta-Kommunikation geübt hat.

Inkubation

Die Krankheit, statt sogleich zu wüten,
Läßt uns meist Zeit, sie auszubrüten.
Zum Beispiel mancher sich nichts denkt,
Im Augenblick, wo ihn wer kränkt.
Erst nachts dann, wenn er schlaflos liegt,
Merkt er, daß er was abgekriegt
Und ist auf einmal so erbittert,
Daß ihm vor Zorn die Nase zittert.
Die Kränkung, jetzt erst ausgebrochen,
Bedarf zur Heilung vieler Wochen;
Vergebens feilt er nun am Wort,
Das ihm geholfen hätt – sofort.

(Roth, Eugen, Ernst und heiter, Deutscher Taschenbuch Verlag, München 1972, S. 133)

Zusammenfassung

Diese wie auch die zuvor erwähnten Gesprächstechniken setzen ein hohes Bewusstsein des eigenen Kommunikationsverhaltens mit seinen Stärken und Schwächen voraus. Wenn ich erst in der Sackgasse stehe und die Gefühle, die in einer solchen Situation automatisch ausgelöst werden, die Übermacht gewinnen, hilft meist auch kein „Werkzeugkasten" mit Gesprächstechniken mehr, denn dann setzt der „Laufen-oder-Raufen-Reflex" ein. Hinterher, wenn ich wieder entspannter bin, fällt mir dann erst ein, was ich mit **Feedback, aktivem Zuhören, Ich-Botschaften, Fragetechniken** oder dem Allheilmittel **Meta-Kommunikation** Kluges und Förderliches hätte ausrichten können. Jedoch die Hoffnung auf eine nächste Chance bleibt uns erhalten, so dass es lohnt, die unterstützenden Techniken zu erlernen, zu trainieren und schließlich immer öfter auch im Ernstfall zugunsten einer besseren Kommunikation anzuwenden.

A   Aufgaben

1. Das Feedback soll dem Empfänger dazu verhelfen, die Mitteilung in ihrer vollen Bedeutung zu erfassen. Erläutern Sie in diesem Zusammenhang das Drei-Stufen-Feedback.

2. Wodurch unterscheidet sich aktives Zuhören von anderen Zuhörerreaktionen? Beschreiben Sie die Merkmale des aktiven Zuhörens genau. Welche innere Einstellung verlangt aktives Zuhören vom Zuhörer?

80 Gesprächstechniken

3. Erläutern Sie die aufgeführten sieben Kommunikationsstörer. Ermitteln Sie für sich, ob einer der Kommunikationsstörer auch in Ihrem Kommunikationsverhalten eine Rolle spielt, und überdenken Sie mögliche Konsequenzen.

4. Die Kommunikationslehre empfiehlt, die Ich-Botschaft der Du-Botschaft vorzu-ziehen. Erörtern Sie mögliche Begründungen für diese Empfehlung.

5. Durch geeignete Fragetechniken lassen sich u.a. zwei Ziele erreichen:
   a) Die Antworten sind kurz und präzise.
   b) Das Gesprächsfeld wird erweitert.

   Stellen Sie die entsprechenden Fragetechniken dar und erörtern Sie, in welchen Situationen die verschiedenen Fragetechniken angebracht sind.

6. Meta-Kommunikation lässt sich als Gesprächstechnik/-methode immer dann ein-setzen, wenn die Kommunikationssituation als unerfreulich, unbehaglich, ver-fahren oder ausweglos zu bezeichnen ist. Beschreiben Sie diese „rettende" Methode an drei Beispielen.

B   Methodische Anmerkungen

Gesprächstechniken sind Methoden zur Optimierung des Kommunikationsgesche-hens. An erster Stelle sind das Feedback und die Methode des Aktiven Zuhörens zu nennen. Beide Methoden tragen zu einem erfolgreichen Ablauf des Kommunikations-prozesses bei.
Wer Ich-Botschaften den Du-Botschaften vorzieht, gewährt dem Gesprächspartner einen Bewertungsspielraum und nimmt sich in der Einschätzung von Situationen und Positionen selber zurück. Insofern leistet diese Methode auch einen Beitrag zur Opti-mierung des Kommunikationsprozesses.
Die Fragetechnik ist eine Methode, die eher der Feinstruktur eines Kommunikations-prozesses betrifft, während die Meta-Kommunikation sich als Methode bewährt hat, um spezielle Situationen zu meistern.

C   Literatur

Gordon, T., Managerkonferenz, Wilhelm Heyne Verlag, München 1991

Holzheu, H., Aktiv zuhören – besser verkaufen, verlag moderne industrie, Landsberg 1992

Mohl, A., Auch ohne dass ein Prinz dich küsst, Junfermann Verlag, Paderborn 1993

Schulz von Thun, F., Miteinander reden, Rowohlt Verlag, Hamburg 1988

3 Stress und Stressbewältigung

Im Unterrichtsgespräch kommt ein Thema auf, das Sie besonders interessiert.
Als junger Sachbearbeiter hatten Sie die Aufgabe, die Fahrten- und Spesenabrechnungen des Außendienstes zu prüfen, die entsprechenden Vergütungen auszurechnen und Ihrem Vorgesetzten (A) vorzulegen. Dabei hatten Sie die ausdrückliche Anweisung, bei den drei Topverkäufern auf Belege zu verzichten. Als der Vorgesetzte aus Altersgründen ersetzt wurde, änderte sich die Situation. Sie erhielten vom neuen Vorgesetzten (B) die Anweisung, keine Abrechnung ohne Belege zu bearbeiten. Für Sie war die Weitergabe der Anweisung außerordentlich unangenehm.
Nach einiger Zeit trat ein spürbarer Umsatzrückgang ein. Ihr Vorgesetzter (B) wurde in eine gleichwertige Position innerhalb des Werkes versetzt. Der neue Vorgesetzte (C) führte die alten Bedingungen für die Topfverkäufer wieder ein.
Sie selber wurden nie in die Hintergründe eingeweiht. Die Problemsituation beschäftigt Sie aber bis heute.

3.1 Stress, Stressoren und Auswirkungen von Stress

3.1.1 Begriffliche Klärungen

Mit Stress bezeichnet man die Reaktion auf einen übermäßig starken Belastungsanreiz. Die stressauslösenden Anreize bezeichnet man als Stressoren.
Grundsätzlich ist zwischen Eustress und Disstress zu unterscheiden.

* **Eustress** ist die positive Reaktion auf solche Anreize, die die Leistungsfähigkeit des Menschen erhöhen und die auch positiv empfunden werden. Man ist angeregt, wach und konzentriert. Solche Reize sind beispielsweise anregende Gespräche, eine sportliche Herausforderung, eine plötzliche, positiv bewertete Begegnung, eine herausfordernde Autofahrt, eine Belohnung oder andere freudig stimmende Ereignisse.   Eustress

* **Disstress** ist die negative Reaktion auf Anreize, durch die die Leistungsfähigkeit des Menschen vermindert wird. Disstress wird als negativ empfunden, weil man die Anforderungen nicht mehr bewältigt. Man ist deprimiert, leidet unter Müdigkeit, wird zerstreut u.a.m.   Disstress

3.1.2 Stressoren

Für stressauslösende Anreize kann jeder Mensch unserer Tage sicher viele Beispiele nennen. Da sind Termine zu berücksichtigen, der Straßen- oder Bahnverkehr verlangt unsere ständige Anpassung, in Gesprächen mit mehreren Personen treffen unerwartete Anforderungen auf uns, eine Sache muss noch vor dem Urlaub erledigt werden. Solche Anreize sind so alltäglich, dass wir sie nicht oder kaum als Stressoren wahrnehmen.
Um die ganze Breite der Stressoren und damit die vielen möglichen Stresssituationen richtig einzuschätzen, soll systematisch vorgegangen werden, was allerdings deshalb gar nicht so einfach ist, weil praktisch alle Lebenssituationen in Betracht kommen.

3.1.3 Arten von Stressoren

Stressoren als Verursacher von Stress lassen sich nach verschiedenen Gesichtspunkten einteilen. Die folgende Aufstellung ist notwendigerweise nicht vollständig, zumal jedes Individuum andere Empfindungsgrenzen hat, vermittelt aber einen Überblick über die Breite. Der Versuch, damit gleichzeitig die Einteilung nach Eustress und Disstress verursachenden Stressoren zu verbinden, muss scheitern, weil z.B. das Ereignis „x" für eine Person Grund zu großer Freude, für eine andere Person Grund zu großer Bestürzung sein kann, beispielsweise eine Schwangerschaft.

Arten von Stressoren für Eustress und Disstress

* **Lebensereignisse**

   Verlobung, Heirat, Familienzuwachs, Weihnachten, Einzug in die eigene Wohnung, Auszahlung einer größeren Versicherungssumme, Ende der Schulzeit, Beginn einer Ausbildung, Bestehen einer Prüfung, Berufswechsel, Wechsel des Wohnortes, Streit in der Familie, Eifersucht, Streit mit dem Partner über unterschiedliche Wertnormen in der Familie, Trennung, Arbeitsteilung, Krankheit, Tod, Ärger mit angeheirateten Verwandten, Finanzierungsprobleme, sexuelle Probleme, Haft, Strafzettel, Geldmangel, Not ...

* **Ereignisse im Berufsleben**

   Einstellung, Beförderung, Versetzung, Übertragung eines neuen Aufgabengebietes, große betriebliche Neuordnung, unterschiedliche Wertenormen (Ehrlichkeit, Offenheit ...), Kündigung, Überforderung, Unterforderung, Herabstufung, Ärger mit Vorgesetzten, ungünstige Arbeitsbedingungen, Ablehnung eines Beurlaubungsantrages, Machtkämpfe, Terminduck, Hektik, Ärger wegen unklarer Kommunikation, Solidaritätskonflikte, Intrigen, Mobbing, Konformitätsdruck ...

* **Umwelteinflüsse**

   Verkehrslärm, Nachbarschaftslärm, Kochgerüche von Gaststätten, Gerüche der Landwirtschaft (Hühnerfarm, Schweinemästerei), Luftverschmutzung, Hitze ...

* **Entwicklungen in der Gesellschaft**

   neue Erfindungen, technologische Entwicklungen, hohe Arbeitslosigkeit, Verbreitung der Hire-and-fire-Mentalität, Umweltverschmutzung (Luft, Wasser, Lärm, Elektrosmog etc.), Entwicklung der Mieten, Inflation, Steuererhöhungen, verstärkte (Banden-) Kriminalität ...

* **Persönlichkeitsstruktur und eigene Ziele**

   Zufriedenheit, Erfolgszuversicht, Bescheidenheit, Neigung zur Unzufriedenheit, zu große Pläne, Anforderungen an die eigene Person größer als die Leistungsfähigkeit, Konkurrenzfurcht, Kontaktschwierigkeiten, Enge im Raum, Konflikte zwischen Familie und Karriere, Aufgabe persönlicher Gewohnheiten (Rauchen) ...

* Wertekonflikte

Menschen können in fast allen Lebenslagen in Wertekonflikte geraten.

 für Werte sind Offenheit, Ehrlichkeit, Wahrheit, Anerkennung von Eigentum, Erhaltung ungeborenen Lebens

Wenn die Anerkennung und Einhaltung von Normen für die eigene Existenz entscheidend ist und wenn die Norm als besonders hochrangig empfunden wird, ist Handeln bzw. die Pflicht zum Handeln gegen die Norm ein besonders starker Stressor.

* Weitere Stressoren

 Glücksfälle wie ein Fund, Wiederentdecken eines Gegenstandes/eines vergessenen Liedes usw., Lächeln eines Fremden, unerwartete Aufmerksamkeit, unerwartetes Geschenk eines Dritten, Wartezeiten bei Anträgen, Raucher-/Nichtraucherprobleme, schlechter Service, Missachtung in der Behandlung bei Banken, Versicherungen und Behörden, unerwarteter Tadel, unerwartete Aufforderung zu einer Stellungnahme oder kurzen Ansprache, Prüfungsangst ...

Hier noch die Definition von Stress und Stressoren aus einem Standardwerk der Psychologie:

Stress ist ein Muster spezifischer und unspezifischer Reaktionen eines Organismus auf Reizereignisse, die sein Gleichgewicht stören und seine Fähigkeiten zur Bewältigung strapazieren oder überschreiten. Diese Reizereignisse umfassen eine ganze Bandbreite externer und interner Bedingungen, die allesamt als Stressoren bezeichnet werden. Ein **Stressor** ist ein Reizereignis, das vom Organismus eine adaptive (anpassende, umarbeitende) Reaktion verlangt.
(Zimbardo, Philip G., Psychologie, Springer-Verlag, Berlin, Heidelberg, New York 1995, S. 575)

Sie haben empfunden, dass unvollständige Fahrten- und Spesenabrechnungen prinzipiell nicht in Ordnung sind. Da Sie nach Anweisung handelten, brauchten Sie sich – jedenfalls in dem vorliegenden Rahmen – keine Gewissensbisse zu machen. Der neue Abteilungsleiter (B) hat aber nach seinen Wertenormen gehandelt, als er unvollständige Abrechnungen nicht hinnehmen wollte. Die Unternehmensleitung hat in dem vorliegenden Fall offenbar das Umsatzziel höher angesetzt als absolute Korrektheit.

3.1.4 Personenbezogene Stressanalyse

Ob bestimmte Anreize als Stress wahrgenommen werden, hängt überwiegend ab von
- der Lebenseinstellung (man könnte auch von der philosophischen und ethischen Grundeinstellung zu sich und seinen Mitmenschen sprechen),
- der Persönlichkeitsstruktur und
- der Situation, in der sich ein Mensch gerade befindet.

Ein Test kann Ihnen zu einem Eindruck darüber verhelfen, ob Sie sich als Folge Ihrer Lebensführung und/oder Ihrer Persönlichkeitsstruktur zur Zeit in einer relativ stressigen Gesamtsituation befinden oder nicht.
(Der Test ist dem Buch „Freude durch Stress" von Vera F. Birkenbihl, mvg-Verlag, München 1994, S. 78, entnommen.)

Test: Stress-Thermometer

Beantworten Sie die Fragen so spontan wie möglich.

1. Fällt es Ihnen schwer, andere zu bitten, etwas für Sie zu tun?
   a) ☐ immer   1234
   b) ☐ meistens   4529
   c) ☐ manchmal   5704
   d) ☐ selten   8301
   e) ☐ nie   2109

2. Denken Sie während der Freizeit an Probleme Ihrer Arbeit?
   a) ☐ sehr oft   4651
   b) ☐ oft   5843
   c) ☐ manchmal   8429
   d) ☐ selten   9207
   e) ☐ nie   7401

3. Zuckt es Ihnen in den Fingern, wenn Sie andere etwas tun sehen, was Sie selbst viel besser können?
   a) ☐ immer   5953
   b) ☐ häufig   9345
   c) ☐ manchmal   9234
   d) ☐ selten   7310
   e) ☐ nie   0609

4. Nehmen Sie sich unangenehme Dinge sehr lange zu Herzen?
   a) ☐ immer   9150
   b) ☐ meistens   0645
   c) ☐ manchmal   3327
   d) ☐ selten   9401
   e) ☐ nie   7300

5. Wie viel Zeit bleibt Ihnen an einem Arbeitstag fürs Nichtstun (fürs Träumen, Spazierengehen oder Alleinsein)?
   a) ☐ mehr als 3 Stunden   8309
   b) ☐ 2 bis 3 Stunden   6300
   c) ☐ 1 bis 2 Stunden   9001
   d) ☐ weniger als 1 Stunde   8726
   e) ☐ keine   1840

6. Fällt es Ihnen schwer, sich zurückzuhalten, wenn Ihr/e Gesprächspartner/in Ihnen zu langsam spricht?
   a) ☐ immer   8345
   b) ☐ häufig   9336
   c) ☐ manchmal   6320
   d) ☐ selten   0519
   e) ☐ nie   9401

7. Was tun Sie, wenn vor Ihnen ein Auto für Sie zu langsam fährt und keine Möglichkeit zum Überholen gegeben ist?
   a) ☐ wütend schimpfen   0947
   b) ☐ hupen   3733
   c) ☐ auf d. Lenkrad trommeln   0821
   d) ☐ das Radio anstellen   9310
   e) ☐ gelassen hinterherfahren   8703

8. Ist es wahr, dass man Sie immer in Eile trifft?
   a) ☐ ja, immer   8450
   b) ☐ häufig   7341
   c) ☐ manchmal   0815
   d) ☐ selten   9808
   e) ☐ nie   0201

9. Fällt es Ihnen schwer, von Speisen, die Sie gern mögen, nicht mehr zu essen, als Sie eigentlich sollten?
   a) ☐ ja, immer   6439
   b) ☐ häufig   4920
   c) ☐ manchmal   9201
   d) ☐ selten   0505
   e) ☐ nie   8209

10. Erledigen Sie gewöhnlich mehrere Dinge gleichzeitig (z.B. Essen, Fernsehen, Zeitunglesen)?
    a) ☐ immer   3751
    b) ☐ meistens   9240
    c) ☐ manchmal   8333
    d) ☐ selten   9810
    e) ☐ nie   9005

11. Kommt es bei Ihnen vor, dass Ihre Gedanken abschweifen, wenn Ihnen jemand etwas erzählt?
    a) ☐ immer   5555
    b) ☐ häufig   8248
    c) ☐ manchmal   2022
    d) ☐ selten   9701
    e) ☐ nie   6209

12. Haben Sie den Eindruck, dass Ihnen die Menschen nur uninteressantes Zeug erzählen?
    a) ☐ immer   4950
    b) ☐ häufig   7341
    c) ☐ manchmal   8410
    d) ☐ selten   7301
    e) ☐ nie   5504

Stress und Stressbewältigung

13. Werden Sie unruhig, wenn Sie Schlange stehen müssen?
    a) ☐ immer   5940
    b) ☐ meistens   3339
    c) ☐ häufig   8721
    d) ☐ selten   0210
    e) ☐ nie   1001

14. Geben Sie anderen Leuten gern Ratschläge oder Tips, wenn sie sich's einfacher machen können?
    a) ☐ ja, bei jeder Gelegenheit 3945
    b) ☐ ja, häufig   0234
    c) ☐ mitunter   9410
    d) ☐ selten   4304
    e) ☐ nie   1001

15. Fällt es Ihnen schwer, sich zu entscheiden?
    a) ☐ ja, immer   8745
    b) ☐ ja, meistens   8330
    c) ☐ ja, häufig   2221
    d) ☐ nur selten   9014
    e) ☐ nie   5407

16. Wie würden Sie Ihre eigene Sprechweise beschreiben?
    a) ☐ sehr schnell   8231
    b) ☐ schnell   0329
    c) ☐ gemäßigt   9301
    d) ☐ ruhig   1007
    e) ☐ bedächtig   9508

Schätzen Sie sich zum Schluss auf folgenden Skalen ein. Sie wählen eine Möglichkeit von fünf Ausprägungsgraden zwischen zwei Gegensätzen. (Wenn Sie sich z.B. für „rückhaltlos offen" halten, kreuzen Sie 1 an, für „ziemlich offen" die 2, für völlig „verschlossen" die 5 und entsprechend.)

17.
OFFEN   1 2 3 4 5   VERSCHLOSSEN
1) ☐   9401
2) ☐   7002
3) ☐   5400
4) ☐   6712
5) ☐   6739

19.
PHLEGMAT. 1 2 3 4 5   ANSPRUCHSV.
1) ☐   9401
2) ☐   6009
3) ☐   8301
4) ☐   3421
5) ☐   9031

18.
BESCHEIDEN 1 2 3 4 5   EHRGEIZIG
1) ☐   9401
2) ☐   7005
3) ☐   0201
4) ☐   8721
5) ☐   8230

20.
SELBSTLOS 1 2 3 4 5   EGOZENTRISCH
1) ☐   9401
2) ☐   6003
3) ☐   0509
4) ☐   7824
5) ☐   3931

Auswertung

Um Ihren Punktewert zu ermitteln, addieren Sie jeweils nur die dritte Ziffer, also z.B. bei „7824" nur die 2.
Jede Antwort kann zwischen null und fünf Punkte wert sein.

50–70 Punkte:
Sie lassen sich von der Zeit, von der Arbeit und dem Wunsch nach Anerkennung auffressen. Sie sind in großer Gefahr.
Lassen Sie Ihren Blutdruck prüfen und Ihren Cholesterinspiegel. Gehen Sie zum Arzt. Es ist höchste Zeit, Ihren Lebensstil zu ändern.

20–49 Punkte:
Sie leben gefährlich. Sie halten für eine Tugend, was Sie auf die Dauer zerstört. Sie müssen bedeutend ruhiger werden, die Dinge weniger ernst nehmen und lernen, sich zu entspannen. Nehmen Sie sich die Zeit zur Muße, überprüfen Sie Ihre Ziele, konzentrieren Sie sich auf das Wesentliche.

O bis 19 Punkte:
Sie haben es geschafft, in dieser hektischen Welt Ruhe zu bewahren und sich nicht stören zu lassen. Versuchen Sie, anderen zu helfen, gelassen zu werden.

Stress und Stressbewältigung

3.1.5 Die Auswirkungen von Stress

Positive und negative Folgen

Stress ist in allen Fällen eine Belastung. Die Belastung kann zu einer Aktivierung von Körper und Geist führen und damit zu einer höheren Leistung. Der damit angesprochene Eustress erhöht das Wohlbefinden und ist prinzipiell gesund. Voraussetzung ist allerdings, dass die Belastung nicht zum Druck ausartet, weil sie dann nämlich zum Disstress wird. Die evtl. Folge von Disstress ist gewöhnlich, dass man mit einer übermäßigen Kraftanstrengung reagiert. Übermäßige Kraftanstrengungen führen jedoch zu übermäßiger Anspannung, zu Überspannung und zu Verkrampfungen.

Welche Folgen bei Disstress im Einzelnen auftreten können, ist der nachfolgenden Aufzählung zu entnehmen. Dabei ist natürlich zu berücksichtigen, ob diese Erscheinungen immer bzw. häufig auftreten oder ob sie nur manchmal oder selten zu beobachten sind.

Auswirkungen von Disstress

◆ **Körperliche Beschwerden**

Kopfschmerzen, Magen-Darm-Beschwerden, Kurzatmigkeit, Schwindelgefühle, hoher Blutdruck, Müdigkeit, Kraftlosigkeit, Herzklopfen, feuchte Hände, feuchte Füße, schnelles Atmen, Verstopfung, Juckreiz, Appetitlosigkeit, „Kloß im Hals", Schweregefühle in den Beinen oder Armen ...

◆ **Störungen im Verhalten**

Schlafstörungen, Temperamentsausbrüche, schlechte Laune, Aggressivität, zwanghaftes Essen, Abwehrhaltungen, Ängstlichkeit, ständiger Ärger, zunehmende Abhängigkeit von Alkohol, Nikotin oder Tabletten, eingebildete Beschwerden, Hilflosigkeit, vermindertes Selbstwertgefühl, niedriges Energieniveau, Schuldsuche bei anderen, Zynismus, Fehlquote, Unfähigkeit zu spontaner Freude oder Heiterkeit ...

◆ **Auswirkungen im Denk- und Sprechbereich**

abnehmende Konzentration, verminderte Beobachtungsgabe, Ablenkbarkeit, Gedächtnisprobleme, verminderte Reaktionsgeschwindigkeit, zunehmende Fehlerhäufigkeit, verminderte Fähigkeit, die Folgen einer Handlung richtig einzuschätzen, Realitätsverlust, Abschieben von Verantwortung, Verlust an Objektivität und Kritikfähigkeit, oberflächliche Problemlösung ...

Drei wichtige Fragestellungen schließen sich an:

1. Ist die gestresste Person in der Lage, nach einer Ruhephase bzw. nach Ausschaltung der Stressoren wieder in die Normalisierung zurückzupendeln? Wenn das nicht der Fall ist, handelt es sich bereits um chronischen Stress.

2. Welche Auswirkungen hat chronischer Stress auf das Sozialleben einer Person? Grundsätzlich wird das Leben als Familienmitglied allgemein, das Leben als Partner und das Leben als Elternteil empfindlich gestört.

3. Welche Auswirkungen hat chronischer Stress auf das Berufsleben? Mangelndes Engagement (innere Kündigung) und mangelnde Loyalität werden bei chronisch gestressten Personen beobachtet. Eine Isolation am Arbeitsplatz ist nicht selten die Folge. Aus chronischem Stress erwachsen auch Arbeitsunfälle, Fehlzeiten (Absentismus) und Stellenwechsel (Fluktuation). Wenn soziale Kontakte nicht mehr funktionieren, wird die Situation häufig als „Ausgebranntsein" empfunden („Burnout"-Syndrom).

3.2   Stressprävention

Stressprävention zielt darauf ab, durch Disstress gekennzeichnete Situationen gar nicht erst aufkommen zu lassen. **Disstress** wird im Falle der Stressprävention also dadurch vermieden, dass die **Stressoren an ihrer Entstehung gehindert** werden.

* **Arbeitsanforderungen**
Wenn zu hohe Arbeitsanforderungen zu Stressoren geworden sind, müssten die Belastungen und Anforderungen wieder auf das frühere Maß zurückgeführt werden. Fühlt sich der Mitarbeiter dagegen unterfordert, sind ebenfalls entsprechende Maßnahmen zu ergreifen. Andere, auch als Belastung empfundene Arbeitsbedingungen können z.B. sein:

Verhinderung von Stressoren

– zu geringe oder zu große Entscheidungs- und Verantwortungsspielräume
– Monotonie am Arbeitsplatz, der bekannterweise durch „job-enlargement" (Erweiterung) begegnet werden könnte
– Schichtarbeit
– einen Arbeitsplatz zu haben, bei dem man ständig vor den Augen anderer agieren muss (Verkäufer/Verkäuferin)
– nicht mit den nötigen Informationen versorgt zu sein

* **Kommunikation**
Wenn unklare Anweisungen, die beispielsweise zu Kompetenzüberschreitungen führen, die Disstressursache darstellen, sind die Anweisungen zu verbessern. Disstress entsteht im Bereich der Kommunikation auch dann, wenn erforderliche Informationen ausbleiben.

* **Streitpunkte in Partnerschaftsbeziehungen oder in Familienfragen**
Durch eine Aussprache lassen sich evtl. die Standpunkte klären. Die Aussprache sollte aber nicht ohne klare Zielvereinbarungen schließen.

* **Schicksalsschläge**
Schicksalsschläge sind in der Regel nicht abzuwenden, wohl aber die Folgen. Gespräche können in solchen Situationen heilsame Wirkungen haben. Wenn Tod oder schwere Krankheiten die Lebensführung der Verbliebenen bzw. der anderen Familienmitglieder beeinträchtigen, sind evtl. andere (neue oder verbesserte) Finanzierungsquellen zu erkunden.

* **Umwelteinflüsse**
Schädigende Umwelteinflüsse oder Umwelteinflüsse mit hohem Belastungsgrad lassen sich gegebenenfalls durch entsprechende Eingaben an die zuständigen Behörden abbauen.

* **Zielvorstellungen**
Unter Umständen setzen Menschen sich zu hohe Ziele für eine zu kurze Zeit, beispielsweise das eigene Auto, die eigene Wohnung oder das eigene Haus mit zu hohen finanziellen Belastungen. Die daraus vielleicht entstehende finanzielle Enge kann ein Belastungsfaktor ersten Grades werden.

* Diskussionswürdig ist im Hinblick auf Disstress auch die **Urlaubsgestaltung.** Der Kräfteabbau bei 24-Stunden-Autoreisen ist u.U. so groß, dass er in zwei Wochen Urlaub nicht wieder aufgeholt werden kann, von der Rückreise und den Nachwirkungen im Beruf gar nicht zu sprechen.

* **Verhaltensweisen und Denkstile**
  Manche Menschen haben sich Verhaltensweisen angewöhnt, die ihnen zur ständigen Disstressquelle werden. Übermäßige Sauberkeit im Hause, übergroße Genauigkeit am Arbeitsplatz oder überzogener Ehrgeiz im Beruf und in der Kindererziehung sind Verhaltensweisen, durch die Menschen sich den Weg zur Normalität verstellen.

Das Verhalten des neuen Vorgesetzten (B) im obigen Fall ist nicht als übergroße Genauigkeit oder Halsstarrigkeit einzuordnen. Für ihn ist das Bestehen auf korrekten Abrechnungen eine Frage der Werte. Ehrlichkeit ist ihm so wichtig, dass er dafür lieber Misslichkeiten einsteckt.

Ursache von Wirkungen

Eine große Schwierigkeit besteht darin, selber die Auswirkungen auf die richtigen Ursachen zurückzuführen. Ein Gespräch zwischen vertrauten Menschen oder mit Dritten als Ratgeber kann einem u.U. die Augen öffnen.

3.3 Bewältigung von Disstress

Ungleichung

Die Prävention ist auf die Beseitigung, Verminderung oder verminderte Wirkung der Stressoren ausgerichtet und damit auf die linke Seite der Ungleichung „Anreize > Erfüllung der Anforderungen". Der Inhalt dieses Kapitels befasst sich mit der rechten Seite, nämlich mit der Fähigkeit, die Anforderungen zu erfüllen.

Verbesserte Erfüllungsfähigkeit

 Der Disstress im Beruf entsteht durch die Einführung einer neuen Technologie. Die daraus erwachsenden Anforderungen und Anreize zu Leistungen haben den Charakter eines Datums, sind also gegeben und keineswegs rückgängig zu machen. Zum Ausgleich der Gleichung sind also die Fähigkeiten des Mitarbeiters zur Bewältigung der Anforderungen zu steigern.

Die Formen der Bewältigung von Anforderungen lassen sich nach zwei Hauptgesichtspunkten unterscheiden:
1. Die Maßnahmen zur Stressbewältigung betreffen das Individuum unmittelbar.
2. Die Maßnahmen zur Stressbewältigung betreffen die Rahmenbedingungen, wie sie durch Institutionen, Unternehmungen und öffentliche Einrichtungen gesetzt werden.

3.3.1 Das Individuum betreffende Maßnahmen

Auf der Seite des Individuums

* Eine der wichtigsten individuellen Ursachen für Nichtbewältigung von überhöhten Anforderungen liegt darin, dass die betroffenen Personen ihre Befindlichkeit nicht artikulieren können. Sie „fressen" die Probleme in sich hinein. Ein **vernünftiges Gespräch** mit Kollegen, Freunden oder einem **professionellen Ratgeber** (Coach) könnte leicht zur Lösung führen. Manchmal geht es nur darum, die Anforderungen genauer zu verstehen (Angst vor dem Neuen) oder die Probleme richtig wahrzunehmen.

Wichtige Maßnahmen

* In der Beschreibung von gesellschaftlichen Trends (z.B. „Die einsame Masse" von Riesmann, David, rde 72/73) ist von der „Außenleitung" des Menschen die Rede. Immer mehr Menschen verhalten sich nach den Signalen, die sie aus der sozialen

Umwelt oder aus der Werbung erhalten. Daraus entsteht plötzlich ein „Muss", z.B. zum Kauf der neuesten Ausgabe von y. Für Kaufentscheidungen fehlt dann in vielen Haushalten die finanzielle Basis, was zu Konsumkrediten und teilweise zur Dauerverschuldung führt. Stresssituationen, die in diesem Handlungsfeld ihre Ursachen haben, sind durch Veränderungen in der Einstellung und eine **neue Bewertung der Einflüsse von außen** zu vermeiden.

* Eigene Zeitplanungen bauen häufig genug auf dem Faktor Zufall auf: „Durch Zufall mag es sich ja ergeben, dass noch alles zeitlich nach Plan läuft." Das ist bei Personen, die sich zuviel Aktivitäten und Termine aufladen, letzten Endes doch nicht der Fall. **Eine vernünftige Zeitplanung,** die auch die Kategorien „wichtig" und „dringlich" enthält, kann zu einer lebensrettenden Hilfe werden.

* Persönliche Änderungen sind auch im Sicherheitsdenken vorzustellen. So nützlich und wichtig Spontaneität auch ist: Für den normalen Lebensablauf sind **Reserven** notwendig, ob als Finanzreserven, Zeitreserven oder Kraftreserven.

* Eine **neue Gewichtung von Arbeitszeit und Freizeit** ist u.U. sehr hilfreich, um Fähigkeiten zur Bewältigung großer Anforderungen zu entwickeln. Mütter oder Väter müssen gegebenenfalls auch klare Trennungen einführen, also Zeiten festlegen, wann was geschehen soll. Wenn das eine oder das andere auf der Strecke bleibt, entwickeln sich Schuldgefühle, die in Disstressempfindungen umschlagen und den Aufbau der Leistungsfähigkeit auf Dauer verhindern.

* **Besinnung** auf Lebensziele, auf die Würde des Menschen, auf den Sinn des Lebens, auf den Sinn bestimmter Lebensformen, auf sittlich-religiöse Werte u.v.a.m. kann zur inneren Ruhe beitragen und damit zur Bewältigung der Aufgabenfülle.

* **Kenntnisse der Gesprächsführung** (z.B. aktives Zuhören) können dazu beitragen, Einstellungen und Sorgen des Gesprächspartners besser einordnen zu können. Wenn ich z.B. auf diesem Wege erfahre, wie existentiell notwendig die neue Organisationsmaßnahme ist, dann mobilisiere ich auch bei mir neue Kräfte und kann danach ganz anders zur Problemlösung auf meinem Platz beitragen.

* Vielleicht habe ich Denkgewohnheiten und Verhaltensweisen angenommen, die mich in eine Konsumentenhaltung geführt haben.

 Bei Einführung von Innovationen erwarte ich ausführliche Informationen und organisierte Weiterbildungsmaßnahmen, um die Anforderungen erfüllen zu können. Richtiger wäre wohl, **selber Initiative** zu **ergreifen,** d.h., auch selbstverantwortlicher mit den aufkommenden Problemen umzugehen.

3.3.2 Maßnahmen der Institutionen

Institutionen, Unternehmungen und Öffentlichkeit sind nicht von der Verantwortung ausgenommen, die Auswirkungen von Stress und Hektik dadurch einzuschränken, dass sie zum verbesserten Umgang mit Stress beitragen. Diskutieren Sie in Gruppen, ob folgende Anregungen in die richtige Richtung weisen:

Hilfen von Institutionen

* Die Weiterbildungsmaßnahmen für Mitarbeiter, aber auch die Angebote der öffentlichen Rundfunkanstalten und anderer wichtiger Einrichtungen im Bildungsbereich

wirken durch ihre Programme auf geistige Flexibilität, Kommunikationsfähigkeit, Kooperationsfähigkeit, Konfliktfähigkeit und auf Erweiterung der Toleranzgrenzen bzw. auf das Aushalten von in ihrer Zielrichtung unterschiedlichen Anforderungen (Ambiguitätstoleranz) hin. Trainingsangebote zur Entspannung können das Weiterbildungsangebot ergänzen.

* Die Angebotszeiten von Fernsehsendungen orientieren sich deutlicher an den Interessen der Zuschauer. Die Eustress erzeugenden Angebote werden verstärkt.

* Organisationsformen, die auch die Wertschätzungsbedürfnisse der Mitarbeiter abdecken, werden vermehrt eingeführt, zum Beispiel „job-enlargement" (Bereicherung der Arbeitsaufgabe, indem auch Vorgesetztenkompetenzen in die Arbeitsaufgabe eingebaut werden).

* Die Beschäftigungszeiten von berufstätigen Müttern werden modifiziert (Teilzeit, Gleitzeit, Jobsharing u.a.m.). Berufstätige Mütter, deren Einkommen keine Haushalts- oder Erziehungshilfe ermöglichen oder die keine andere ständige Hilfe haben, befinden sich häufig in einer Dauerstresssituation. Zur Einschränkung der gesellschaftlich unverantwortbaren Belastung für Erziehende(n) und Kind müssen notwendigerweise auch andere Stellen verstärkt aktiv werden, z.B. durch verbindliche Schulzeiten oder flexible Arbeitszeiten in Kindergärten.

Die geschilderte Eingangssituation lässt sich so interpretieren, dass die Unternehmensleitung die Versetzung des sehr korrekt handelnden Abteilungsleiters (B) veranlasste, nicht dagegen auf seine Handlungsnormen Einfluss genommen hat. Letzteres ist sehr vernünftig. Von seinen als richtig erkannten Normen kann kein Mensch abrücken, ohne in einen krank machenden inneren Stress zu geraten.

3.4 Empfehlungen für den persönlichen Umgang mit Stress

In der Literatur findet sich eine Fülle von Empfehlungen zum Umgang mit Stress. Diese wollen dazu beitragen, einerseits die Anzahl der Eustresssituationen zu erhöhen und andererseits mit Disstresssituationen fertig zu werden. Sie finden nachfolgend eine Auswahl von Anregungen. Prüfen Sie, ob diese Anregungen für Ihre Lebenssituation bedeutsam sein können.

Umgang mit Stress

a) Nehmen Sie Belastungen in der Regel als berechtigte Anreize zur Herausforderung Ihrer Kräfte an.
b) Versuchen Sie, ein emotionales Gleichgewicht zu erzielen.
c) Gewinnen Sie ein positives Bild von sich selbst.
d) Verwenden Sie positive Erklärungsmuster für Misserfolge.
Der Umgang mit einem Misserfolg, z.B. mit einer erfolglosen Bewerbung, muss gelernt werden, weil negative Erklärungsmuster auf Dauer einen Schaden des Immunsystems herbeiführen.

Negative Erklärungsmuster:
- „Das konnte ja nicht gut gehen."
- „Ich bin nun mal ein Versager."

Positive Erklärungsmuster:
- „Wenn sich gleichzeitig fünf Personen um eine Stelle bewerben, ist meine Chance 20 %."
- „Andere Leute können auch was."

e) Gewinnen Sie ein positives Bild von Ihrer sozialen Umwelt.
f) Gewinnen Sie die Fähigkeit, Ihre Wünsche und Forderungen zu artikulieren.
g) Sprechen Sie über Ihre Probleme.
h) Sprechen Sie sich selber Mut zu, wenn die Gelegenheit das erfordert („Das kann ich", „Das schaffe ich").
i) Vertrauen Sie Ihrer eigenen Kraft. Gehen Sie davon aus, dass Sie über noch unbekannte Ressourcen (Hilfsmittel) in sich selber verfügen.
j) Suchen Sie sich Vorbilder und fragen Sie sich, wie vorbildliche Menschen schwierige Situationen gemeistert haben.
k) Machen Sie sich von unbekannten Situationen ein möglichst genaues Bild. „Unbekannt" wird im tiefsten Innern häufig mit „feindlich" gleichgesetzt.
l) Setzen Sie in Ihrem Zeitbudget Prioritäten.
m) Lernen Sie, auch einmal „nein" zu sagen, wenn Sie der Meinung sind, sich vor Überforderungen schützen zu müssen.
n) Leben Sie mit Reserven (Zeitreserven, Finanzreserven, Kraftreserven).

A   Aufgaben

1. Stellen Sie aus der Aufzählung der Stressoren solche zusammen, die Sie für Ihre Lebenssituation als besonders wichtig erachten. Begrenzen Sie dabei die Anzahl auf zehn zu Eustress und zehn zu Disstress führende Stressoren.
2. Sie erleben in Ihrer Unternehmung eine technologisch bedingte organisatorische Umstellung von großem Ausmaß. Sowohl die durch die neue Technologie erhöhten Anforderungen als auch die Tatsache, dass der Wert Ihrer technologischen Kenntnisse und damit Ihr Bewältigungs-Know-how stark gesunken ist, bringt Sie in einen Doppelstress (= doppeltes Ungleichgewicht zwischen Anforderungen und Bewältigungsfähigkeiten). Diskutieren Sie diese Situation unter Kollegen, die gleicherweise betroffen sind. Das Ergebnis sollen zwei Mitarbeiter dem Betriebsrat vortragen.
3. Disstress ist häufig mit Misserfolgserlebnissen verbunden. Welche der folgenden Kommentare deuten Ihrer Meinung nach auf eine positive Verarbeitung hin?
   (1) Bei einer Werkseinweihung kamen Sie mit niemandem ins Gespräch.
      a) „Ich sollte das nächste Mal mehr Mut aufbringen und ruhig jemanden ansprechen."
      b) „Bei der Masse geht man ja sowieso unter."
   (2) Auf einen mit viel Mühe verbundenen Verbesserungsvorschlag erhalten Sie nicht die erhoffte Prämie.
      a) „Pech gehabt!"
      b) „Wahrscheinlich wäre es besser gewesen, in Zukunft noch mehr auf die gute Darstellung zu achten, statt hauptsächlich auf den Inhalt zu setzen."
   (3) Sie finden nach langem Suchen endlich die nach Lage, Zuschnitt und Kosten gewünschte Wohnung, bekommen aber nicht den Zuschlag.
      a) „Schade um die Mühe. Aber woran mag die Ablehnung gelegen haben?"
      b) „Da kann man nichts machen."

Stress und Stressbewältigung

B Methodische Anmerkungen

Rollenspiel

* **Ein Rollenspiel lässt sich nach folgenden Vorgaben** entwickeln:

1. Beschreiben Sie eine Situation, bei der mindestens zwei Personen in Interaktion zueinander treten.

   Beispiel A kommt zu seinem geparkten Fahrzeug. Die Politesse (P) schreibt gerade die Ordnungswidrigkeit auf.

2. Geben Sie vor, wie die Rolleninhaber agieren sollen.

   Beispiel A argumentiert in der Absicht, dass P die Ordnungswidrigkeit zurücknehmen möge. Sein Verhalten ist in jeder Hinsicht korrekt. P lehnt höflich, aber bestimmt ab.
   (Variante: A wird laut; P droht mit Anzeige.)

3. Geben Sie vor, welche Gesichtspunkte von der Lerngruppe zu beobachten sind.

   Beispiel Argumentationsgeschick, Sprechweise, Wortwahl, Gestikulation, Mimik, Haltung, gezeigter Stress etc.

* **Durchführung**

1. Auswahl der zu spielenden Situation und Auswahl der Rollenspieler

2. Vorbereitung der Rollen durch die Rollenspieler, wobei der Spielleiter die dafür zur Verfügung stehende Zeit vorgibt

3. Die Beobachter erhalten (zur gleichen Zeit wie die Rollenspieler) die Auflistung der Beobachtungspunkte (z.B. Kommunikationsverhalten, Durchsetzungsvermögen, Haltung, Anteil der verbalen und nonverbalen Aktivitäten, erkennbarer Stress) und die Anweisung, Erkennungsgesichtspunkte für die Merkmale zu sammeln.

4. Spielphase

5. Die Rollenspieler nehmen Stellung zu ihrem Beitrag.

6. Die Beobachter teilen ihre Beobachtungen mit.

7. Die Erfahrungen und der Nutzen des Rollenspiels werden in der Lerngruppe erörtert.

∗ Anregungen für Situationen

- Ein Unberechtigter hat einen reservierten Platz in der Bahn eingenommen.
- Jemand parkt Sie gerade zu.
- Der Ober übersieht Ihren Bestellungswunsch seit zehn Minuten.
- Im Fischgeschäft drängen sich immer wieder andere vor.
- Sie bekommen ein Zeitschriftenangebot an der Tür.
- Sie erhalten vom Finanzamt die falsche Lohnsteuerkarte und monieren das mündlich.
- Sie bekommen von einem Freund, den Sie treffen, noch geliehenes Geld zurück.
- Sie wollen über ein Fachthema referieren. Die „Zuhörer" reden nach fünf Minuten immer noch durcheinander.
- Sie fragen als Fremder einen Passanten nach dem Weg. Andere Passanten kommen dazu, aber jeder zeigt Ihnen eine andere Richtung.
- Ihr Bruder soll Ihnen beim Holzstapeln helfen.
- Sie wollen Ihren neuen Nachbarn begrüßen; der verhält sich abweisend.
- Sie bitten um einen Zwei-Tage-Urlaub, der Ihnen aber nicht gewährt wird.
- Sie haben Grund, sich bei einem Lehrer über eine nach Ihrer Meinung ungerechte Note zu beschweren.

C   Literatur

Birkenbihl, Vera F., Freude durch Stress, mvg-Verlag, München 1994

Hirsch, Rüdiger, Pfingsten, Ulrich, Gruppentraining sozialer Kompetenzen, Urban & Schwarzenberg, München/Wien/Baltimore 1983

Hoberg, Gerrit, Vollmer, Günter, Top-Training, Stress unter Kontrolle, Ernst Klett Verlag für Wissen und Bildung, Stuttgart 1990

Vester, Frederic, Phänomen Stress, dtv Sachbuch 1396, München 1991

Zimbardo, Philip G., Psychologie, Springer-Verlag, Berlin, Heidelberg, New York 1995

4 Das Gespräch als dialogische Kommunikation

„Zu einem wahren Gespräch gehören gewisse Erfordernisse ... Zuvörderst zwei durchaus verschiedene Sprecher ...; dann zwischen beiden eine gewisse gemeinschaftliche Luft, ein gewisser Glaube, ein Vertrauen, ein gemeinschaftlicher Boden der Wahrheit und der Gerechtigkeit ... Indes finde ich besonders die heutige Generation so einförmig und so zerrissen ... dass es mich nicht befremden kann, wenn es überhaupt viel mehr Redende als Hörende, viel mehr Lehrende als Lernende, und wenig wahres Gespräch gibt ... Wer nicht über gewisse Dinge mit mir einig ist, mit dem kann ich über die anderweiten nicht streiten ..."
(Müller, Adam, Zwölf Reden über die Beredsamkeit und deren Verfall in Deutschland, 1812. hrsg. v. Jens, W., sammlung insel Nr. 28, entnommen aus: Schweinsberg-Reichart, Ilse, Rednerschulung, Herle Verlag, Heidelberg 1978, S. 16)

„Die Kommunikation ist der ‚Flaschenhals' in jeder Organisation, denn jede Planung und Entscheidung, alles Motivieren und Kontrollieren setzt Beratung und Berichte, Anweisungen und Diskussionen, Telefonate und Konferenzen, Belehrung und Kritik, Anerkennung und Beschwerden, Gespräche, Antworten, Fragen usw. voraus ... Das Beispiel des Turmbaus von Babel zeigt auf prägnante Weise, wozu es führt, wenn die Beteiligten nicht mehr ‚die gleiche Sprache sprechen'."
(Neuberger, O., Das Mitarbeitergespräch, Goch 1980, Einführung, S. 19 f.)

Nachdem im ersten und zweiten Kapitel die Grundlagen für erfolgreiche Kommunikation dargelegt wurden, soll es nun darum gehen, diese (Er-)Kenntnisse für die Praxis nutzbar zu machen, und zwar anhand verschiedener Gesprächstypen oder -formen, wie sie im Berufsleben tagtäglich vollzogen werden. Neben den grundlegenden Konstanten, die allen Gesprächen gemeinsam sind, werden zu einzelnen Gesprächsanlässen noch einige konkret-inhaltliche Überlegungen angestellt und spezielle Aspekte hervorgehoben.

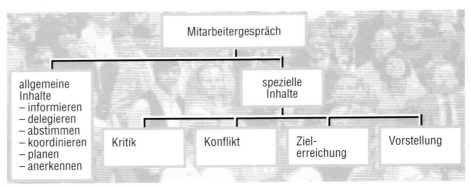

4.1 Das Mitarbeitergespräch

Frau Stark ist Filialleiterin einer Drogeriekette und führt zwei Kassiererinnen und drei Fachverkäuferinnen. Sie hat die Filiale erst vor zwei Monaten übernommen, während die Mitarbeiterinnen schon mehrere Jahre zusammenarbeiten. Ihre Vorgängerin, Frau Stein, war seit Monaten wegen Krankheit ausgefallen, so dass Frau Stark zunächst sehr damit beschäftigt ist, liegen gebliebene Verwaltungsarbeit zu erledigen. So ist sie

zunächst erleichtert, dass die Mitarbeiterinnen gut eingearbeitet sind und den Laden selbständig „schmeißen". Da sie aber weiß, dass die Leistungsfähigkeit einer Arbeitsgruppe immer höher ausfällt, wenn neben dem formell-leistungsbezogenen Kontakt auch persönliche, ja sogar arbeitsfremde Anliegen der Mitarbeiterinnen zur Sprache kommen können, will sie dringend regelmäßig Mitarbeitergespräche unter vier Augen, aber auch Gruppengespräche führen. Sie möchte den kooperativen Führungsstil verwirklichen, da sie die Mitarbeiterinnen nicht nur als „Produktionsfaktoren" ansieht, sondern als Menschen mit Erwartungen, Ängsten, Hoffnungen und berechtigten Bedürfnissen.

Das Mitarbeitergespräch findet zwischen einem Vorgesetzten und seinem bzw. seinen Unterstellten statt. Thema des Mitarbeitergespräches sind sämtliche Belange, die sich aus der Erledigung des gemeinsamen Arbeitsauftrages ergeben. Es ist als Oberbegriff für die im Einzelfall näher zu spezifizierenden Gesprächstypen wie etwa das Kritik-, Konflikt- oder Zielvereinbarungsgespräch zu verstehen.

Begriff

Ob nun, wie im dargestellten Fall, das persönliche Kennenlernen im Vordergrund steht, ob Informationen weitergegeben, Aufgaben delegiert oder Absprachen getroffen werden sollen, der Gesprächsablauf vollzieht sich immer nach einem bestimmten Grundmuster.

4.1.1 Gesprächsvorbereitung

Zunächst arbeite ich für mich klar heraus, worum es in diesem Gespräch gehen soll, verdeutliche mir die Sachlage und die Tatbestände und definiere das Problem, falls es eines gibt, so konkret wie möglich.

Ich formuliere ein Gesprächsziel mit Minimal- und Maximalausprägung.
Als die Person, die um das Gespräch bittet, teile ich meinem Gesprächspartner mein Anliegen mit, nenne meine Absicht und den Gesprächsinhalt sowie die voraussichtliche Dauer. Gemeinsam vereinbaren wir einen geeigneten Zeit- und Treffpunkt. Der Ort ist so gewählt bzw. so organisiert, dass Telefonate, Besucher oder andere Faktoren nicht störend einwirken.
Des Weiteren beschäftige ich mich mit der Persönlichkeit meines Gesprächspartners. Was gibt es Positives über ihn zu sagen? Ist mein Gesprächsziel auch für ihn akzeptabel? Welches Ziel könnte er verfolgen?

Gesprächs-
ziel
Treffpunkt
Partner

4.1.2 Eröffnungsphase

Die Höflichkeit gebietet, dass ich grundsätzlich für einen pünktlichen und entspannten Gesprächsbeginn sorge. Ich drücke meine Freude darüber aus, dass mein Partner meiner Einladung gefolgt ist, und biete ihm einen gleichwertigen Platz sowie gegebenenfalls etwas (Alkoholfreies!) zum Trinken an, damit die anfängliche Befangenheit etwas weicht. Eventuell kann ich an eine vergangene Situation anknüpfen, die geeignet ist, eine positive Gesprächsgrundlage zu schaffen.

Eröffnung

Frau Stark könnte z.B. von einer Beobachtung sprechen, bei der sie ein geschicktes Umgehen der Mitarbeiterin mit einem schwierigen Kunden feststellte, ihre Anerkennung darüber ausdrücken und sich nähere Einzelheiten über den Stammkunden erzählen lassen.

Wie schon in der Einladung zum Gespräch, nenne ich nochmals Anlass und Ziel des Gespräches. Dabei achte ich auf eine positive Themen- bzw. Problemformulierung.

Frau Stark würde z.B. einleiten: „Ich halte es für wichtig, Sie näher kennen zu lernen, um Sie in der Ausübung Ihrer Tätigkeit unterstützen zu können." Negativ ausgedrückt könnte sie formulieren: „Ich halte es für wichtig, Sie näher kennen zu lernen, um Missverständnissen und Unannehmlichkeiten vorzubeugen."

Mein Gesprächsverhalten ist darauf ausgerichtet, den Mitarbeiter zu Rückfragen und freier Meinungsäußerung anzuregen.

4.1.3 Informationsaustausch

Thematisierung der Sachlage

Wenn eine von Akzeptanz getragene Beziehung hergestellt ist, kann die Sachlage thematisiert werden. Jetzt werden Fakten, Informationen, Meinungen, Sichtweisen, Problemanalysen ausgetauscht, um so die Interessen, Bedürfnisse, Einschätzungen und Wünsche des anderen kennen zu lernen. Informationslücken werden aufgespürt und möglichst geschlossen. Fakten und Meinungen werden voneinander abgegrenzt.

Als Gesprächstechniken kommen nun das aktive Zuhören, Fragen und Feedback (Absicherung der Verständigung) zum Einsatz. Mit Hilfe von „Ich-Botschaften" wird der eigene Standpunkt offen und klar vermittelt, so dass beide voneinander wissen, wo sie stehen und wo jeder hin will. So werden in der Regel auch Meinungs- und Interessenverschiedenheiten deutlich und als natürlich akzeptiert.

Als problematisch werden unterschiedliche Standpunkte dann erlebt, wenn einer oder beide Partner „Recht haben" wollen und sich gegenseitig Ignoranz, mangelnde Sachkenntnis, Überheblichkeit und sonstige Böswilligkeiten vorwerfen.

Frau Stark könnte eine Mitarbeiterin z.B. danach befragen, welcher Ausbildungs- und Berufsweg sie in diese Filiale geführt hat, welche Probleme sie im Zusammenhang mit ihrem Arbeitsfeld sieht, ob sie mit dem Betriebsklima zufrieden ist und ob sie Verbesserungsvorschläge hat. Damit die Mitarbeiterin sie ebenfalls näher kennen lernen kann, könnte Frau Stark sie ermuntern, auch Fragen zu ihrer Person zu stellen oder etwas über ihre Ideen, wie sie sich im Unternehmen weiterentwickeln möchte, zu äußern.

Um die Grundlage für Entscheidungen zu schaffen, werden alternative Lösungsvorschläge gesammelt und mit der Fragestellung „Was spricht dafür? – Was spricht dagegen?" diskutiert. Gemeinsam werden Durchführbarkeit, Akzeptanz und Konsequenzen abgeschätzt. Teilergebnisse werden festgehalten.

4.1.4 Verhandlungs- bzw. Vereinbarungsphase

Sofern das Ziel des Gespräches über ein erstes Kennenlernen hinausgeht, gilt es jetzt, das Problem im Sinne der Zielerreichung zu präzisieren, gemeinsam Lösungswege, Weiterentwicklungen oder Verbesserungen ins Auge zu fassen sowie im Falle einer Verhandlung konkrete Bedingungen auszuhandeln.

Verhandlung/ Zielvereinbarung/ Maßnahmen

Jetzt werden Maßnahmen, Aktivitäten, Aktionen möglichst einvernehmlich entschieden und verbindlich vereinbart. Es ist zu erörtern, was bei der Umsetzung zu bedenken ist, wer noch von der Entscheidung betroffen ist, wer evtl. zu informieren oder zu beteiligen ist und wie die Durchführungskontrolle erfolgen soll (Ablauf- oder Ergebniskontrolle).

Je nach Umfang und Bedeutsamkeit des Gesprächsergebnisses sollte überprüft werden, ob eine Ergebnissicherung in schriftlicher Form, z.B. ein gegengezeichnetes Ergebnisprotokoll, hilfreich im Sinne der Effizienzsteigerung sein könnte.

Hier könnte Frau Stark nun fragen, ob sich die Mitarbeiterin vorstellen könnte, zukünftig eine Urlaubsvertretung in anderen Filialen zu übernehmen, mit der Bedingung, eine bestimmte Weiterbildungsmaßnahme zu absolvieren. Um das sich gerade entwickelnde Vertrauensverhältnis nicht zu stören, verzichtet Frau Stark in diesem Fall möglicherweise auf eine schriftliche Vereinbarung, da die Mitarbeiterinnen noch nicht mit ihrem zielorientierten Führungskonzept vertraut sind.

4.1.5 Abschlussphase

Genauso wichtig wie eine konstruktive Eröffnung ist ein guter Abschluss.
Das Schlusswort wird gegebenenfalls mit einer nochmaligen Zusammenfassung der Ergebnisse oder der wesentlichen Punkte eingeleitet. Dann wird die Befriedigung über erzielte Inhalte ausgedrückt, das Positive in der Zusammenarbeit und speziell im Gesprächsverlauf hervorgehoben sowie die Bereitschaft zur weiteren Kooperation bekundet. Dieser Abschluss bietet ein tragfähiges Fundament für zukünftige Gespräche, die möglicherweise schon mit mehr Spannung und Konfliktstoff geführt werden müssen (z.B. ein Kritikgespräch).

Konstruktiver Abschluss

4.1.6 Gesprächsnachbereitung

Wir sollten den Lerngewinn und die Erweiterung unseres Erfahrungsschatzes aufgrund geführter Gespräche ganz bewusst durch eine regelmäßige Gesprächsauswertung vertiefen und so unser Selbstbild erweitern.

Reflexion

Meine **Leitfragen** dabei sind:
1. Was sind die Ergebnisse und Vereinbarungen des Gespräches?
2. Wie habe ich mich während des Gespräches gefühlt?
3. Was waren die Auslöser für diese Gefühle?
4. War ich mir im Klaren, was mein Anliegen war?
5. Was würde ich jetzt – nach dem Gespräch – noch gerne loswerden?
6. Was hat mich gehindert, bestimmte Punkte im Gespräch zu äußern?
7. Welche Phantasien habe ich darüber, welche Notizen sich der Gesprächspartner jetzt machen würde?

Gruppenarbeit

1. Erarbeiten Sie „Grundregeln des Mitarbeitergespräches", die geeignet sind, einen konstruktiven und erfreulichen Gesprächsverlauf zu gewährleisten und sowohl bei der Gesprächsvorbereitung als auch im Gespräch selbst konkrete Hilfestellungen zu geben. Orientieren Sie sich dabei auch an den Verhaltensregeln des ersten Kapitels.

2. Vergleichen Sie im Anschluss Ihr Ergebnis mit den nachfolgenden Grundregeln:

   Streben Sie an:

   – mit Interesse zuzuhören,
   – Ihren Mitarbeiter unbedingt aussprechen zu lassen,
   – Ihre Wertschätzung zu formulieren,
   – Freundlichkeit und Toleranz in der Sprechweise zu zeigen,
   – Ihren Mitarbeiter um seine Meinung zu bitten,
   – Ihr Verständnis für den Standpunkt Ihres Mitarbeiters zu formulieren,
   – nicht vorschnell zu urteilen, falls überhaupt notwendig,
   – das Vertrauensverhältnis zu achten,
   – die Zuständigkeit Ihres Mitarbeiters zu beachten,
   – auf gute Ratschläge oder gar Belehrung zu verzichten,
   – keine absoluten dogmatischen Behauptungen aufzustellen,
   – keine harte Konfrontation aufzubauen,
   – nichts zu versprechen, was Sie nicht halten können,
   – bewusst auf einen Gesprächserfolg hinzuarbeiten,
   – inhaltliche Übereinstimmungen hervorzuheben,
   – für abweichende eigene Standpunkte um Verständnis zu werben.

4.2 Das Kritikgespräch

Inzwischen leitet Frau Stark die Drogeriefiliale acht Monate und die Mitarbeiterinnen haben ihren kooperativen Führungsstil freudig aufgenommen. Neben den regelmäßigen Besprechungen in der Gruppe sind auch Einzelgespräche erfolgt. Seit etwa einer Woche beobachtet Frau Stark mit wachsendem Unmut, dass ihre Mitarbeiterin, Frau Busch, ihr Aufgabengebiet nicht mit der gewohnten Zuverlässigkeit und Qualität wahrnimmt. So wurden die Regale nicht regelmäßig aufgefüllt, so dass einige Kunden die gewünschten Produkte nicht vorfanden. Außerdem verbrachte Frau Busch auffallend viel Zeit im Lager.

Begriff/Inhalt

Im Kritikgespräch wird von Seiten des Vorgesetzten, des Kollegen oder auch des Mitarbeiters eine wertende Stellungnahme zum Leistungs- und/oder Sozialverhalten abgegeben. Auf diese Weise soll die zukünftige erfolgreiche Zusammenarbeit gesichert und gefördert werden.

Das Gespräch als dialogische Kommunikation

Problematisch ist das Kritikgespräch deshalb, weil die enthaltene Wertung das Selbstbild des Kritisierten anspricht und dies häufig als Bedrohung des Selbstwertes erlebt wird. Fühlt sich der Mensch nun aber bedroht (Bedürfnis nach Wertschätzung!), so versetzt ihn dies in Stress. Die Beziehungsebene gerät ins Wanken und er reagiert mit Abwehr. Er beginnt sich möglicherweise zu verteidigen oder klagt selbst sein Gegenüber an, was einen Konflikt heraufbeschwört und dem Ziel des Gespräches (Verbesserung) zuwiderläuft. Bleibt die empfundene Kränkung dann noch unterschwellig und nimmt der Kritisierte die Kritik nur scheinbar an, kann das Kritikgespräch sogar zu einer Verschlechterung der Situation führen.

Sensibilität als Voraussetzung

Spätestens jetzt wird klar, welcher Sprengstoff im Vorgang des Kritisierens enthalten sein kann und warum sich die meisten Menschen an offener und direkter Kritik vorbeidrücken.

Deshalb ist das praktische Vorgehen im Kritikfall gründlich vorzubereiten.

4.2.1 Die Zielkonzeption

Was will der Kritisierende mit dem Gespräch erreichen?

Abklärung der eigenen Absichten

„Will er dem Mitarbeiter einmal richtig die Leviten lesen?
Will er ihm zeigen, wer der Herr im Haus ist?
Will er ihn auf Vordermann bringen?
Will er ihn ‚zurechtstutzen' und ‚fertig machen'?
Will er sich abreagieren?
Will er dem Mitarbeiter dessen Fehler klar machen und ihm helfen?
Will er zukünftig mit ihm besser und reibungsloser zusammenarbeiten?
Soll der Mitarbeiter seinen Fehler selbst einsehen und gemeinsam mit dem Vorgesetzten nach Wegen suchen, ihn abzustellen?"
(Neuberger, a.a.O., S. 183)

Natürlich wissen wir, dass nur ein sachliches, problemorientiertes und von Wertschätzung getragenes Vorgehen eine langfristig produktive und zufrieden stellende Zusammenarbeit sichert. Wie aber sollen wir mit unseren Gefühlen der Frustration, Wut und Enttäuschung umgehen? (vgl. Kapitel 2.3, Ich-Botschaften) Wer nicht sein Ziel verfehlen will, nimmt sich also vor dem Kritikgespräch etwas Zeit für die Verarbeitung der spontanen Gefühlswogen.

4.2.2 Gestaltung des Kritikgesprächs

◆ Positiven Kontakt herstellen

Da sich der Mensch gemäß seinem Überlebensprogramm in „eisigem" Klima einigelt und in die Defensive begibt, sollte der Gesprächsbeginn einer entspannenden und offenen Gesprächsatmosphäre dienen. Da der Gesprächsinhalt nun aber eher einer bitteren Pille entspricht, wäre es unfair, zunächst etwas Zuckerbrot zu reichen und dann doch die Peitsche knallen zu lassen. Eine ehrliche und dennoch entspannende Herangehensweise wäre, darauf hinzuweisen, dass jeder mal Fehler mache; dass die Sache nun mal passiert sei und man versuchen solle, das Beste daraus zu machen; dass man gerne die andere Seite zuerst anhören wolle, bevor man sich ein Urteil bilden wolle ...
(nach Neuberger, a.a.O., S. 184)

Klare Positionen

Vor allem muss deutlich werden, dass nicht die Person selbst kritisiert wird, sondern eine besondere, genau gekennzeichnete Verhaltensweise oder eine Sachentscheidung. Wenn der Kritisierte Gelegenheit hat, sein Gesicht zu wahren, und sich als Mensch weiterhin geachtet fühlt, wird er eher bereit sein, sein Fehlverhalten einzusehen, Verantwortung für die Schadensbeseitigung übernehmen und diesbezüglich zukünftiges Fehlverhalten zu vermeiden versuchen.

Begründete Anforderungen an die Vorgehensweise des Vorgesetzten

◆ Von „Tatsachen" ausgehen

Früher wurde bereits auf das **Dilemma der subjektiven Wahrnehmung** von Wirklichkeit hingewiesen, so dass uns bewusst ist, dass wir nicht von objektiven Tatbeständen ausgehen können.
Über das „Aktive Zuhören" erfahren wir die (subjektive) Sichtweise des Kritisierten und er erfährt unsere. Dies ist ein hoffnungsvoller Weg, den „Tatsachen" nebst Ursachen auf die Spur zu kommen und Beweggründe zu erfahren, um dann gemeinsam über die Problemlösung nachzudenken.

◆ Eine klare Sprache sprechen

Wenn wir als Kinder gelernt haben, dass es nicht schicklich ist, Wünsche, Bitten, Forderungen offen und direkt auszusprechen, sondern uns eher mit Andeutungen, indirekten Formulierungen oder Herunterspielen von Tatsachen zu begnügen, die eigene Meinung zurückzuhalten und vor allem höflich zu sein, dann fällt uns äußerst schwer, **Klartext** zu **reden.** Dann sind wir nämlich „böse".
Wenn nun Kritik angesagt ist, der Kritisierte aber überhaupt nicht wahrnimmt, dass er kritisiert wird, weil die Worte in Watte verpackt sind, kann auch kein Einsichts- und Veränderungsprozess einsetzen.
Hier hilft es, die Tatsachen genau zu benennen, das Problem dabei zu beschreiben, die Konsequenzen aufzuzeigen und die eigene Bewertung mit Hilfe von Ich-Botschaften klar und unmissverständlich zu vermitteln. Ansonsten mache ich mich unglaubwürdig und baue langfristig Misstrauen und Konfliktstoff auf.

◆ Unter vier Augen kritisieren

Wir erinnern uns sicher alle mit Grauen an die Lehrer, die bevorzugt den Schüler, der seine Hausaufgaben nicht gemacht oder die Klassenarbeit „verbaut" hatte, vor versammelter Mannschaft kritisierten. Zwar konnten wir uns somit ausmalen, was passieren würde, wenn wir ein solches Fehlverhalten zeigen würden, aber als Betroffene fühlten wir uns einfach nur erniedrigt und entwürdigt. Um diese **unmenschliche Bloßstellung** (Selbstbildattacke) und eine sinnlose Verhärtung der Fronten zu **vermeiden,** ist das Kritikgespräch unter vier Augen zu vollziehen.

◆ Schonend kritisieren

Die Kritik kann vom Kritisierten nur dann aufgenommen, verarbeitet und umgesetzt werden, wenn **kein „Rundumschlag"** erfolgt, sondern der Fehler eingekreist und genau lokalisiert wird. Sollten viele Kritikpunkte aufkommen, so scheint sich der Kritisierende vor frühzeitigerem Eingreifen gedrückt zu haben und attackiert dann den Kritisierten mit einer „Generalinspektion". Wenn wir möglichst zeitnah, also in direkter Folge des beobachteten Fehlverhaltens, reagieren, bleibt die Kritik in einem verträglichen Umfang und hat viel bessere Chancen zu fruchten.

Das Gespräch als dialogische Kommunikation

◆ Konstruktiv kritisieren

Kritik soll eine Verbesserung der momentanen Situation einleiten und als Kritisierender fühle ich mich mitverantwortlich für die Erreichung dieses Zieles. Konsequenterweise stelle ich mich deshalb auch darauf ein, am Problemlösungsprozess mitzuwirken, indem ich geeignete Fragen zur **Klärung des Problems** stelle und so den Kritisierten dabei unterstütze, Lösungen zu finden, evtl. auch selbst Lösungsvorschläge mache, sofern dies erwünscht und hilfreich ist.

◆ Sachlich, nicht affektiv kritisieren

Natürlich sind wir alle Menschen, denen schon mal der „Kragen platzen" kann. Wenn wir aber mal ehrlich bilanzieren: Wie oft hat es bei solchen Gefühlsausbrüchen die Falschen erwischt, da diese nur das (ohnehin fast volle) Fass zum Überlaufen gebracht haben und wir uns selbst auf Kosten anderer, meist Schwächerer, mal richtig Luft machen und Dampf ablassen wollten, um wieder ins Gleichgewicht zu kommen? In diesem Fall ist vorzuziehen, den Ausbruch alleine oder vor Unbeteiligten zu inszenieren, damit niemand als Opfer herhalten muss. Auch die angemessene Gesprächsvorbereitung kann zu einer **Versachlichung des Gespräches** beitragen.

4.2.3 Der Abschluss

Ein wichtiger Teil des Erfolgs besteht darin, einen positiven Gesprächsabschluss zu finden. Ein Kritikgespräch ist bei günstigem Verlauf ein Lernschritt und kann eine **Entwicklungschance** bedeuten. Nachdem der Kritikfall besprochen und eine Zukunftsvereinbarung/-regelung getroffen ist, können die Gesprächspartner zuversichtlich in die gemeinsame Zukunft blicken. Nichts ist demoralisierender, als ständig die „alten Kamellen" vorgehalten zu bekommen. Was zählt, ist die zukünftige Entwicklung.

Wie in allen Gesprächen spreche ich deshalb das Positive des Gesprächsverlaufes an und bedanke mich für die entgegengebrachte Offenheit, das Einsichtvermögen und das konstruktive Mitgehen.

Konstruktiver Abschluss

„Wenn ein Mitarbeiter nicht als Verlierer den Schauplatz seiner Niederlage verlässt, dann ist ein günstiger Boden bereitet für eine fruchtbare künftige Zusammenarbeit."
(Neuberger, O., a.a.O., S. 193)

Gruppenarbeit

A ist für die sieben kaufmännischen Auszubildenden der Papierwarengroßhandlung F. Schulz GmbH verantwortlich. Der Klassenlehrer des Auszubildenden B an der zuständigen Berufsschule bittet A zu einem Gespräch. Es geht dabei speziell um das „lockere" Lernverhalten des Auszubildenden.

Nach dem klärenden Gespräch zwischen A und dem Klassenlehrer bittet A den Auszubildenden B zu einem Kritikgespräch.

1. Konkretisieren Sie mit Hilfe Ihrer Vorstellungen von „lockerem" Lernverhalten die Situation.

2. Erörtern Sie gruppenweise ein vernünftiges Vorgehen in dem anstehenden Kritikgespräch.

4.3 Das Konfliktgespräch

Die stellvertretende Pflegedienstleiterin eines Altenheimes hat während des Urlaubs der Pflegedienstleiterin verfügt, dass das gesamte morgens anwesende Pflegedienstpersonal gemeinsam frühstückt. Sie begründet den Mitarbeiterinnen gegenüber diese Anordnung damit, dass durch gemeinsame Veranstaltungen der Teamgeist gefördert und jeder einzelne Mitarbeiter gestärkt würde. Bisher frühstückte man in zwei „Schichten".

Der Betreuungsdienst, befasst mit Altensport, Bewegungstherapien, Konzentrationsspielen, Gedächtnisübungen, Gesellschaftsspielen usw., ist davon betroffen. Bei seinen Veranstaltungen, die sich zeitlich mit der Frühstückspause des Pflegedienstes überschneiden können, steht für Notfälle keine Pflegedienstmitarbeiterin zur Verfügung.

Über die stellvertretende Pflegedienstleiterin sind bei der Heimleiterin schon mehrere Beschwerden eingegangen. Ein Konfliktlösungsgespräch scheint dringend angeraten. Ihre Aufgabe besteht darin, sich zunächst über Konflikte und Konfliktlösungen zu informieren und anschließend ein Konfliktlösungsgespräch vorzubereiten.

4.3.1 Konflikte und ihre Ursachen

Konflikte zwischen Mitgliedern von Gruppen entstehen, wenn unterschiedliche Interessen und Bedürfnisse vorliegen. Konflikte sind Abweichungen bzw. Unvereinbarkeiten im Wahrnehmen, Vorstellen, Denken, Fühlen und Wollen, die zu Beeinträchtigungen im Zusammenleben führen.

Beeinträchtigungen liegen u.a. dann vor, wenn die Partner sich behindert, blockiert, verletzt oder bedroht fühlen. Beispielsweise sind Eltern sich nicht einig über Erziehungsfragen bezüglich ihrer Kinder oder Mitarbeiter im Betrieb beurteilen die Marktchancen oder Verfahrensweisen des Unternehmens unterschiedlich.

Bei der Analyse von Konfliktursachen stößt man auf drei Kategorien:

Drei Konfliktursachen

* Konflikte haben ihre Ursache **in den Personen selber.** Gemeint sind Charaktereigenschaften wie Rechthaberei, geringes Selbstvertrauen, Neigung zur Perfektion, übermäßiges Erfolgsstreben oder eine andere Eigenschaft, die Beeinträchtigungen im Zusammenleben bzw. in der Zusammenarbeit hervorruft. Auch unbewältigte Probleme, die sich aus dem Verhalten einzelner Menschen erklären, können immer wieder zu Konflikten führen.

* Von **sozialen** Konfliktursachen spricht man dann, wenn das eigentliche **Interaktionsfeld gestört** ist. Beispiele sind fehlende Kooperationsbereitschaft, Furcht vor Machtverlust, Hinhaltetechnik, Informationszurückhaltung, als kränkend empfundene Abhängigkeiten, Enttäuschung nach Ablehnung von persönlichen Anliegen und vieles andere mehr.

* **Organisatorisch bedingte Konfliktursachen** findet man häufig in Betrieben: übermäßige Arbeitsteilung, unklare Kompetenzen, ungeregelte Zuständigkeiten oder ähnliche Begleiterscheinungen der die Aufgabenverteilung betreffenden betrieblichen Organisationen. Hinzu kommen Streitigkeiten in betrieblichen Statusfragen. Ein Beispiel dafür ist der Kampf um den größeren Schreibtisch. Tief greifend sind die organisationsbedingten Konflikte, wenn z.B. eine größere Reorganisation vorgesehen ist, etwa im Zusammenhang mit „lean-production".

4.3.2 Konflikte und ihre Stufen

Ohne eine feste Anzahl von Konfliktstufen vorzugeben: Konflikte haben häufig einen vorhersehbaren Verlauf.

* Erste Spannungen werden allzu leicht polarisiert, so dass bereits merkbare Beeinträchtigungen im Verhalten festzustellen sind. Auf dieser Stufe ist die Führungskraft zur Problemlösung aufgerufen.

* Die Konfliktpartner beschränken den Konflikt nicht auf sich selber; sie suchen „Koalitionen". Man wendet sich z.B. an den Betriebsrat. Hier ist Hilfe von höherer Stelle oder von außen angezeigt.

* Der Konflikt wird zum offenen Kampf. Man bedroht sich in verschiedenen Formen, wobei auch schon begrenzt „Schläge" ausgetauscht werden. Spätestens hier sind Schiedsverfahren notwendig.

* Auf der letzten Stufe will man den Konfliktgegner richtig verletzen. Hier hilft nur noch ein Machteingriff, der im Betrieb in der Regel die Kündigung bedeutet, in der Ehe die Scheidung.

Typische Konfliktstufen

Auf der Grundlage dieser Ausführungen ist zunächst zu klären, welche Ursachen im vorliegenden Fall zutreffen bzw. welche Eskalationsstufe erreicht ist.
Der unmittelbare Anlass für ein Gespräch ist in der zwar nicht unüberlegten, aber doch die Aufgaben anderer Funktionskreise betreffenden Anordnung zu sehen. Demgemäß handelt es sich um eine aus der funktionalen betrieblichen Organisation entspringende Konfliktursache.
Andererseits gehört zu einem solchen Verhalten auch eine bestimmte Persönlichkeitsstruktur. In dem vorliegenden Fall handelt es sich um eine Frau, die zur Durchsetzung ihrer Vorstellungen neigt, wegen ihres Durchsetzungsvermögens aber auch von der Heimleitung geschätzt wird.
Ihre fehlende Kompromissbereitschaft, z.B. als Lösung einen sozialen Notdienst einzurichten, gehört zu den sozialen Ursachen von Konflikten.

4.3.3 Konfliktlösungsstrategien

Grundsätzlich sind zwei Ziele eines Konfliktgespräches zu unterscheiden, nämlich

- **Einsicht** zu vermitteln und eine
- **Verhaltensänderung** zu erreichen.

Natürlich sind Einsichten leichter zu erzielen als Verhaltensänderungen; das gilt besonders dann, wenn die Verhaltensweisen über einen längeren Zeitraum eingeschliffen wurden. Auf die Vermittlung neuer Einsichten ist besonders abzuheben, wenn es sich bei einem Konflikt um die erste Stufe der Eskalation handelt.

Ansätze für Konfliktlösungen

Zur Übermittlung neuer, den Konflikt mildernder oder gar auflösender Einsichten lassen sich folgende Wege aufzeigen:

* Gespräche des Vorgesetzten mit dem Verursacher des Konflikts
* Gespräche des Vorgesetzten mit den betroffenen Parteien
* Konfliktlösungsberater einladen, die beispielsweise nach folgenden Methoden vorgehen:
    - Die beteiligten Parteien werden angehalten, die positiven Seiten des Konfliktgegners zu beschreiben.
    - Die beteiligten Parteien werden angehalten, Wunschzettel an die Konfliktgegner zu formulieren, die das gewünschte Endverhalten beschreiben.
    - Eventuell lassen sich Rollenspiele in der Form des Rollentauschs durchführen, d.h., die Konfliktgegner spielen jeweils ihr Gegenüber.

Da es sich um die erste Eskalationsstufe handelt und bisher spezielle, auf Konfliktlösung angelegte Gespräche noch nicht geführt wurden, werden zunächst Gespräche empfohlen.

4.3.4 Planung der Gesprächsinhalte und des Gesprächsverlaufs

Das Konfliktgespräch soll die Wahrnehmung des Konfliktes auf beiden Seiten fördern, Möglichkeiten der Konsensfindung und des gemeinsamen Handelns erörtern und die Grundlage dafür schaffen, dass sich beide Seiten für die Realisation der Lösung einsetzen.

Die Überlegungen zum Gesprächsinhalt und zum Gesprächsverlauf orientieren sich an den im Mitarbeitergespräch dargelegten Grundlagen. Speziell sollten für Konfliktgespräche die folgenden vier Schritte realisiert werden:

Gesprächsverlauf in vier Schritten

1. Eine gemeinsame Basis wird gesucht und an den Anfang gestellt. Beide Seiten müssen den Konflikt als Konflikt wahrnehmen.

2. Das Problem wird gemeinsam definiert; von allen Beteiligten wird eine dezidierte Stellungnahme eingefordert, ohne dass es dabei zu Schuldzuweisungen und Anklagen kommt.

3. Eine breite Ursachenanalyse ist anzustreben. Das Gespräch nimmt einen eher objektiven Verlauf, wenn eine breite Ursachenanalyse einbezogen wird. Diese kann sich z.B. auf Zeitplanungen, vorhandene oder nicht vorhandene Hilfsmittel, Kollegenverhalten u.v.m. erstrecken.

4. Lösungsmöglichkeiten sind zu erörtern, zu suchen und festzulegen. Sehr wichtig ist dann aber, Zielvereinbarungen zu treffen, und zwar inhaltlich und zeitlich.

Im vorliegenden Fall könnte die Lösung in einem Kompromiss bestehen, nämlich in dem Vorschlag, den oben schon erwähnten Pflegenotdienst für die Pausenzeit des Pflegedienstes bereitzustellen.

Gruppenarbeit

1. Machen Sie sich in Kleingruppen die Konfliktsituationen klar und diskutieren Sie mögliche Lösungsstrategien.
2. Zeigen Sie möglichst praktische Schritte auf, die zur dauerhaften Problemlösung führen können.

Konfliktsituationen

a) Dem Personalleiter A eines mittelständischen Unternehmens liegt die Beschwerde der Mitarbeiterin B vor. Frau B ist im Fertigteilelager tätig.
Die Beschwerde enthält (mit Beispielen) Ausführungen darüber, dass der Lagerleiter C seine Anweisungen in ruppigem Befehlston gebe und Frauen sich durch anzügliche Bemerkungen herabgewürdigt fühlten.

b) Die Sachbearbeiter A, B und C werden beim Betriebsrat vorstellig. Sie führen aus, dass sie die Anforderungen, wie sie in den neuen Stellenbeschreibungen enthalten sind, nicht erfüllen könnten. Einerseits fehle ihnen die erforderliche Einführung bzw. Weiterbildung, andererseits seien die Anforderungen einfach stressig.

4.4 Das Zielvereinbarungsgespräch

Der Oberstadtdirektor hat eine Modernisierung der Verwaltung angeordnet und zu diesem Zweck eine Unternehmensberatung eingeschaltet. Als eine Modernisierungsmaßnahme im Führungskonzept wurde das konsequente „Führen durch Ziele" („Management by Objectives") angeraten, was die Durchführung von Zielvereinbarungsgesprächen notwendig macht. Mit Hilfe dieser jährlichen Gespräche sollen eine Erhöhung der Arbeitseffizienz und verlässlichere Aufgabenerledigung bei gleichzeitiger Verbesserung der Arbeitszufriedenheit durch mehr Mitsprache erreicht werden.
Auf schriftlichem Wege erhalten Sie als Mitarbeiter Nachricht von der Neuerung mit der Bitte, sich im Selbststudium die nötige Handlungskompetenz anzueignen, da ja bekanntlich die Mittel für Fortbildung erheblich gekürzt worden seien und ein Seminar zum Thema „Zielvereinbarungsgespräch" bedauerlicherweise nicht durchgeführt werden könne.
Als Orientierungshilfe für die Zielfindung ist ein allgemein gehaltener Zielkatalog erstellt und an alle Mitarbeiter verteilt worden, in dem die Verwaltungsziele aufgeführt sind:

Grundsätze der Zusammenarbeit sind:

- *Motivierung durch*
  - *Schaffung von Handlungsspielräumen*
  - *Übertragung von Verantwortung*
- *Zusammenarbeit und Führung im Team*
- *Zusammenarbeit statt Zuarbeit*
- *Fördern von Eigeninitiative*
- *Zielvereinbarung statt Zielvorgabe*
- *Möglichst einvernehmliche Entscheidungen*

- *Ergebnisorientiertes Arbeiten*
- *Ergebniskontrolle statt Ablaufkontrolle*
- *Jährliche Zielabstimmung*
- *Rechtzeitige und umfassende Information*
- *Systematische Einarbeitung und Förderung*
- *Konstruktive Kritik*
- *Konflikte als Chance*

Begriff/ Zweck/ Inhalt

Das Zielvereinbarungsgespräch ist eine im jährlichen Turnus wiederkehrende Verhandlung zwischen dem Vorgesetzten und seinem Mitarbeiter zum Zwecke der Abstimmung zukünftig anvisierter Handlungen und Verhaltensweisen.
Die gemeinsam entwickelten Handlungs- und Verhaltensziele erhalten einen definierten Zeitrahmen und werden schriftlich fixiert. Nicht nur der Vorgesetzte bringt seine Vorstellungen ein, sondern auch der Mitarbeiter äußert Ideen und Wünsche zu Handlungs- und Verhaltensaspekten seines Vorgesetzten (symmetrisch kommunizieren!).
Zielvereinbarungsgespräche können ebenso zwischen Arbeitsgruppen, Teams und Projektgruppen stattfinden.
Auch im Selbstmanagement sind Zielvereinbarungen als Steuerungsinstrument äußerst wirkungsvoll.

1. *Sie bereiten sich auf das Zielvereinbarungsgespräch mit Ihrem Vorgesetzten vor, indem Sie eigene Zielideen für Ihren Arbeitsbereich entwerfen und ebenso über mögliche Handlungen und Verhaltensweisen Ihres Vorgesetzten nachdenken.*
2. *Sie notieren sich für den nächsten Besprechungstermin mit ihren Mitarbeitern als TOP (Tagesordnungspunkt):*
   Vorstellung des neu angestrebten Konzeptes des „zielorientierten Führens".
3. *Sie bitten Ihre Mitarbeiter um eine erste persönliche Ideensammlung möglicher Ziele für sich und den Vorgesetzten und bieten bei Fragen dazu Unterstützung an.*
4. *Sie vereinbaren einen Termin für das Zielvereinbarungsgespräch mit Ihren Mitarbeitern.*

4.4.1 Zielkonzeption und Zielformulierung

Das Zielvereinbarungsgespräch soll sowohl zur Steigerung der Arbeitseffizienz als auch zur Verbesserung der Arbeitszufriedenheit des Mitarbeiters bzw. der Gruppe führen. Der Gedanke der Ressourcenausschöpfung sowie der Weiterentwicklung des Mitarbeiters steht im Vordergrund.

◆ **Voraussetzung für die Zielsetzung**

Bezugssystem der Ziele

1. Der tiefere Sinn und Zusammenhang des Zieles muss für jeden Beteiligten erkennbar sein.
2. Die Ziele müssen innerhalb des Gesamtsystems aufeinander abgestimmt sein und auf der definierten Unternehmensphilosophie basieren. Die aus diesem Sinnzusammenhang erwachsenden Grundsätze sind Ausgangspunkt für den Zielfindungsprozess, an dessen Ende die Zielformulierung steht.

Sie nehmen sich die Geschäftsordnung sowie Ihre eigene Stellenbeschreibung zur Hand, in der Sie Anhaltspunkte für die Zielsetzung der Stadtverwaltung finden. Da Ihre Stellenbeschreibung unvollständig und nicht mehr aktuell ist, erarbeiten Sie schriftlich einen Vorschlag für einen Ergänzungspassus.

◆ **Kriterien für die Zielformulierung**

Damit die schriftliche Zielsetzung auch eine erfolgreiche Umsetzung sicherstellt (nur dann macht das Verfahren Sinn!), muss die Formulierung der Ziele nach bestimmten Kriterien abgefasst sein. Deshalb muß das Ziel

- klar und eindeutig definiert,
- realistisch, objektiv erreichbar, situationsbezogen,
- konkret benannt mit Zahlen, Daten, Fakten (ZDF),
- überprüfbar,
- widerspruchsfrei zu anderen Zielen,
- mit zeitlicher Abgrenzung versehen, „terminiert",
- evtl. aufgegliedert in Teilziele und
- positiv formuliert

sein.

Anforderungen an die Zielformulierung

> **Beispiel** Handlungsziel
> Jeweils zum Monatsende werden die angefallenen Rückstände im Genehmigungsverfahren „Einbürgerung" gesichtet und bei einer Überschreitung von 20 Verfahren an die Honorarkräfte delegiert.

> **Beispiel** Verhaltensziel
> Sobald ich merke, dass mich die Privatgespräche meines Kollegen stören und ablenken, werde ich ihm mein Gestörtsein freundlich mitteilen und ihn bitten, seine Telefonate andernorts zu führen.

4.4.2 Der Ablauf des Zielvereinbarungsgespräches

◆ **Vorbereitung**

In der sehr wichtigen Vorbereitungsphase sind folgende Arbeitsschritte zu vollziehen:

- Klärung der Zielsetzung für mich persönlich (Handlungen und Verhaltensweisen)
- Klärung der Zielsetzung für den Mitarbeiter bzw. Vorgesetzten (Handlungs- und Verhaltensziele)
- evtl. Prioritäten setzen
- übergeordnete Zusammenhänge (z.B. Abteilungsziele) berücksichtigen
- auf evtl. konkurrierende Ziele überprüfen
- Handlungsspielräume, Alternativen mitdenken
- vorhandene Mittel berücksichtigen

Arbeitsschritte

◆ **Durchführung**

Das ZVG (Zielvereinbarungsgespräch) erfolgt in drei Phasen:

1. Austauschphase

Die Zielvorstellungen der Gesprächspartner werden ausgetauscht sowie Erläuterungen zu deren Sinn und Hintergrund (übergeordnete Ziele und Zusammenhänge) gegeben.

2. Abstimmungsphase

Miteinander zusammenhängende Ziele werden zusammengefasst.
Jedes Ziel wird inhaltlich diskutiert.
Mögliche Schwierigkeiten, Risiken, Störungen werden benannt.
Hilfen, evtl. Fördermaßnahmen, auf dem Weg zur Zielerreichung werden entwickelt.
Hilfsmittel (Fähigkeiten, Geld) und Bedingungen werden abgeklärt.
Unsicherheiten, Ängste und Widerstände werden angesprochen.
Ziele werden evtl. durch Teilziele („Salamitaktik") vereinfacht.
Maßstäbe und Gütekriterien werden abgestimmt.
Formen der Zwischenbilanz und Kontrolle werden bestimmt (evtl. Zielkorrektur nötig).

3. Vereinbarungsphase

Die Zielvereinbarung wird formuliert und schriftlich fixiert.
Die Konsequenzen bei Erreichung bzw. Nicht- oder Teilerreichung werden aufgezeigt.
Beide Gesprächspartner erhalten eine gegengezeichnete Ausfertigung der schriftlich festgehaltenen Vereinbarung.
Das Ergebnis gilt als vertraulich zu behandeln.
Das Gespräch ist als erfolgreich beendet anzusehen, wenn Klarheit auf beiden Seiten über das zu erzielende Ergebnis besteht.

Gruppenarbeit Rollenspiel

Auf der Grundlage dieser Ausführungen erarbeiten Sie mit einem Partner ein sog. Szenario, d.h., Sie einigen sich auf eine bestimmte Situation, ein Unternehmen, die Hierarchieebenen der Partner sowie den Arbeitsbereich und formulieren mögliche Ziele aus dem Handlungs- und Verhaltensbereich.

Die Durchführung des Rollenspiels erfolgt wie bekannt:
Zwei Rollenspieler einigen sich auf die Rollen Vorgesetzter/Mitarbeiter.
Zwei Beobachter protokollieren den Verlauf.
Die Auswertung erfolgt anhand des Gesprächsleitfadens.

4.5 Das Vorstellungsgespräch

4.5.1 Das Vorstellungsgespräch aus der Sicht des Einstellenden

Sie sind der Juniorchef der Firma Fritz Mohn, die Getränke an den Einzelhandel vertreibt, und suchen aufgrund der steigenden Konjunktur einen neuen Außendienstmitarbeiter. Da bisher Ihr Vater zuständig für Neueinstellungen war, haben Sie noch keine Erfahrungen mit Vorstellungsgesprächen gemacht. Da Sie aber selber lange im Außendienst tätig waren und immer noch gelegentlich wichtige Kundenbesuche durchführen, ist Ihnen klar, mit welchen Fähigkeiten, Kenntnissen und Umgangsformen bei Ihrem Kundenstamm die neue Arbeitskraft ausgestattet sein sollte.

Das Gespräch als dialogische Kommunikation   **109**

◆ Wie zu jedem Gespräch gehören auch zum Bewerbungs-/Vorstellungsgespräch die typischen Rituale:

– Begrüßung des Bewerbers/der Bewerberin
– Vorstellung der Gesprächspartner (Personal- und Fachabteilung)
– Hinweis auf den Gesprächsanlass
– Dank für die Bereitstellung der Bewerbungsunterlagen
– evtl. Zusicherung der Vertraulichkeit

Einstimmung

Selbstverständlich gelten ebenso alle schon genannten „Grundregeln gelungener Kommunikation", allen voran das Gebot der Wertschätzung. Immerhin befindet sich der Bewerber in einer Situation höchster Anspannung, da er „auf dem Prüfstand" steht und unbedingt einen gewinnenden Eindruck machen möchte. Deshalb kommt der Einstiegsphase besondere Bedeutung zu. Die Spannung liegt nicht nur beim aufgeregten Bewerber, sondern in geringerem Maße sicher auch beim Einladenden, denn schließlich tritt ein fremder Mensch in sein Büro, und der Fortgang des Gespräches ist ungewiss, was keinem Beteiligten so ganz behagt. Eine Möglichkeit, zur Entspannung beizutragen, ist der „Smalltalk" mit Aufwärmfragen wie:

– „Haben Sie gut zu uns gefunden?"
– „Kennen Sie unsere Stadt schon ein wenig?"
– „Darf ich Ihnen etwas zu trinken anbieten?" usw.

Da es in der Einstiegsphase um Angstreduktion geht, kann ich nun mit dem Bewerber abklären, ob er zunächst etwas über das Unternehmen und seine Organisation erfahren möchte oder ob er sich lieber zunächst selbst vorstellen, etwas über sich erzählen möchte. Meist wird es als angenehm empfunden, zunächst mal in der Zuhörerrolle zu bleiben und sich an die neue Umgebung und den oder die Gesprächspartner gewöhnen zu können.

Angst-reduktion

Möchten Sie dagegen besonders den Umgang mit Stresssituationen bei Ihrem zukünftigen Mitarbeiter überprüfen, so nutzen Sie den Anfangsstress und lassen ihn agieren, indem Sie ihn bitten, zunächst etwas über sich zu berichten, oder Sie fallen gleich mit der Tür ins Haus und überraschen ihn mit der Frage:

Stress-situation

– „Was wissen Sie von unserem Unternehmen?" oder
– „Wieso haben Sie sich gerade bei uns beworben?"

◆ Als Arbeitgeber oder dessen Vertreter haben Sie die Bewerbungsunterlagen eingehend studiert und sich vor dem Gespräch genau überlegt, welche Fähigkeiten und Persönlichkeitsmerkmale Sie für die zu besetzende Stelle brauchen. Schließlich soll der neu einzustellende Mitarbeiter der „ideale Problemlöser" werden. Als Frageform ist die offene Fragetechnik (siehe Kap. 2.1.4) zu bevorzugen, da hierbei der Informationsgehalt am höchsten ausfällt. Sie wollen die in den Unterlagen dargestellten Qualifikationen überprüfen und Ihre vorhandenen Informationen vervollständigen.

Offene Fragen

Folgende Informationen möchten Sie über den Bewerber einholen:

∗ Aus- und Weiterbildung
∗ berufliche Entwicklung, Berufserfahrungen, bisherige Verantwortungsbereiche
∗ besondere Neigungen, Interessen, Begabungen, Ziele auf die Zukunft bezogen
∗ persönliche Situation, Engagement (z.B. Vereinsarbeit), Hobbys

Inhalte

Katalog von Fragen

Dazu ließen sich folgende Fragen formulieren:
- „Wie kam es zu Ihrem Berufswunsch?"
- „Wie haben Ihre Eltern, Ihre Klassenkameraden auf Ihren ungewöhnlichen Berufswunsch reagiert?"
- „Was waren Ihre Lieblingsfächer während der Ausbildung?"
- „Wieso haben Sie gerade diese Zusatzausbildung gewählt?"
- „Was hat Sie bewogen, nach drei Jahren die Stelle zu wechseln?"
- „Welche Aufgaben haben Sie besonders gern ausgeführt, welche besonders ungern?"
- „Wie kam es zu Ihrer Bewerbung bei uns? Was wissen Sie über uns?"
- „Was interessiert Sie an dieser Stelle?"
- „Was möchten Sie in vier bis fünf Jahren beruflich erreicht haben?"
- „Welche Rolle spielt die Arbeit in Ihrem Leben?"
- „Beschreiben Sie Ihre ideale Arbeitssituation."
- „In welchem Umfang wünschen Sie sich Mitsprache, Mitbestimmung?"
- „Was verstehen Sie unter Eigeninitiative?"
- „Was bedeutet für Sie Weiterbildung, wo setzen Sie Schwerpunkte?"
- „Beschreiben Sie eine Situation, wo Sie die Grenzen Ihrer Belastbarkeit gespürt haben."
- „Wie reagieren Sie auf Stress? Was tun Sie in Stresssituationen?"
- „Wann reißt bei Ihnen der Geduldsfaden?"
- „Was erwarten Sie von Ihrem Vorgesetzten, was von Kollegen?"
- „Mit welcher Art Kunden, Patienten, Klienten kommen Sie schlecht zurecht?"
- „Was sind Ihre Stärken, was Ihre Schwächen?"
- „Wie reagieren Sie auf unkooperative Kollegen oder Mitarbeiter?"
- „Was müsste passieren, um Sie zu einer Kündigung zu bewegen?"
- „Was tun Sie als Ausgleich zur Arbeit?"
- „Was halten Sie von (z.B.) Umweltpolitik?"

Sie haben den Fragenkatalog vorbereitet, ohne ihn jedoch im Verhörstil systematisch abarbeiten zu wollen. Schließlich wollen Sie Ihren Bewerber ja hauptsächlich in seinem Verhalten beobachten und Hinweise sammeln, ob sein Typus in Ihr Unternehmen und zu den jeweiligen Kollegen (vertikale und horizontale Organisationsstruktur) passt. Dabei ist auch wichtig, im Auge zu behalten, ob Sie als einstellendes Unternehmen dem Bewerber auch die Entwicklungs- und Aufstiegschancen bereitstellen können, da Sie ja an einem langfristigen Arbeitsverhältnis interessiert sind (Einstellungsverfahren und die Einarbeitungszeit verursachen hohe Kosten!).

Darstellung der betrieblichen Gegebenheiten mit Rückfragen

◆ Nachdem Sie nun einen umfassenden Eindruck vom Bewerber gewonnen haben und weiterhin interessiert an einer Einstellung sind, erfolgt spätestens jetzt eine ausführliche Darstellung des angebotenen Arbeitsplatzes, die Stellenbeschreibung sowie die Beschreibung der Arbeitsbedingungen und der betrieblichen Organisationsform. Hierzu wird dem Bewerber viel Gelegenheit gegeben, selbst Fragen zu stellen. Durch die Art der Fragestellung gibt der Bewerber weitere Hinweise auf seine Motive, Beweggründe und eigenen Schwerpunkte den Arbeitsplatz betreffend sowie seine Zielstrebigkeit und sein Durchsetzungsvermögen.

Meist wird erst nach der Durchführung weiterer Vorstellungsgespräche die Entscheidung getroffen, und in einem zweiten Gespräch erfolgt dann die Vertragsverhandlung/-absprache.
Zum Abschluss des Gespräches erhält der Bewerber nochmals Gelegenheit für offen gebliebene Fragen, der Entscheidungstermin wird genannt, das Vertragsgespräch angekündigt und ein Dank für das Gespräch ausgesprochen.

4.5.2 Das Vorstellungsgespräch aus der Sicht des Bewerbers

Innerhalb Ihrer Firma, bei der Sie als Techniker angestellt sind, wird eine Stelle als Monteur ausgeschrieben. Sie tragen sich schon länger mit dem Gedanken, Ihren Aufgabenbereich zu erweitern, und trauen sich eine Führungsaufgabe zu. Die schriftlichen Bewerbungsunterlagen haben Sie ordnungsgemäß dem Personalbüro zugestellt, und soeben erhalten Sie von der Personalabteilung die erfreuliche Nachricht, dass man Sie aufgrund Ihrer Unterlagen näher kennen lernen will und Sie zu einem Vorstellungsgespräch einlädt. Natürlich freuen Sie sich, doch im nächsten Moment stellt sich Ihnen die bange Frage: „Bin ich für ein solch wichtiges Gespräch gewappnet?" Immerhin haben Sie sich mit Ihrer schriftlichen Präsentation durchgesetzt und die erste Hürde geschafft! Wie sieht es aber mit Ihrer mündlichen Überzeugungskraft aus?

◆ Das Vorstellungsgespräch ist ein „Verkaufsgespräch", bei dem die Arbeitskraft und die Persönlichkeit angeboten werden, um dafür ein attraktives Arbeitsvertragsangebot zu erhalten. Der Bewerber verfolgt während des Vorstellungsgespräches die Absicht, einerseits möglichst vielfältige, aussagekräftige Informationen über die Aufgabenstellung der zu besetzenden Stelle zu erhalten und andererseits sein (möglichst interessantes!) Profil fachlicher wie menschlicher Qualitäten zu vermitteln. Das Ziel ist die Unterschrift unter einem annähernd idealen Arbeitsvertrag, sofern der Bewerber die Position wünscht.

Intention

Um dieses Ziel zu erreichen, müssen Sie als Bewerber in dreierlei Hinsicht gewissenhaft Vorarbeit leisten:
1. *Sie beschaffen sich möglichst vielfältige Informationen über das Unternehmen und nach Möglichkeit auch schon über die zu besetzende Stelle.*
2. *Sie werden sich darüber klar, welche Bedingungen das Arbeitsverhältnis erfüllen soll (Arbeitsumfang, -zeit, Verantwortungsbereich, Einkommen, Zusatzleistungen, Überstundenregelung, Weiterbildungsmöglichkeiten usw.).*
3. *Sie bereiten sich auf Ihre Selbstpräsentation vor.*

◆ **Selbstpräsentation**

Das Vorstellungsgespräch hat Prüfungscharakter. Deshalb bereite ich mich ebenso ernsthaft wie zielstrebig darauf vor. Auf dem Prüfstand stehen neben meinem Fachwissen und meiner Berufserfahrung vor allem meine Persönlichkeit, über deren Stärken und Besonderheiten ich mir Klarheit verschafft habe.

Vorbereitung ist notwendig

112   Das Gespräch als dialogische Kommunikation

Arbeiten Sie die folgenden Fragen gründlich durch, damit Sie im Vorstellungsgespräch nicht noch lange überlegen müssen und so evtl. unschlüssig oder unsicher wirken:

– Wie würden Sie sich einem neuen Brieffreund vorstellen? (persönliche Selbstein-schätzung)
– Wie würden Sie Ihren persönlichen Arbeitsstil beschreiben?
– Was mögen Ihre Freunde besonders gerne an Ihnen?
– Was würden Sie auf eine einsame Insel mitnehmen?
– Was ist wichtig für Ihre berufliche Zufriedenheit?
– Was würden ehemalige Kollegen, Kommilitonen über Sie sagen?
– Wie verbringen Sie Ihre Freizeit?
– Mit welchem Kollegentyp geraten Sie schon mal aneinander?
– Welche Eigenschaften und Fähigkeiten erwarten Sie von Ihrem Vorgesetzten?
– Wieso bewerben Sie sich gerade bei uns?
– Was wollen Sie in fünf Jahren erreicht haben?
– Was hat Ihnen in der vorherigen Position gut gefallen, was weniger gut?
– Welche Eigenschaften an Menschen stört Sie am meisten?

◆ Ziel des Vorstellungsgespräches ist es:

Ziele
1. möglichst viele Informationen über den Aufgabenbereich auszutauschen und die notwendigen fachlichen Qualifikationen sicherzustellen;
2. Persönlichkeitsmerkmale wie Teamfähigkeit, Engagement, Leistungsbereitschaft, Durchsetzungsvermögen, Problemlösungsfähigkeit, systematische Arbeitsweise, Verantwortungsbewusstsein, Zuverlässigkeit, Ausdauer, Belastbarkeit, Eigeninitia-tive, kommunikative Kompetenz, Umgangsformen und positive Ausstrahlung zu er-mitteln.

Einstellungs-entscheidung
Sieht der Interviewer aufgrund des beobachteten Verhaltens diese Fähigkeiten und Merkmale als gegeben an, so wird er für das Unternehmen eine schwerwiegende und bedeutsame Entscheidung treffen und Ihnen ein Arbeitsverhältnis anbieten. Die Ver-tragsmodalitäten sollten Sie bereits zum Vorstellungstermin im Kopf oder auch schrift-lich zusammengefasst haben, damit Ihnen in der Aufregung kein wichtiger Verhand-lungspunkt entfällt oder Sie sich nicht zu leicht, d.h. zu „billig" einkaufen lassen. Schließlich wollen Sie ja eine längerfristige Stellung mit Perspektiven einnehmen.

Gruppenarbeit für vier Personen
1. Denken Sie sich ein Unternehmen aus.
2. Einigen Sie sich, für welche Position Sie einen Mitarbeiter suchen.
3. Legen Sie fest, was als fachliche Eignung erforderlich ist.
4. Klären Sie, wie Sie die fachliche Eignung ermitteln.
5. Legen Sie fest, was als persönliche Eignung erforderlich ist.
6. Klären Sie, wie Sie die persönliche Eignung feststellen können.
7. Überlegen Sie, welche Informationen Sie dem Bewerber geben müssen (auch in Bezug auf das anschließende Rollenspiel).
8. Bestimmen Sie die Rollenverteilung: Chef oder Personalchef, fachlicher Vorgesetz-ter, Bewerber, Beobachter.
9. Führen Sie ein Bewerbungsgespräch im Rollenspiel durch. Nutzen Sie gegebenen-falls den Fragenkatalog als Hilfe.
10. Tauschen Sie sich im Anschluss gemeinsam über den Verlauf, die Atmosphäre und besondere Vorkommnisse des Gespräches aus.
11. Die Interviewer machen deutlich, ob und warum sie den Bewerber einstellen wür-den bzw. warum nicht.

4.6 Das Telefongespräch

Frau Schmitt ist Sachbearbeiterin in der Verwaltung und hat aufgrund einer Gesetzesänderung, die ihr Sachgebiet betrifft, derzeit viele telefonische Auskünfte zu erteilen. Ihre schriftlichen Verwaltungsvorgänge bleiben deshalb viel zu lange liegen, was wiederum gehäuft zu telefonischen Nachfragen und Beschwerden führt. Da die Verwaltungskultur kundenorientiertes Verhalten vorsieht, hat das Telefon oberste Priorität, und Frau Schmitt fühlt sich gestresst und vollkommen überlastet. Sie nimmt sich jeden Morgen vor, freundlich und ruhig zu bleiben, aber spätestens nach den ersten drei bitterbösen Beschwerden ist ihre gute Stimmung dahin. Ab jetzt ist jedes Telefonklingeln eine unliebsame, nervende Störung.

4.6.1 Die Sprache am Telefon

Charakteristisch für das Telefonieren ist der erschwerte Verständigungsvorgang ohne die optisch wahrnehmbaren Signale wie: Gestik, Mimik, Blickkontakt, Atmung, Körperhaltung sowie die Einsicht in Hilfsmittel.

Eindringlich wirken die akustischen Signale wie Klangfarbe der Stimme, Artikulation, Lautstärke/Dynamik, Sprechgeschwindigkeit, Pausen, Sprechfluss und -melodie sowie die sprachlichen Signale (Wortwahl und Satzbau). Deshalb werden Nachlässigkeiten z.B. in der Artikulation (Lautbildung) deutlicher erlebt als im direkten Kontakt. Unverständliches Melden wird schnell als unfreundliches Verhalten gedeutet, und eine Störung auf der Beziehungsebene ist zu befürchten, vor allem wenn die Telefonpartner sich nicht persönlich kennen.

Als häufigste Unart am Telefon wurde bei einer Befragung (siehe Manfred Hauke: Mehr Erfolg am Telefon, Droemer Knaur, München 1992) unfreundliches Verhalten angegeben.

◆ Hauke stellt zehn Gebote für erfolgreiches Telefonieren auf: **Sprache am Telefon**
1. Greifen Sie schnell zum Hörer, wenn es klingelt.
2. Seien Sie freundlich – „lächeln" Sie am Telefon.
3. Hören Sie aktiv zu, während Ihr Gesprächspartner spricht.
4. Sprechen Sie deutlich.
5. Machen Sie Pausen, geben Sie Ihrem Gesprächspartner Zeit, zu überlegen und zu antworten.
6. Kommen Sie schnell zur Sache, stehlen Sie Ihrem Gesprächspartner nicht unnötig Zeit.
7. Hüten Sie sich am Telefon vor schnellen Versprechungen.
8. Wiederholen Sie wichtige Informationen während des Gesprächs und halten Sie diese schriftlich fest.
9. Sprechen Sie Ihren Gesprächspartner mit Namen an.
10. Halten Sie telefonische Zusagen und Abmachungen ein.

◆ In ihrem Buch „Marketing-Instrument Telefon" schlägt Karin Hinrichs vor, negativ klingende Formulierungen positiv umzuformulieren. **Positive Formulierungen**
Statt „Das kann ich nicht" sagt man: „Ich möchte Ihnen gerne weiterhelfen. Um Ihren Wunsch zu klären, spreche ich mit Herrn xy. Ich rufe Sie dann am ... um ... wieder an."

Statt „Das weiß ich nicht" erklärt man: „Um das zu klären, möchte ich gerne meinen Kollegen fragen."
Statt „Da müssen Sie warten" sagte man: „Im Moment wird dort gesprochen, möchten Sie einen Moment warten?"
Statt „Kein Termin frei" entgegnet man: „Der nächste Termin, den ich Ihnen anbieten kann, ist der ..."
Statt „Dafür bin ich nicht zuständig" klingt freundlicher: „Da hilft Ihnen am schnellsten meine Kollegin Frau Peters. Ihre Durchwahl ist ... Ich verbinde Sie weiter."

Solch freundlich-verbindlich wirkende Formulierungen lassen sich mit etwas Übung sicherlich finden, wenn unsere ganze Konzentration dem Telefonpartner gilt. Problematisch wird es, wenn die Hektik des Tagesgeschäftes unseren Kopf bereits zum Rauchen gebracht hat und der Anrufer trotzdem eine freundliche und fachkundige Person erwartet und erwarten kann.

Frau Schmitt ist gut beraten, wenn sie sich folgendes Ritual als Vorbereitung auf den Anruf angewöhnt: Beim Hören des Signaltons unterbricht sie ihre bisherige Tätigkeit, stellt sich auf einen sympathischen Anrufer ein, der ihre Hilfe braucht, nimmt sich einen Stift, um den Namen des Anrufers zu notieren, und atmet einmal tief durch, dabei lächelt sie und nimmt erst dann den Telefonhörer ab, um sich deutlich zu melden und aktiv zuzuhören.

Die ersten Worte – der erste Eindruck

Die ersten Worte hinterlassen einen entscheidenden Eindruck beim Anrufer, und da wir wissen: „So, wie wir in den Wald hineinrufen, so schallt es heraus", lohnt sich immer diese aufwendige Vorbereitung auf ein Telefonat, immerhin begegnet uns ein menschliches Wesen. Sind erst einmal die Weichen gestellt und ist die Beziehungsaussage „Ich bin okay, du bist okay" angekommen, lässt sich leicht und zügig die Sachlage klären und für alle weiteren Kontakte ist gute Vorarbeit geleistet.

Gruppenarbeit

Finden Sie für folgende Äußerungen positiv wirkende Formulierungen, wie sie oben ausgeführt sind, und üben Sie im Rollenspiel, solche Äußerungen zu entgegnen.

1. „Da sind Sie bei mir ganz falsch."
2. „Da haben Sie bestimmt etwas falsch gemacht."
3. „Das kann so nicht stimmen, wie Sie das sagen."
4. „Das machen wir grundsätzlich nicht."
5. „Was wollen Sie denn überhaupt von mir?"
6. „Was reden Sie da für einen Unsinn."

4.6.2 Die Gesprächsgestaltung

◆ Was die Gesprächsgestaltung betrifft, so gelten natürlich beim Telefonieren dieselben Regeln wie beim direkten Kontakt auch. So bereite ich als Anrufer selbstverständlich mein Telefonat genauso sorgfältig vor wie jedes andere Gespräch auch. Handelt es sich um eine telefonische Besprechung von größerer Bedeutung, so kläre ich vorab:

Das Gespräch als dialogische Kommunikation

Vorbereitung des Telefonats

1. Was ist mein Gesprächsziel, was will ich erreichen? Eventuell lege ich auch Maximal- und Minimalziele fest.
2. Ich vergewissere mich, ob ich den Namen des Anzurufenden sowie dessen Durchwahl habe.
3. Ich überlege mir, ob der Zeitpunkt günstig ist (Gleitzeit, Postzeit, Tischzeit, Dienstschluss).
4. Ich notiere mir stichwortartig meine Fragen und Aussageinhalte.
5. Eventuell lege ich hilfreiche Unterlagen zurecht (Kundenkartei, Korrespondenz, Vorgänge) und
6. überlege, welche Unterlagen der Telefonpartner benötigen wird.
7. Auch mein Partner verfolgt ein Ziel in diesem Gespräch, welches könnte es sein und wie kann ich mich darauf vorbereiten?
8. Wie kann ich meinen Gesprächspartner motivieren, damit er mir konzentriert und kooperativ begegnet? Welchen Vorteil, welchen Nutzen hat er?
9. Wie argumentiere ich, welche Beweismittel und Beispiele kann ich verwenden?
10. Welche Fragen wird mir mein Partner stellen?
11. Welche Einwände habe ich zu erwarten?
12. Wie halte ich das Ergebnis des Telefonats fest?
13. Bin ich jetzt in der Lage, ungestört und voll konzentriert zu sprechen?

Empathie

◆ Da mein Telefonpartner nicht die Gelegenheit hatte, sich ebenfalls auf das Gespräch vorzubereiten, und vielleicht selbst nicht aufnahmefähig und konzentriert ist, sollte ich meinen Anruf einleiten: „Ich würde gerne mit Ihnen die Sache xy besprechen. Ich vermute, dass ich Ihre Aufmerksamkeit dafür etwa zehn Minuten beanspruchen muss. Passt Ihnen mein Anruf jetzt oder sollen wir einen Telefontermin vereinbaren?"

Wenn wir mit dieser professionellen Haltung telefonieren, handeln wir im besten Sinne rationell und effizient, denn so lassen sich auch fernmündlich über weiteste Entfernungen entscheidende Ergebnisse erzielen, und ein positives, von Wertschätzung getragenes Gespräch lässt sich entwickeln, obwohl man sich nie gesehen hat.

Wenn ein Kommunikationsgrundsatz heißt: „Nicht hängen lassen" oder anders ausgedrückt: „Mein Gesprächspartner ist für meine Befindlichkeit nicht verantwortlich, also bin ich freundlich", so gilt dies insbesondere für das Telefonieren, denn unser Partner wird „kalt erwischt", wenn wir uns lieblos verhalten.

Gruppenarbeit

1. Entwickeln Sie ein Szenario (Gesprächssituation und -thema) für ein Telefongespräch aus Ihrem Berufsleben.
2. Legen Sie die Verhaltensmerkmale des Telefonpartners fest, z.B. schwaches Zuhörverhalten, aufbrausendes Temperament, Vielredner ohne Punkt und Komma, undeutliche Aussprache.
3. Verteilen Sie die Rollen untereinander, zwei Spieler, zwei Beobachter.
4. Machen Sie einen Spieldurchgang.
5. Werten Sie das Rollenspiel gemeinsam aus, speziell die Bemühungen um einen konstruktiven Verlauf (siehe weiter oben: „Die zehn Gebote für erfolgreiches Telefonieren").
6. Schließen Sie gegebenenfalls einen zweiten Durchlauf an und tauschen Sie Spieler und Beobachter aus.

Das Gespräch als dialogische Kommunikation

© Caricatura Edition, D-34117 Kassel, Bahnhofsplatz 1 (PK/HL/016)

Abb. 4.1: Neue Kommunikationstechniken ...

◆ **Der Anrufbeantworter**

Seit einigen Jahren entwickelt sich die Ansage auf dem Anrufbeantworter zu einer speziellen Form der Kommunikation.

Im Allgemeinen möchte der Anschlussinhaber natürlich, dass der Teilnehmer sich meldet und nicht etwa sofort auflegt. Um das zu erreichen, soll die Ansage möglichst „ansprechend" sein. Gleichzeitig möchte man vielleicht auch seinen Witz oder seine Sprachgeschicklichkeit dokumentieren. Dieser Gedanke sollte aber nicht zu Übertreibungen führen. Wer beispielsweise Musik einspielt und dann noch einen spritzigen Text unterbringen will, tut das auf Kosten des Anrufers. Kostenbewusste Anrufer neigen deshalb dazu, sofort aufzulegen, wenn mehr als die reine Information abläuft.
Der Anrufer nennt seinen Namen sowie Datum und Stunde des Anrufes. Die vorgesehene Information gibt man am besten kurz und bündig.

Begrenzung auf Daten

Telephonischer Ferngruß

Ich grüße dich durchs Telephon,
Guten Morgen, du Gutes!
Ich sauge deiner Stimme Ton
In die Wurzeln meines Mutes.

Ich küsse dich durch den langen Draht.
Du Meinziges, du Liebes!
Was ich dir – nahe – je Böses tat,
Aus der Ferne bitt ich: Vergib es!

Bist du gesund? – Gut! – Was? – Wieviel? –
Nimm's leicht! – Vertraue! – Und bleibe
Mir mein. – – Wir müssen dies Wellenspiel
Abbrechen – – Nein „dir" Dank! – – Ich schreibe! – –
(Ringelnatz, Joachim, Und auf einmal steht es neben dir, Gesammelte Gedichte Berlin 1950, S. 479)

4.7 Kommunikation auf dem gesellschaftlichen Parkett

Die IHK (Industrie- und Handelskammer) lädt zu einer festlichen Veranstaltung ein. Anlass ist das 25-jährige Dienstjubiläum des für die Ausbildung im Kammerbezirk zuständigen Referenten.
Die Unternehmung, in der Hans Herscheid als Sachbearbeiter in der Personalabteilung tätig ist, hat vielfache Beziehungen zur IHK. Der Personalleiter ist vertretendes Mitglied im Berufsbildungsausschuss, der Gruppenleiter ist Mitglied im Prüfungsausschuss für Bürokaufleute. Da beide aus dringenden betrieblichen Gründen verhindert sind, an dem Empfang teilzunehmen, wird Hans Herscheid damit beauftragt.

4.7.1 Unterhaltung

Merkmal: Unverbindlichkeit

Im Gegensatz zu einem Gespräch, dem ein Thema sowie meistens auch eine bestimmte Zielsetzung zugrunde liegt, ist die Unterhaltung unverbindlich.

Bei der Unterhaltung lassen sich auch verschiedene Abstufungen denken. Die ungezwungene, kurze Plauderei ist am wenigsten verbindlich; in der Mitte liegt die gesellige Unterhaltung (Konversation), während die schöngeistige Unterhaltung dem Gespräch am meisten ähnelt. Die relative Unverbindlichkeit lässt sich aus mehreren Merkmalen ableiten. Wird beispielsweise die Unterhaltung unterbrochen, ist der Zweck dennoch in den meisten Fällen erfüllt. Neben der inhaltlichen Übermittlung geht es in der Hauptsache darum, eine gewisse Zeit angenehm zu überbrücken, den Gesprächspartnern gegenüber eine freundliche Atmosphäre zu erhalten und Komplimente auszutauschen.

Durch „Smalltalk", wie man im Englischen die unverbindliche Plauderei nennt, lernt man auch, z.B. auf einem Empfang, „andere Leute" kennen, d.h., Kontakte zu knüpfen. Häufig sind es nur einige kurze Bemerkungen, die ausgewechselt werden. Hier liegt allerdings auch die Schwierigkeit: Schlagfertigkeit, witzige oder freundliche Bemerkungen sind schwer zu erlernen.

Auf die Aufgaben, die Hans Herscheid zu lösen hat, kann er sich weitgehend vorbereiten: Der schriftliche Glückwunsch wird vom Personalleiter verfasst und dem Geschenk beigefügt. Das Überbringen der Glückwünsche ist in wenige Sätze zu kleiden, denn, wenn vielleicht 200 Personen Glückwünsche übermitteln bzw. aussprechen wollen, ist dadurch ein Zeitlimit von ca. 20 Sekunden vorgegeben. Die Auswahl der Geschenke setzt voraus, dass sich Hans Herscheid bei der Sekretärin des Jubilars oder an einer anderen geeigneten Stelle telefonisch nach den Interessen und Wünschen des Jubilars erkundigt.

„Smalltalk" ist speziell nicht vorbereitbar, aber einige Grundsätze können genannt werden, die als Anregungen zu verstehen sind.

◆ **Anregungen für „Smalltalk"**

Begrüßungsformeln

1. Der allererste Schritt besteht unter Bekannten in der Begrüßung. Die angemessene Begrüßungsform hängt vor allem von der Dauer des Bekanntseins, von der gesellschaftlichen Stellung der Betroffenen und von den kulturellen bzw. subkulturellen Bräuchen ab. Ein kultureller Unterschied besteht beispielsweise im Händeschütteln. Andererseits entwickelt jede Subkultur bestimmte Gewohnheiten oder Riten, z.B. klopft man in bestimmten Kreisen zur Begrüßung aller Anwesenden dreimal auf den Tisch. Die mündlichen Begrüßungsformeln sind ebenfalls sehr weitläufig; sie reichen vom Entbieten des von der Tageszeit abhängigen Grußes bis zu „Hallo", „Hey" oder den spezifischen Grüßen „Gut Holz", „Weidmannsheil" usw.

Vorstellen

2. Vorstellen bzw. Bekanntmachen durch Dritte ist immer erwünschter, als sich selber bekannt zu machen. Der Grund: Ihr Gegenüber kann sich bei dem Dritten erkundigen, mit wem er Kontakt aufgenommen hat, also über Sie.

Das Gespräch als dialogische Kommunikation | **119**

3. Angemessene Themen sind beispielsweise: **Themen**
   - unverbindliche, aber zumeist positive Bemerkungen über den Verlauf und die Programmpunkte der Veranstaltung
   - Bemerkungen über Klima, Temperatur oder Wetter
   - Lobendes über Personen, die auf der Veranstaltung hervortreten (Reden, Musikdarbietungen, Sonstiges)
   - Lobendes über die Bewirtung und Organisation
   - Verbindung zwischen dem heutigen Ereignis und allgemeinen kulturellen Begebenheiten
   - humorvolle Bemerkungen
4. Die Ausdrucksweise bzw. das Sprachniveau sollte anfänglich im Mittelbereich   **Sprache** liegen. Man merkt schnell, ob eine einfache oder eine gehobene Sprache angebracht ist.
5. Das Gegenüber sollte nie das Gefühl haben müssen, dass man sich anklammert.   **„Locker** Die Unverbindlichkeit der Situation muss sozusagen immer evident sein. Das hat zu   **bleiben"** tun a) mit der Länge des „Smalltalks" und b) mit den Inhalten, die nie vertraulich werden dürfen.

4.7.2   Vorstellen und Bekanntmachen

Unter gesellschaftlich Gleichrangigen wird man bekannt gemacht bzw. kann sich auch selber bekannt machen.

Formel: „Darf ich bekannt machen, X und Y."
           „Mein Name ist X ..."

Bei gesellschaftlichen Rangunterschieden wird zwischen den betroffenen Personen der Rangniedrigere dem Ranghöheren vorgestellt. Die Schwierigkeit besteht darin, Rangunterschiede zu kennen, zu bewerten und in der betreffenden Situation richtig anzuwenden.

Hierzu einige Regeln: **Grundregeln**

* Frau höher als Mann
* Alter höher als Jugend
* gesellschaftlich hochbewertete Berufe höher als Berufe, die mit weniger Bildung verbunden sind, mit geringerer Mühe erlernbar sind, eine enge Berufsrolle haben, nur geringes Einkommen bringen.

Schwierig sind die Situationen, wenn sich die Merkmale überschneiden, z.B. emeritierter Professor trifft auf arrivierte 30-jährige Frau. In solchen Fällen der „Paralyse" (= „Lähmung") hilft man sich am besten mit „Bekanntmachen", wobei man den Namen desjenigen zuerst nennt, der einem am nächsten steht.

Zur Kommunikation auf dem gesellschaftlichen Parkett gehören natürlich auch die Reden, die Stegreifreden und die Trinksprüche (Toasts), die zu halten bzw. auszubringen sind. Diese Formen finden sich in dem Kapitel über monologische Kommunikationsformen (Kap. 6).

120   Das Gespräch als dialogische Kommunikation

4.8   Betriebsklatsch

Anlässe/
Ursachen

Betriebsklatsch ist die inoffizielle Kommunikation zwischen Angehörigen eines Betriebes bzw. nahe stehenden Personengruppen zum Thema „Betrieb" und über die dort vorhandenen Menschen.
Anlass sind aktuelle Vorkommnisse, Lebensumstände, Situationen etc. Ursachen liegen im Allgemeinen menschlichen Mitteilungsbedürfnis. Die jeweiligen Ausprägungen der inoffiziellen Kommunikation können teilweise auch bestimmten Bedürfniskategorien zugeordnet werden. Wer beispielsweise eine für alle Betriebsangehörigen wichtige Nachricht außerhalb seiner Kompetenz erfahren hat und an bestimmte Personen weitergibt, zeigt damit seine Bedeutung, was der Befriedigung seines Geltungsbedürfnisses entspricht.

Partner/
Informelle
Gruppen

◆ Kommunikationspartner können grundsätzlich alle Personen sein. Häufig allerdings spielen informelle Gruppen eine wichtige Rolle, weil dort persönliches Kennen und Vertrauen vorliegen. Informelle Gruppen sind solche Gruppen, die im offiziellen Personalrahmen nicht vorgesehen sind, also mit der betrieblichen Aufgabenverteilung nichts zu tun haben.

Beispiele für informelle Gruppen sind:
  – Mitglieder eines Ausbildungs- und Prüfungsjahrgangs
  – Mitarbeiter, die eine Fahrgemeinschaft bilden und jeden Tag zweimal längere Zeit zusammen sind
  – die Doppelkopfgruppe, die sich privat gebildet hat
  – Mitglieder eines Vereins
  – Betriebsangehörige, die gemeinsam eine längere Fortbildung absolviert haben

◆ Die positiven Wirkungen sind in Folgendem zu sehen:

Positive
Aspekte

★ Für den Einzelnen:
  – Dem normalen Mitteilungsbedürfnis wird entsprochen; insofern fühlt sich der Einzelne wohler.
  – Die Mitglieder des Systems gewinnen das Gefühl, besser über die Abläufe Bescheid zu wissen (Sicherheitsbedürfnis).
  – Es entstehen verstärkte Bindungen zwischen den Beteiligten bzw. innerhalb der informellen Gruppen.
★ Für den Betrieb:
  – Die betriebliche Anonymität wird eingeschränkt.
  – Die offizielle Kommunikation wird ergänzt.

Negative
Aspekte

◆ Negative Auswirkungen drücken sich in folgenden Sachverhalten aus:
★ Andere Personen können gänzlich falsch eingeschätzt werden, aber diese haben keine Möglichkeit, das Bild zu korrigieren.
★ Gespräche in kleinen Gruppen können andere ausschließen und dadurch zu Unfrieden führen. Unter Umständen werden ganze Gruppen, z.B. Ausländer, vom inoffiziellen Betriebsgeschehen ausgeschlossen.

Grundsätz-
liche Beur-
teilung

◆ Allgemein festzustellende Auswirkungen:
★ Der formelle Informationsfluss verliert seine strukturierende Kraft. Betriebsklatsch bewirkt unter Umständen, dass inoffizielle Informationskanäle vertikal und horizontal durch den Betrieb laufen und die vorgesehenen Mitteilungskanäle empfindlich stören (konterkarieren).
★ Das vorgesehene Statusgefüge wird verändert; Personen, die nur eine niedrige Stellung in der Hierarchie innehaben, erhalten als Träger vielseitiger Informationen ein überproportionales Gewicht.

Das Gespräch als dialogische Kommunikation

Partnerarbeit

Die Leitung einer Unternehmung sieht sich durch mehrere Vorkommnisse veranlasst, über das Ausmaß inoffizieller Kommunikation in der Unternehmung nachzudenken. Bei Mitarbeitergesprächen wurde nämlich deutlich, dass sich ein übersehbarer Anteil der Mitarbeiter dem heute so verbreiteten „Mobbing" (Bedrängnissen, Belästigungen, Angriffen, Verleumdungen) ausgesetzt fühlt und dass die Grenzen zum Klatsch außerordentlich fließend sind.

Diskutieren Sie mit Ihrem Partner, durch welche Maßnahmen der Betriebsklatsch eingeschränkt werden könnte.

Begegnung

Zwar fragen uns Bekannte stets,
Wenn sie uns treffen: „Na, wie gehts?"
Doch warten sie so lange nie,
Bis wir es sagen könnten, wie.
Wir stellen drum statt langer Klage,
Sofort die kurze Gegenfrage.
Dann ziehen höflich wir den Hut
Und sagen beide: „Danke, gut!"
Wir scheiden, ohne uns zu grollen -
Weil wirs ja gar nicht wissen wollen.

(Roth, Eugen, Ernst und heiter, Deutscher Taschenbuch-Verlag, München 1972, S. 134)

A Aufgaben

1. Welche Anlässe kommen für so genannte Mitarbeitergespräche in Betracht?

2. Für die einzelnen Arten von Mitarbeitergesprächen wird ein bestimmter Ablauf als günstig betrachtet.
2.1 Welche Merkmale treffen für die Eröffnungsphasen zu?
2.2 Vergleichen Sie an zwei selbst gewählten Gesprächsarten die inhaltlichen Kernpunkte.

3. Für jedes anstehende Kritikgespräch wird eine besondere Vorbereitung empfohlen.
3.1 Welche Gründe hat das?
3.2 Erläutern Sie die im Text aufgeführten neun Regeln, die bei einem Kritikgespräch berücksichtigt werden sollten. Begründen Sie deren Berechtigung.

4. Es werden drei Kategorien der Konfliktursachen unterschieden.
4.1 Nennen Sie diese und bilden Sie zu jeder Ursache ein Beispiel.
4.2 Geben Sie zu jedem Ihrer Beispiele eine Konfliktlösungsstrategie vor.
4.3 Begründen Sie, weshalb Sie ein/kein Konfliktgespräch vorschlagen.

5. Das Zielvereinbarungsgespräch gilt als ein wichtiges Teilstück des Prinzips „Management by Objectives".
5.1 Erörtern Sie die Kriterien der Zielvereinbarung sowie die Ziele, die als Vereinbarung in Frage kommen.
5.2 In der Personalwirtschaft wird die Zielvereinbarung auch als Mittel der Personalbeurteilung eingesetzt. Erklären Sie den Zusammenhang.

6. Für das Einstellungsgespräch werden im Text Fragevorschläge gemacht.
6.1 Nennen Sie je drei Fragen, die auf die berufliche Entwicklung, auf das betriebliche Sozialverhalten, auf die Belastbarkeit und auf die Zukunftspläne des Bewerbers abheben.

6.2 Vergleichen und bewerten Sie folgende Fragestellungen:
„Schildern Sie die letzte Auseinandersetzung, die Sie mit einem Kollegen hatten."
„Welche Erwartungen haben Sie im Hinblick auf Kooperation und Verträglichkeit im Team?"

7. In einem Vorstellungsgespräch wird Ihnen eine Situation vorgestellt, die die einstellende Unternehmung betrifft und die Ihre Beurteilung und Entscheidung herausfordert. Welche Absicht ist mit diesem Vorgehen verbunden?

8. Als Ziel des Vorstellungsgesprächs wird angeführt, möglichst viel Information über den Aufgabenbereich auszutauschen, die notwendigen fachlichen Qualifikationen sicherzustellen sowie wichtige Persönlichkeitsmerkmale zu ermitteln. Nehmen Sie zu dieser Aussage Stellung.

9. Telefongespräche sind als Kommunikationsmittel auf das gesprochene Wort beschränkt.
9.1 Welche anderen Kommunikationsmittel sind somit ausgespart?
9.2 Stellen Sie aus den in diesem Kapitel gegebenen Anregungen sieben Forderungen zusammen, die Sie für sich in Zukunft zum Maßstab für optimales Telefonieren machen könnten.

10. Unterscheiden Sie „Vorstellen" und „Bekanntmachen".

B   Methodische Anmerkungen

Auch für dieses Kapitel gilt, dass sich die inhaltlichen Ausführungen überwiegend mit Methodenfragen befassen. Dabei geht es letzten Endes um die Grundfrage, auf welche Weise Gesprächssituationen vorstrukturiert werden können.

C   Literatur

Gordon, T., Managerkonferenz, Wilhelm Heyne Verlag, München 1991

Hauke, M., Mehr Erfolg am Telefon, Droemer Knaur, München 1992

Hinrichs, Karin, Marketing-Instrument Telefon, verlag moderne industrie, Landsberg am Lech 1990

Neuberger, O., Das Mitarbeitergespräch, Bratt Institut für Neues Lernen GmbH, Goch 1980

Rüttinger, Bruno, Konflikt und Konfliktlösen, Bratt Institut für Neues Lernen GmbH, Goch 1980

5 Spezielle Formen der dialogischen Kommunikation

Von dem Gespräch zwischen zwei oder mehr Personen als der normalen dialogischen Kommunikation lassen sich Kommunikationsformen abgrenzen, die jeweils spezifische Merkmale aufweisen. Die Verhandlung beispielsweise hat die spezifische Zwecksetzung, einen Vertrag abzuschließen oder eine andere bindende Vereinbarung zu treffen. Konferenzen finden häufig in einem vorgegebenen Rechtsrahmen statt. Dasselbe gilt für mündliche Prüfungen, für die meistens eine eigene Prüfungsordnung besteht. Das Interview, jedenfalls das Interview im Rahmen von Erhebungen, ist an Vorgaben gebunden und auch die Moderation unterliegt bestimmten Regeln. Erweitern ließe sich die Palette beispielsweise noch um Diskussionen, Hearings, Sitzungen u.a.m.

5.1 Die Verhandlung

„Das ganze Leben ist eine Kette von Verhandlungen. Eine Verhandlung war dann erfolgreich, wenn beide Partner für die Dauer das Gefühl haben, dass das Ergebnis ihrem Interesse dient. Einseitige Triumphe sind daher ebenso wie kurzfristige Scheinübereinkommen keine erfolgreiche Verhandlung."
(Goosens, Franz, Erfolgreiche Konferenzen und Verhandlungen, München 1964, S. 155)

Eine Verhandlung ist die Aussprache bzw. Auseinandersetzung über eine Sachlage, die den Zweck hat, einen Interessenausgleich bzw. eine Einigung oder einen Beschluss herbeizuführen. — Begriff

Verhandlungen sind keineswegs nur hochoffizielle Veranstaltungen. Sie können ganz formlos, z.B. am Telefon, eingeleitet bzw. möglicherweise ganz schnell abgeschlossen werden.

Beispiel A ruft bei B an. Nach einigem „Warmreden" fragt A: „Übrigens, könnten Sie die Wertschätzung für das Objekt x noch übernehmen? Unserer Gesellschaft liegt viel daran, dass die Sache in Ihren Händen liegt." B wollte für diesen Monat eigentlich keinen Auftrag mehr annehmen, aber er sagt dennoch zu. Die Verhandlung war kurz und führte zu einer Einigung. — „Beiläufig"

Beispiel A ist der Personalleiter der Unternehmung. Er trifft den Sachbearbeiter B im Flur und bemerkt beiläufig: „Wissen Sie, Herr B, in der Abteilung y wird eine Gruppenleiterstelle frei. Wäre das nichts für Sie?" Das ist der Beginn einer Stellenbesetzung.

5.1.1 Verhandlungsvorbereitungen

Die Vorbereitungen beziehen sich auf

- die Sachlage (thematische Vorbereitung),
- die an der Verhandlung teilnehmenden Personen (personelle Vorbereitung) sowie auf
- die äußeren Bedingungen.

(vgl. Goosens, Franz, a.a.O., S. 160 f.)

Vorbereitung in der Sache

◆ **Die thematische Vorbereitung**

Die thematische Vorbereitung schließt ein, dass sich die Partner genau mit der **Sachlage** (dem Gegenstand, dem Vertragsinhalt etc.) auseinander setzen. Sie müssen die Probleme kennen, die **Argumente** der Gegenseite gedanklich vorwegnehmen, eigene Argumente sammeln und ordnen und sich insgesamt über die **Zielsetzung** klar werden.

Zur thematischen Vorbereitung gehört ferner, die erforderlichen **Unterlagen** bereitzuhalten. Dazu können beispielsweise zählen: Lagepläne, Offerten ausländischer Banken, Produktbeschreibungen, Vertragsentwürfe, ISO-Normen u.v.a.m.

Personen-bezogene Vorbereitung

◆ **Die personelle Vorbereitung**

Zu **klären** ist generell, **wer die Verhandlungspartner sind.** Dabei interessieren Namen, Stellung und Vollmacht in der anderen Organisation, Charakter, Motive, Fähigkeiten wie Durchsetzungsvermögen und Verhandlungsgeschick, Branchenkenntnisse u.v.a.m.

Weiterhin interessiert, ob die Anzahl der Partner auf beiden Seiten gleich ist. Klarheit muss auch über die Kompetenzen der Vertragsparteien bestehen. Es wäre beispielsweise für den Abschluss erschwerend, wenn auf einer Seite die Abschlusskompetenz nicht vorhanden wäre und das erzielte Ergebnis deshalb vorläufig bliebe, weil es nachträglich von einem Vorgesetzten gebilligt werden muss.

Wenn auf der eigenen Seite mehrere Personen an der Verhandlung teilnehmen, sollte klar sein, wer der Verhandlungsführer ist. Andererseits könnte sich auch eine abgestimmte Rollenverteilung günstig auf das Verhandlungsergebnis auswirken.

> **Beispiel** Von drei Teilnehmern ist A der Verhandlungsführer, B der Kostenfachmann und C der Finanzexperte.

Zur persönlichen Vorbereitung gehört schließlich noch die Entscheidung darüber, in welchem **Outfit** die Verhandlung voraussichtlich geführt wird. Sowohl eine zu konventionelle bzw. zu korrekte Kleidung („overdressing") als auch das Gegenteil („underdressing") können unerwünschte und auch unberechenbare Folgen haben.

> **Beispiel** A schätzt den äußeren Rahmen, in dem die Verhandlung stattfindet, falsch ein. Die andere Partei ist sehr leger gekleidet, während er selber überaus korrekt gekleidet ist. Im umgekehrten Fall würde sich A möglicherweise noch unwohler fühlen.

Äußere Bedingungen beachten

◆ **Die Vorbereitung der äußeren Bedingungen**

Zu den äußeren Bedingungen gehört die **Festlegung von Zeitpunkt und Dauer** der Verhandlung sowie von **Ort und Raum.**

Spezielle Formen der dialogischen Kommunikation **125**

Der Zeitpunkt ist naturgemäß von mehreren Faktoren abhängig und steht auch in engem Zusammenhang mit dem Ort. Wenn vor der Verhandlung längere Strecken zu überwinden sind bzw. mit Verkehrsproblemen gerechnet werden muss, ist ein früher Termin, den man möglicherweise aus physiologischen Gründen (Frische, Spannkraft) vorziehen würde, schwierig, es sei denn, dass eine Hotelübernachtung angebracht ist. Die Dauer der Verhandlung sollte bekannt sein. Mehr als 90 Minuten Verhandlungszeit sind ohne Pause nicht zumutbar.

Die Verhandlung kann örtlich grundsätzlich bei beiden Vertragsparteien stattfinden, aber auch an einem neutralen dritten Ort, wenn das zur Vermeidung von Heimvorteilen angebracht ist. Sofern die Verhandlung eine Objektbesichtigung einschließt, ist jedoch der Verhandlungsort praktisch vorgegeben.

Die Ausstattung des Raumes kann von großer Bedeutung sein. Das gilt nicht nur für Tische und Sitzgelegenheiten, sondern auch für technische Geräte und Mittel zur Visualisierung.

5.1.2   Der Verhandlungsablauf

Die Verhandlung erfolgt in drei Schritten: Eröffnungsphase, eigentliche Verhandlungsphase und Abschlussphase.

◆ Die Eröffnungsphase

Die Eröffnungsphase besteht aus zwei Unterabschnitten, nämlich der Aufwärmphase und der Verhandlungseinleitung. Die **Aufwärmphase** dient dazu, eine freundliche Atmosphäre zu schaffen.

Eröffnung

> **Beispiel** „Hatten Sie eine gute Fahrt?"
> „Haben Sie uns gut gefunden?"
> „War die Wegbeschreibung zutreffend?"
> „Darf ich Kaffee oder Tee für Sie bestellen?"
> „Ihr Haus/Werk liegt ja sehr günstig/zentral!"
> „Der freundliche Empfang in Ihrem Büro ist auffallend."
> „Schöner Raum!"
> „Ein interessantes Bild."
> „Ich freue mich, Sie nun auch persönlich kennen zu lernen."

Die **Verhandlungseinleitung** kann auf verschiedene Weise vonstatten gehen:

- Eine **Frage** steht am Anfang.

Anregungen zur Einleitung

> **Beispiel** „Sie haben sicher unsere Prospekte schon erhalten. Hatten Sie schon Gelegenheit, sich mit dem Inhalt zu beschäftigen?"

> **Beispiel** „Sind Sie generell mit der Umsatzentwicklung unserer Produkte zufrieden?"

- Es folgt zuerst eine **Information.**

> **Beispiel** „Das Gerät, das ich Ihnen heute anbieten möchte, hat sich im Süden der Bundesrepublik bereits als ein Renner erwiesen."

- Den Anfang bildet eine **Demonstration.**

> **Beispiel** „Ich kann Ihnen heute den Messeschlager xy vorführen."

– Der Anbieter einer Leistung bezieht sich auf eine **Referenz.**

> **Beispiel** „Von Herrn Köhler aus Düsseldorf hörte ich, dass Sie an unserem Produkt interessiert sind."

Mit diesen vier Einstiegen sind die Möglichkeiten keineswegs erschöpft. Entscheidend ist es, den in einer bestimmten Situation Erfolg versprechenden Einstieg zu finden. Beispielsweise werden Sie die Frage nach der Umsatzentwicklung nur dann stellen, wenn die Umsatzentwicklung nach Ihren eigenen Unterlagen gut war. Im entgegengesetzten Fall hätten Sie sich selbst eine Barriere aufgebaut.

Eine Referenz sollten Sie nur dann als Einstieg verwenden, wenn Sie ganz sicher sind, dass das Verhältnis zwischen Ihrem Partner und dem Referenzgeber wirklich gut ist. Es könnte schließlich auch so sein, dass der Referenzgeber nur mit der Nennung Ihres Verhandlungspartners renommieren wollte und auf der anderen Seite Ihr Verhandlungspartner gar keine positive Verbindung sieht oder den Referenzgeber nur ganz oberflächlich kennt.

◆ **Die eigentliche Verhandlungsphase**

Die Sachlage

Sie besteht aus zwei Bausteinen.
Der Baustein **Grundlagenbearbeitung** dient dazu, dem Verhandlungspartner das Vorhaben, die Sachlage (das Projekt, die Ware, das Herstellverfahren, den Vertragsinhalt etc.) vorzustellen und zu erläutern. Die Verhandlung kreist um die Sachlage als solche, also um das „**Was**". Zu bedenken ist zu diesen Ausführungen Folgendes: Bei der Vorstellung der Merkmale wird man am Anfang nicht bis ins letzte Detail gehen. Einzelheiten kann man immer noch nachschieben.

Die Gründe

Der Baustein **Argumente** vermittelt dem Verhandlungspartner, **warum** ein Abschluss für ihn vorteilhaft ist. Die Vorteile, in dosierter Form aber auch die Nachteile, werden genannt und erörtert.
Bin ich in der Rolle des Interessenten, will ich in dieser Phase genau wissen, warum ich einem Abschluss zustimmen sollte. Auch über sachliche Einschränkungen will ich Genaueres wissen, z.B. bei Grundstückskäufen alle Baubeschränkungen etc. kennen. Vorteile und Nachteile können sich in sehr unterschiedlichen Ausprägungen zeigen.

> **Beispiele** Kostensenkung, Zeitvorteile, Vorteile durch die Lage, Umsatzerweiterung, Gebietserweiterung, vermehrte Sicherheit für Mensch und Maschine, erhöhte Ausbringungsmenge, Verschleißminderung, Senkung der Ausschussquote, Umweltschutz, baldige Nutzung, Sicherheit der Familie, vermehrte Bildungschancen usw.

Einwände der Vertragspartner werden aufgenommen und, wenn möglich, entkräftet. Mancher Einwand lässt sich durch Erweiterung der eigenen Vorschläge auffangen.
(Zur Verkaufsverhandlung vgl. auch Blank, A., Murzin, M., Handlungsfeld Marketing, Köln-München 1995, S. 147.)

Partner-orientierte Sprache

Zur sprachlichen Umsetzung von Vorteilen lässt sich ein ganzer Katalog von Wendungen anführen.

> **Beispiele** „... das sichert Ihnen ..."
> „... das bringt Ihnen ..."
> „... das rechnet sich für Sie so, ..."
> „... das steigert Ihnen ..."
> „... damit gewinnen Sie eine Stellung, ..."
> „... damit haben Sie ..."
> Die Betonung liegt in diesen Fällen auf „Sie" bzw. „Ihnen".

Spejielle Formen der dialogischen Kommunikation

Die Bausteine sind nicht mit nacheinander folgenden Schritten zu verwechseln. Beispielsweise werden erst die Merkmalkategorien ABC vorgestellt und dazu die Argumente geliefert, danach die Merkmalkategorien XYZ mit Argumenten abgehandelt, und für beides wird jeweils aus Gründen der Klarheit und Übersicht eine Zwischenbilanz gezogen.

◆ **Der Abschluss**

Der Abschluss ist naturgemäß für beide Seiten die Krönung der Arbeit. Wünschenswert ist in allen Fällen, dass sich beide Partner als Gewinner fühlen können.

Baustein Abschluss

Wenn innerhalb der Verhandlung schon Zwischenzusammenfassungen möglich waren, addieren diese sich leicht zu einem **Gesamtergebnis.** In jedem Falle muss durch den **Baustein Abschluss** in allen Punkten klar sein, worüber man sich geeinigt hat. Ob eine schriftliche Fixierung erfolgt bzw. erfolgen muss, hängt von der Sachlage/Branche bzw. dem Objekt ab. Bei Grundstücken beispielsweise gibt es gesetzliche Vorschriften, ebenso z.B. beim Handelsmakler. Dagegen gibt es Branchen, wo der Handschlag genügt, z.B. im Viehhandel. Sofern man den Verkauf und Ankauf von Wertpapieren an der Börse auch zur Verhandlung rechnen will: Hier erfolgt das Angebot gewöhnlich nur durch Ausruf von Art, Menge und Kurs, worauf der im Börsenraum persönlich bekannte Kaufwillige lediglich die Hand hebt. Dieses einfache Verfahren reicht aus, um Millionen umzusetzen, ohne dass bisher nennenswerte Dissonanzen entstanden sind.

Dem Abschluss folgt die Beendigung der Verhandlung bzw. die **Verabschiedung.** Diese ist, ähnlich wie die Eröffnungsphase, von gesellschaftlichen Formen geprägt. Man wünscht sich z.B. eine gute berufliche und persönliche Zukunft, gute Fahrt etc.

So locker hier auch die Konversation erscheint: Die letzten Eindrücke sind außergewöhnlich wichtig für die Fortsetzung der Beziehungen.

5.1.3   Verhandlungsstrategien

Für Verhandlungen haben sich einige Vorgehensweisen als Erfolg versprechend erwiesen.

1. Wenn am Anfang einer Verhandlung unstrittige Punkte vorgetragen werden, entsteht eine positive Atmosphäre und damit eine gute Ausgangslage.

Einstimmung

2. Vorschläge, die man macht, muss man gut begründen. Dabei werden die Vorteile, die dem Partner aus der Verhandlungssache erwachsen, besonders betont.

Vorteile betonen

Nachteile werden ebenfalls thematisiert, aber im eigenen Interesse nicht betont. Dafür wird aber in einer zusammenfassenden Bewertung wieder das Positive der Verhandlungssache für den Vertragspartner hervorgehoben. Demgemäß: starke These, schwache Antithese, positive Synthese!

Behandlung der Nachteile

In der Verkaufsliteratur findet man auch den Vorschlag, eventuelle Nachteile zuerst zu nennen, dann aber den negativen Eindruck durch massive Vorteile doppelt auszugleichen. Das Erwähnen der Nachteile zu Anfang der Verhandlung sei deshalb nützlich, weil der Partner damit den Eindruck bekomme, dass sein Gegenüber redlich und ehrlich argumentierte.

128 Spezielle Formen der dialogischen Kommunikation

Partner ernst nehmen

3. Vorschläge und Ideen des Partners sind sehr ernst zu nehmen. Man muss diese mit Interesse aufnehmen. Eventuell ist es angebracht, um Begründung zu bitten. Die Vorschläge des Partners sollten nie direkt abgelehnt werden, um den Partner nicht zu brüskieren.
Erfolgshemmend sind also Bemerkungen wie:
   - „Darüber können wir jetzt nicht verhandeln."
   - „Das kann nicht Gegenstand unserer Erörterung werden."
Erfolgsfördernd dagegen:
   - „Das müsste man einmal gründlich prüfen."
   - „Das ist interessant. Darüber müsste nachgedacht werden."
Am besten ist es, auf der Grundlage des Partnereinwandes einen in unserem Sinne positiven Vorschlag zu entwickeln:
„Wenn ich Sie richtig verstehe, kommt es Ihnen vor allem auf yxz an. Gerade das lässt sich gut durch abc realisieren."
„Sie sprechen damit das Problem x an. Da wäre doch günstig, abc um d zu erweitern, um Ihrem Anliegen zu entsprechen."

4. In der konkreten Situation, in der es um Preise, Zahlungsbedingungen, Lieferbedingungen, Erfolgsprämien oder Ähnliches geht, werden sehr unterschiedliche Verhandlungstaktiken angewandt.

Handlungs-spielräume

Beispiel Man stellt Maximalforderungen, hat aber einen breiten Spielraum und gibt auf dem einen oder anderen Gebiet nach. Der Verhandlungspartner hat den Eindruck, selber auch Gewinner zu sein.
Diese Variante ist in verschiedenen Wirtschaftszweigen durchaus üblich und wird möglicherweise auch erwartet. Es gibt aber auch Bereiche, wo „Handeln" ausgeschlossen ist, z.B. im Rahmen von Gebührenordnungen.

Beispiel Man nennt die Minimalforderungen, spricht von Einführungspreisen oder Kampfpreisen und macht gleichzeitig deutlich, dass kein Spielraum nach unten besteht.
In diesen Verhandlungen besteht Spielraum bzw. Entgegenkommen dann nur in Form von Lieferzeiten, Sonderausstattungen, Alleinvertretung oder ähnlichen Bedingungen.

Keine Über-schwäng-lichkeit

5. Über die Zustimmungen des Partners, die man für sich selber als Erfolg verbuchen kann, jubelt man nicht, weil das den Partner zu dem Gedanken veranlassen könnte, zu viel an Boden verloren zu haben. Daraus kann nämlich erwachsen, dass er beim nächsten Punkt umso härter verhandelt.

Rücksicht

6. Rückzüge, die der Partner macht oder die ich machen muss, sind äußerst vorsichtig anzugehen. Beim Partner ist besonders darauf zu achten, dass er keinen Gesichtsverlust hinnehmen muss.

7. Wenn Zwischenzusammenfassungen erfolgen, ist der Gesamtabschluss leichter zu formulieren.

5.1.4 Aus der „Trickkiste"

Sie finden in diesem Abschnitt Vorgehensweisen, die als **unlauter** zu bezeichnen sind. Kenntnisse über solche Methoden dienen dazu, Sie vor Schaden zu schützen.

1. Jemand lässt sich aus der Verhandlung zu einem vorher festgelegten Zeitpunkt herausbitten oder die Tür des Verhandlungszimmers wird häufig nacheinander geöffnet und mit einem „Entschuldigung" wieder geschlossen.

Empfohlene Reaktion bei solchen Störungen:
„Anscheinend haben wir doch nicht den günstigsten Zeitpunkt/den günstigsten Verhandlungsort ausgewählt. Ich schlage vor, die Verhandlung zu vertagen/die Sitzung zu verlegen."

Reagieren auf unlauteres Verhalten des Verhandlungspartners

2. Die Sitzung findet in den Räumen der anderen Partei statt. Zehn Minuten nach dem vereinbarten Termin ist die Gegenpartei noch nicht bereit, Sie zu empfangen. Sie erbitten Ihren Mantel und verabschieden sich mit ähnlichen Worten wie oben.

3. Die Gegenpartei äußert im Verlaufe der Verhandlung, dass ihr Vorstand sich das letzte Wort vorbehalten hat, so dass leider nur ein vorläufiges Ergebnis erzielt werden könne.
   Die Lage ist schwierig. Sie entscheiden je nach Aussicht bzw. bisheriger Sachlage, ob Sie weiterverhandeln wollen. Ihr Missfallen sollten Sie auf jeden Fall artikulieren. Unter Umständen ist das Vorgehen der anderen Partei auch nur inszeniert, um Ihre Position zu erschüttern oder einfach nur, um Zeit zu gewinnen.

4. Die Verhandlung wird bewusst durch immer neue (und vielleicht fadenscheinige) Argumente verlängert. Der Verhandlungsgegner setzt bei Ihnen auf Ermüdung.
   Empfehlung: Bestehen Sie auf Vertagung oder lassen Sie sich vitaminreiche Getränke holen.

5. Sofern die Sitzung in den Räumen der Gegenpartei stattfindet, könnte die Sitzmöglichkeit manipuliert sein (zu wenig Platz für die Unterlagen; der Verhandlungsleiter Ihrer Partei wird von seinen Beratern abgeschnitten; der Verhandlungsleiter der Gegenpartei sitzt am Schreibtisch, Sie dagegen sind aufs Sofa verwiesen worden und sitzen dadurch niedriger usw. – hier ist die Phantasie der Verhandlungsfüchse fast nicht zu schlagen). Ungünstige Situationen können für Sie auch durch die Lichtverhältnisse entstehen (Gegenlicht).
   Empfehlung:
   Schlagen Sie ein anderes Sitzungszimmer vor. Lassen Sie sich beispielsweise einen richtigen Stuhl aus dem Vorzimmer geben. Machen Sie in jedem Fall deutlich, dass Ihnen die Manipulation missfällt.

6. Auf jeder Seite sind beispielsweise zwei Verhandlungspartner vorgesehen. Die Gegenpartei bringt ihren Rechtsanwalt/ihren Steuerberater mit und führt diese Person mit den Worten ein: „Sie haben sicher nichts dagegen, dass wir Frau/Herrn ... dazugebeten haben. Es geht ja um viele Rechtsfragen/viele Steuergesichtspunkte."
   Empfehlung: Vertagung. Sie hätten wahrscheinlich ja auch gerne Ihren Rechtsberater oder Ihren Steuerberater dabeigehabt.

7. Durch eine unangemessene Wortwahl sollen Sie verunsichert werden.
   Beispiele: Schmeicheleien, Vorwürfe, Grobheiten, Bewertungen wie „noch unerfahren", „vielleicht ein bisschen überfordert" etc. Verbitten Sie sich diese Redeweise.

8. Kein unlauterer Trick, aber häufig angewendet:
   Der Verhandlungspartner führt uns die Vorteile vor Augen, rechnet diese aber hoch.

   Beispiel „Sie sparen sage und schreibe (monatliche Ersparnis DM 100,00, Nutzungsdauer 15 Jahre) DM 18 000,00!"
   „Durch die günstige Lage des Grundstücks ersparen Sie und Ihre Mitarbeiter täglich durchschnittlich 30 km, das sind im Jahr bei nur 220 Arbeitstagen 6 600 km an Weg und Zeit allein, die Benzinkosten und die Staus mal gar nicht gerechnet."

Vorrechnen/ Mitrechnen/ Nachrechnen

Nachteile werden entsprechend „herabgerechnet".

 „Der Preis ist sicher nicht niedrig. Aber bei Ihrem Ausstoß sind das gerade mal 2 Pfennig pro Heft im Jahr. Rechnen Sie die Nutzungsdauer mit, betragen die Mehrkosten den Bruchteil eines Pfennigs, und dafür haben Sie das leistungsfähigste und störungsfreieste Gerät, das auf dem europäischen Markt angeboten wird."
(Basis: Gerät für DM 10 000,–; Konkurrenzpreis DM 7 500,–; Ausstoß 10 000 Hefte pro Monat; Nutzungsdauer 6 Jahre)

Anmerkung: Die Praxis der Trickkiste ist noch weit umfangreicher. Bedenken Sie, dass diese Formen meistens gewollt sind und lediglich den Zweck haben, Ihre Position zu schwächen.

Weitere spezielle Formen der Kommunikation

Diskussion
Meinungsaustausch, Aussprache oder Erörterung von verschiedenen Standpunkten aus

Podiumsdiskussion
Zwei bis sieben Personen diskutieren unter Leitung eines „Unparteiischen" auf einem Podium vor Zuhörern zu einem Thema. Meistens sind anschließend Fragen aus dem Zuhörerkreis zugelassen.

Kongress
Zusammenkunft von Vereinigungen fachlicher Art, besonders von wissenschaftlichen Verbänden oder Gruppen, um ein Thema vorzustellen (Referate, Präsentationen, Seminare)

Sachverständigenbefragung/Hearing
Teilnehmer eines bestimmten Gremiums (z.B. Parlament, Parlamentsausschuss, Gericht) stellen Fragen zu bestimmten Themen, die die Sachverständigen in Form von Kurzreferaten beantworten.

Debatte
Institutionalisierte Form der Diskussion; der Austausch von Standpunkten erfolgt im öffentlichen Raum.

Videokonferenzen
Nachdem Telefonkonferenzen durch die so genannte Telefonschaltung bereits zum Alltag gehören, sind Videokonferenzen die bereits „begonnene Zukunft". Die Teilnehmer von Konferenzen, Sitzungen oder Beratungen werden in Stimme und Bild durch Videoschaltungen miteinander verbunden.

Gruppenarbeit

1. Fertigen Sie eine Checkliste an, die der Verhandlungsvorbereitung dient.

2. Vergleichen Sie sodann diese Liste mit dem Ergebnis Ihrer Dreiergruppe.

3. Wählen Sie eine Verhandlungssituation aus und arbeiten Sie Formulierungen aus, die sich für die Eröffnungsphase, die Verhandlungsphase und die Schlussphase eignen.

Spezielle Formen der dialogischen Kommunikation   **131**

Situationen

a) Der Grundstücksmakler lädt drei Interessenten zur „Schlussrunde" ein. Dem Meistbietenden soll heute das Grundstück verbindlich zugesagt werden.

b) Sie sind Reisender eines Herstellers für Schleifwerkzeuge und Schleifmittel. Ihr Besuch gilt einem Marmorwerk in Südhessen. Bisher waren Sie dort nicht im Geschäft.

c) Auf der allgemeinen Nahrungs- und Genussmittelausstellung, einer alle zwei Jahre stattfindenden Messe für Genuss- und Nahrungsmittel in Köln, werden Sie einen Kunden aus Dresden persönlich kennen lernen. Sie machen sich in der Gruppe über den äußeren Rahmen und den Inhalt der bevorstehenden Verkaufsverhandlung Gedanken.

Bedingungen für effiziente innerbetriebliche Besprechungen

1. Vorbereitung

1.1 Auswahl der Teilnehmer nach gut überlegten Kriterien, z.B. Begrenzung auf Personen, die nach Funktion und Position unbedingt dazugehören (plus Mitarbeiter in der Ausbildung)

1.2 Einladung immer rechtzeitig, immer mit Tagesordnung und immer mit Angabe der voraussichtlich benötigten Zeit

1.3 Medien und Unterlagen gut vorbereiten;
Tischvorlagen, also solche Unterlagen, die dem Teilnehmer erst bei Beginn der Sitzung bekannt werden, auf ein Minimum begrenzen, weil sonst gegebenenfalls längere Lesezeit eingeräumt werden muss

2. Durchführung

2.1 Pünktlicher Beginn
   – für Nachzügler keine Wiederholung
   – Protokollführer und evtl. Gesprächsleiter bestimmen oder wählen lassen
   – Pause im Voraus festlegen
   – keine langen Begrüßungen

2.2 Zügigen Ablauf sichern
   – klare Sprache
   – kurze Redezeiten (Vielredner geschickt das Wort abnehmen)
   – unter Umständen Rednerliste
   – über den Wunsch „Direkt dazu" gegebenenfalls abstimmen lassen

2.3 Störungen von außen vermeiden

3. Behandlung der Ergebnisse

3.1 Die Art der Entscheidungsfindung muss klar sein (Abstimmungen/Abstimmungsverhältnisse)

3.2 Die Verantwortlichen für die Einhaltung der Entscheidung möglichst auch schon bestimmen (lassen)

3.3 Fertigstellungstermin und Verantwortliche(n) für die Ergebnisüberprüfung festlegen (lassen)

5.2 Die Konferenz

Sie sind Personalreferent in einer großen Spedition und Mitglied des Ausbilder-Arbeitskreises für den Ausbildungsberuf „Speditionskaufmann" bei der örtlichen Industrie- und Handelskammer. Der gewählte Vorsitzende ist für den nächsten Konferenztermin verhindert und bittet Sie als den gewählten stellvertretenden Vorsitzenden, zur Konferenz einzuladen und die Konferenz zu leiten.
Sie sehen Ihre Aufgabe darin, sich mit allen Fragen der Konferenzgestaltung auseinander zu setzen, um Ihre Aufgabe erfolgreich wahrnehmen zu können.

Begriff

Eine Konferenz ist die Zusammenkunft von Personen zur Beratung und Beschlussfassung.

Das Wort „Konferenz" lässt sich von dem lateinischen Verb „conferre" ableiten, das bedeutet „zusammentragen", „beraten". Im allgemeinen Sprachgebrauch werden auch Sitzungen, Beratungen und Unterredungen, die nicht zu einer Beschlussfassung führen, als Konferenz bezeichnet. In diesem Abschnitt wird aber besonders betont, dass in einer gemeinsamen Sitzung der Konferenzmitglieder angestrebt wird, die zum Kompetenzbereich gehörenden Probleme sachgerecht zu erörtern und die erforderlichen Beschlüsse zu fassen.

5.2.1 Zusammensetzung der Mitglieder

Kategorien

Die Mitgliedschaft einer Konferenz leitet sich gewöhnlich aus der Aufgabe ab. Im Einzelnen bestehen häufig rechtliche Vorgaben der betreffenden Einrichtungen und Gemeinwesen, in denen die „Organisationsform Konferenz" zur Willensbildung und Beschlussfassung vorgesehen ist.
Gewöhnlich unterscheidet man zwischen **ordentlichen** und **außerordentlichen Mitgliedern** bzw. auch Gästen, wobei meistens nur die ordentlichen Mitglieder abstimmungsberechtigt sind. Weiterhin wird nach **geborenen** und **gewählten Mitgliedern** unterschieden. Geborene Mitglieder sind Mitglieder aufgrund ihrer Funktion bzw. ihres Amtes, während die gewählten Mitglieder nach einer bestimmten Geschäftsordnung von den dafür festgelegten Gremien hinzugewählt werden.
Für jedes Konferenzmitglied ist häufig ein **stellvertretendes** Mitglied festgelegt, um als Vertretung einspringen zu können.
Zusammenfassend kann gesagt werden, dass die Konferenz vom Prinzip her aus den Personen bestehen soll, die von einer Lösung des gemeinsamen Problems unmittelbar oder mittelbar betroffen sind und zur Lösung dieses Problems gemeinsam beitragen können.

Die Liste der Personen, die einzuladen sind, liegt vor. Es handelt sich um alle Ausbilder des Ausbildungsberufes „Speditionskaufmann" im Kammerbezirk. Außerdem werden zwei Lehrervertreter der zwei kooperierenden Berufsschulen eingeladen.

5.2.2 Einladungen

Die Einladung muss rechtzeitig an die Konferenzmitglieder versandt werden.

Aspekte, die bei der Einladung zu berücksichtigen sind

◆ **Inhalt der Einladung**

Sie enthält die Bezeichnung der Konferenz, Tag, Uhrzeit, Konferenzort und Tagesordnung. Eventuell wird eine Rückmeldung für den Fall vorgesehen, dass im Falle der Verhinderung ein vertretendes Mitglied eingeladen werden soll.

◆ **Vorweginformation**

Mit der Einladung werden die Informationen versendet, die für die Sitzung erforderlich sind. Die vorherige Beschäftigung mit den Unterlagen ist für das Konferenzmitglied immer dann wichtig, wenn die Lese- und Bearbeitungsdauer während der Konferenz zu zeitaufwendig wäre. Außerdem benötigt der Konferenzteilnehmer vorher vielleicht noch Informationen von dritter Seite. Ein Problem besteht in der evtl. nötigen Geheimhaltung.

◆ **Ergänzender Inhalt der Einladung**

Für alle Teilnehmer ist es interessant, die vorgesehene Dauer der Konferenz zu erfahren. Günstig ist eine zeitliche Vorgabe auch für die Durchführung selbst, weil sie ausufernde Erörterungen vermeiden hilft. Nachteilig kann sich die Vorgabe auswirken, wenn deshalb möglicherweise eine vertiefende Auseinandersetzung mit dem Problem unterbleibt.
Zu den einzelnen Tagesordnungspunkten (TOP) kann vermerkt werden, um was es sich speziell handelt.

| Beispiel | TOP 7: Stand der eingetragenen Neuverträge zum 31.10.19.. Zur Sache: Die Zahlen sind der Anlage zu entnehmen. Es sollen Maßnahmen erörtert werden, die zur vermehrten Bereitstellung von Ausbildungsplätzen führen können. |

◆ **Mitzubringende Unterlagen**

Auf Unterlagen, die sich im Besitz der Konferenzteilnehmer befinden, die aber zur Willensbildung wichtig sind, ist hinzuweisen.

◆ **Reihenfolge der TOP**

In der genannten Reihenfolge werden die TOP in der Konferenz „abgearbeitet". Unter konferenzpsychologischen Gesichtspunkten ist es ratsam, einen konsensfähigen TOP an den Anfang zu setzen. Schwierige TOP mit längerem Diskussionsbedarf sind vor der Pause günstig platziert.

Informationen zur Ausbildungssituation, die die Kammer zur Verfügung stellt, werden mitgeschickt. Auf konferenzpsychologische Gesichtspunkte der Reihenfolge der TOP braucht nach bisherigen Erfahrungen nicht eingegangen werden.

134 Spezielle Formen der dialogischen Kommunikation

5.2.3 Sonstige vorbereitende Aufgaben

Weitere vor-bereitende Aufgaben

◆ **Vorbereitung der Tischvorlagen und Medien**

Für alle Konferenzteilnehmer sollten die zur Erörterung und Beschlussfassung nötigen Tischvorlagen bereitliegen. Der Umfang sollte möglichst gering sein, weil sonst die Zeit für das Lesen zu lang ist.
Die Mediensoftware (z.B. Folien) wie auch die Medienhardware (z.B. Overheadprojektoren) sind nach entsprechenden Prinzipien vorzubereiten.

> **Beispiele** Lesbarkeit (Schriftgröße) und Übersichtlichkeit (Anordnung, Farbe) der Folien, technische Bereitschaft der Projektoren (Birnen, Anschluss)

◆ **Der Konferenzraum**

Als Gesichtspunkte, die bezüglich des Konferenzraumes bedeutsam sind, kommen in Betracht:
Tischanordnung, Sicht auf die Konferenzleitung, Mikrophone, Lichtverhältnisse, Luftverhältnisse, Ruhe, Nähe zur Garderobe und zu Erfrischungsräumen u.v.a.m.
Über eine mögliche Bewirtung muss gesondert entschieden werden.

Ein optimaler Tagungsraum wird von der Kammer zur Verfügung gestellt. Für die Pause können Getränke geordert werden.

5.2.4 Der Konferenzbeginn

Klare Setzungen/ Positive Atmosphäre

– Die Konferenz wird pünktlich eröffnet. Auf Nachzügler wird keine Rücksicht genommen.
– Am Anfang stehen Anrede, Eröffnungsformel und Begrüßung.
– Ein Hinweis darauf, dass die Einladung ordnungsgemäß erfolgte, sollte nicht fehlen.
– Eine kurze Anmerkung über Protokollführung und Anwesenheitsliste ist angebracht.
– Um eine angenehme Konferenzatmosphäre zu schaffen, wird gerne mit einem „attention-step" begonnen. Aufmerksamkeit erreicht man z.B. durch ein kurzes Zitat oder ein Sprichwort. Es folgen die Bekanntgabe des (Haupt-)Themas sowie der Hinweis auf die Bedeutung des Themas für die Teilnehmer. Damit ist auch das Konferenzziel umrissen.
– Für konferenzrechtliche bzw. konferenztechnische Fragen muss auch noch Raum zur Verfügung stehen, z.B. für die Frage, ob die Tagesordnung (auf Antrag) erweitert oder ob die Reihenfolge (auf Antrag) geändert werden soll.
– Eventuell legt der Konferenzvorsitzende Wert auf die Assistenz eines Gesprächsleiters und auf Auszählungshelfer bei Abstimmungsverfahren.

Spezielle Formen der dialogischen Kommunikation **135**

5.2.5   Der Konferenzverlauf

Der Konferenzverlauf richtet sich nach der Reihenfolge der Tagesordnungspunkte. Die Behandlung vieler Tagesordnungspunkte besteht aus zwei Phasen, nämlich aus der Phase der Erörterung und der Phase der Beschlussfassung.

◆ In der **Erörterungsphase** ist der Konferenzleiter gewöhnlich der Diskussionsleiter. Er eröffnet die Diskussion und er regt zu Stellungnahmen der Konferenzmitglieder an. Dabei achtet er auch auf gerechte Redeanteile sowie auf eine niveauvolle Sprache. Er unterbindet Ausfälle jeglicher Art und führt die Diskussion immer wieder neu auf die sachliche Ebene, wenn die Teilnehmer sie aus dem Blick verlieren. Durch eigene Beiträge oder geschickte Rückfragen kann er die Diskussion beleben.
Wenn die wesentlichen Gesichtspunkte zu einem TOP erörtert sind, fasst er das Ergebnis zusammen. Vielleicht sind auch vorher schon Zwischenergebnisse erzielt worden, die er bereits verbalisiert hat.

Erörterung

◆ Mit der Zusammenfassung leitet er zur **Beschlussfassung** über. Wenn sich herausstellt, dass die Grundlage für eine Beschlussfassung noch nicht gegeben ist, z.B. weil Informationen fehlen oder weil Spezialfragen bisher offen geblieben sind, so kann man das Thema vertagen. Häufig wird zur besonderen Vorbereitung der nächsten Konferenz ein **Ausschuss** eingesetzt. Diesem wird ein klarer Arbeitsauftrag erteilt. Die Mitglieder werden gewöhnlich in der laufenden Konferenz gewählt. Dabei sollten die wesentlichen Strömungen, soweit sie durch Wortbeiträge in der Konferenz deutlich wurden oder durch andere Sachverhalte bekannt sind, berücksichtigt werden. Der Konferenzvorsitzende wird sein Augenmerk auch darauf richten müssen, dass gestandene Charaktere gewählt werden, die für solide Arbeit bürgen.

Beschluss

◆ In der jeweiligen Diskussionsphase trägt das **sprachliche Geschick** des Konferenzleiters besonders stark zum Gelingen oder Nichtgelingen bei. Erfolgreiche Konferenzleiter achten in ihrem Sprachgebrauch besonders darauf, dass sie

Sprachliche Anforderungen

– die Konferenzmitglieder möglichst mit Namen ansprechen,
– die Wir-Form statt der Ich-Form verwenden,
– tadelnde Formulierungen vermeiden.

> **Beispiel** Negativ: „Jetzt ist genug diskutiert. Wir könnten noch tagelang diskutieren, das brächte uns auch nicht weiter!"
> Positiv: „Das Thema ist, wie wir alle wissen, sehr bedeutsam. Deshalb verdient es unsere volle Beachtung. Mit Rücksicht auf die Zeit sollten wir dennoch auf die Abstimmung zusteuern."

★ Nie Ärger zeigen, weder verbal noch nonverbal, auch dann nicht, wenn ein Konferenzteilnehmer provoziert! Das heißt aber nicht, dass Sie als Konferenzleiter gelegentlich auf eine deutliche Stellungnahme verzichten müssen.

Gelassenheit

★ Ein besonderes sprachliches Problem entsteht dann, wenn die Konferenzteilnehmer **unterschiedliche Sprachen, Fachsprachen und Sprachniveaus** vertreten. Sprachliche Probleme werden durch Simultanübersetzungen gelöst. Das Problem einer nicht durchgängig verstandenen Fachsprache wird dadurch abgemildert, dass alle Sprecher sich um Verständlichkeit bemühen. Darauf muss der Vorsitzende hinweisen, unter Umständen aber selber Erklärungen nachreichen bzw. nachreichen lassen. Ähnlich ist bei unterschiedlichen Sprachniveaus oder Sprachgewohnheiten zu verfahren, z.B. bei Schulkonferenzen, an denen Lehrer, Eltern und Schüler teilnehmen.

Niveauorientierung

Spezielle Formen der dialogischen Kommunikation

* Um Gleichmut in der Diskussionsphase bewahren zu können, halten erfahrene Konferenzleiter es für sinnvoll, sich einige **Rednertypen** vorzustellen, die typische Verhaltensweisen symbolisieren. Weil diese Verhaltensweisen immer wieder vorkommen, wird die persönliche Betroffenheit (liegt das an mir?) zwar nicht aufgehoben, aber doch gemildert.

Behandlung komplizierter Konferenz- mitglieder

– Man habe zu tun, heißt es, mit dem **Vielredner**, der zu allem und zu jedem seinen sehr wichtigen Wortbeitrag leisten möchte. Dem Vielredner kann man mit bestimmten Formeln begegnen, z.B.:
„Sie haben bereits viel beigetragen. Sicher haben Sie Verständnis dafür, dass jetzt auch noch weitere Konferenzmitglieder zu Wort kommen möchten."
Vielredner und Alleswisser sollte man, wenn möglich, von Anfang an in die Nähe des Konferenzleiters setzen. Damit wird die Publikumswirkung eingeschränkt.

– Eine typische Verhaltensweise besteht darin, das **letzte Wort** haben zu müssen. Manchmal ist es ratsam, eine entsprechende Wortmeldung zu übersehen. Wenn es passt, wäre ein Kommentar folgender Art heilsam: „Ja, das Argument wurde ja schon so oder ähnlich mehrfach vorgetragen."

– Stille Ablehnung, Desinteresse, das Gefühl, sich nicht richtig ins Licht gesetzt zu haben, Unverständnis, Langeweile, aber auch andere Gründe bewegen einzelne Konferenzteilnehmer dazu, „Seitengespräche" zu führen. Solche Konferenzteilnehmer werden damit zum **Störenfried**. In solchen Fällen ist es heilsam, ohne Zögern die Sprechenden zu bitten, ihren doch sicher wichtigen Beitrag laut zu äußern, damit alle davon profitieren können.

– Wenn Konferenzmitglieder die Erörterung unterhöhlen wollen, hat man es als Konferenzleiter besonders schwer. In Grenzfällen hilft gegen **Destruktion** folgende Taktik:
„Wenn wir in der vorgestellten Weise verfahren wollen, können wir das Problem heute nicht lösen. Ich stelle anheim, diesen Teil der Konferenz auf die nächste Woche zu vertagen."

– Der mit **„Direkt dazu ..."** eingeleitete Satz kann dazu führen, dass die durch eine Rednerliste geordnete Reihenfolge ständig durchbrochen wird. Im Einzelfall kann natürlich der spontane Gedanke wichtig sein, aber eine Konferenz ist an Formen gebunden, die nicht ohne wichtigen Grund aufgegeben werden sollten. Ein Hilfsmittel gegen zu viel Spontaneität: Es wird über die Zulassung jeder „Direkt-dazu-Wortmeldung" abgestimmt.

Geschäfts- ordnung

* Anträge zur Geschäftsordnung sind selbstverständlich erlaubt und positiv zu bewerten. Beispiel: Dem Vorsitzenden ist der Fehler unterlaufen, dass er einem engeren Antrag, der sich anbahnt, den zeitlichen Vorzug geben möchte. Der Hinweis auf die Geschäftsordnung, wonach möglicherweise über den weiteren Antrag zuerst abgestimmt werden muss, ist sehr nützlich. Mit **Geschäftsordnungsfetischismus** lässt sich jedoch das Verhalten charakterisieren, mit dem durch Anträge, die oft Kleinigkeiten oder Nichtigkeiten betreffen, der Gang der Konferenz aufgehalten und verzögert wird.

Spezielle Formen der dialogischen Kommunikation   **137**

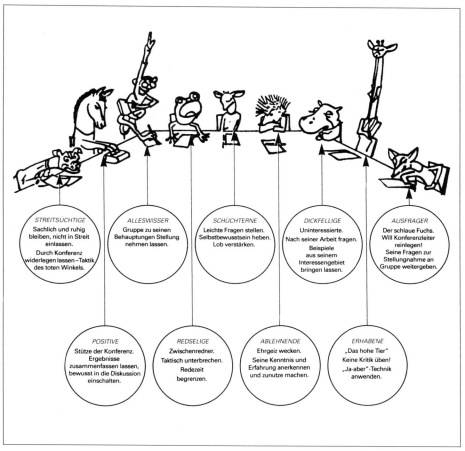

Abb. 5.1: Typenlehre – einmal anders

(Conrad, Heinz: Aktive Lehrmethoden, Heidelberg 1971, S. 19 f.)

◆ Die **Abstimmungen** unterliegen gewöhnlich bestimmten Vorschriften. Unterschieden wird die **einfache Mehrheit** (50 %) von der **qualifizierten Mehrheit** (z.B. 75 %). Auch Einstimmigkeit kann verlangt werden.
Abstimmungen werden u.U. auch in zeitlichen Abschnitten vollzogen, insbesondere bei Personenwahlen. In einem Fall hat beispielsweise keiner der Bewerber im ersten Wahlgang die erforderliche Mehrheit erzielt; ein weiterer Wahlgang ist notwendig.
Gegebenenfalls wird vorgeschlagen, über mehrere Sachverhalte in einer Abstimmung zu befinden. Das kann in der späteren Bewertung sehr problematisch werden.
Eine weitere Frage ist die nach **geheimer** oder **offener Abstimmung**. Vielfach wird so verfahren, dass eine geheime Abstimmung erfolgen muss, wenn ein abstimmungsberechtigter Konferenzteilnehmer das wünscht.
Bei Abstimmungen sind **Zustimmung**, **Ablehnung** und **Enthaltung** zu unterscheiden. Sicherheitshalber wird man Gegenproben machen, um Widersprüche in dieser Sache von vornherein auszuschließen.

Regeln und Durchführung

Spezielle Formen der dialogischen Kommunikation

In früheren Sitzungen hat der Personalreferent erlebt, dass ein freundlicher, verständiger und verständnisvoller Umgangston herrschte. Auf Krisensituationen braucht er sich deshalb nicht einzustellen. Das Problem, das er nicht richtig einschätzen kann, mündet in die Frage, ob der Vorsitzende vor allem durch seine natürliche Autorität und sein Lebensalter die Konferenzen bisher so gekonnt geleitet hat.

5.2.6 Die Behandlung der Beschlüsse

Beschlüsse

Die Beschlüsse werden im Protokoll im Wortlaut und nach Abstimmungsverhältnissen vermerkt. Günstig ist, wenn im Voraus feststeht, wie die Beschlüsse behandelt werden sollen, d.h., wer für die Umsetzung zuständig ist und wie die Umsetzung erfolgen soll. Zur Behandlung der Beschlüsse gehört auch die Frage, wie die Umsetzung dokumentiert und kontrolliert wird.

Für die Behandlung der Beschlüsse kann der stellvertretende Vorsitzende die fachliche und organisatorische Hilfe der Kammer in Anspruch nehmen.

5.2.7 Beendigung und Nachbereitung

◆ **Die Beendigung**

Eine Konferenz endet gewöhnlich mit einer Zusammenfassung der Ergebnisse. Dann folgen der Dank für die Mitarbeit, evtl. eine Ermutigung zur Umsetzung der Beschlüsse und die Verabschiedung.

◆ **Nachbereitung**

Die Hausaufgabe des Konferenzleiters

Zu klären ist nach einer Konferenz, ob alle Teilnehmer ein Ergebnisprotokoll erhalten sollen, möglicherweise auch die Teilnehmerliste.
Der Konferenzleiter wird nach einer Konferenz reflektieren, ob

- die konferenzorganisatorischen Vorbereitungen dem Konferenzziel entsprachen (Vorlagen, Medien, Konferenzraumgestaltung u.a.),
- die konferenzrechtliche Seite richtig gehandhabt wurde (Abstimmungsberechtigungen, Abstimmungsverfahren, Geschäftsordnung u.a.),
- konferenzpsychologische Gesichtspunkte angemessen berücksichtigt wurden (Schaffen einer guten Atmosphäre durch sprachliche Gestaltung und Führungsverhalten; günstige Reihenfolge der Tagesordnungspunkte; Vermeiden von thematischer Überbürdung; Berücksichtigung des Fürsorgeprinzips im Hinblick auf Zeiteinteilung und Pausen u.a.m.),
- die Einschätzung der Konferenzteilnehmer einer Korrektur bedarf,
- die Beschlüsse der Zielsetzung entsprechen und angemessen umgesetzt werden können,
- die Konferenz sich insgesamt als positives Teilstück der Willensbildung im Gesamtsystem erwiesen hat.

Zur Nachbereitung gehört auch die Frage, auf welche Weise die eigene Konferenzleitungskompetenz verbessert werden kann. Am leichtesten erlernbar und somit leicht zu optimieren sind die konferenzorganisatorischen sowie die konferenzrechtlichen Kompetenzen. Schwierigkeiten entstehen auch nicht dabei, eine vielleicht günstigere Reihenfolge der Tagesordnungspunkte oder ein besseres Maß an Konferenzinhalten in Zukunft zu finden. Soweit fachliche Kenntnisse erforderlich sind, um Beiträge der Konferenzmitglieder zusammenzufassen, also zu strukturieren und sprachlich in beschlussfähige Anträge umzuwandeln, ist ebenfalls eine Optimierung relativ leicht möglich.
Weit schwieriger ist es dagegen, durch Sprache zu führen (vgl. Abschnitt 5.2.5). Diese sozial-kommunikative Kompetenz erwirbt man durch persönliche Reifeprozesse (z.B. Gewinn an Empathievermögen, Entwicklung von Selbstwertgefühlen aufgrund von Leistungen) und durch Übung seines Kommunikationsverhaltens.

Der stellvertretende Vorsitzende hat mit dem Vorsitzenden ein Gespräch vereinbart, in dem alle die Nachbereitung betreffenden Fragen erörtert werden sollen.

Gruppenarbeit

1. Im Betrieb, in Bildungseinrichtungen, in Vereinssitzungen und bei anderen Gelegenheiten haben Sie erfahren, dass eine gerechte Verteilung der Redeanteile in Wirklichkeit selten vorkommt.
   Erörtern Sie, welche Gründe dazu führen und wie der Forderung nach gerechter Verteilung entsprochen werden kann.

2. In der Zeitschrift „Pädagogik", Heft 6, 1995, S. 23, finden Sie einen Aufsatz von Karl-Friedrich Beck und Karin Steckel-Ebert mit dem Titel „Es darf auch etwas herauskommen". In diesem Aufsatz werden die folgenden „10 Konferenz-Regeln" aufgestellt.
   Ihre Aufgabe besteht darin, diese Inhalte mit den Ausführungen des Abschnittes 5.2 zu vergleichen und die besonderen Bedingungen auszuweisen, die für Konferenzen nach den folgenden zehn Regeln zutreffen.

10 Konferenz-Regeln

- *Die Konferenz oder einzelne Tagesordnungspunkte müssen ein klar definiertes Ziel haben. In der Regel: klar formulierte Ergebnisprotokolle mit eindeutigen Stellungnahmen oder genau definierten Arbeitsaufträgen.*
- *Die Konferenz muss thematisch vorstrukturiert werden oder durch entsprechende Moderation ihre Themen für gegenwärtige und zukünftige Treffen selbst finden.*
- *Alle TeilnehmerInnen sind für die Erreichung der Ziele mitverantwortlich.*
- *Die Arbeitsform der Konferenz wird so organisiert, dass alle TeilnehmerInnen gleichermaßen ihre Beiträge und ihre Kompetenz einbringen können und dazu auch animiert werden.*
- *Die Konferenzleitung darf nicht bei der hierarchischen Instanz liegen, sondern muss von der Konferenz selbst organisiert oder entsprechend ausgebildeten ModeratorInnen übertragen werden.*
- *Es wird von allen konzentriert am Thema gearbeitet.*

- *Dauerredner und Selbstdarsteller* werden in die Gruppe und den Arbeitsprozess integriert. Es gibt keine endlosen Rednerlisten, die einen Bezug der Beiträge aufeinander verhindern.
- Alle *(Zwischen-)Ergebnisse* werden präsentiert. Es wird laufend der Gang des Verfahrens reflektiert.
- Als Ergebnisse werden Themen für die längerfristige Arbeit, Empfehlungen für die mittelfristige Arbeit (bis zu einem halben Jahr) und konkrete Tätigkeiten für die kurzfristige Arbeit (bis zu sechs Wochen) formuliert und auf den Folgetreffen überprüft.
- Das gesamte Vorgehen und die Ergebnisse werden protokolliert und allen TeilnehmerInnen zur Verfügung gestellt, damit diese sich bei Bedarf ständig informieren können.

Problemsituationen in Konferenzen – und was man dagegen tut

Praktische Winke

1. Die Erörterung verliert sich in Nebenbereiche.
   ⊠ Sobald wie möglich umsteuern!
2. Das Problem erweist sich als z.Zt. unlösbar.
   ⊠ Ausschuss bilden und Thema für die nächste Konferenz vorsehen!
3. Persönliche Angriffe gegen den Konferenzleiter oder ein anderes Konferenzmitglied
   ⊠ Als unangebracht abqualifizieren! (Das ist schon deshalb nötig, weil auf Dauer eine optimale Konferenzkultur erhalten bleiben muss.)
4. Zwischenrufe
   ⊠ Möglichst humorvoll erwidern!
5. Allgemeine Unaufmerksamkeit der Teilnehmer
   ⊠ Zusammenfassen, Wiederholen eines Gedankens, Visualisierung einbringen, Rückfragen stellen!
6. Unterhaltung paarweise
   ⊠ Zur lauten Äußerung auffordern
7. Aufflammendes Gelächter
   ⊠ Um laute Wiederholung des Witzes bitten!

Grundsätzlich: Der Konferenzleiter muss reagieren, weil ihm sonst die Situation aus der Hand gleiten kann.

5.3 Kommunikation im Rahmen der mündlichen Prüfung

Sie werden von Ihrem Berufsverband zur Berufung in einen Prüfungsausschuss vorgeschlagen. Zur Vorbereitung auf diese für Sie neue Rolle erhalten Sie von der Stelle, die die Prüfungen organisiert, verschiedene Unterlagen, u.a. die Prüfungsordnung, das Lehrprogramm für diesen Fortbildungslehrgang sowie eine Broschüre mit Tipps für die mündliche Prüfung. Ein Prüferseminar ist in Vorbereitung, aber noch nicht terminiert, so dass Sie vorläufig auf Ihre Eigeninitiative angewiesen sind. Ihren Informationsbedarf sehen Sie insbesondere darin, den Ablauf der mündlichen Prüfungen und die richtige Fragestellung in der Prüfung kennen zu lernen.

5.3.1 Vorschriften für den mündlichen Teil der Fortbildungsprüfung

Den folgenden Ausführungen sind einige grundsätzliche Bestimmungen über die mündliche Prüfung zu entnehmen.

◆ **Zweck der mündlichen Prüfung**   Zweck

Wie die meisten mündlichen Prüfungen dient diese Prüfung dazu, Fähigkeiten und Kenntnisse des Prüflings festzustellen, die nicht oder schwer durch den schriftlichen Teil der Prüfung ermittelt werden können. Insbesondere sind anzuführen: Sprachliche Gewandtheit in betrieblichen Handlungssituationen, Argumentationsfähigkeit sowie Durchsetzungsfähigkeit. Hinzu kommt die Fähigkeit, Situationen gedanklich zu durchdringen und Lösungen herbeizuführen.

◆ **Beteiligte Personen**   Regularien

Sie erfahren aus den Ihnen zugänglichen Unterlagen, dass mindestens drei Prüfer den Prüfungsausschuss bilden. Diese gehören, vergleichbar der Berufsabschlussprüfung, der Arbeitgebergruppe, der Arbeitnehmergruppe und der vorbereitenden Schule an.
Die Teilnahme an der mündlichen Prüfung ist Voraussetzung für das Bestehen der Prüfung.

◆ **Prüfungsfächer und Prüfungsanforderungen**

In der für die anstehende Fortbildungsprüfung geltenden Prüfungsordnung sind fünf Prüfungsfächer genannt; ein Fach ist Ausschlussfach, was bedeutet, dass in diesem Fach mindestens ausreichende Leistungen erzielt werden müssen.
In der schriftlichen und mündlichen Prüfung soll der Prüfling zeigen, dass er gewonnene Berufserfahrungen und neues Fachwissen in berufstypischen Situationen anwenden kann.

◆ **Prüfungsdauer**

Die mündliche Prüfung soll für jeden Prüfling in der Regel 30 Minuten nicht überschreiten, 25 Minuten nicht unterschreiten.

5.3.2 Der Ablauf der mündlichen Prüfung

Aus den schriftlich vorliegenden Regularien ist der Ablauf der Prüfung nicht zu entnehmen. Sie bitten deshalb die zuständige Stelle, einen Tag an den Prüfungen teilnehmen zu können.

Ihre Beobachtungen stellen Sie nach dem Prüfungstag zusammen.   Beobachtungen über den tatsächlichen Ablauf
* (1) Für den Prüfungstag waren vier Prüfungstermine von je zwei Stunden vorgesehen. Zu einem Prüfungstermin waren jeweils vier Prüflinge bestellt.
* (2) Der Vorsitzende des Ausschusses regelte vor der eigentlichen Prüfung die Aufgabenverteilung auf die fünf Prüfer. Auf jeden Prüfer entfielen bestimmte, offenbar schon im Voraus festgelegte Prüfungsgebiete. Die Prüfer behielten ihre Prüfungsgebiete in allen vier Prüfungsterminen bei.
* (3) Der zeitliche Rahmen jeder einzelnen Prüfung wurde folgendermaßen vorgeplant: Die Prüfungszeit pro Prüfling ist in der Prüfungsordnung mit 25 bis 30 Minuten festgelegt. Da jeder Prüfling in fünf Fächern zu prüfen war, entfielen auf jedes Fach – bei 30 Minuten – sechs Minuten.
Vorgesehen wurde, dass der einzelne Prüfer demgemäß für vier Einzelprüfungen etwa 20 bis 25 Minuten Zeit zur Verfügung hatte.

- (4) Aufgrund der schriftlichen Prüfungsleistung wurde pro Schüler und Fach ein gewisses Prüfungsniveau als angemessen bezeichnet. Wenn beispielsweise die Zensur der schriftlichen Prüfung gut war, sollte die mündliche Prüfung so angelegt werden, dass als Endzensur für das Fach ein „Gut" erreicht werden konnte.

- (5) Die Prüfung erfolgte als Gruppenprüfung. Vorbereitungszeit für die Prüflinge war nicht vorgesehen.

- (6) Die Begrüßung erfolgte locker und zwanglos. Offenbar sollte zwischen Prüfungsausschuss und Prüflingen keine Barriere aufgebaut werden, die sich hemmend auf den Verlauf der Prüfung auswirken könnte.

- (7) Während der Prüfungen fanden gelegentlich zwischen den Prüfern kurze Gespräche statt. Weil das Gespräch in aller Regel nichts mit der Prüfung zu tun hatte, war eine gewisse Irritation der Prüflinge festzustellen.

- (8) Ein Prüfer hatte die Gewohnheit, immer dann weitere Prüflinge in die Suche nach richtigen Lösungen einzubeziehen, wenn ein Prüfling mit seiner Aufgabe nicht zurecht kam. Dadurch entstand für den betroffenen Prüfling ein zusätzlicher Druck.

- (9) Der Prüfungsverlauf war seitens der Prüfer sehr unterschiedlich geplant. Prüfer A hatte für jeden Prüfling einen Fragenkatalog zur Hand, an den er sich hielt. Der Katalog enthielt neben den Fragen eine Spalte für die vorgesehene Punktbewertung und eine Spalte für die erzielte Punktzahl.
  Prüfer B führte einen Fall an, auf den sich das nachfolgende Prüfungsgespräch bezog. Sobald die hauptsächliche Struktur des Falles erarbeitet war, kamen noch spezielle Themen zur Sprache. Der Prüfling konnte den inhaltlichen Verlauf des Prüfungsgesprächs bestimmen, sofern er sich an die inhaltliche Struktur des Themas hielt.

- (10) Gelegentlich wurde deutlich, dass die Prüfer von den Unternehmen, in denen die Prüflinge arbeiteten, ein klar umrissenes Bild hatten. Das galt übrigens auch für die Unternehmen, in denen die Prüfer tätig waren.

- (11) Der jeweilige Fachprüfer schlug die Endnote pro Fach vor. Die anderen Prüfer schlossen sich in der Regel dem Vorschlag an. Der Vorsitzende setzte in einigen Fällen seine abweichende Meinung durch.

5.3.3 Kommentierungen und Empfehlungen

Nach den Beobachtungen und mittelbar gewonnenen Erfahrungen blieben noch viele Fragen offen. Sie hatten Gelegenheit, einen erfahrenen Prüfer zu befragen.

Offene Fragen

- (zu 1) Prüfer sind gewöhnlich berufstätig und zumeist als Prüfer ehrenamtlich tätig. Sie können ihren Arbeitsplätzen daher nur ganz begrenzt fernbleiben und nehmen deshalb lieber „volle" Prüfungstage in Kauf. Da zwischen den Prüfungsabschnitten noch Pufferzeiten und Erholungszeiten einzuplanen sind, wird ein Prüfungstag mit vier Terminen wirklich ein langer Tag.

Spezielle Formen der dialogischen Kommunikation **143**

* (zu 2) Prüfer haben gewöhnlich ihr Spezialgebiet. Eine Ausnahme bilden meistens die Vertreter der Schule. Schon wegen der Prüfungsvorbereitungen ist eine Spezialisierung angebracht, die allerdings nicht zu weit gehen darf. Schließlich müssen die Prüfer gemeinsam die Noten beschließen und demgemäß auch von den jeweils anderen Gebieten genug verstehen.

* (zu 3) Bei einer Gruppenprüfung ist dieses Vorgehen vernünftig, jedenfalls ist es für den Prüfling angenehmer, als wenn er hintereinander in allen Fächern geprüft würde.
Die scheinbare Kürze der Prüfungszeit täuscht.
Fünf bis sechs Minuten sind in Prüfungen durchaus vertretbar. Der Prüfer muss sein „Handwerk" allerdings verstehen und Hektik vermeiden, was natürlich mit Erfahrung zu tun hat, aber vor allem mit seiner Vorbereitung.

* (zu 4) Es ist für die Prüfer durchaus vernünftig, sich vorher über das Niveau der bevorstehenden Prüfung zu verständigen. Dabei kann man sich beispielsweise den Lernzielstufen, wie sie aus der Unterrichtsvorbereitung bekannt sind, anschließen. Als Beispiel sollen nachfolgend vier Stufen erläutert werden:

A: Wenn es um einfache Sachverhalte, Merkmale und Begriffe von grundlegender Bedeutung geht, befindet man sich damit auf der Lernzielstufe des (elementaren) **Wissens**.   **Lernzielstufen**

B: Sind Verfahren, Regeln, Gesetzmäßigkeiten und Abläufe Gegenstand der Erörterungen und sind dabei Sinn, Zweck und Zusammenhänge zu klären, so ist dieses Geschehen der Lernzielebene des **Verstehens** zuzuordnen.

C: Wenn Wissen und Verstehen in konkreten Situationen zur Aufgabenlösung führen, so handelt es sich um die Lernzielstufe der **Anwendung**. Hierbei ist natürlich entscheidend, dass die Anwendung ohne Einschränkung geleistet wird. Halbe oder nicht ganz vollständige Lösungen sind wie „keine Lösung" zu bewerten.

D: Können Probleme gedanklich durchdrungen sowie verschiedene Lösungsverfahren ausgewählt werden, so wird damit die Lernzielebene des **problemlösenden Denkens und Beurteilens** erreicht. Hierher gehört dann auch die besondere Fähigkeit, neue Lösungsverfahren zu entwickeln und anzuwenden.

* Prüfungsfragen bzw. der Inhalt des Prüfungsgesprächs sind auf diese Ebenen einzustellen. Hierbei ist allerdings zu gewährleisten, dass dem Prüfling der Einstieg gelingt. Hat er sofort den Zugang gefunden und gewinnt über seine eigenen Aktivitäten die in Prüfungen so wichtige Selbstsicherheit, so ist die weitere Prüfung fast ein Selbstläufer. Wichtig ist deshalb, als Einstieg eine einfache Frage oder einen unbedingt lösbaren Fall zu wählen.

* (zu 5) Eine Gruppenprüfung hat gegenüber der Einzelprüfung Vorteile und Nachteile. Der hauptsächliche Vorteil liegt in der Zeitersparnis. Viele Prüflinge empfinden auch den sozialen Kontakt zu den Mitprüflingen als angenehm. Bei Einzelprüfungen wird vielfach eine Vorbereitungszeit mit einer schriftlich vorliegenden Aufgabe gewährt, so dass das Prüfungsgespräch in jedem Fall auf die Überlegungen des Prüflings aufbauen kann. Außerdem konzentriert sich das Prüfungsgremium bei Einzelprüfungen stärker auf den Prüfling und das Prüfungsgeschehen.   **Gruppenprüfung/ Einzelprüfung**

144   Spezielle Formen der dialogischen Kommunikation

Bei Gruppenprüfungen entstehen zwei besondere Probleme. Das erste Problem besteht darin, alle Prüflinge von der Themenwahl her – Wiederholungen sind ja in Gegenwart der anderen Prüflinge ausgeschlossen – und von der Prüfungszeit her gerecht zu behandeln. Zweitens nimmt die Spannung für den Letzten in der Reihe überproportional zu. Das gilt besonders dann, wenn der Prüfer die Gewohnheit hat, eine Frage bzw. ein Problem an den nächsten Prüfling „weiterzugeben". Das ist für den letzten Prüfling deshalb problematisch, weil zum Schluss nämlich allzu leicht nur noch „Spezialitäten" übrig bleiben.

Humane Haltung

⋆ (zu 6) Durch äußere Formen lassen sich sicher Barrieren abbauen. Das gilt für Umgangsformen, aber gleicherweise für die Sitzordnung, die Kleiderordnung usw. Wichtiger ist letzten Endes jedoch die innere Einstellung der handelnden Menschen zueinander, die von der Haltung getragen sein sollte, jeden Menschen in seiner Eigenart gelten zu lassen und keinesfalls die Würde eines Menschen anzutasten. Hinzu kommt, wie immer im Leben, ein angemessenes Maß an Kenntnissen über Bedingungszusammenhänge des Handelns. Im Falle der Prüfungen sind das besonders Kenntnisse über Kommunikationsregeln und die Entstehung von Angst.

Störungen

⋆ (zu 7) Bei größeren Prüfungsgremien (drei oder mehr Prüfer) ist eine absolute Konzentration auf das Prüfungsgeschehen über einen längeren Zeitraum schwer erreichbar. Tatsächlich ist Sprechen oder gar Lachen in der Reihe der Prüfer eine schwer wiegende Beeinträchtigung des Prüflings, weil dieser solche Aktionen fast immer auf sich und seine Ausführungen bezieht.

⋆ (zu 8) Meistens ist dieses Prüferverhalten gut gemeint, will es doch die Situation etwas auflockern. Die Vorstellung, durch das Vorgehen des Prüfers Chancen zu verlieren, ist allerdings von Seiten des Prüflings ernst zu nehmen. Außerdem liegt es ja am Prüfer, ob er das Thema variiert oder gar wechselt, um dem Prüfling entgegenzukommen.

Prüfungs-gespräch/ Fragen-katalog

⋆ (zu 9) Beide Verfahren haben ihre Vorteile. Dem vernünftig angesetzten Prüfungsgespräch, wie bei Prüfer B beobachtet, ist allerdings der Vorzug zu geben, weil sich hier die Gedanken sozusagen von selber entfalten und sich die Wissensstrukturen, die der Prüfling im Kopf hat, mit jedem Schritt deutlicher darstellen. Schwierig wird die Gesprächsführung dann, wenn sich der Prüfling nicht führen lässt und er z.B. ständig Spezialwissen einbringen will, das vom Gedankenfluss wegführt. Wenn solche „Störungen" aufkommen, ist möglicherweise auch der Prüfer irritiert.
Schwierigkeiten dieser Art treten bei Prüfer A nicht auf. Wenn die Einzelfragen eine unverbundene Auflistung darstellen, hat der Prüfling das Problem, sich bei jeder Frage auf ein neues Feld einzustellen. Ist dagegen ein innerer Aufbau vorhanden, verhilft diese Vorgehensweise dazu, sowohl auf Seiten des Prüfers als auch auf Seiten des Prüflings einen guten Überblick zu behalten. Vielfach sehen solche Vorbereitungen gleichzeitig Bewertungsspalten vor, so dass auch die Bewertung erleichtert wird.
Für jede Form des Ablaufs ist noch eine Erkenntnis wichtig. Findet der Prüfling nicht so richtig in das Thema hinein und hat er am Anfang einen sog. „Aussetzer", kann es dazu kommen, dass er seine Sicherheit verliert und in einen negativen Sog gerät. Er lässt, um es bildlich zu sagen, die Flügel hängen. Einzelne Prüfer geraten hier selber in Panik und möchten am liebsten die Prüfung abbrechen. Mindestens die vorgesehene Zeit ist jedoch jedem Prüfling zu gewähren, und eventuell muss sogar noch Zeit zugegeben werden, um den „soggefährdeteten" Prüfling wieder aufzubauen.

* (zu 10) Kenntnisse über Unternehmungen, persönliche Verbindungen, möglicherweise Abhängigkeiten zwischen Konzernbetrieben usw. können Einfluss auf das Prüfgeschehen haben. Stärker schlagen wohl noch Lehrer-Prüfling-Verhältnisse oder Arbeitgeber-Prüfling-Verhältnisse zu Buch. Wenn bestimmte Grenzen überschritten werden, kann sich jeder Prüfer für befangen erklären. Ansonsten muss man einen vernünftigen Weg finden, mit dem Problem umzugehen. Aus der Literatur ist das übertrieben strenge Verhalten von Vater/Lehrer zu Sohn/Schüler bekannt.

Sensible Bereiche

* (zu 11) Das beobachtete Verhalten ist bei Prüfungen im berufsbildenden Bereich durchaus üblich und vernünftig. Jedermann kennt auch das Bewertungsverfahren etwa beim Tanzsport. In dem Fall wird aus der Einzelbewertung eine Gesamtbewertung errechnet. Im Fall der beschriebenen Fortbildungsprüfung schließt sich an den Vorschlag des Fachprüfers unter Umständen eine fachliche Erörterung an, so dass auch weitere Gesichtspunkte einbezogen werden können, die der Fachprüfer im ersten Augenblick nicht berücksichtigt hat.

5.3.4 Die richtige Fragestellung in der Prüfung

Sie haben für Ihre erste Prüfung eine Vorbereitung gewählt, die zwischen dem Vorgehen der Prüfer A und B liegt. Sie wollen mit einem eingängigen Fall beginnen und dem Prüfling Gelegenheit geben, seine Gedanken darzulegen. Für den Fall aber, dass ein Prüfungsgespräch nicht gelingt, haben Sie einen fallorientierten Fragenkatalog vorbereitet.

Nach dem Prüfungstag reflektieren Sie darüber, welche Auswirkungen die Art der Fragestellung – bei Ihnen und bei den anderen Prüfern – auf den Prüfungsverlauf hatte. Sie haben sich Fragen notiert, die Ihnen als Beispiele wichtiger Fragetypen bewusst geworden sind.

 1. a) Können Sie sich Gründe dafür vorstellen, dass der junge Mitarbeiter dazu neigt, am Vormittag eine besonders hohe Leistung zu erzielen, die er dann am Nachmittag nicht mehr halten kann?

Sammlung von Fragen, geordnet nach Fragetypen

    1. b) Was verstehen Sie unter einer betriebsbedingten Kündigung?

    2. a) Wie denken die Auszubildenden Ihres Betriebes über das Auswahlverfahren zur Übernahme in ein festes Arbeitsverhältnis?

    2. b) Halten Sie das Auswahlverfahren für die Übernahme von Auszubildenden in Ihrem Betrieb für gerecht?

    3. Haben Sie bei der Lösung des Falles innerhalb der schriftlichen Prüfung so argumentiert, damit auf jeden Fall der Anspruch des Arbeitnehmers als berechtigt angesehen werden muss?

    4. Wollen Sie denn mit Ihren ungenauen Ausführungen uns allen die Zeit stehlen?

    5. Sie haben sich wohl nicht richtig vorbereitet?

    6. Können Sie uns Beispiele für die verhaltensbedingte Kündigung und auch weitere Kündigungsgründe nennen?

146   Spezielle Formen der dialogischen Kommunikation

Nach Selbstreflexion und ergänzendem Gespräch mit einem erfahrenen Prüfer kommen Sie zu den nachfolgenden Erkenntnissen:

Auswirkungen der Fragetypen auf das Prüfungsgeschehen

1. a) Die Frage nach der besonders hohen Leistung junger Mitarbeiter bzw. Jugendlicher am Vormittag erwies sich als günstig. Es handelt sich um eine **offene Frage**, auf die mehrere Antworten zutreffen können. Durch offene Fragen kommen Prüfer und Prüfling ins Gespräch.

1. b) Wenn nach fest umrissenen Sachverhalten wie der betriebsbedingten Kündigung gefragt wird, kann nur eine bestimmte Antwort richtig sein. Es handelt sich um eine **geschlossene Frage**. Weiß der Prüfling die Antwort nicht, entsteht bei ihm das Gefühl, den Anforderungen der Prüfung nicht zu genügen. Wiederholen sich geschlossene Fragen, auf die der Prüfling nicht genau antworten kann, entsteht leicht die oben dargelegte negative Sogwirkung.
Eine geschlossene, auf konkretes Wissen oder Fakten zielende Frage ist dann angebracht, wenn das Gespräch gut in Fluss ist und aus dem Zusammenhang heraus das konkrete Wissen oder die Fakten wichtig sind.

2. Aus den Beispielen 2. a) und 2. b) lässt sich eine bestimmte Absicht des Prüfers erkennen. Auf die Frage danach, wie andere Personen über bestimmte Sachverhalte denken, antwortet der Prüfling unbeschwerter, als wenn er seine eigene Meinung zu dem Sachverhalt äußern soll. In gewisser Weise ist die **indirekte Frage** ein (nicht immer lauteres) Mittel, um Einstellungen und Meinungen der Gesprächspartner zu ermitteln. Die indirekte Frage wird bei Einstellungsgesprächen eingesetzt, um den Bewerber – auch über Fakten und Realien hinaus – kennen zu lernen. Indirekte Fragen sind in Prüfungen in der Regel unangebracht.

3. Führt die Art der Frage zu einer vom Prüfer erwarteten Antwort und lässt die Fragestellung keine andere als die erwartete Antwort zu, so handelt es sich um eine **Suggestivfrage**. Suggestivfragen sind als Prüfungsfragen ungeeignet, weil sie die Eigenständigkeit der Antwort von vornherein beschränken.

4. **Provokative Fragen** verderben das Gesprächsklima. Da Prüfungssituationen ohnehin sensible Situationen sind, müssen provokative Fragen als unangebracht bezeichnet werden. In ganz besonderen Fällen kann allerdings diese Art der Fragestellung den Prüfling aus einer Lethargie befreien oder ihn aus der Reserve locken.

5. Für **Negativfragen** gilt dasselbe wie für provokative Fragen. In Prüfungsgesprächen hat diese Art der Fragestellung grundsätzlich keinen Platz.

6. Von **Mehrfachfragen** spricht man dann, wenn mehrere Teilfragen in einem Fragesatz zusammengefasst sind und der Prüfling demgemäß mehrere Sachverhalte gleichzeitig aufnehmen und ausführen muss. Sie stellen in der Regel eine vermeidbare Überbelastung des Prüflings dar und führen häufig zu Nachfragen von Seiten des Prüflings. Bei berechtigt hohem intellektuellem Niveau der Prüfung können allerdings Mehrfachfragen angebracht sein.

Partnerarbeit

Tauschen Sie sich mit Ihrem Partner über Prüfungserfahrungen aus. Schildern Sie sich gegenseitig unerfreuliche und erfreuliche Erinnerungen an Prüfungen, die Sie als Prüfling erlebt haben. Vergleichen Sie sodann Ihre persönlichen Erfahrungen mit den vorliegenden Ausführungen.

5.4 Das Interview

Die Leitung einer mittelständigen Unternehmung beabsichtigt, das betriebliche Weiterbildungsangebot zu erweitern. Dabei sollen die Mitarbeiter in die Auswahl der Themen und auch in die Planung der Seminargestaltung einbezogen werden.
Sie erhalten den Auftrag, in einem ersten Schritt den Weiterbildungsbedarf zu ermitteln und darüber der Abteilungsleiterkonferenz in sechs Wochen zu berichten.
Von der Möglichkeit, eine schriftliche Befragung durchzuführen, sehen Sie aus verschiedenen Gründen ab. Sie legen sich nach ersten gründlichen Überlegungen auf die Interviewmethode fest.
(vgl. dazu auch Blank, A., Murzin, M., Handlungsfeld Marketing, Köln-München 1995, S. 23)

5.4.1 Planungsschritte

Das Interview ist die persönliche Befragung von Personen, um bestimmte Informationen zu erhalten.   **Begriff**

◆ Als Planungsschritte kommen in Betracht:

Planungsschritt 1

Festlegung der Personen bzw. der Personengruppen, die befragt werden sollen.   **Wer?**
Hierzu stellen sich mehrere Fragen:

- Sollen bzw. können alle in Betracht kommenden Personen befragt werden oder nur ein Teil?
- Wenn aus Kostengründen, Zeitgründen oder anderen Gründen eine Auswahl erfolgen soll: Nach welchen Gesichtsgründen soll die Auswahl vorgenommen werden?

Planungsschritt 2

Sollen die Interviews einen durch Fragebogen festgelegten Inhalt haben?   **Festgelegter Inhalt?**

- Ein gleicher Inhalt (gebundenes Interview) hat den Vorteil der besseren Vergleichbarkeit der Antworten.
- Durch den gleichen Inhalt könnte aber auch ein Teil der Spontaneität der Befragten verloren gehen, der bei inhaltlich freien Interviews mit großer Wahrscheinlichkeit eher gewährleistet wäre.
- Welche Frageform wird sowohl bei inhaltlich gebundenen als auch bei inhaltlich freien Interviews angestrebt? Beispielsweise ermöglichen offene Fragen gegenüber geschlossenen Fragen dem Befragten größere Spielräume.
- Ist eine Reihenfolge der Fragen vorzuplanen?
  Bei den Interviews auf der Basis schriftlicher Vorgaben wird eine bestimmte Reihenfolge empfohlen. Fragen, für deren Beantwortung sich ein Vertrauensverhältnis zwischen Interviewer und Befragtem als günstig ansehen lässt, werden an das Ende des Interviews gesetzt. In den gesamten Fragenkomplex werden auch Kontrollfragen aufgenommen.

Sie entscheiden sich für ein freies Interview. Sie gehen davon aus, dass Sie mit dieser Methode eher offene Äußerungen erzielen und vor allem besser auf die vermutlich ganz unterschiedlichen Bedürfnisse der Mitarbeiter eingehen können.

5.4.2 Personale Voraussetzungen

Anforderungen an den Interviewer

An Interviewer werden relativ strenge Maßstäbe angelegt.

* Es wird erwartet, dass der Interviewer sich mit der Aufgabe voll identifiziert. Dadurch wird dem Befragten das Gefühl vermittelt, wie bedeutsam für die Unternehmung bzw. das Institut seine Äußerungen sind.

* Der Interviewer darf während der gesamten Zeit des Interviews keine Ermüdung oder Langeweile erkennen lassen und darf sich auch nicht ablenken lassen, weil sonst das Ergebnis in Frage gestellt ist.

* Der Interviewer muss sich darüber im Klaren sein, wie er als Person auf andere wirkt. Damit sind sowohl seine Ausstrahlung als auch das äußere Erscheinungsbild sowie Gestik und Mimik angesprochen.

5.4.3 Der Inhalt des Interviews

Zielorientierter Inhalt

* Die Inhalte richten sich grundsätzlich nach dem Ziel der jeweiligen Befragung.

  – Sehen Sie neue Anforderungen am Arbeitsplatz, für die Sie eine Seminareinführung wünschen?
  – Sehen Sie neue Perspektiven durch die Entwicklungen in Europa?
  – Sind Sie mit der Technologie XY bereits gut vertraut? Besteht die Notwendigkeit, zur verbesserten Anwendung eine Weiterbildung einzuleiten?
  – Sie haben bestimmt schon an Weiterbildungsmaßnahmen teilgenommen. Welche fanden Sie besonders effizient? Könnten Sie dazu noch etwas mehr sagen? (Wo? Welcher Referent? Welcher Zeitbedarf? Vor oder nach Einführung der neuen Technologie? Wie viel Teilnehmer? …)

* Der Umfang wird sich naturgemäß auch nach der voraussichtlich zur Verfügung stehenden Zeit richten.

* Die Gewichtung der Inhalte leitet sich aus der vornehmlichen Zielrichtung des Interviews ab.

  Beispiel Auf die Verbindung zwischen neuer Technologie und Weiterbildung wird man deshalb besonders stark eingehen, weil hier der Fortbildungsbedarf voraussichtlich am dringendsten ist.

Partnerarbeit

1. A interviewt seinen/ihren Partner B mit Hilfe von 10 vorbereiteten offenen Fragen.
2. Nach erfolgreich durchgeführtem Interview sind die Rollen zu wechseln.

Interviewsituationen

a) Maßnahmen zur Verbesserung des Betriebsklimas
b) Notwendigkeit, im Betrieb Seminare für Führungsaufgaben auszurichten

Spezielle Formen der dialogischen Kommunikation **149**

5.5 Die Moderation

Der „Bullerbüh e.V." ist ein Verein, der sich die Kreativitäts- und Begabungsförderung von Kindern und Jugendlichen zur Aufgabe gemacht hat. Neben qualifizierter Hausaufgabenüberwachung und Nachhilfe bietet er Kurse mit kreativ-gestalterischen, handwerklichen und sportlichen Aktivitäten an. Der Verein finanziert seine Arbeit über Mitgliedsbeiträge, Subventionen des Bundes und Kursgebühren. Momentan sind neben der Geschäftsführerin, Frau Groß, fünf Festangestellte und sieben Honorarkräfte beschäftigt.

Bisher hat Frau Groß die monatlich stattfindenden Mitarbeiterbesprechungen so geleitet, wie sie es kannte: Sie bereitete eine Tagesordnung vor, falls es die Zeit zuließ, und arbeitete die Punkte chronologisch ab. Die MitarbeiterInnen fühlten sich dabei ziemlich „außen vor" und waren nicht sonderlich interessiert, so dass die „Besprechung" eher einer Informationsveranstaltung glich, die zum ungeliebten Pflichtprogramm gehörte und als wenig effektiv angesehen wurde. Auf einer Fortbildung lernte Frau Groß die Moderationsmethode kennen und nahm sich vor, damit die guten Kenntnisse und Ideen ihrer Mitarbeiterinnen zu mobilisieren und die Besprechungen dynamischer, lebendiger und mitarbeiterorientierter zu gestalten. Damit delegiert sie im Übrigen Verantwortung, schafft für das Personal neue Handlungsspielräume und erhält obendrein selbst mehr Zeit z.B. für kreative Arbeit.

Da zunehmend demokratische Formen der Führung und Zusammenarbeit das Betriebsleben prägen und Mitbestimmung sowie Delegation von Verantwortung elementare Bestandteile kooperativer Führung sind, kommen auf die Mitarbeiter immer häufiger auch Aufgaben der Besprechungs- und Diskussionsleitung zu. Der Teamgedanke sieht vor, die Hierarchisierung (Über-/Unterordnungsverhältnisse) weitestgehend auszuschalten, so dass Besprechungen, Versammlungen, Sitzungen oder Konferenzen nicht mehr nur von demjenigen geleitet werden, der die Führungsrolle innehat, sondern jeder Mitarbeiter reihum die Leitungsaufgabe übernehmen kann.

Abb. 5.2: Szene einer Moderationssituation – die Personen so unterschiedlich wie die Erwartungen
(Quelle: Hartmann/Funk/Nietmann, Präsentieren, Weinheim 1991, S. 168)

150   Spezielle Formen der dialogischen Kommunikation

Begriff

Als ideale Methode hat sich dafür die Moderation mit einem bestimmten Ablauf und unter Verwendung spezieller Hilfsmittel, Moderationsmaterialien genannt, erwiesen. Hierbei fließen Wissen, Ideen, Gedanken und Vorstellungen aller Beteiligten einer Besprechung zusammen und werden schriftlich dokumentiert. Entscheidungen, die von den Ausführenden miterarbeitet und vereinbart werden, haben eine viel höhere Akzeptanz, einen höheren Motivationsgrad und sind damit prädestiniert für eine erfolgreiche Umsetzung.

Die Moderationsmethode legt ein bestimmtes Vorgehen fest:

1. Der Ablauf vollzieht sich nach bestimmten Regeln und Schrittfolgen.
2. Der Ablauf wird unter Verwendung bestimmter Materialien vorgenommen.
3. Der Leiter/Moderator nimmt eine spezifische Grundhaltung ein.

5.5.1   Der regelmäßige Ablauf

Der klassische Ablauf gliedert sich in sechs Schritte:
(Die Ausführungen lehnen sich eng an: Seifert/Pattay, Visualisieren – Präsentieren – Moderieren, Speyer 1989, Kap. Moderation – was ist das eigentlich?, S. 75 f.)

1. Schritt: **Einstieg**

Atmosphäre schaffen Kooperationsgrundlagen legen

Die Einstiegsphase hat eine positive Einstimmung auf den Arbeitsprozess zum Ziel und ein „Warmwerden" mit den Teilnehmern, die sich ja nicht unbedingt kennen. Deshalb eröffnet der Moderator die Gruppenarbeit mit einer Begrüßung und persönlichen Vorstellung und gibt den Teilnehmern Gelegenheit, sich selbst gegenseitig vorzustellen. Dann erläutert er kurz seine Methode und fragt die Gruppe nach Vorstellungen über mögliche Regeln, die die Zusammenarbeit effektiv gestalten können, z.B. Mitverantwortung am Zustandekommen von tragfähigen Ergebnissen, Beschränkung der Redezeit, Abstimmungsverfahren usw.

Des Weiteren stimmt er mit dem Teilnehmerkreis den Zeitplan ab, sofern dieser der Gruppe durch die Einladung nicht bereits zugestellt wurde oder Abweichungen diskutiert werden müssen, und klärt schließlich noch die Protokollfrage: wie, wer, bis wann? Damit alle Teilnehmer ihre persönlichen Wünsche, Erwartungen und Vorbehalte für das Treffen einbringen können, werden diese je nach Gruppengröße durch Zuruf (der Moderator schreibt auf einem Flipchart mit) oder per Kartenabfrage schriftlich festgehalten. Die dazu notwendigen Moderationsmaterialien sind als einmalige Anschaffung Voraussetzung.

Zum Abschluss der Einstiegsphase gibt der Moderator eine erste inhaltliche Orientierung und stimmt die Zielsetzung des Treffens ab, der Transparenz zuliebe immer in schriftlicher Form, so dass die Teilnehmer in ihrer Konzentrations- und Gedächtnisleistung Unterstützung erfahren.

2. Schritt: **Sammeln**

Themensammlung

Die Gruppe ist nun arbeitsfähig und vollzieht als ersten inhaltlichen Schritt die Themensammlung. Die schriftlich an der Moderations-/Pinnwand angeheftete Frage (z.B. auf „Wolke") könnte lauten:

> „Worüber möchten Sie hier und heute sprechen?"

Sofern bereits eine Tagesordnung besteht, könnte schriftlich abgefragt werden:

> „Was müssen wir heute noch besprechen?"

Wenn die Besprechung einem bestimmten Problem gewidmet ist, könnten Fragen zu diesem Thema gesammelt werden. Die Beiträge der Teilnehmer werden entweder vom Moderator nach Zuruf auf ein Flipchart oder von jedem selbst auf Karten geschrieben und vom Moderator an die Moderations-/Pinnwand gesteckt (Nadeln im Moderatorenkoffer). Letzteres wahrt die Anonymität der Schreiber und bringt deshalb eher auch kritische oder extreme Beiträge hervor, die unter Umständen in einer herkömmlichen mündlichen Abfrage nicht geäußert würden. So erhält die Gruppe in Kürze einen Überblick über das Themenfeld und erste Meinungen. Um die Sammlung nun zur Weiterarbeit nutzen zu können, werden die Karten zur besseren Überschaubarkeit nach Oberthemen geordnet und die entsprechenden Teilthemen oder Unterthemen dazugehängt („Clusterbildung" genannt). Dieses methodische Vorgehen ist unter dem Begriff „Metaplan" bekannt.

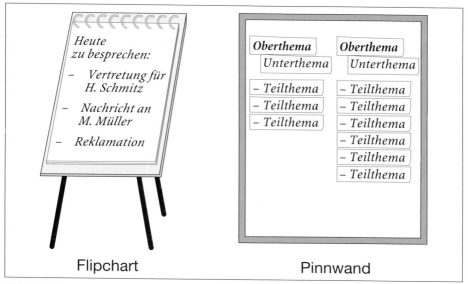

Abb. 5.3: Flipchart und Pinnwand als Hilfsmittel der Moderation

3. Schritt: **Auswählen**

Die gefundene Themensammlung wird nun z.B. durch Punktabfrage in eine Rangfolge gebracht. Dazu erhalten die Teilnehmer Klebepunkte in einer bestimmten Anzahl und kennzeichnen damit ihre Wunschthemen. Entscheidet sich die Gruppe zu arbeitsteiliger Kleingruppenarbeit (verschiedene Kleingruppen bearbeiten verschiedene Themen), so ordnen sich die Teilnehmer entsprechend ihrer Eignung und Neigung einem Themenschwerpunkt zu. Eine weitere Möglichkeit besteht darin, sich auf zunächst ein Thema zu konzentrieren und dieses in mehrere Unterthemen oder Teilthemen aufzugliedern.

Da jede Besprechung auch einen zeitlichen Rahmen hat, müssen bei der Themenwahl besonders auch die Zeitgrenzen berücksichtigt werden. Am günstigsten ist es, sich auf eine grobe Zeitvorgabe pro Thema zu einigen oder aber in Kauf zu nehmen, dass nachstehende Themen eventuell aus Zeitgründen nicht mehr bearbeitet werden können.

Schwerpunkte/ Abgrenzungen

4. Schritt: **Bearbeiten**

Bearbeitung

Die Bearbeitung der Themen kann entweder gemeinsam in der Gesamtgruppe oder in der Kleingruppe (arbeitsgleich oder arbeitsteilig) vorgenommen werden. Wichtig sind zielgerichtete Fragestellungen, die die Hauptinteressen und dringlichsten Punkte erfassen und z.B. auf der Pinnwand visualisiert sind. Durch die gefundene Rangordnung ist die Reihenfolge der Themen festgelegt. Die Aufmerksamkeit der Teilnehmer ist auf die vereinbarte Zielsetzung und das schriftliche Mitprotokollieren der Beiträge in Stichwörtern gerichtet, so dass der Gefahr des Abschweifens vom Thema entgegengewirkt wird.

5. Schritt: **Maßnahmen planen**

Verbindliche Umsetzung planen

Der Grundsatz „Keine Besprechung ohne Maßnahmenplanung" verhilft dem Gruppenprozess zu verbindlicher Umsetzung der erarbeiteten Lösungsansätze. Die notwendigen Handlungen oder Aktionen werden im Maßnahmenplan gemeinschaftlich festgelegt, ebenso die Personen, die die Ausführung oder deren Organisation und Überwachung vornehmen, und, ganz wichtig, der Zeitpunkt für die Realisierung der Maßnahme. Diese wird mit Hilfe einer Matrix visualisiert und gleichzeitig dokumentiert. Meist wird die Maßnahme zusätzlich abgesichert, indem sich ein weiteres Gruppenmitglied bereit erklärt, die Aktion als Kontrollierender zu begleiten. Wie und wann die Kontrolle erfolgen soll, wird jetzt schon vereinbart. So ist die Verantwortung auf mehrere Schultern verteilt, was die Realisierung der Maßnahme gewährleistet.

Die MitarbeiterInnen von „Bullerbüh e.V." haben zur Absicherung ihrer Arbeitsplätze beschlossen, einen „Tag der offenen Tür" zu veranstalten, um damit Eltern auf ihre pädagogische Arbeit aufmerksam zu machen und Neuanmeldungen zu erzielen. Als erste Maßnahme wurde beschlossen, einen Brief an die Eltern zu entwerfen, in dem für die Mitwirkung an und die Unterstützung dieser Aktion geworben werden soll. Frau Schnell erklärt sich bereit, zum nächsten Besprechungstermin einen Vorschlag für diesen Brief auszuarbeiten. Frau Genau wird drei Tage vorher nachfragen, wie weit die Vorarbeit gediehen ist und ob Frau Schnell Hilfe braucht.

6. Schritt: **Abschluss**

Abrundung/ Reflexion

Wie schon von den Phasen der Gesprächsführung bekannt, folgt auch bei der Moderation nach Beendigung der inhaltlichen Arbeit eine Abrundung des Prozesses, indem dieser gemeinsam ausgewertet (reflektiert) wird. Leitfragen könnten sein:

„Wurden meine persönlichen Erwartungen erfüllt?
Habe ich die Arbeit als effektiv empfunden?
Bin ich mit dem Ergebnis zufrieden?
Habe ich mich in der Gruppe wohl gefühlt?"
(Seifert/Pattay, a.a.O., S. 80)

Mit einem Dank an die Teilnehmer für anregende, eifrige und konstruktive Mitarbeit beendet der Moderator die Veranstaltung.

5.5.2 Der Moderator/Die Moderatorin

Die Aufgabe des Moderators/der Moderatorin besteht darin, der Gruppe mit Hilfe seiner/ihrer Methodenkompetenz zu eigenverantwortlichem Arbeiten zu verhelfen und den Problemlösungsprozess zu unterstützen. So fühlt er/sie sich vor allem zuständig für die der Zielsetzung angepassten Methodenwahl, sorgt für die Einhaltung der vereinbarten Spielregeln (z.B. Redezeit) und behält den roten Faden im Auge. Seine/ihre Aufgabe ist vor allem auch, für eine konzentrierte und störungsfreie Arbeitsatmosphäre zu sorgen, indem er/sie den Prozess visualisiert, für Transparenz sorgt, Fragen mit Impulscharakter stellt, möglichst alle Teilnehmenden einbezieht und inhaltliche Fragen von Seiten der Teilnehmenden an die Gruppe weitergibt, denn seine/ihre Meinung ist nicht gefragt. Er/sie sorgt auch dafür, dass Pausen und andere Zeitvereinbarungen eingehalten werden und aufkommende Störungen angesprochen und behoben werden. In seinem/ihrem Kommunikationsverhalten ist er/sie vorbildlich und dezent.

**Aufgaben
Verhalten**

Gruppenarbeit

1. Tauschen Sie Ihre Erfahrungen mit Besprechungen, Sitzungen und Konferenzen in Ihrem betrieblichen Umfeld aus und stellen Sie die dort erlebte Vorgehensweise der Besprechungsmoderation gegenüber.
2. Erörtern Sie die Vor- und Nachteile der Ihnen bekannten Besprechungsformen.
3. Diskutieren Sie Möglichkeiten des Einsatzes der Moderationsmethode für Ihr Arbeitsfeld.
4. Stellen Sie fest, welche Rahmenbedingungen für die erfolgreiche Durchführung der Moderationsmethode in Ihrem Arbeitsfeld geschaffen werden müssten.

Empfehlung

Nutzen Sie Ihre nächste Klassenversammlung als Übungsmöglichkeit für die Moderation. Sie können auch ein Moderatorenteam zur Arbeitsteilung bilden.
Verwenden Sie Moderationsmaterialien zur Einübung.

5.6 Exkurs: Supervision und Coaching

Supervision und Coaching sind Formen der Kommunikation, die auf dem Wege spezieller Beratungen zur Lösung von Problemsituationen beitragen sollen.

5.6.1 Supervision

Supervision ist die begleitende Beratung eines Supervisanden durch einen Supervisor. Supervisor ist eine meistens nicht zum Organisationssystem (z.B. Betrieb, Verwaltung) des Supervisanden gehörende Person, die sich durch besondere psychologische und pädagogische Kenntnisse auszeichnet. Ein Supervisand ist eine Person, die Probleme im eigenen beruflichen Handlungsfeld hat oder haben könnte, wobei die Probleme vor allem aus dem Umgang mit anderen Menschen, aber auch aus dem Umgang mit den Bedingungen des betreffenden Organisationssystems entstehen können.

Personen

Anlass

154   Spezielle Formen der dialogischen Kommunikation

◆ Verlauf einer Supervision

Eine Supervision kann aus einem einzelnen Gespräch mit einem oder mehreren Supervisanden bestehen, meist aber aus einer Gesprächsreihe. Der klassische Verlauf ist folgendermaßen zu skizzieren:

Typischer Verlauf

– Der Supervisand stellt sein Problem aus seiner Sicht dar. Der Supervisor signalisiert, dass er die Darstellung des Supervisanden verstanden hat.

– Die zweite Phase ist der Deutung des Dargestellten, dem Verstehen des Problems sowie dem Erkennen des persönlichen Anteils des Supervisanden gewidmet. Beide Gesprächspartner haben ihren eigenen Anteil am Prozess des Deutens, Verstehens und Erkennens. Die Vorgehensweise des Supervisors hängt natürlich von seiner Persönlichkeitsstruktur ab, nicht unerheblich aber auch davon, welche „Schule" (Tiefenpsychologie, Gestaltpsychologie ...) ihn geprägt hat.

– In der dritten Phase werden Handlungs- und Lösungsmöglichkeiten erörtert, die nach Möglichkeit der Supervisand selber entwickelt (Hilfe zur Selbsthilfe).

◆ Gegenstände der Supervision

Rückblick

∗ Die Supervision ist in den USA entstanden. Im ersten Ansatz ging es um die Aufsicht ehrenamtlicher Mitarbeiter in Wohlfahrtsorganisationen durch hauptberufliche Sozialarbeiter. Gegenstand der Supervision war demgemäß, die erforderliche Handlungskompetenz der ehrenamtlichen Mitarbeiter zu überprüfen und Handlungshilfen zu vermitteln.

Arbeitsfelder und Intentionen

∗ Heute geht es generell um die Handlungskompetenz von Personen, die berufsmäßig mit andern Personen zu tun haben, z.B. Sozialarbeiter, Psychologen und Pädagogen. Gegenstände der Supervision sind demgemäß

– die Förderung der Bereitschaft und Fähigkeit zur selbstkritischen Wahrnehmung und Reflexion der eigenen beruflichen Situation, wobei die persönlichen Beziehungen in ihrer Vielfalt, Tragfähigkeit und Gestaltung an erster Stelle stehen;
– Hilfestellungen, um persönliche Belastungen zu verarbeiten und gegebenenfalls die Ansprüche an sich selber auf ein leistbares Maß zurückzuschrauben;
– die Vermittlung von Methoden für den Umgang mit Menschen und Institutionen, die vielleicht bekannt, aber möglicherweise verschüttet sind;
– das Erkennen, Anerkennen oder auch Befreien von institutionellen Eingrenzungen;
– das Erkennen und angemessene Berücksichtigen förderlicher und hemmender Bedingungen bei Projektaufgaben.

∗ Die veränderten Aufgaben der Menschenführung in Betrieben, Verbänden und Verwaltungen legen den Verantwortlichen nahe, ihre eigene soziale Handlungskompetenz neu wahrzunehmen und zu reflektieren. Dabei geht es dann sowohl um Fragen ihrer eigenen Akzeptanz durch Vorgesetzte, Partner, Kollegen und Mitarbeiter, um ihre Fähigkeit zur Teamarbeit als auch um ihre Fähigkeit, andere Personen für Teamarbeit zu gewinnen und in adäquaten Verhaltensweisen zu stärken.

5.6.2 Coaching

Coaching ist die freiwillige und meist befristete Beratung von berufstätigen Personen in deren Berufssituation durch den Coach. Der Coach (Mentor, Tutor) ist der gesprächs- und fachkundige Berater. Er kann Mitglied der Organisation des Beratenen/ Berufstätigen sein, muss es aber nicht. Wünschenswert sind Kenntnisse der betreffenden Organisation, weil Coaching als Beratung immer einen starken fachlichen Anteil hat.

Personen

◆ **Verlauf eines Coachings**

Wie bei der Supervision kann es sich um ein einmaliges Gespräch (selten) oder um eine Reihe von Gesprächen zwischen dem Berater und dem Beratenen handeln. Es muss sich, wie bei der Supervision, auch nicht nur um einen einzelnen Beratenen handeln; eine Gruppe ist ebenfalls möglich.
Abweichend von der Supervision ist jedoch der Verlauf.
- – Als erster Schritt erfolgt die gemeinsame Festlegung des Zielzustandes.
- – Sodann wird erörtert, wie die Situation, um die es geht, zu sehen ist. Dabei sind nüchterne Feststellungen wichtiger als das Ergründen von Ursachen.
- – Der dritte Schritt besteht darin, Handlungsmöglichkeiten aufzuzeigen, d.h., was wann, wo und wie zu tun ist, um von der gegenwärtigen Situation zu dem angestrebten Zielzustand zu gelangen.

Typischer Verlauf

◆ **Anlässe des Coachings**

Wie schon angedeutet: Im Regelfall führen aktuelle betriebliche Situationen zu dem Wunsch, durch Coaching ein Problem zu lösen.

∗ Überwiegend persönliche Anlässe liegen vor, wenn ein Betriebsangehöriger z.B.
- – eine neue Aufgabe übernehmen soll, für die er sich nicht gerüstet sieht, etwa eine Führungsaufgabe, eine Verhandlungsaufgabe im Ausland, eine Projektleitung oder Ähnliches;
- – zu der Einsicht gelangt ist, dass ohne Steigerung seiner beruflichen Leistungsfähigkeit seine Stelle auf Dauer nicht zu halten ist;
- – bei sich selber Leistungsdefizite, Verhaltensprobleme oder Akzeptanzprobleme feststellt, die er ausgleichen bzw. lösen will bzw. muss;
- – ganz einfach wissen möchte, wie er auf andere Personen wirkt.

Anlässe und Intentionen

∗ Überwiegend betriebsbedingte Anlässe entstehen z.B. durch
- – die Einführung einer neuen Organisationsform,
- – eine neue Kompetenzverteilung,
- – neue Personen in der Führung, als Kollegen oder als Mitarbeiter.

Beide Kommunikationsformen sollen den Interessierten in die Lage versetzen, eine **verbesserte Handlungskompetenz** zu erzielen, wobei der Schwerpunkt bei der Supervision in der sozialen Kompetenz, der Schwerpunkt des Coachings in der Fach- und Methodenkompetenz liegt.

Ziele

156 Spezielle Formen der dialogischen Kommunikation

A Aufgaben

1. Stellen Sie Gesichtspunkte dar, die bei der Eröffnung bzw. Einleitung einer Verhandlung berücksichtigt werden sollten.

2. Welchen Stellenwert räumen Sie einer „erfolgszuversichtlichen Grundhaltung" ein? Lässt sich eine erfolgszuversichtliche Grundhaltung einüben?

3. Welche Verhandlungsstrategien sind Ihnen bekannt? Lässt sich bei Anwendung der Verhandlungsstrategien der Grundsatz berücksichtigen, dass die Beziehungen zwischen den Parteien als Partnerschaft (beide Seiten sind Gewinner) und nicht als Gegnerschaft (nur eine Seite ist Gewinner) aufgefasst werden können?

4. Bei den Ausführungen über Verhandlungstricks sind Sie vielleicht ins Grübeln gekommen. Würden Sie sich als Betroffener so verhalten, wie in den Ausführungen empfohlen wird?

5. Welche Rolle spielt bei Verhandlungen Ihrer Meinung nach das Axiom von Watzlawick über den Zusammenhang zwischen Sachebene und Beziehungsebene von Mitteilungen?

6. Stellen Sie nach den Ausführungen zum Verhalten des Konferenzleiters sieben Regeln zusammen, die Sie für sich als beherzigenswerte Regeln akzeptieren könnten, wenn Sie eine Konferenz leiten sollten.

7. Wie ist die Behauptung zu verstehen, dass konferenzorganisatorische und konferenzrechtliche Kenntnisse relativ leicht zu erlernen seien, konferenzpsychologische dagegen sehr viel schwerer, soweit es sich um sprachliche Gestaltung und Führungsverhalten handelt?

8. Die mündliche Prüfung stellt eine komplizierte Kommunikationssituation dar. Grundsituationen sind:
   a) das eigentliche Prüfungsgespräch zwischen Prüfer und Prüfling;
   b) die Möglichkeit des Eingreifens in das Prüfungsgespräch durch den Vorsitzenden;
   c) das Verhalten des Prüfungsgremiums (nach Watzlawick ist ein Nichtkommunizieren nicht möglich);
   d) das Gespräch zwischen Vorsitzendem und Prüfern vor der mündlichen Prüfung, wenn es z.B. um die Verteilung der Prüfungsinhalte oder um Niveaustufen geht;
   e) das Gespräch nach einer mündlichen Prüfung, das die Bewertung betrifft.

   Erörtern Sie Möglichkeiten für jemanden, der neu in das Prüfungsgeschehen eingeführt werden soll, die notwendigen Kompetenzen zu erlangen.

9. Stellen Sie die wesentlichen Merkmale der Moderationsmethode dar.
   Wie ist zu verstehen, dass diese Methode im schulischen Leben kaum, in betrieblichen Kommunikationssituationen (Sitzungen, Besprechungen, Verhandlungen, Vorstellung von Projektergebnissen) häufig verwendet wird?

10. Supervision und Coaching unterscheiden sich in der Intention, demgemäß aber auch dem Gesprächsaufbau nach. Erläutern und vergleichen Sie beide Formen der Gesprächsführung.

B   Methodische Anmerkungen

Das Kapitel hat Ihnen Grundinformationen über folgende Methoden vermittelt:
– Verhandlungsmethode
– Konferenzleitung
– Methoden zur Bewältigung von Situationen bei mündlichen Prüfungen
– Moderationsmethode

C   Literatur

Belardi, Nando, Supervision, Jungfermann-Verlag, Paderborn 1992

Brauneck, Peter, Brönstrup, Uwe, Horster, Leonhard, Rottmayer, Birgit,
Moderatorenschulung, Materialien zur Lehrerfortbildung,
Landesinstitut für Schule und Weiterbildung, Soest 1988

Fatzer, Gerhard, Eck, Klaus D. (Hg.), Supervision und Beratung,
Edition Humanistische Psychologie, Köln 1990

Goosens, Franz, Erfolgreiche Konferenzen und Verhandlungen,
verlag moderne industrie, München 1964

Kersting, Heinz J., Neumann-Wirsig, Heide, Supervision, Konstruktion von
Wirklichkeiten, Wissenschaftlicher Verlag des Instituts für Beratung und Supervision,
Aachen 1992

Seifert, Josef W., Pattay, Silvia,
Visualisieren – Präsentieren – Moderieren, Gabal-Verlag, Speyer 1990

Watzlawick, P., Anleitung zum Unglücklichsein, Piper Verlag, München 1983

6 Monologische Formen der mündlichen Kommunikation

Wenn sich die Sprechaktivität auf eine Person konzentriert, liegt eine monologische Form der mündlichen Kommunikation vor. Im Vordergrund stehen Vorträge und Referate, Reden für viele Anlässe und die Präsentation.

6.1 Der Vortrag

Die Metalltechnik-Nord GmbH, eine aus einem Handwerksbetrieb entstandene mittelständische Unternehmung für Kraftfahrzeugaufbauten, hat die Absicht, die Betriebsanlagen um eine Werkhalle zu erweitern. Das Betriebsareal ließe sich um die notwendige Fläche erweitern, allerdings nicht ohne Eingriffe in die Natur. Vor allem geht es um einen Bach, dessen Lauf umgelegt werden müsste. Eine Gruppe von Umweltschützern stellt sich gegen diese Pläne und hat eine Bürgerversammlung organisiert. Als Umweltbeauftragter der Unternehmung sind Sie vorgesehen, auf der Bürgerversammlung einen Vortrag zu halten. In diesem Vortrag sollen Sie sowohl die Notwendigkeit der Erweiterung als auch die Vorschläge zur Erhaltung der Natur darstellen.

Begriff

Allgemein verständliche Ausführungen, die an eine Gruppe von Personen gerichtet sind, werden als Vortrag bezeichnet. Im Gegensatz zu Referaten, die zumeist vor einem fachkundigen Publikum gehalten werden, kann die Zuhörerschaft bei Vorträgen durchaus heterogen sein. Es kann sich beispielsweise um eine breite Öffentlichkeit handeln, um Interessierte schlechthin oder um Personengruppen aus Betrieben, aus Vereinen usw.
Wir definieren somit Vorträge als allgemein verständliche Ausführungen, die an ein nicht grundsätzlich fachkundiges Publikum gerichtet sind. Referate sind dagegen Ausführungen, die auf wissenschaftlicher Basis ein fachkundiges Publikum über ein Thema informieren.
Überlegungen zum **Inhalt** sollten deshalb nicht nur themenzentriert erfolgen, sondern immer auch schon berücksichtigen, **welche Wirkung dieser Inhalt beim Vortragen auf die Zuhörerschaft haben muss.**

 Die Bausteine der zu erörternden Thematik können aneinander gereiht sein, sie können aber auch als These oder Antithese formuliert werden. Im Vortrag ist die zweite Form spannungsgeladener, also geeigneter.

Zwei Hauptkomplexe

Die Vorbereitungen eines Vortrages beziehen sich auf **zwei Hauptkomplexe**, nämlich auf die Frage **des Inhalts und** auf die hier vielleicht noch wichtigere Frage **des Vortragens** selber. Diese Gewichtung entsteht aus der Annahme, dass der noch so gut vorbereitete und inhaltlich wohl durchdachte Text verblasst, wenn die Rede nicht im Publikum ankommt.

6.1.1 Das Vortragsmanuskript

◆ Bevor man mit der Gedankensammlung und Grobgliederung beginnt, sollten drei Komplexe geklärt sein:

1. Welche Kenntnisse habe ich über die Zuhörerschaft?

- Sind in der Zuhörerschaft Fachleute vertreten?
- Welches Sprachniveau ist anzusetzen?
- Welches allgemeine Bildungsniveau ist zu berücksichtigen?
- Ist mit unterschiedlichen Fachkenntnissen zu rechnen?
- Ist grundsätzlich mit einer wohlwollenden Aufnahme zu rechnen?

Notwendige Klärungen vorweg

2. Wie lange soll der Vortrag dauern?

- Welche reine Sprechzeit ist vorgesehen?
- Sollen Zwischenfragen erlaubt sein und sofort beantwortet werden?

3. Soll der Vortrag im Wesentlichen frei gehalten werden?

- Der freie Vortrag hat den Vorteil, dass mehr Spontaneität eingebracht werden kann.
- Allerdings darf dann auch ein Wort nicht auf die Goldwaage gelegt werden. Wenn es auf ganz spezielle Formulierungen ankommt, wird man aus dem Manuskript vorlesen müssen.

◆ Die Grobgliederung des Vortrages richtet sich nach dem Thema und nach vortragsdidaktischen Überlegungen. Mit Letzterem ist Folgendes gemeint:
Einmal vom Redner abgesehen, dessen Konzentrationsfähigkeit auch Grenzen hat, ist bei den Zuhörern speziell auf Aufnahmekapazität und Gedächtniskapazität zu achten. Das inhaltliche Angebot sollte eine übersichtliche Anzahl von Bausteinen nicht überschreiten. Die Anzahl der Merkmale je Baustein, die noch aufgenommen und behalten wird, liegt bei ca. sieben. Übrigens werden die ersten und die letzten Merkmale am besten behalten.
(Vgl. dazu Metzig, W., Schuster, M., Lernen zu Lernen, Berlin, Heidelberg, New York 1993, S. 15 f.)

Begrenzung des Umfangs

◆ **Vortragsbausteine und ihre Zusammenstellung**
Zu diesem Thema ist das Buch „Reden vorbereiten – Reden halten" von U.C. Gröschel, Köln 1994, besonders zu empfehlen. Die Beispiele dort beziehen sich zwar überwiegend auf die Arbeit des Interessenvertreters in Fragen der Mitbestimmung, lassen sich aber verallgemeinern.
Im Folgenden finden Sie Formen für die Zusammenstellung der Vortragsbausteine.

1. Die Reihung
Die Bausteine werden wie die Tagesordnungspunkte in der Konferenz der Reihe nach abgehandelt.

Empfehlungen für die Anordnung der Bausteine

Beispiel   A Das Rohstoffvorkommen in X, Qualität und Transportkosten
B das Rohstoffvorkommen in Y, Qualität und Transportkosten
C ...

2. Die logische Kette
Die Bausteine werden von einem Ausgangsbaustein her konzipiert und gedanklich verknüpft.

Beispiel   A Die Berufssituation der Behinderten, speziell der Berufseinstieg
B Die gesellschaftliche Verpflichtung und die entsprechende gesetzliche Regelung
C Die reale Situation
D Ein Maßnahmenbündel zur Verbesserung der Situation

3. Die zeitliche Kette

Hier werden Entwicklungsstufen aufgezeigt, z.B. geschichtliche Stufen, persönliche Entwicklungsstufen, Stufungen in der Forschung usw. Deutlich wird dabei auf die Frage abgehoben, wie sich die jeweils nächste Stufe aus der vorhergehenden entwickelt hat.

4. Thesen und Synthese

Das Thema wird aus zwei grundsätzlich verschiedenen Sichten erörtert und möglicherweise zu einer Synthese geführt.

> **Beispiel** A Jeder Mensch ist seines Glückes Schmied. Um einen Ausbildungsplatz zu bekommen, sind eben Flexibilität und Mobilität erforderlich.
> B Der Staat hat den jüngeren Menschen gegenüber eine Verpflichtung, die sich nicht in Worten erschöpfen darf. Dabei geht es auch um die Erhaltung der sozialen Bindungen.
> C Eine soziale Arbeitsmarktpolitik bedarf solcher Ausprägungen, die der Jugend gerecht wird und auch bei Strukturproblemen greift.

5. Der Kompromiss

Diese Konzeption ist der „Thesen-und-Synthese-Form" sehr ähnlich. Die Variante besteht darin, dass aus Teilen der gegensätzlichen Thesen das Gemeinsame herausgearbeitet wird.

> **Beispiel** A Frauen mit kleinen Kindern gehören ins Haus, sonst fehlt den Kindern die Liebe.
> B Frauen streben zu Recht nach Berufstätigkeit, und zwar sowohl zur persönlichen Erfüllung als auch deshalb, weil sie damit erst die Mittel haben, Kinder richtig zu versorgen.
> C Einigkeit besteht darin, dass Kindern Zuwendung und Versorgung zusteht. Deshalb sind Modelle zur flexibleren Arbeitszeit und flexibleren Kinderbetreuung zu favorisieren.

6. Das Allgemeine und das Besondere berücksichtigen

Gestaltungs-prinzipien

Grundsätzlich lässt sich ein Vortrag so aufbauen, dass das Allgemeine zuerst dargestellt wird und danach das Besondere (deduktiv). Diese Überlegung kann auf einen Vortrag als Ganzen angewendet werden, aber genauso gut auf einzelne Bausteine oder einzelne Argumente.

> **Beispiel** für deduktives Vorgehen
> A In den Entwicklungschancen der Kinder liegt die Zukunft der Welt.
> B Vielen Kindern im Vorschulalter werden Chancen nicht eingeräumt, weil sie nicht mit anderen Kindern spielen und lernen können.
> C Für jedes Kind sollte ein Kindergartenplatz bereitgestellt werden.

Umgekehrt kann aber auch vom Besonderen ausgegangen und dann auf das Allgemeine übergeleitet werden (induktiv).

> **Beispiel** für induktives Vorgehen
> A Jedes Kind braucht einen Kindergartenplatz, damit es mit anderen Kindern spielen und lernen kann.
> B Wenn die Bereitstellung versäumt wird, werden dem Kind Entwicklungsmöglichkeiten genommen, die nicht nachgeholt werden können.
> C Chancengerechtigkeit ist eine Forderung, die uns alle betrifft. Schließlich liegt in den Entwicklungsmöglichkeiten unserer Kinder die Zukunft für uns alle.

Ob Sie eine der beispielhaft genannten Formen wählen, richtet sich nach dem Thema. Alle vorgestellten Formen weisen eine innere Logik auf, aber nicht alle sind so konzipiert, dass die Bausteine „automatisch" verknüpft werden. Wenn die Verknüpfung durch den Aufbau gefordert wird und der Vortragende außerdem jede Gelegenheit zur Verknüpfung nutzt, ist die Wahrscheinlichkeit, dass der Vortrag verstanden und behalten wird, umso größer.

Da die Zuhörerschaft vermutlich heterogen in den Auffassungen ist, sollte der Umweltbeauftragte die Dauer des Vortrages vielleicht auf 20–25 Minuten beschränken und dafür Aussprachezeit vorsehen. Der Vortrag sollte so aufgebaut werden, dass die Gegenargumente schon im Vortrag genannt, durch starke Argumente für die Erweiterung aber bereits entkräftet werden.

6.1.2 Anrede und einleitende Formulierungen

◆ Durch die Anrede nimmt der Vortragende den ersten verbalen Kontakt mit den Zuhörern auf. Die Zuhörer nehmen den Inhalt wahr und fühlen sich – hoffentlich – angesprochen. Typische Anreden sind:

- Sehr geehrte Damen und Herren,
- Meine Damen und Herren,
- Sehr geehrte Anwesende,
- Liebe Festversammlung,
- Liebe Kolleginnen und Kollegen,
- Liebe Vereinskameraden ...

Anreden

Mit dem Inhalt wird die Stimme wahrgenommen, und zwar sowohl die Stimmlage als auch der Klang der Stimme und die Lautstärke. Darin drückt sich bereits Selbstvertrauen oder Aufregung aus, die richtige Einschätzung von Raumgröße und Stimmvolumen u.v.a.m.

Der Redner bedient sich bezüglich der Stimmlage am besten seiner natürlichen Stimmlage, vor allem nicht zu hoch, weil man sonst von vornherein als „aufgeregt" eingestuft wird. Fachleute empfehlen, sich am „Brummton der Zufriedenheit" zu orientieren. (Sie hatten ein gutes Essen und üben den Brummton der Zufriedenheit.)

◆ Mit den einleitenden Sätzen schlagen Sie die zweite Kommunikationsbrücke zur Zuhörerschaft, aber gleichzeitig schaffen Sie die erste Verbindung zum Thema. Die einleitenden Sätze sind daher sehr wichtig und gut abzuwägen. Folgende „attention steps" (Schritte zum Wecken der Aufmerksamkeit) bieten sich an:

Attention Steps

1. Aussagebündel

Sie zählen mehrere Aussagen auf, wobei widersprechende Aussagen einen besonderen Reiz erzeugen.

 Manche Leute sagen: Ein paar Kilo Übergewicht spielen keine Rolle.
Andere meinen: Das Idealgewicht einzuhalten ist der entscheidende Schritt zu einem gesunden Leben.
Wiederum andere halten sogar ein Untergewicht für wünschenswert.

2. Fragenbündel

Eine Aneinanderreihung von meist rhetorischen Fragen verschafft Spannung.

 Wer ist für die gegenwärtige Misere der Jugendarbeitslosigkeit verantwortlich?
Gibt es Ressorts in unseren Ministerien, die eine Antwort wissen müssten?
Wäre es nicht angebracht, dass die höheren politischen Kräfte sich endlich dieses Themas mit Ernst und Verstand annähmen?

3. Originelle Formulierungen

Eine unerwartete Aussage fesselt den Zuhörer
„Wo liegt das Problem des deutschen Fernsehens? – Es ist deutsch."

4. Wörtliche Rede

Wörtliche Rede vermittelt Lebendigkeit. Unter Umständen erweist sich auch noch der Zitierte als Stütze. Zitiert wird z.B. die Aussage eines bekannten Politikers.

 „Diese Stadt ist die Perle der Küste", behauptete kürzlich ein Senator aus Y.

5. Aktueller Anlass

Aktuelle Anlässe vermitteln den Eindruck, dass alles frisch ist, frisch versprechen dann auch die folgenden Ausführungen zu werden. Aktuell sind z.B. neue politische oder kulturelle Ereignisse bzw. Meldungen.

6. Provokationen

Wer provoziert, zieht im Augenblick keine Sympathien auf sich, aber er macht betroffen, ärgerlich und wach.

 „In diesem Raum gibt es sicherlich keinen Menschen, den nicht eine beachtliche Schuld an der Misere und der Entwicklung ... trifft."
„Wer sich einen Vortrag über (dieses Thema) anhört, ist eigentlich nicht zu retten."

7. Sprichwörter und Zitate

Sprichwörter und Zitate sind, richtig angewandt, eine Bereicherung für fast jeden Vortrag. Die Quellen, um auf etwas Passendes zu stoßen, sind beinahe unerschöpflich.

„‚Jede Ursache liebt ihre Wirkung', sagen die Italiener."
„‚Was Hänschen nicht lernt, lernt Hans nimmermehr', ist ein bekanntes Wort."
„‚Rom ist nicht in einem Tag erbaut', heißt es."

8. Anekdoten

Anekdoten beleben jede Rede, weil sie meistens auch zum Schmunzeln herausfordern. Sie vermitteln aber Erkenntnisse, an die sich die nachfolgenden Ausführungen leicht anknüpfen lassen.

Beispiele
1. Der Schuhhersteller S. setzt in zwei afrikanischen Distrikten je einen Verkäufer ein, der die Lage sondieren soll. Der eine Verkäufer kabelt einen Tag nach seiner Ankunft zurück: „Großer Umsatz in Aussicht: Keiner hat Schuhe." Der andere kabelt auch, nur heißt seine Nachricht: „Kein Geschäft zu machen: Keiner trägt Schuhe."
2. Zwei Einheimische stehen an der Straßenkreuzung. Hält ein PKW-Fahrer und fragt nach der Berliner Straße. Erklärt der eine Einheimische: Geradeaus und dann links. Das Auto fährt ab. Sagt der andere Einheimische: Wie konntest du das sagen? Hier gibt es doch gar keine Berliner Straße. Der Erste: Ich mochte nicht so sein.
Hier ist eine Anknüpfung an alle drei Rollen (Fahrer, zwei Einheimische) möglich.

Ein geübter Redner kennt viele „attention steps" und sicher eine Fülle von Beispielen zu den vorgestellten Ansätzen. Erfahrene Redner empfehlen übrigens, zuerst das Manuskript für den Hauptteil zu erstellen und dann erst Anrede und Einleitung zu verfassen.

Auf spezielle rhetorische Stilmittel wird in Abschnitt 11.1 eingegangen.

Der Umweltbeauftragte überlegt eine Anrede, die vielleicht das Versöhnliche in den Vordergrund stellt.
Beispiel: Liebe Nachbarn und Anrainer!
Die einleitenden Sätze können schon das Verbindende benennen, nämlich den Wunsch nach wirtschaftlicher Sicherheit und langfristigem Schutz der Natur.

6.1.3 Die äußere Vorbereitung

Zur äußeren Vorbereitung können gehören: Redemanuskript und Stichwortkarten, Overheadprojektor und Folien, Flipchart und Stifte, Tafeln und Kreide, intaktes Videogerät und Videofilme, Leselampe, Wasser sowie alle Vorbereitungen, die sich auf den Raum beziehen. Bezüglich des Raumes sind Einflussmaßnahmen meistens gering. Variabel sind in der Regel die Sitzordnung (Hufeisenform, Grätenform, Halbrund oder Reihen) und natürlich die tatsächliche Platzbesetzung.

Handwerkszeug
Raum
Sitzordnung

 Nach Einlass sorgen der Gastgeber oder die Mitarbeiter dafür, dass die Besetzung des Raumes optimal erfolgt.

6.1.4 Das Auftreten

Wer vor ein Publikum tritt, stellt sich vor und stellt sich dar.

Der Zuhörer erlebt, wie der Redner sein Aktionsfeld betritt, welche Haltung er hat, ob seine Schritte Kraft und Zuversicht ausdrücken. (Die bekannte Frage „Wie geht's?" sagt ja ganz deutlich, dass sich Wohlergehen im Gehen ausdrückt. Das Wort „Auftreten" spricht auch bereits für sich.)

Auftritt

Der Zuhörer sieht den Redner in seinem Äußeren. Bilden die äußeren Merkmale eine Einheit? Welche Persönlichkeit drückt sich in diesem Äußeren aus? Passt das Äußere zum Anlass?

Welche Hantierungen nimmt der Redner an den Geräten und Hilfsmitteln vor? Baut er mit seinen (Ordner-) Unterlagen eine Festung vor sich auf? Werden die Geräte schnell noch überprüft, vielleicht mit ungezielter und zittriger Hand, oder steht er souverän da und verlässt sich auf seine Botschaft?

Drücken im Weiteren seine Gesten Sicherheit aus? Sind diese maßvoll und passend oder wirken sie aufgesetzt?

Wünschenswert wäre, wenn der Vortragende oder die Vortragende von sich sagen können, dass der Eindruck positiv sein muss und besonderes Lampenfieber nicht aufkommt. Eine gewisse Aufregung ist übrigens nie abzulegen und eigentlich auch nützlich, weil sie Geist und Körper zu entsprechenden Leistungen stimuliert. Bekanntlich gibt in Stresssituationen die Nebenniere Adrenalin in die Blutbahn ab, wodurch eine verstärkte Reaktionsbereitschaft entsteht. Die Auswirkungen von Lampenfieber können allerdings auch störend sein, wobei für den Redner meistens der trockene Mund die größte Störung darstellt. Schauspieler empfehlen für diesen Fall, sich mehrfach leicht auf die Zungenspitze zu beißen, weil dadurch Speichelbildung gefördert wird.

Lampenfieber

6.1.5 Sprache und Sprechen

Seit 2 500 Jahren zählt die Kunst des Sprechens zu den anerkannten Kulturleistungen. Die geschickte Art, durch Fragen den Partner zum Nachdenken anzuregen, bekannt als die „sokratische Frageform" oder „Hebammenmethode", gehört heute noch zum pädagogischen Standard. Mit der „Hebammenmethode" ist das Lehrverfahren des griechischen Philosophen Sokrates gemeint, der seine Schüler durch geschicktes Fragen auf die Lösung eines Problems hinführte, also gewissermaßen „Entbindungshilfe" leistete.

◆ Aussprache

Merkmale der Aussprache

Eine elementare Anforderung an den Redner ist die verständliche Aussprache. Gemeint ist einerseits, dass die Wörter und Sätze regelgerecht, d.h. den sprachlichen Übereinkünften entsprechend, gesprochen werden. Diese Forderung schließt ein, dass die Mitglieder einer Sprachgemeinschaft, z.B. der deutschen, die gesprochenen Worte und Sätze ohne Erschwerung durch Akzente und regionale Ausprägungen verstehen können.

Zweitens ist gemeint, dass der Sprecher deutlich sprechen muss, also beispielsweise nicht „nuschelt" oder durch ein ständiges wiederholtes „Äh-Äh" das Verständnis erschwert oder das Hören zu einem Missvergnügen macht. Durch Übung und Konzentration lassen sich durch den Sprecher Verständnisbarrieren dieser Art abbauen.

◆ Sprachrhythmus und Betonung

Satzmelodie

Für Wörter und Sätze bestehen Regeln darüber, mit welcher Betonung bzw. in welcher Satzmelodie sie gesprochen werden. Durch eine falsche Betonung von Vorsilben etwa wird ein Wort unverständlich, und bei Sätzen gibt es, je nach Art der Sätze, feste Vorgaben. Eine allgemeine Aussage (Die Tür ist geöffnet.) hat eine andere Satzmelodie als die Frage (Ist die Tür geöffnet?) oder eine Anordnung (Öffne die Tür!).

Durch die Betonung kann sogar der Sinn einer Aussage völlig verändert werden.
(nach: Handbuch und Nachschlagewerk für die allgemeinen Wissensgebiete des öffentlichen und privaten Lebens, Verlag E. G. Weimann, Leipzig 1928, 2. Teil, S. 4)

Sinnveränderung durch Veränderung der Betonung

Beispiel
1. **Unsere** Schüler machen uns Freude.
   – Anderen Schulen machen deren Schüler keine Freude?
2. Unsere **Schüler** machen uns Freude.
   – Die anderen Gruppen in der Schule, z.B. die Lehrer, machen keine Freude?
3. Unsere Schüler machen **uns** Freude.
   – Den Eltern nicht?
4. Unsere Schüler machen uns **Freude**.
   – Sie machen uns keine Sorgen, keinen Kummer, sie machen uns eben nur Freude.

◆ Lautstärke

Lautstärke als praktisches Problem und als rhetorisches Mittel

Die Lautstärke richtet sich u.a. nach dem Abstand zwischen den kommunizierenden Personen, der Personenzahl und den räumlichen Bedingungen. In größeren Räumen, bei Außenlärm oder im Freien können durchaus Probleme entstehen, wenn man einmal von technischen Möglichkeiten (Lautsprecher) absieht.

Die Variation der Lautstärke ist ein Mittel, den Zuhörern die Botschaft oder Information besser zu vermitteln. Laut oder leise zu sprechen ist gewissermaßen ein Stilmittel und hängt eng mit den Aussagen zusammen.

Übrigens ist Vorsicht geboten, wenn man meint, mit einer lauteren Stimme eine in der Zuhörerschaft beginnende Unruhe verhindern zu können. In einer solchen Situation sind andere Stilmittel nötig, z.B. rhetorische Fragen zu stellen, eine Veranschaulichung einzubringen oder anderes mehr.

◆ Der Gefühlston

Der Gefühlston wird den Aussagen angepasst. Es ist selbstverständlich ein Unterschied, ob der Vortragende bestimmte Informationen sachlich vermittelt oder ob er Trauer, Freude, Begeisterung oder eine andere Gemütsverfassung zum Ausdruck bringen will.

Variable Gestaltung

Beispiel Der Vereinsvorsitzende von Sport und Spiel e.V. gibt einen Rückblick auf das vergangene Vereinsjahr.
- Er fordert zum Gedenken an den verstorbenen Kassierer auf.
- Er berichtet über Vorhaben, die in der letzten Hauptversammlung angeregt wurden und die zu Highlights des Vereinslebens wurden.
- Er berichtet über die schwierige Finanzlage.

◆ Wiederholungen

Wiederholungen von wichtigen Aussagen oder andere rhetorische Mittel werden eingesetzt, um bestimmten Passagen innerhalb der Ausführungen ein besonderes Gewicht zu geben. Rhetorische Hilfsmittel werden an anderer Stelle (11.1.2) ausführlich dargestellt.

Rhetorisches Hilfsmittel

◆ Fremdwörter/Satzbildung

Grundsätzlich wird sich der Redner um eine klare und leicht verständliche Ausdrucksweise bemühen, d.h., er wird sich bemühen, Fremdwörter nach Möglichkeit zu vermeiden und klare und prägnante Sätze zu bilden. Natürlich hängt das Verstehen auch vom intellektuellen Niveau der Zuhörer ab. Einer denkgewohnten Zuhörerschaft können natürlich auch komplizierte Satzkonstruktionen zugemutet werden, aber im Zweifelsfall wird man am besten den einfachen Ansatz wählen.

Verständlichkeit als Grundsatz

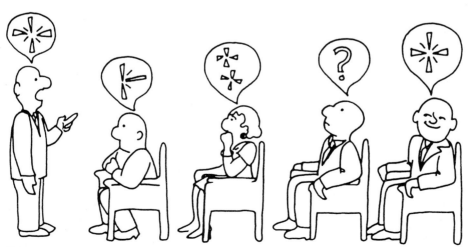

Abb. 6.1: Was das Publikum so alles versteht ...

(Quelle: Nach Gelb, Michael J., Überzeugend reden, erfolgreich auftreten, Berlin 1989, S. 32)

◆ Kontakt mit den Zuhörern

Bedeutung

Eine sehr wichtige Voraussetzung für das Gelingen eines Vortrages besteht darin, während der ganzen Zeit Kontakt zur Zuhörerschaft zu halten. Der Kontakt beginnt mit der auf diese Zuhörerschaft zugeschnittenen Anrede und endet am besten mit einem gut überlegten Paukenschlag. Der Kontakt kann ansonsten über viele Wege hergestellt werden.

Wege zur Herstellung des Kontaktes

– Augenkontakt so oft wie möglich!
  Einschränkungen entstehen dadurch, dass man als Redner z.B. Folien aussucht oder von einer Karteikarte ein Zitat vorliest. Diese kontaktlosen Zeiten sollte man so kurz wie möglich halten.
  Der Umgang mit Karteikarten bedarf noch einiger Hinweise. Manche Redner fertigen aus ihrem Rednermanuskript eine Anzahl von farblich unterschiedlichen Karteikarten in Postkartengröße an. Dabei beschränkt man sich pro Karteikarte auf etwa fünf Stichwörter, die groß genug geschrieben sind, so dass man sie leicht lesen kann. Zitate oder Notizen für den Einsatz von Veranschaulichungsmitteln („hier Folie 4", „hier Einspielung des Videos") werden ebenfalls auf den Karteikarten vermerkt.
– Hörer bezieht man ein, indem man rhetorische Fragen an sie richtet.
– Zwischenrufe nimmt man geschickt auf, beantwortet sie humorvoll und gibt vielleicht kurze Zeit später den Ball noch mal in anderer Form zurück.
– Wichtiges wird wiederholt. Eventuell spricht man einen Merksatz so langsam, dass dieser mitgeschrieben werden kann.
– Auf Unruhe reagiert man wie ein Seismograph. Sofort handeln, wie oben beschrieben!
– Gemeinsamkeit der Interessen betonen!

Wenn der Redner die dargelegten Stilmittel beachtet, überwiegend frei spricht und insgesamt den Eindruck eines kompetenten Menschen vermittelt, wird sein Vorhaben gelingen.

Der Umweltbeauftragte nimmt sich vor, seine zwei Kernaussagen mit allen gegebenen Stilmitteln einprägsam zu vermitteln:
„Wir sorgen für Arbeitsplätze. Wir sind für die Erhaltung der Natur."

Gruppenarbeit

1. Entwerfen Sie in einer Vierergruppe einen Vortrag von zehn Minuten, den der Umweltbeauftragte halten könnte. Rechnen Sie, dass für eine Schreibmaschinenseite DIN A4 ungefähr drei bis vier Minuten Redezeit benötigt werden.

2. Bereiten Sie wahlweise mit Hilfe der unten abgedruckten Checkliste Vorträge zu folgenden Situationen vor!

   a) Sie sind als Sachbearbeiter im betrieblichen Vorschlagswesen tätig. In der Abteilungsleiterkonferenz sollen Sie zum Thema „Highlights des letzten Jahres und die allgemeine Entwicklung" vortragen. Für diesen Tagesordnungspunkt sind 20 Minuten vorgesehen.

   b) Die Unternehmung Bohn & Schmitt KG feiert ihr 75-jähriges Firmenjubiläum. Als Auftakt der Feierwoche ist ein Tag der offenen Tür mit einer Einladung an Schülergruppen und an die Pensionäre der Unternehmung vorgesehen. Die Unternehmung hat Grund, ihr Bestehen besonders zu feiern, da sich die wirtschaftliche Lage im letzten Jahr wieder wesentlich gebessert hat. Inno-

vationen im technischen Bereich und die Erschließung neuer Absatzmärkte haben zu einem positiven Abschluss des letzten Geschäftsjahres geführt.
Sie sind seit zehn Jahren im Betriebsrat und werden von der Geschäftsleitung gebeten, vor den Jubilaren einen Vortrag zu halten. Das Thema lautet: Die Bohn & Schmitt KG – ihre Entwicklung und ihre Zukunftsperspektiven.

c) Sie als Gruppenleiter berichten Ihren Mitarbeitern kurz von den Ergebnissen der Gruppenleiterkonferenz, die unter dem Thema „Wege sparen heißt Zeit sparen" stand.

Checkliste „Vortrag vorbereiten, Vortrag halten"

1.   Situationsanalyse

1.1 –> Was ist der Redeanlass?
1.2 –> Welches Thema ist vorgegeben?
1.3 –> Kann ich das Thema eingrenzen?

2.   Analyse der Zielgruppe

2.1 –> Vor wem spreche ich?
2.2 –> Wie groß ist die Zahl der Zuhörer?
2.3 –> Mit welcher Zusammensetzung – nach Interessen, Einstellungen und Vorwissen – muss ich rechnen?

3.   Redeziel

3.1 –> Was will ich erreichen?
3.2 –> Was sollen die Zuhörer hinterher wissen?
3.3 –> Kann ein Handlungsziel definiert werden?

4.   Welche Darstellungshilfen stehen zur Verfügung?

4.1 –> Folien, Overheadprojektor
4.2 –> Flipchart, Moderationswand
4.3 –> Videofilm, Videogerät
4.4 –> Dias, Diaprojektor
4.5 –> Tafel

5.   Arbeitsstufen

5.1 –> Einleitung = gekonnt zum Thema führen
5.2 –> Hauptteil = das Wesentliche bringen
5.3 –> Schluss   = wirkungsvoller Ausstieg

6.   Stoffsammlung

6.1 –> Was muss in dem Vortrag enthalten sein?
6.2 –> Erschließen des Stoffs mit Schlüsselfragen zur Entwicklung von Hauptgedanken, von Thesen, Behauptungen und Beweisführungen
6.3 –> Welche Schlussfolgerungen sind zu ziehen? Welchen Nutzen haben die Zuhörer?

7.	Manuskripterstellung
7.1 –>	Stichworte/Grobgliederung
7.2 –>	Bausteine
7.3 –>	Zeitablauf
8.	Wirkungsvolle Einleitung
8.1 –>	Aktueller Anlass, Fragestellungen
8.2 –>	Zitat, Anekdote, Neuigkeit
8.3 –>	Überraschung
9.	Wirkungsvoller Schluss
9.1 –>	Zusammenfassung, Ausblicke, Konsequenzen
9.2 –>	Wünsche, Anregungen
9.3 –>	Aufforderung zur Tat

6.2 Reden für jeden Anlass

Die Familie erwartet von Ihnen als erwachsene Tochter bzw. erwachsener Sohn, dass Sie zum „runden Geburtstag" eines Elternteils, z.B. zum 50. Geburtstag oder zur Silbernen Hochzeit, eine „kleine Rede" halten. Der Rahmen ist vorgegeben: Es soll eine Festlichkeit für ca. 40 Personen stattfinden.

Sie haben es geschafft: Das unter viel Entbehrungen und mit viel Aufregung gebaute Haus hat Richtfest. Polier oder Zimmermann werden selbstverständlich eine Ansprache halten, die gewöhnlich aus überlieferten Sprüchen oder anderen originellen Beiträgen besteht. Danach aber haben Sie das Wort. Ganz bestimmt werden Sie Ihren Dank aussprechen wollen und dann natürlich auch zu einem Imbiss oder etwas Ähnlichem einladen.

Sie sind von den anderen Eltern zur/zum Elternvertreter(in) der Klasse Ihres Kindes gewählt und anschließend zur/zum stellvertretenden Schulelternbeiratsvorsitzenden. Die Schule bezieht ein neues Gebäude und zu diesem Anlass soll auch ein Elternvertreter sprechen. Sie werden gefragt, wobei auch zum Ausdruck kommt, dass der Beitrag nicht sehr umfangreich zu sein braucht, weil Sie als vierter Redner – nach Bürgermeister, Schulrat und Schulleitung – vorgesehen sind.

Eine Auszubildende des Unternehmensbereiches, in dem Sie seit mehreren Jahren tätig sind, hat die Berufsabschlussprüfung sehr gut bestanden. Da sie auch übernommen wird und Ihre Mitarbeiterin sein wird, sollen Sie bei der vorgesehenen kleinen Festlichkeit die passenden Worte sagen.

Monologische Formen der mündlichen Kommunikation 169

6.2.1 Anlässe und Rednerwahl

Die dargestellten Situationen spiegeln eine kleine Auswahl möglicher Anlässe wider, bei denen eine Rede erwartet wird.

◆ Bei solchen „Anlassreden", wie diese Form der monologischen Kommunikation der Einfachheit halber hier genannt werden soll, geht es vor allem um Dank, Würdigungen, Wünsche, Erwartungen und Abschied. Gewöhnlich unterscheidet man zwei große Bereiche, für die Anlassreden in Betracht kommen, nämlich

Inhalte

– die überwiegend persönlichen Anlässe im Familien- und Freundeskreis,
– die mehr offiziellen Anlässe im weiteren gesellschaftlichen Umfeld.

Die Reden zum runden Geburtstag, zur Silberhochzeit und zum Richtfest gehören zu den persönlichen Anlässen, während die Reden, die aus dem Schul- oder Betriebsleben erwachsen, zu den eher offiziellen Anlässen zählen.

◆ Die **Auswahl der Rednerpersönlichkeit** ist meistens nicht ganz einfach. Teils ist das eine Frage der Persönlichkeit, teils eine Frage von Tradition, Verpflichtung oder Rollenerwartungen. Bei dem Familienfest anlässlich einer Taufe beispielsweise hält häufig der Vater die kleine Ansprache beim Festessen, vielleicht auch die Mutter. Dabei, wie in allen anderen Fällen auch, spielen Zumutbarkeit, persönliche Ausstrahlung, Rednertalent und Übung eine ganz erhebliche Rolle. Wer durch seinen Beruf beispielsweise häufiger vor Personengruppen zu sprechen hat, wird eher auch in persönlichen Lebensbereichen zu Anlassreden aufgefordert. Personen, die auf diesem Gebiet ungeübt sind, können sich – vielleicht mit dem Hinweis auf diesen Sachverhalt – von Redeverpflichtungen ausnehmen. Sie müssen sich aber darüber im Klaren sein, dass diese Zurückhaltung langfristig ihrem gesellschaftlichen Ansehen nicht dient. Im Übrigen ist der Sachverhalt so zu bewerten wie auch sonst im Leben: Irgendwann erlebt man alles das erste Mal, und die Vervollkommnung menschlichen Handelns hat selbstverständlich auch viel mit Übung zu tun.

Der Redner

„Wenn du etwas wissen willst und es durch Meditation nicht finden kannst, so rate ich dir, mein lieber, sinnreicher Freund, mit dem nächsten Bekannten, der dir aufstößt, darüber zu sprechen. Es braucht nicht eben ein scharf denkender Kopf zu sein, auch meine ich es nicht so, als ob du ihn darob befragen solltest, nein: Vielmehr sollst du es ihm selbst allererst erzählen ... Der Franzose sagt: Der Appetit kommt beim Essen, und dieser Erfahrungssatz bleibt wahr, wenn man ihn parodiert und sagt: Der Einfall kommt beim Sprechen. Oft sitze ich an meinem Geschäftstisch über den Akten und erforsche, in einer verwickelten Streitsache, den Gesichtspunkt, aus welchem sie wohl zu beurteilen sein möchte ... Und siehe da, wenn ich mit meiner Schwester davon rede, welche hinter mir sitzt und arbeitet, so erfahre ich, was ich durch ein vielleicht stundenlanges Brüten nicht herausgebracht haben würde."
(Aus der Abhandlung: „Über die allmähliche Verfestigung der Gedanken beim Reden." Kleist, Heinrich v., Kleine Schriften und Anekdoten, dtv 5, entnommen aus: Schweinsberg-Reichart, Ilse, Rednerschulung, Herle Verlag, Heidelberg 1978, S. 52)

6.2.2 Die inhaltliche Vorbereitung

Im Prinzip deckt sich die inhaltliche Vorbereitung einer Anlassrede mit der Vorbereitung eines Vortrages. Gewisse Unterschiede sind allerdings vorhanden.

Grundsätze für die Inhaltsbestimmung

◆ Der oberste Grundsatz bei der Auswahl inhaltlicher Aspekte muss heißen:
Ich will Gedanken ausdrücken,
- die genau dem Redezweck entsprechen,
- auf die Hauptperson/Hauptpersonen zutreffen,
- gleichzeitig den Zuhörerkreis fesseln bzw. innerlich beteiligen können („Das ist unser Redner", „Er/Sie spricht für uns mit").

Dabei will ich das angemessene Zeitlimit nicht überschreiten.
Ergänzende Fragestellungen sind:
- Über welche Gedanken freuen sich die Angesprochenen vermutlich am meisten?
- Was darf in den Ausführungen auf keinen Fall fehlen?
- Gibt es eine Struktur, die einzuhalten ist, also z.B.
  ○ eine Zeitstruktur (gestern, heute, morgen),
  ○ eine Ortsstruktur (hier am Ort, im ganzen Land),
  ○ eine inhaltliche Struktur im engeren Sinne (Situation 1, Situation 2, Situation 3),
  ○ eine personale Struktur (Vertreter der Stadt, der Einrichtung ...) usw.?

Beispiel Wenn eine Rede auf die 50 Jahre gewordene Mutter zu halten ist, besteht der hauptsächliche Inhalt in der Ehrung und dem Dank für alle von ihr erfahrenen Zuwendungen. Die Rede wird möglicherweise auf einzelne Ausprägungen der Mutterliebe in mehreren beispielhaften Situationen oder Lebensepochen eingehen.

Beispiel Das neue Gebäude steht bald zum Einzug bereit. Die Elternvertretung dankt einerseits den politischen Gremien für die Bereitstellung der Mittel, andererseits der Schulleitung, dem Architekten und der öffentlichen Verwaltung für die geschickte Verbindung von architektonischen Möglichkeiten und pädagogischem Auftrag. Die Elternvertretung drückt ihre Freude darüber aus, dass die Schulkinder nunmehr in schönerer und großzügigerer Umgebung lernen können, und hofft auf die bewährte gute Zusammenarbeit auch in Zukunft.

Unglückliche „Exkursionen"

◆ Mancher Redner meint vielleicht, für den Zweck noch nicht genug Gedanken gesammelt zu haben. In solchen Fällen erfolgen unter Umständen Ausschmückungen, die nicht zum Thema gehören. Typische Beispiele sind:
- Bei einer Hochzeitsrede in historischen Räumen wird zu stark auf diese historischen Räume eingegangen.
- Bei einer Verlobungsrede, die die eigene Tochter betrifft, wird zu viel aus der Kinderzeit der Tochter erzählt (das ist eine Väterkrankheit, die der jeweils anderen Familie heftig auf die Nerven gehen kann).
- Bei Jubilarsehrungen wird die Geschichte der ganzen Unternehmung aufgerollt.
- Bei allen Reden wird die Beziehung der eigenen Person zum Redeinhalt zu sehr betont, etwa bei der Einweihung des Schulgebäudes ausführlich dargestellt, dass man selber in dem alten Gebäude Schüler war und früher schon das und das gedacht habe.

Rednerfolge

◆ Eine besondere Schwierigkeit taucht dann auf, wenn man z.B. der vierte Redner in der Rednerfolge ist. Die Schwierigkeit besteht in zweierlei: Erstens weiß man nicht, was die Vorredner sagen werden. Zweitens entsteht mit der wachsenden Anzahl der Reden ein gewisser Verschleißeffekt, denn schließlich geht es immer um dieselbe Sache.
Am besten bereitet man sich in solchen Fällen durch unterschiedliche Versionen vor. Peinlich ist es, wenn es aber der zweiten Rede ständig heißt: Wie gerade mein Vorredner schon bemerkte ...

Monologische Formen der mündlichen Kommunikation **171**

6.2.3 Äußere Bedingungen und Durchführung

Gewöhnlich werden Anlassreden nicht unter professionellen Bedingungen gehalten. Nur in besonderen Fällen sind Rednerpult, Mikrophon, Leselampe oder Veranschaulichungsmittel vorhanden. Insofern ist eine Vorbereitung dann auch auf einfache Mittel begrenzt.

Meistens keine professionellen Bedingungen

Im Zweifelsfall hat der Redner nur sein Notizblatt zur Hand. Selbst der Platz, von dem aus gesprochen werden soll, wird häufig genug zufällig gewählt, etwa bei Tisch von seinem Platz aus. Unter diesen Bedingungen fehlt manchem Redner, der noch nicht viel Erfahrung gewonnen hat, die Sicherheit, die sonst äußere Gegenstände vermitteln können. Außerdem weiß manch einer nicht, wo er seine Hände lassen soll.

◆ **Empfehlungen für die Durchführung**

Es ist sehr nützlich, vor der Rede den Raum und vor allem die Zuhörer zu kennen.

Zur Beherzigung empfohlen

* Erfahrene Redner empfehlen, sich während der Rede auf ein paar Gesichter zu konzentrieren, die dem Redner gegenüber Wohlwollen signalisieren, und diese dann während der Rede, sozusagen als Stützpunkte, im Auge zu behalten.
* Wenn Sie als Redner das Gefühl haben, die Erwartungen der Zuhörer nicht richtig zu treffen – Sie merken das u.a. an einer gewissen Unruhe –, weichen Sie auf keinen Fall in weitschweifige Erklärungen aus, sondern kürzen Sie Ihre Rede, indem Sie sich auf vorbereitete Highlights beschränken.
* Tragen Sie das, was Sie – vielleicht auch verkürzt – vortragen wollen, mit Überzeugung vor. Jeder Zuhörer muss die Überzeugung gewinnen, dass gerade Ihre Botschaft für ihn außerordentlich wichtig ist.
* Tragen Sie frei vor. Das freie Formulieren hat Vorteile gegenüber einer vorformulierten Rede: Die freie Rede wirkt lebendiger und sie kann sich im Hinblick auf Verkürzung oder Verlängerung besser der Situation anpassen.

◆ Auf einen besonderen Sachverhalt ist noch hinzuweisen. Häufig ist es so, dass Anlassreden von anderen Ereignissen gewissermaßen umkränzt sind. Da werden Speisen aufgetragen, da wird Geschirr abgeräumt, da werden Getränke gereicht, evtl. erfolgt die Einstimmung auf eine musikalische Darbietung und vieles andere mehr. Dadurch wird die Aufmerksamkeit der Zuhörer absorbiert, unter Umständen schlagartig. Da kann es passieren, dass die hinteren Reihen sich schon lichten, weil man dort an die Fülle des Büfetts denkt. In solchen Fällen werden die originellsten Formulierungen unwirksam. Hier hilft nur, im Vorfeld Störungen dieser Art mit absoluter Sicherheit auszuschließen und dabei auch keine Kompromisse zu machen („Nur schon mal die Geburtstagskerzen anzünden" oder Ähnliches verdirbt Ihnen mit Sicherheit das Konzept).

„Störungen"

◆ Einen Sonderfall der Anlassrede stellt die so genannte Stegreifrede dar. „Stegreif" ist eine früher gebrauchte Bezeichnung für Steigbügel. Nach etymologischen Erkenntnissen lässt sich der Begriff Stegreifrede folgendermaßen erklären: Jemand, der etwas erledigen muss, ohne Zeit zum Absitzen zu haben, tut etwas aus dem Stegreif. Wenn von jemand eine Rede erwartet wird, ohne ihm Zeit für eine angemessene Vorbereitung zu geben, hält er eine Rede aus dem Stegreif. Das Leben bringt auch solche Situationen mit sich.

Stegreifrede

Beispiel Sie nehmen als zweiter Elternvertreter an der Einweihung des neuen Gebäudes teil. Der vorgesehene Sprecher des Schulelternbeirates ist, vermutlich durch Verkehrsverhältnisse bedingt, noch nicht erschienen. Man bittet Sie, für den bisher nicht erschienenen Redner einzuspringen.

6.2.4 Formulierungsvorschläge

In praktischen Ratgebern finden Sie vorformulierte Reden für jeden Zweck. Bei genauer Betrachtung ist dann jedoch die Situation ganz anders, so dass eine volle Umformulierung nötig wird. Deshalb wird Ihnen hier der Weg angeboten, aus einer größeren Anzahl von Formulierungen Anregungen zu gewinnen, die Sie auf Anlässe und Situation umdenken können. Da Reden zu besonderen Anlässen erfolgen, wird im Allgemeinen auch eine besondere Sprache verwendet. Lassen Sie sich nicht durch die gewählte Hochsprache irritieren. Wenn diese nicht angebracht ist, transformieren Sie sie in eine passendere Sprache.

Empfehlungen im Bausteinverfahren

1. Heute ist für uns alle ein besonderer Tag.
2. Als ich vorhin beobachten konnte, dass so viele Gäste/alle Gäste ...
3. Ich habe mit Freude zugesagt, als ...
4. Für das Vertrauen, das Sie mir mit dieser Wahl aussprechen, danke ich Ihnen herzlich.
5. Ich freue mich sehr, dass Sie alle gekommen sind. (Ggf. Hinweis auf lange Anreisewege.)
6. Sie können sicher sein, dass ich das in mich gesetzte Vertrauen erfüllen werde.
7. Über zwei Jahrzehnte hat Frau Y die Abteilung vorbildlich geleitet.
8. Ihre/Seine stetigen Bemühungen um ein menschliches Klima in diesem Hause hatten schon bald Erfolg.
9. Er/Sie hat bald nach seinem/ihrem Eintritt in die Unternehmung Verbindungen geknüpft, die heute noch bestehen. Da sie die Verbindung zu X, zu Y ... (ggf. Formulierungen verwenden wie „Brücken gebaut", „Pfeiler gesetzt" ...)
10. Dass dieses Haus weit über unsere Stadt hinaus einen guten Ruf hat und heute als Ort der Kreativität und der Solidarität gilt, verdanken wir ... (ggf. Ort hervorragender Leistungen)
11. Nicht zuletzt sein/ihr bescheidenes Wesen hat dazu beigetragen, dass ...
12. Wer mit so viel Begeisterung seinen Beruf ausgeübt hat, ... seine/ihre Ausbildung abgeleistet hat, ...
13. Wir waren über eine lange Strecke Ihr Wegbegleiter.
14. Sie haben allen Grund, stolz auf ... zu sein.
15. Ihre Leistungen haben viele Bewunderer gefunden und waren für viele ein Ansporn. Ihre menschlichen Qualitäten waren uns immer ein Vorbild.
16. Wir haben von Ihnen Durchhaltevermögen und Ausdauer gelernt.
17. „Jede Ursache liebt ihre Wirkung", lautet ein italienisches Sprichwort. Wenn wir heute ...
18. Wie viel Hoffnung, wie viel Erfahrungen und wie viel Glück war an dieses Leben geknüpft. Wir stehen fassungslos vor ...
19. Er/Sie war ein Vorbild an Pflichterfüllung, ein Vorbild in vielen Lebenslagen für uns alle, die wir mit ihm/ihr leben durften.
20. Unser Dorf hat einen neuen Anziehungspunkt, unsere Jugend hat ein neues Zentrum, und wir Älteren blicken stolz auf eine Entwicklung, die ...
21. Ein Traum erfüllt sich selten in wenigen Tagen. Dieser Traum, der sich jetzt realisiert hat, brauchte sage und schreibe zwei Jahre ...
22. Heute ist ein eigenes Haus wertvoller als Gold, kostbarer als ...
23. Erfüllung, sagen die Dichter, findet man eher im Weg als im Ziel.
24. Was wir euch wünschen? Dass ihr füreinander da seid, dass ihr Freude und Leid gemeinsam tragen könnt, dass ihr auch im hohen Alter sagen möget: Es war ein schöner, ein gemeinsamer, ein gesegneter Weg!

Monologische Formen der mündlichen Kommunikation

25. Sie blicken mit Stolz auf Ihren beruflichen Werdegang zurück und mit Zuversicht in die Zukunft.
26. Wir alle wünschen Ihnen, dass Sie hier ein sicheres und geborgenes Zuhause finden.
27. Gedanken an die Zukunft sind Wegweiser für heute.
28. Kinder sind die Brücken in die Zukunft.
29. Wir alle wünschen Ihnen, dass Sie sich Ihre Schaffenskraft und Ihre optimistische Lebenseinstellung erhalten können.
30. Zu Ihrem Entschluss, nun schon bald einen neuen Lebensabschnitt zu beginnen, wünschen wir Ihnen die erhoffte Erfüllung.
31. Unseren Dank verbinden wir mit der Hoffnung, ...
32. Wir haben Ihre Arbeit hier in unserer Abteilung sehr geschätzt. Wir bedauern deshalb, ...
33. Für viele weitere gemeinsame Jahre wünschen wir Glück und Gesundheit.
34. Gesundheit ist nicht alles, wie wir wissen, aber ohne Gesundheit ist alles nichts.
35. Wir wünschen, dass für Sie dieser Tag eine schöne Erinnerung bleibt.
36. Sie waren ausgleichend und kollegial, mit einem hohen Anspruch an sich selber ...
37. „Zufriedenheit ist das Glück des Alters", sagt ein Sprichwort, ...

Partnerarbeit

1. Ordnen Sie in Partnerarbeit die oben genannten Formulierungsanregungen den folgenden Anlässen zu.

a) Geburtstag
b) Verlobung
c) Hochzeit
d) Hochzeitsjubiläum
e) Taufe
f) Konfirmation
g) Kommunion
h) Bestandene Abschlussprüfung
i) Empfang einer Ehrenurkunde
j) Richtfest
k) Einzug in das neue Haus
l) Trauerrede
m) Vereinsgründung

n) Stiftungsfest
o) Erntefest
p) Karnevalsfete
q) Feierliche Schulentlassung
r) Grundsteinlegung
s) Betriebsgründung
t) Weihnachtsfest
u) Verabschiedung in den Ruhestand
v) Beförderung als Betriebsleiter
w) Ehrung von Jubilaren
x) Amtsübergabe
y) Neujahr
z) Verabschiedung eines Kollegen bei Stellenwechsel

2. Entwerfen Sie die Ansprache für die kleine Festlichkeit zu einer sehr gut bestandenen Berufsabschlussprüfung.

Empfehlung

Legen Sie sich ein Heft an, in dem Sie, unterteilt nach Anlässen, solche Formulierungen sammeln, die Ihnen aufgefallen sind und die Ihnen besonders zusagen. Nehmen Sie in dieses Heft auch solche Formulierungen auf, die für schriftliche Grüße, Glückwünsche, Beileidsbezeigungen etc. geeignet sind.

6.3 Die Präsentation

„Bullerbüh e.V." hat inzwischen eine Arbeitsgruppe „Offene Tür" gegründet und beschlossen, neben weiteren Aktivitäten als wichtigsten Programmpunkt eine Präsentation mit dem Titel „Das ist Bullerbüh" durchzuführen.
Das Konzept der pädagogischen Arbeit soll dargestellt und auf besondere Schwerpunkte und spezielle Angebote aufmerksam gemacht werden. Außerdem will das Personal seine vielfältigen Qualifikationen effektvoll darstellen. Die Arbeitsgruppe hat sich zum Ziel gesetzt, eine breite Bürgerschaft zu informieren und besonders Eltern mit Kleinkindern zu einer ersten Kontaktaufnahme zu motivieren.

Wenn es darum geht, andere von einer Idee, einem Konzept, einem Plan, einem Produkt, einem Argument zu überzeugen, könnte eine ausgeklügelt gestaltete Präsentation ein Erfolg versprechender Weg sein. Mit der Präsentation führe ich anderen „vor Augen", was der Effekt, der Vorteil, der Gewinn, der Nutzen, der Sinn meiner Idee ist.

Begriff

Eine Präsentation ist eine Veranstaltung, die der Tatsache Rechnung trägt, dass sich Gutes nicht von allein bekannt macht und im Übrigen der Mensch ein „Augentier" ist. Das gesprochene Wort wird vor allem durch den Einsatz von bildhaften Mitteln unterstützt, wodurch das Verständnis für die Sache wächst, Akzeptanz und Gedächtnisleistung erhöht werden. Dies sind nun wieder wichtige Voraussetzungen, um Unterstützung zu erfahren, z.B. in Form von Zustimmung, finanziellen Mitteln, eines Arbeitsauftrages, der Werbung um neue Mitglieder oder auch weiterer „manpower" (Arbeitskraft) für die Idee.

6.3.1 Die Vorbereitung der Präsentation

Die Vorbereitung der Präsentation entscheidet grundlegend über die Zielerreichung und damit über den Erfolg der Veranstaltung. Als Präsentierende setzen wir auf eine sorgfältige Vorbereitung, um sicher und gelassen in die Vorführung einsteigen zu können.

◆ Folgende Leitfragen helfen weiter:

Grundlegende Leitfragen

1. *„Wie sieht die Vorgeschichte aus, an die Ihre Präsentation anknüpft? Was ist der Anlass, aus dem heraus Sie präsentieren?*

2. *Was genau wollen Sie mit Ihrer Präsentation erreichen, was ist das Ziel Ihrer Präsentation? Was genau sollen Ihre TeilnehmerInnen am Ende der Präsentation wissen, tun etc.?*

3. *Was wollen Sie präsentieren, welche Inhalte stellen Sie vor, um dieses Ziel zu erreichen?*

4. *Wie können Sie den TeilnehmerInnen an Ihrer Präsentation Wertschätzung entgegenbringen (Partneraussage)?*

5. Wie stellen Sie sich selbst dar (Selbstaussage)?

6. Was soll im Anschluss an Ihre Präsentationsveranstaltung geschehen, wie soll die Nachgeschichte aussehen?"

(Hartmann, Funk, Nietmann, Präsentieren, Weinheim 1991, 2. Kap.: Die Vorbereitung Ihrer Präsentation, S. 20–21)

Da sich im Fall „Kinderhaus Bullerbüh" alle Mitarbeiter an der Präsentation beteiligen wollen, werden zunächst drei Besprechungstermine festgesetzt, die der gemeinsamen Vorbereitung dienen sollen. Die erste Besprechung ist der Zielklärung gewidmet.

◆ **Das Ziel der Präsentation**

Ohne klares Ziel gibt es keinen klaren Weg. Dieses Ziel gilt es exakt und so konkret wie möglich zu formulieren und schriftlich festzuhalten. Sind Präsentierende und Auftraggeber nicht identisch, sollten die Ziele abgestimmt werden.

Als gemeinsames Ziel der „Bullerbüh"-Präsentation wird formuliert:

„Die Besucher lernen unsere Einrichtung kennen, verstehen unsere pädagogischen Leitlinien und stimmen ihnen zu, fühlen sich angeregt, näher Kontakt zu uns aufzunehmen, und entscheiden sich längerfristig, unserem Verein beizutreten, eigene Kinder zu den Kursen anzumelden und/oder Weiterempfehlungen auszusprechen."

◆ **Die Zielgruppe der Präsentation**

Natürlich haben die Mitarbeiter stets die Teilnehmer, die Zielgruppe der Präsentation im Blick, denn sie gilt es zu erreichen und zu überzeugen. Die Kommunikation ist eindeutig empfängerorientiert. Deshalb ist zu klären, welche Vorkenntnisse vorauszusetzen sind, welche Erwartungen und Interessen vermutlich bestehen, welche Bedürfnisse die Teilnehmer mitbringen und an welchen Stellen evtl. mit Vorbehalten und Widerständen zu rechnen ist. Je besser wir die Empfänger kennen, desto leichter finden wir Mittel und Wege, unsere „Botschaft" zu vermitteln. Jetzt muss auch diskutiert werden, wie und auf welchem Weg die potentiellen neuen Vereinsmitglieder und Kurskunden eingeladen werden sollen. Wie viele sollten mindestens, wie viele höchstens kommen (Rahmenbedingungen)?

Struktur der Zielgruppe

6.3.2 Die Inhalte der Präsentation

◆ Meine **Leitfragen** zur Inhaltsaufbereitung lauten:

1. Welche Informationen lassen sich im weitesten Sinne zum Zwecke der Zielerreichung finden? (Stoffsammlung!)
2. Welche Informationen tragen ganz wesentlich zur Zielerreichung bei?

Leitfragen zum Inhalt

3. Welche Inhalte wähle ich im Hinblick auf die Zielgruppe, die verfügbaren Mittel (bereits vorhandenes oder leicht zu erstellendes Material) und den Zeitfaktor (geplante Dauer der Präsentation) aus?

4. Welches sind die „Kernaussagen", welche die „Hintergrundinformationen"? Die Hintergrundinformationen erhöhen die Verständlichkeit der Kernaussagen.

◆ Die Darstellung der Inhalte

Um Inhalte überzeugend darzustellen, sind vielfältige Überlegungen notwendig. Schließlich soll die Darstellung dem Inhalt, dem Ziel und der Zielgruppe angemessen sein.

Orientierungshilfen

1. Eine logische Gliederung der Inhalte schafft Übersicht und ist Orientierungshilfe. Der rote Faden muss immer erkennbar sein (Visualisierung!).

Für den inhaltlichen Aufbau von Vorträgen wurden im Abschnitt 6.1.1 Gliederungspunkte aufgeführt, die auch für die Präsentation verwendet werden können. Da Präsentation mehr auf Darstellung als auf logische Schlüssigkeit ausgerichtet ist – ohne allerdings die Logik zu vernachlässigen –, sind noch weitere Gesichtspunkte bedeutsam:

– Gliederung nach äußeren Merkmalen des Präsentationsgegenstandes

`Beispiel` Neue Verkehrszeichen werden vorgestellt. Die Präsentation wird nach dem Erscheinungsbild der Verkehrszeichen gegliedert
- Verbotsschilder: rund und in der Regel mit rotem Rand
- Warnschilder: Dreiecke mit Spitze nach oben
- Gebotsschilder: rund und blau
- Hinweisschilder: rechteckig und blau

– Gliederung nach Blöcken im Handlungsablauf

`Beispiel` Thema der Präsentation ist eine Handlungsanleitung für Baumpflanzungen
- Vorüberlegungen, z. B. Sortenauswahl nach vorhandener Bodenqualität und nach Marktlage
- Pflanzvorgang, z. B. Zubereitung des Pflanzlochs
- Nachbereitung, z. B. Wässern, Nachdüngen, Schneiden

Bekannte Anforderungen an die Textvisualisierung sind:

Plakativ gestalten!
→ Nur wichtige Kernaussagen

→ Einfache Formulierungen

→ Stichwortartige Aufzählung

→ Abstand zwischen Zeilen

→ Lesbar bis zur letzten Reihe

→ Maximal 7 Inhaltspunkte pro Visualisierung

(Hartmann, Funk, Nietmann, Präsentieren, a.a.O., S. 115)

Monologische Formen der mündlichen Kommunikation

2. Die sprachliche Vermittlung ist abgestimmt auf kurze und einfache, aber prägnante, treffende Wortwahl und verständlichen Satzbau.

3. Motivationsanreize, z.B. durch das Erfüllen von Erwartungen und das Befriedigen von Bedürfnissen, halten das Interesse der Teilnehmer wach. Die Besucher müssen erkennen können, welchen Nutzen sie für sich aus der Präsentation ziehen. Hier kommen vor allem bildhafte Mittel wie farbige Plakate, Modelle, Bilder, Filmmaterial oder auch akustische Mittel wie Musik und Tonbandeffekte zum Tragen. Beziehen wir möglichst alle Sinne ein und lassen die Teilnehmer auch riechen, kosten, fühlen, so regen wir auch die Gefühlswelt der Teilnehmenden an, was ihre Bereitschaft steigert, dem Thema Aufmerksamkeit zu schenken.

Abb. 6.2: Motivationsreize

(vgl. dazu: Hartmann, Funk, Nietmann, Präsentieren, a.a.O., S. 112)

6.3.3 Rahmenbedingungen und Präsentationsmittel

Als weiterer Einflussfaktor für das Gelingen der Präsentation sind die **Rahmenbedingungen** wie Zeitpunkt, Zeitdauer, Ort und Raum zu erwähnen.
Sehr wichtig ist die Gewähr eines störungsfreien Ablaufs. Raumgröße, Licht- und Luftverhältnisse, Sitz- und Stehplätze, Sichtverhältnisse, einwandfrei funktionierende technische Geräte, möglicher Lärm von außen sind Gesichtspunkte, über die nachgedacht werden muss. Erfrischungsgetränke steigern das Wohlbefinden der Gäste.

Zeit
Raum
Geräte

Monologische Formen der mündlichen Kommunikation

Persönliche Bedingungen

Der einflussreichste Faktor der Darstellung ist zweifellos **der präsentierende Mensch.** Seine Begeisterung für die Sache, sein Zugehen auf die Teilnehmenden, seine Fähigkeit, die Zuschauer und Zuhörer zu aktivieren und miteinzubeziehen, seine Originalität und positive Ausstrahlung (Wertschätzungssignale) entscheiden erheblich über den Erfolg der Veranstaltung.

Nach Martin Luther ist dem Vortragenden anzuraten:

„Tritt fest auf,
mach's Maul auf,
hör bald auf!"

In der Präsentation gilt dasselbe. Speziell kommt noch hinzu: „Reden ist Silber – Zeigen ist Gold"!

6.3.4 Der Ablaufplan der Präsentation

Den Abschluss der Vorbereitungen bildet die Erstellung eines Ablaufplanes für die vorbereitenden Arbeiten und später für die Präsentation selbst.

Detaillierte Pläne

◆ Beim ersten Ablaufplan sind alle Tätigkeiten der Vorbereitung organisatorisch zu erfassen, zu planen und zu terminieren. Hier wäre ein Projektleiter oder -sprecher zu bestimmen, der Zwischenergebnisse koordiniert und den Zeitplan mitverfolgt als eine Art Kontrollorgan. Dabei ließe sich der oben entwickelte „Maßnahmenplan" verwenden.

◆ Der Durchführungs-Ablaufplan umfasst detailliert die einzelnen Schritte der Präsentation, was Inhalte, Methoden, Personen und Zeitvorgaben betrifft.

Ein Ablaufplan könnte folgende Form haben:

Präsentierende	Inhalte	Methode	Zeitbedarf in Minuten
Frau Mai	Begrüßung, Idee vorstellen	Flipchart Vortrag	2'
Herr Juni	Problematik aufzeigen	Overhead Vortrag	2'
Frau Mai Herr August	Lösungsansätze entwickeln	Pinnwand Flipchart	5'
...			
...			
Frau Mai	Zusammenfassung	Flipchart Vortrag	2'
Herr Juni	Schlusswort	Vortrag	1'

Abb. 6.3: Beispiel eines Ablaufplans der Präsentation

(nach Seifert/Pattay, Visualisieren – Präsentieren – Moderieren, a.a.O., S. 57)

Monologische Formen der mündlichen Kommunikation **179**

„Der Teufel sitzt oft im Detail", sagt der Volksmund. Deshalb stellt die Verwendung von Checklisten eine nicht zu unterschätzende Hilfe und Absicherung in der ohnehin meist aufregenden und angespannten Phase der unmittelbaren Vorbereitung dar.

Checkliste für die Präsentation

1. Ablaufplan der Präsentation

2. Raumvorbereitung

    -> Rednerpult?
    -> Sitzordnung?
    -> Beleuchtung – Verdunkelung?
    -> Steckdosen?
    -> Namensschilder?
    -> Abfallkorb?
    -> Aschenbecher?
    -> Tischgetränke?
    -> ...

3. Präsentationsunterlagen

    -> Folien?
    -> Charts?
    -> Dia?
    -> Film?
    -> Video?
    -> Teilnehmerunterlagen?
    -> Beurteilungsbögen?
    -> Wichtige Rufnummern?
    -> Teilnehmerliste?
    -> ...

4. Büromaterial

    -> Papier?
    -> Stifte?
    -> Anspitzer?
    -> Hefter?
    -> Radiergummi?
    -> Schere?
    -> Klebestift?
    -> Lineal?
    -> Büroklammern?
    -> ...

5. Medien und Hilfsmittel

    -> Overhead?
    -> Ersatzlampen?
    -> Verlängerungskabel?

-> Mehrfachsteckdose?
-> Leinwand?
-> Leerfolien?
-> Folienstifte?
-> Tafel?
-> Reinigungstuch?
-> Kreide?
-> Flipchart?
-> Flipchart-Papier?
-> Schreibstifte?
-> Pinnwand?
-> Pinnkarten?
-> Pinns?
-> Packbogen?
-> Klebepunkte?
-> Magnettafel?
-> Haftmagneten?
-> Tesakrepp?
-> Diaprojektor?
-> Kassettenrecorder?
-> Videoanlage?
-> Bänder?
-> Verstärker?
-> Mikrophon?
-> TV-Gerät?
-> Foto?
-> Scheinwerfer?
-> Schraubenzieher?
-> ...

Erstellen Sie sich stets individuelle Ablaufpläne und Checklisten. 90 % des Erfolgs sind der Vorbereitung zu verdanken.

180 Monologische Formen der mündlichen Kommunikation

Gruppenarbeit (Fünfer-/Siebenerteam)

Sie erhalten als Team einer bestimmten Berufsgruppe die Möglichkeit, sich mit Ihrer Arbeit auf einer Tagung zu präsentieren. Den Teilnehmerkreis bilden Fachschulgruppen aus Österreich und der Schweiz, die mögliche Kooperationspartner werden könnten und so Ihr Arbeitsfeld um einen interessanten Aspekt erweitern würden (z.B. neue Absatzmöglichkeiten oder praktischer Austausch).

Der Tagungsveranstalter bittet um ein vorläufiges Konzept der Präsentation mit Zielangabe und einer Aufstellung der notwendigen Mittel. Verwenden Sie für die Erarbeitung nach Möglichkeit Elemente der Moderationsmethode.

Scheindialog ◆ Eine sehr spezielle Form der Gedankenvermittlung, nämlich zwischen Monolog und Dialog, wird in dem Buch „Deutsche Prosa – Parodien", herausgegeben von W. Freund und W. Freund-Spork, Verlag Philipp Reclam jun., Stuttgart 1988, auf Seite 138 f. dargestellt.

Dieter Saupe
Monologischer Dialog im Literarischen Safthaus
Ein Podiumsgespräch
Nach Marcel Reich-Ranicki

„Willkommen also im Literarischen Safthaus und gleich in medias res, meine Herren: es gilt, die Notwendigkeit der Literaturkritik im Gegensatz zur fragwürdigen Existenzberechtigung der Literatur zu diskutieren, wobei natürlich zu beachten ist, dass ein Kritiker noch lange kein Kritiker ist, das heißt, ich meine doch glauben zu dürfen, dass ich zu den Allerersten gehöre, wie Sie, lieber Mayer, immer wieder bestätigten, und da darf ich gleich am Anfang ... ja, ja, lieber Böll, Sie dürfen ja gleich ein Wort ... aber bitte nur diesen einen ganz kurzen Gedanken noch ... mit Ihnen habe ich sowieso noch ein paar Hühnchen ... und wenn Sie mir darin auch nicht Recht geben, so ist Ihr ‚Irisches' Tagebuch doch ein Werbefeldzug für die Armut gewesen, bitte bitte lieber Frisch melden Sie sich doch nicht immer gleich zur Sache, denn der Kritiker hat das Recht abzuschweifen und lassen Sie mich nur noch diesen kleinen kurzen Gedanken, ich meine, der Kritiker muss ja seine intellektuelle Vielschichtigkeit beweisen, und wenn wir nun einmal über die Sonette Shakespeares diskutieren, wobei ich bemerken möchte, dass die Desbordes-Valmore natürlich auch welche geschrieben hat, so möchte ich doch meinen dürfen glauben zu können, dass wir das nicht ohne die Beachtung der Prosa der Berber tun sollten, nicht wahr lieber Böll nein lächeln Sie nicht, ich weiß jetzt was Sie denken, das heißt, ich weiß was Sie jetzt denken, sehr richtig lieber Frisch, ich ahne da einen Einwand von Ihnen und Sie dürfen sofort im Anschluss an diesen meinen kurzen Gedanken etwas dazu ... aber bitte lassen wir diese etwas rude oder auch rüde Rudheit in der Musikalität der Esoterik der Feuerländischen Versprosa nicht außer Acht, wobei ich Sie erinnern möchte, dass Sie ja wissen, gewiss, dass ich unmusikalisch bin, aber dass ich ein unmusikalischer Flegel sein kann, habe ich doch, nicht wahr lieber Mayer, unlängst in dem Hause jenes Mannes mit dem drittrangigen Korrespondenzpartnern erfahren ganz recht ganz richtig Sie denken da an Thomas Mann, bitte bitte lieber Böll nur noch diese eine ganz kleine kurze Minute, ich möchte eigentlich noch gern etwas über meine Kenntnisse der dreizehntausend dichterischen Gesamtwerke einschließlich der Bibliographien hinzufügen, aber ich sehe ich werde sie in dieser wieder einmal überzogenen Sendestunde des Dritten Programms nicht unterbringen ... und wenn Sie jetzt vielleicht ganz kurz lieber Böll und lieber Frisch, aber da sehe ich die Zeit ist tatsächlich

um, bedauerlicherweise, ich könnte noch stundenlang so fortfahren, und so darf ich eben nur noch ganz kurz mein Schlusszitat sprechen, das ich erst dreiundsiebzigmal an den Schluss dieses unseres gemeinsamen Gespräches gesetzt habe, nämlich, um mit Brecht zu reden, Sie wissen lieber Mayer, der Vorhang fällt, und alle Fragen sind offen, was ich hoffentlich bewiesen habe, ich danke Ihnen für Ihre rege Beteiligung."

A Aufgaben

1. Vorbereitungen zum Vortrag, die Umfang, Inhalt und Aufbau betreffen, sollten von vornherein auf die Bedingungen des Vortrags (z.B. Leistungsfähigkeit des Redners, Fassungskraft des Publikums) ausgerichtet werden. Wie ist diese Aussage zu verstehen?

2. Mit einem geeigneten „attention step" möchte man die Zuhörer von der ersten Minute an fesseln. Ist eine so weitgehende Forderung zu erfüllen?

3. Für den inhaltlichen Aufbau eines Vortrags gibt es einige bewährte Grundmuster.
   3.1 Welche kennen Sie?
   3.2 Gibt es Kriterien für die Auswahl des jeweils geeigneten Grundmusters?

4. Zur optimalen Gestaltung des Vortrags lassen sich Regeln bilden. Stellen Sie sieben Regeln bzw. Grundsätze auf, die nach Ihrer Überzeugung eine optimale Vortragsgestaltung gewährleisten.

5. Die sog. Anlassrede unterscheidet sich von einem professionellen Vortrag in mehreren Punkten. Welche Unterschiede können Sie feststellen?

6. Die Präsentation ist eine Vortragsform eigener Prägung.
   6.1 Wodurch ist die Präsentation gekennzeichnet?
   6.2 Welche Gesichtspunkte müssen berücksichtigt werden, um eine optimale Gestaltung zu sichern?

B Methodische Anmerkungen

Der **Vortrag** als Methode zur Übermittlung von Informationen bzw. Überzeugungen und von daraus abgeleiteten Appellen gilt als eine der traditionsreichsten Kommunikationsformen, insbesondere im politischen und rechtlichen Raum. Im kirchlichen Raum hat sich die **Predigt** als spezielle Ausprägung herausgebildet.
Die **Anlassrede** stellt seit Entstehung eines breiteren Bürgertums (19. Jahrhundert) eine spezifische Kulturform dar.
Die **Präsentation** ist erst seit einigen Jahrzehnten üblich geworden, insbesondere im wirtschaftlichen und im politischen Bereich sowie im Bereich der Weiterbildung.

Moderne Techniken der Präsentation

◆ **Overhead-Display**
Über die bisher übliche Methode des Overheadprojektors hinaus wird heute vielfach mit dem Overhead-Display gearbeitet. Das Display ist ein Ausgabemedium, wie es auch bei den portablen Rechnern zu finden ist. Die Technik basiert nicht wie bei den üblichen Rechnern auf Monochrom-Röhren, sondern auf einer Flüssigkristallanzeige.
Beim Overhead-Display wird die Anzeige vom Display auf eine Leinwand projizierbar gemacht (vergleichbar der Folie beim Overheadprojektor)

Monologische Formen der mündlichen Kommunikation

◆ **Notebook**

Eng verbunden mit dieser Technik ist das Notebook, dessen Ausgabegerät ebenfalls ein Display ist. Notebooks sind kleine portable Rechner, die i.d.R. eine Grundfläche von ca. DIN A4 aufweisen, heute zwischen 2–4 kg wiegen und in jede Aktentasche passen. Heutzutage sind sie aus dem Außendienst der meisten Firmen nicht mehr wegzudenken. Mit ihrer Hilfe lassen sich – mit entsprechender Software – z.B. Umsatzentwicklungen, Marktprognosen u.a. darstellen.

Angeschlossen an ein Overhead-Display, ist das Notebook beispielsweise auch bei einem Vortrag einsetzbar.

◆ **Powerpoint**

Eines der bekanntesten Präsentationsprogramme ist Powerpoint. Mit diesem Programm lässt sich jeder Vortrag, jedes Thema optisch ansprechend präsentieren. In Powerpoint selbst stehen verschiedene Themen zur Auswahl. Danach wird der Typ der Präsentation festgelegt und die entsprechende Vorlage an Folien, wie die Bildseiten hier heißen, erstellt. Eigene Texte, Tabellen, Grafiken und Diagramme können auf den Folien je nach Belieben angeordnet werden. Auch ist es möglich, Tabellen und Texte aus den Tabellenkalkulations- bzw. Textverarbeitungsprogrammen des gleichen Herstellers einzubinden. Man kann des Weiteren auswählen, ob die Präsentation als Dia- oder Bildschirmshow oder als farbige bzw. schwarz-weiße Overheadfolienshow erfolgen soll. Neben den Folien lassen sich auch Handzettel und Gliederungen drucken. Damit wird es für die Zuhörer leichter, dem Vortrag zu folgen. Reihenfolge und Standzeit jeder Folie können festgelegt werden, so dass der Ablauf später automatisch erfolgt. Ebenfalls möglich ist ein Einbinden von Videoclips oder Klangelementen in die Präsentation.

(vgl. dazu: Döring, Hagel, Handlungsfeld Wirtschaftsinformation/Organisation, Stam Verlag, Köln 1996)

C Literatur

Ammelburg, Gerd, Erfolgreich reden – leicht gemacht, Herderbücherei Band 834, Freiburg 1980

Ammelburg, Gerd, Aussprachen und Reden für alle Anlässe, Herderbücherei Band 835, Freiburg 1981

Döring, Thomas, Hagel, Heinz, Handlungsfeld Wirtschaftsinformation/Organisation, Stam-Verlag, Köln 1996

Freund, W., Freund-Spork, W. (Hgg.), Deutsche Prosa-Parodien, Verlag Philipp Reclam jun., Stuttgart 1988

Gelb, Michael, J., Überzeugend reden, erfolgreich auftreten, Synchron-Verlag, Berlin 1989

Gröschel, U.C., Reden vorbereiten – Reden halten, Bund-Verlag, Köln 1994

Hartmann, Martin, Funk, Rüdiger, Nietmann, Horst, Präsentieren, Beltz Verlag, Weinheim 1991

Kratz, Hans-Jürgen, Rhetorik, Modul-Verlag, Wiesbaden 1989

Schweinsberg-Reichart, Ilse, Rednerschulung, Kerle-Verlag, Heidelberg 1978

Seifert, Josef W., Pattay, Silvia
Visualisieren – Präsentieren – Moderieren, GABAL-Verlag, Speyer 1990

7 Besonderheiten der schriftliche Kommunikation

Herr F. Severin arbeitet seit fünfzehn Jahren bei einer Krankenversicherung. Nach der Ausbildung arbeitete er zunächst acht Jahre als Sachbearbeiter, seit knapp fünf Jahren ist er Gruppenleiter.
Am Wochenende liest er im Stellenteil der Tageszeitung die Annonce einer „der größten Krankenversicherungen" in der Region – der LAZARUS AG –, die eine(n) Abteilungsleiter/Abteilungsleiterin sucht.
Das beschriebene Aufgabengebiet passt auf Herrn Severin. Er überlegt, ob er sich bewerben soll.

Nicco Necker unternimmt eine vierwöchige Reise durch Alaska; er will mit einem Wohnmobil und einem Kanu in die Wildnis. Die Pflege seines Hauses sowie des Gartens hat sein Neffe Carl Curator übernommen.
Der Onkel ist seit zwei Tagen unterwegs. Carl betritt das Haus und findet einen an ihn adressierten Brief, in dem ihm der Onkel zusätzlich zu den getroffenen mündlichen Absprachen noch einige Ratschläge erteilt und Hinweise gibt, wie er z.B. einige Sträucher gießen und den Rasen sprengen soll.
Leider ist Onkel Necker in der schriftlichen Mitteilung nicht gerade geübt; viele Ausführungen sind unklar bzw. widersprüchlich und damit unverständlich.

7.1 Die Distanz zum Partner

In beiden Situationen handelt es sich zunächst um eine **einseitige Kommunikation**. Die Krankenversicherung hat diejenigen Elemente der Stellenbeschreibung sowie die Informationen über das Unternehmen in die Annonce aufgenommen, die sie für ausreichend und informativ gehalten hat.
Als langjähriger Mitarbeiter einer Krankenversicherung kennt Herr Severin natürlich die LAZARUS AG, er kann sich die beschriebene Stelle auch ungefähr vorstellen, er hat aber zunächst – vor einem eventuellen Vorstellungsgespräch – keine Möglichkeit, Fragen zu stellen und Unklarheiten zu beseitigen.
Der Neffe Carl hat einige Probleme. Er kennt zwar von vielen Besuchen Haus und Garten des Onkels, vor dessen Abreise hatte es ja auch eine kurze mündliche Einweisung gegeben. Aber einige Aufgaben kann er nur ungenau wahrnehmen, da der Onkel leider nicht präzise gewesen ist.
Er hat auch keine Chance, die Unklarheiten zu beseitigen, da der Onkel für die nächsten vier Wochen nicht zu erreichen ist.

Rückfragen nicht möglich

In beiden Situationen zeigt sich der Unterschied zur mündlichen Kommunikation darin, dass keine Möglichkeit besteht, Unklarheiten unmittelbar nach der Lektüre zu klären.

Mündliche Kommunikation dagegen zeichnet sich u.a. gerade dadurch aus, dass in einem Wechselspiel zwischen den Teilnehmern Fragen, Rückfragen und Antworten direkt möglich sind.

7.2 Der Text als alleiniger Informationsträger

Non-verbale Elemente fehlen

In den beiden Situationen fehlt auch die Möglichkeit, die Palette der non-verbalen Kommunikationsinstrumente – Körpersprache, Mimik und Gestik – einzusetzen. Der **Text** ist die einzige Ebene, der **alleinige Träger der Information**.

In einem Gespräch mit dem Hauptabteilungsleiter der LAZARUS AG könnten sowohl dieser als auch der Bewerber Severin aus vielen Beobachtungen – Haltung, mimische Reaktionen usw. – Rückschlüsse auf die verbalen Informationen ziehen. Bei der schriftlichen Bewerbung an einen nur unter dem Firmennamen bekannten Adressaten fehlen diese Informationen beiden Seiten. Die Information beschränkt sich bei der LAZARUS AG auf die Sichtung der Bewerbungsunterlagen (vgl. dazu die Ausführungen in Kap. 11.10).

Der Neffe Carl befindet sich in einer unangenehmen Situation. Er schätzt seinen Onkel, die beiden haben ein gutes Verhältnis zueinander, er möchte daher natürlich nichts falsch machen.

Er hat so nur die Möglichkeit, die Ausführungen des Onkels zu interpretieren, wie er es für richtig und angemessen hält. Es wird sich erst im Laufe der Zeit zeigen, ob er irgendwelche Blumen zu wenig oder zu viel gegossen hat.

Aufgaben

1. Denken Sie an Ihre Wohnung/Ihr Haus.
   Schreiben Sie eine „Wartungsanleitung" für einen fiktiven Hausverwalter.
2. Analysieren Sie einige Annoncen aus dem Stellenmarkt Ihrer Tageszeitung. Prüfen Sie, inwieweit Fragen nach dem Unternehmen oder der ausgeschriebenen Stelle offen bleiben.

7.3 Der Austausch schriftlicher Informationen

Die Leo Löt GmbH – Metallwaren – möchte bei der Gebrauchsöle GmbH vier Fässer zu je 50 Liter Schmieröle der Güte SO 380/10 bestellen. Der zuständige Sachbearbeiter im Einkauf, Ferdie Flott, hat Stress. Viele Dinge sollen möglichst schnell erledigt werden; im Übrigen möchte er heute unbedingt pünktlich den Betrieb verlassen.
Er arbeitet wie üblich mit einem PC, die Bestellung wird mit Hilfe eines Textverarbeitungssystems mit Textbausteinen aufgegeben. Der Brief geht mittags zur Post.
Um 15.20 Uhr stellt Flott mit einem zufälligen Blick auf die Bestellung fest, dass er irrtümlich 40 statt der benötigten vier Fässer bestellt hat. Pech! Der Brief ist bereits unterwegs.
Was ist zu tun?

Die TON AG – Hifi- und Fernsehgeräte – liefert dem Großhändler Vidi GmbH termingerecht die bestellten 20 Fernsehgeräte.
Vier Tage später stellt ein Lagerarbeiter bei Vidi fest, dass ein Karton massiv beschädigt ist, so dass die Scheibe des darin befindlichen Gerätes große Kratzer hat. Bei dieser Gelegenheit prüft er auch den Inhalt der anderen 19 Kisten und stellt Folgendes fest:

Drei Geräte mit der Nummer G 18/3 sind überhaupt nicht bestellt worden, zwei Geräte weisen deutliche Kratzspuren auf dem Glas auf und drei Geräte des Typs G 22/30 sind überhaupt nicht geliefert worden.
Zehn Tage später verfasst die Vidi GmbH eine Mängelrüge und schickt diese an die TON AG.
Wie ist der Vorgang zu beurteilen?
Was ist zu tun?

In beiden Fällen liegen **schriftliche Willensäußerungen** – zwei Bestellungen – vor. Der Sachbearbeiter der Leo Löt GmbH hat eine schriftliche Bestellung als Antrag auf den Abschluss eines Kaufvertrages abgegeben. Die TON AG liefert auf der Grundlage einer vorher erfolgten Bestellung der Vidi GmbH, die durch schriftliche Bestellungsannahme bestätigt worden war.

Die Regelung beider Sachverhalte muss unter juristischen Aspekten – Anbahnung, Abschluss und Erfüllung des Kaufvertrages – sowie kaufmännischen Überlegungen erfolgen.

Der Sachbearbeiter muss, möglichst schriftlich, in diesem Falle am besten per Fax, seine **Bestellung korrigieren**, entweder noch bevor der Brief die Gebrauchsöle GmbH erreicht oder spätestens zu dem Zeitpunkt, an dem die Bestellung dort eintrifft.

Die Vidi GmbH wird sich mit größeren Schwierigkeiten und entsprechendem „Papierkram" auseinander setzen müssen.
Die TON AG wird sich zunächst darauf berufen, im Sinne des Bürgerlichen Gesetzbuches die Ware ordnungsgemäß und termingerecht übergeben zu haben. Die massive Beschädigung des Kartons müsse daher nach der Übergabe an den Kunden erfolgt sein. Hier ist die Vidi GmbH in Beweisnot, diese Beschädigung hätte sie bei der Auslieferung entweder durch den Frachtführer bestätigen lassen müssen oder sie hätte die Annahme der beschädigten Ware verweigern sollen. Da es sich bei den anderen Mängeln um **offene Mängel** handelt, war es bei einem zweiseitigen Handelskauf die Pflicht der Vidi GmbH, **unverzüglich zu rügen**. Ihre Verzögerung ist unzulässig.

Wie konnte es dazu kommen?

Durch Hektik und Stress sowie mangelnde Kenntnis der juristischen und kaufmännischen Gegebenheiten wurden Texte verfasst, die Probleme bereiten werden.

Im Falle der Leo Löt GmbH ist mit dem Fax der **Irrtum in der Erklärung widerrufen** und Schaden abgewendet worden.

Im zweiten Falle ist zu erwarten, dass zwischen der TON AG und der Vidi GmbH noch einige Briefe hin und her geschickt werden. Jede Seite wird ihre Position darlegen und Wünsche bzw. Forderungen stellen oder ablehnen.

Der Unterschied zur mündlichen Kommunikation besteht darin, dass **Texte die alleinige Kommunikationsgrundlage** sind. Die Verfassung und Deutung der Texte ist zeitaufwendig und führt im schlechtesten Falle zu juristischen Auseinandersetzungen, die letztlich mit der Interpretation von Gesetzen, also wiederum Texten, enden.

Korrekturen weitaus komplizierter als bei mündlicher Kommunikation

186 Besonderheiten der schriftlichen Kommunikation

A Aufgaben

1. Sie sind Einkäuferin/Einkäufer einer Industrieunternehmung. Seit einiger Zeit hat die Zuverlässigkeit eines langjährigen Lieferers deutlich nachgelassen. Bei zwei Lieferungen kam es jeweils zu Lieferverzögerungen von fünf Tagen, eine weitere musste wegen Mängeln in der Qualität und eine andere wegen z.T. falscher Abmessungen beanstandet werden. Da es sich um relativ hohe Auftragssummen handelt und eine kontinuierliche Produktion in Ihrem Unternehmen sichergestellt werden muss, müssen Sie nun aktiv werden.

   1.1 Skizzieren Sie stichwortartig ein Gespräch, das Sie mit dem Verkaufsleiter im Büro des Zulieferers führen. Berücksichtigen Sie dabei die in den Kapiteln 2–5 dieses Buches erworbenen Kenntnisse.

   1.2 Stellen Sie Ihre Kritik und Ihre Wünsche zur Wiederherstellung guter Geschäftsbeziehungen in einem Brief an den Verkaufsleiter dar.

   1.3 Vergleichen Sie Ihre Antworten zu 1.1 und 1.2. Welche Gemeinsamkeiten und welche Unterschiede lassen sich aus diesen beiden kommunikativen Situationen ableiten?

2. „Irren ist menschlich!" lautet ein gern und häufig vorgebrachtes Sprichwort zur Entschuldigung eigener Fehler.
   Skizzieren Sie mit Hilfe eines konkreten – gegebenenfalls erfundenen – Beispiels aus Ihrer beruflichen Praxis die Folgen eines „Versehens" im kaufmännischen Schriftverkehr. Zeigen Sie dabei alle erlebten bzw. denkbaren Folgen und Schwierigkeiten auf.

B Methodische Anmerkungen

Im Kapitel 7 – wie auch in den folgenden Kapiteln zur schriftlichen Kommunikation – finden sich Handlungssituationen, die durch schriftliche Vorgänge veranlasst und in schriftlicher Form bearbeitet und gelöst werden sollen. Durch private und berufliche Anlässe sollen handlungsorientierte, schriftliche Reaktionen ausgelöst und formuliert werden. Die Aufgaben im Text sowie am Ende der Kapitel erwarten und fordern ein aktives Mitarbeiten: Das eigene Schreiben als Antwort auf konzipierte Aufgabenstellungen soll über das „Lesen" schriftlicher Informationen zum aktiven Nachvollziehen und Anwenden der Besonderheiten der schriftlichen Kommunikation führen. Gerade für diesen Bereich soll durchgehend das Prinzip „Learning by doing" gelten.

C Literatur

Baumgärtner, Klaus, Steger, Udo, u.a. (Hgg.), Funk-Kolleg-Sprache. Eine Einführung in die moderne Linguistik, 2 Bde., Fischer, Frankfurt am Main 1977

Beier, Heinz, Grundkurs Deutsch 1 – Kommunikation, Rhetorik, Drama, Bayerischer Schulbuch Verlag, München 1980

Steinmüller, Ulrich, Kommunikationstheorie, Stuttgart 1977

Ulrich, Wienfried, Wörterbuch linguistischer Grundbegriffe, Hirt's Stichwortbücher, Kiel 1975

8 Beschaffung und Auswahl der Informationsquellen

8.1 Der Weg zur Information

Claudia B. bildet sich weiter. Vor einem Jahr hat sie an einer Wirtschaftsfachschule in Abendform damit begonnen, ein sechs Semester dauerndes Studium zur Staatlich geprüften Betriebswirtin zu absolvieren. Nun, in ihrem dritten Semester, wird in einer der Veranstaltungen von jeder Teilnehmerin/jedem Teilnehmer erwartet, zu einer Fragestellung aus dem Bereich der Absatzwirtschaft ein Referat anzufertigen und auch vor der Gruppe zu halten.
Claudia B hat eine derartige Aufgabe noch nie übernommen.
Was ist zu tun?

Aufgaben

1. Suchen Sie sich einen Themenbereich aus Ihrem persönlichen Arbeitsbereich.
2. Stellen Sie sich selbst eine entsprechende Aufgabe.
3. Wie würden Sie an das Problem herangehen?
4. Woher würden Sie die erforderlichen Informationen nehmen?
5. Wie würden Sie Ihr Referat konzipieren?

* **Informationsflut**

  Eine der Facetten unserer Gesellschaft ist die „**Informationsgesellschaft**". Dahinter verbirgt sich die im privaten als auch im beruflichen Leben beobachtbare Anhäufung der uns zur Verfügung stehenden Informationen.

  Jeder Mensch ist – in unterschiedlicher Intensität – dazu gezwungen, sich täglich mit einer Vielzahl von Informationen auseinander zu setzen und zu entscheiden, was für ihn relevant ist und ob und in welchem Maße er sie verarbeiten bzw. darauf reagieren soll. *Informationsnotwendigkeit*

  Die dazu erforderliche Arbeit und Zeit kann nicht mehr geleistet bzw. aufgebracht werden. Eine Konsequenz besteht in der **Überreizung**: Informationen werden gehört und gelesen, aber im Sinne der Kommunikation nicht entschlüsselt und verarbeitet; eine andere besteht in der expliziten **Aufnahmeverweigerung**. *Informationsbefähigung*

  Das selektive und systematische **Auswählen** und **Verarbeiten** wird zur intellektuellen Leistung; es scheint, dass der Mensch mit der Entwicklung der Informationstechnologie nicht Schritt halten kann:
  „Aber bis in die vierziger Jahre des 19. Jahrhunderts konnten sich Informationen nur so schnell fortbewegen, wie ein Mensch sie transportieren konnte; genau genommen: so schnell, wie ein Eisenbahnzug fahren konnte, nämlich, um es noch genauer zu sagen, etwa 55 Kilometer in der Stunde."
  (Postman, Neil, Wir amüsieren uns zu Tode, Urteilsbildung im Zeitalter der Unterhaltungsindustrie, Fischer TB, Frankfurt am Main 1988, S. 83)

Wie aber löst Claudia B. ihr Problem?
Ihr nützen die Hinweise auf die Informationsgesellschaft wenig. Sie weiß nicht, wo und wie sie sich aus der Flut der möglichen Informationen die für sie wesentlichen heraussuchen soll.

8.2 Quellen zur Informationsbeschaffung

Praktische Hinweise zur Informationsbeschaffung

* Hier sind zunächst die vielfältigen **alltäglichen Informationsmöglichkeiten** in Textform zu nennen:
  Zeitungen, Zeitschriften, Fachbücher, Nachschlagewerke und Lexika. Öffentliche Büchereien in den Gemeinden, Institute und Universitäten stehen hier zur Verfügung.

* Wer bereit ist, für die Informationen zu zahlen, der kann sich über den **Buchhandel** aktuelle Literatur beschaffen oder Zugriff auf moderne elektronische Datenbanken nehmen. Letzteres kann über den Erwerb einer CD-ROM oder durch Streifzüge – per Modem über die Telefonleitungen – in entsprechenden Datennetzen vom PC aus erfolgen.

* Hat man ein Buch oder einen Fachaufsatz zum Thema gefunden, so kann man durch das **Sichten** der dort wiederum genannten **Literatur** zu weiteren verwendbaren Quellen gelangen.

* Auch Firmen, Behörden – z.B. die Pressestellen der Ministerien –, Vereine und Institutionen sind i.d.R. hilfsbereit und stellen oft kostenloses **Informationsmaterial** zur Verfügung.

Claudia B und ihre Weiterbildung

Claudia B. hat viel Arbeit vor sich. Nach Büchern muss erst gesucht werden. Wer dies weder in Stadt- noch in Universitätsbibliotheken je versucht hat, wird sich zunächst mit dem dortigen System vertraut machen müssen – auch dies kostet einige Zeit!
Hat man einen geeignet scheinenden Buchtitel gefunden, kann es sein, dass das Buch zz verliehen ist. Kann man es einsehen bzw. ausleihen, dann hält der Titel gelegentlich nicht das, was er verspricht.

Nehmen wir einmal an, Claudia B. hat nach längerer Suche einige Bücher und einige fotokopierte Aufsätze aus Fachzeitschriften zusammengetragen. Nun beginnt die **inhaltliche Arbeit**. Die Texte müssen gelesen und die Aussagen und Thesen zu einem Referat sinnvoll zusammengefasst werden.

Dies ist nun ein langer Prozess, zu dessen Bewältigung Sie in den folgenden Kapiteln dieses Buches eine Reihe von Hilfen und Anregungen finden werden.

A Aufgaben

1. Listen Sie auf, wie viele Zeitungen, Zeitschriften, Bücher und andere gedruckte Informationsquellen Sie in den letzten ein bis zwei Wochen in die Hand genommen haben. Wie viel davon haben Sie „gelesen"? Wie viel von dem, was Sie „gelesen" haben, haben Sie behalten? Woran erinnern Sie sich noch? Beurteilen Sie abschließend den tatsächlichen Nutzen, den Sie aus dieser Lektüre gezogen haben.

2. Viele Menschen haben eine ausgeprägte „Schwellenangst" vor Bibliotheken. Gehören Sie auch dazu?
   Falls Sie in Ihrem beruflichen Werdegang noch nie einen solchen Besuch absolvieren mussten, so wagen Sie den Besuch in einer Bibliothek. Den einfachsten Zugang haben Sie in der Regel zu der Stadtbücherei. Machen Sie sich mit einem derartigen System vertraut, indem Sie sich zusätzliche Bücher zum Thema „Kommunikation" suchen und ausleihen.

B Methodische Anmerkungen

In diesem Kapitel soll gezeigt werden, wie angesichts der Informationsflut die Suche und Auswahl der relevanten Informationen durchgeführt werden kann. Die systematische Suche nach Informationsquellen ist die Grundlage für das weitere Arbeiten, die Erschließung von Texten und die eigene schriftliche Formulierung von Wünschen und Absichten.

C Literatur

Burchardt, Michael, Leichter studieren, Wegweiser für effektives wissenschaftliches Arbeiten, Berlin Verlag Spitz, Berlin 1995

Hülshoff, F., Kaldewey, R., Mit Erfolg studieren, Studienorganisation und Arbeitstechniken, C.H. Beck Verlag, München 1993

Lück, W., Technik des wissenschaftlichen Arbeitens, Seminararbeit, Diplomarbeit, Dissertation, Hitzeroth Verlag, Marburg 1990

Postman, Neil, Wir amüsieren uns zu Tode, Urteilsbildung im Zeitalter der Unterhaltungsindustrie, Fischer TB, Frankfurt am Main 1988

Theisen, Manuel R., Wissenschaftliches Arbeiten, Technik, Methodik, Form, Vahlen Verlag, München 1993

9 Lesen als Informationserwerb

9.1 Was bedeutet „Lesen" eigentlich?

Der Leiter der Vertriebsabteilung hat seine Gruppenleiter und Mitarbeiterinnen und Mitarbeiter in den zurückliegenden Wochen und Monaten mit verschiedenen Rundschreiben, mit Zahlenmaterial und zahlreichen Informationen unterschiedlichster Art „eingedeckt". Eine kurzfristig einberufene Versammlung der acht Gruppenleiter beginnt er mit den Worten: „Wie Sie sich erinnern werden, habe ich Sie mit einem inzwischen drei Wochen zurückliegenden Info über die Varianten zur Optimierung der Arbeit unserer Reisenden informiert. Nehmen Sie zu meinen Vorschlägen Stellung!"

Aufgabe

Versetzen Sie sich in die Lage eines der beteiligten Gruppenleiter.
Haben Sie dieses Info gelesen? Wie haben Sie es gelesen? Was haben Sie davon behalten? Wie „retten" Sie sich in dieser Situation?

Eine andere Situation soll Ihnen weitere Aspekte der Information durch Lesen aufzeigen.

Gustav Glücklich und Grete Glücklich, seit gerade zwei Wochen verheiratet, wollen ihre gemeinsame Wohnungseinrichtung um einen Schrank für ihr Wohnzimmer erweitern. Nach der Lektüre einiger Prospekte sowie Besuchen in verschiedenen Einrichtungshäusern haben sie sich für das Modell „Little Mountain" des Möbelhauses FOREST GmbH entschieden. Das Beratungsgespräch mit dem Verkäufer verlief freundlich und problemlos, „der Papierkram" wurde schnell „erledigt", Gustav Glücklich unterschrieb den Kaufvertrag und leistete ein Anzahlung in Höhe von 400,– DM mit einem Euroscheck.

Sechs Wochen später:
Die beiden sitzen in ihrem Wohnzimmer – ohne Schrank! – und lesen den Kaufvertrag nebst den allgemeinen Geschäftsbedingungen nun genauer.

Genaues Lesen unabdingbar

Was war geschehen?
Nachdem zum mündlich vereinbarten Liefertermin – nach zwei Wochen – der Schrank nicht geliefert worden war, hatte der Verkäufer von einem festen Termin angeblich nichts gewusst und auf die „Allgemeinen Geschäftsbedingungen" verwiesen.

9.1.1 Die Begriffe

„Wissen ist Macht!" – so lautet ein Ausspruch, der Napoleon zugeschrieben wird. Vor Jahrhunderten waren die Möglichkeiten, Wissen zu erwerben, auf kleine privilegierte Gruppen der Bevölkerung beschränkt. Es gab nur wenige, die Lesen und Schreiben konnten und damit den Zugang zu Wissen und Macht besaßen. In unserer Gegenwart hat sich das Problem verlagert, es gibt nicht zu wenige, sondern zu viele Informationsquellen und Informationen.

◆ Lesen

Die Tätigkeit „Lesen" leitet sich von dem lateinischen Verb „legere" ab und bezeichnet die Fähigkeit, Gedrucktes und Geschriebenes zu entziffern, d.h., eine Abfolge fixierter sprachlicher **Zeichen** im Sinne der Kommunikationstheorie zu **verstehen**. „Verstehen" fasst dabei die Einordnung der Mitteilung in Sprach- und Sinnzusammenhänge zusammen.

Erfassung der Sprach- und Sinn- zusammen- hänge

Lesen ist also darauf angewiesen, dass der Leser den Zusammenhang zwischen dem Bezeichneten und dem Bezeichnenden kennt bzw. in seinen **Erfahrungs- und Assoziationsbereich** einordnen kann.

Einordnung des Gelese- nen in den Erfahrungs- und Assozia- tionsbereich

Beispiel Das Bezeichnete ist ein „Holzgewächs mit einfachem Stamm und einer Krone aus beblätterten Zweigen".
Der Bezeichnende kann nun – je nach gewähltem sprachlichen Code – in der deutschen Sprache „Baum", in der französischen Sprache „l'abre" oder in der englischen „tree" lauten. Sofern beide Teilnehmer der Kommunikation sich in derselben Sprache bewegen, kann „gelesen" werden, d.h. schriftliche Kommunikation stattfinden.

Das Bezeichnete sind Gebilde aus gefrorenem Eis, die Bezeichnung lautet „Schneemann". Besitzt ein Leser oder Hörer – etwa ein Mitglied eines Eingeborenenstammes in Afrika – weder Erfahrungen noch Assoziationen bezüglich dieses Wortes und seiner Bedeutung, so kann keine Kommunikation stattfinden.

◆ Information

„Information" leitet sich vom lateinischen Substantiv „informatio" ab und bedeutet wörtlich übersetzt „Vorstellung".
Im Sinne der Kommunikationswissenschaft wird jede zur Weitergabe geeignete und bestimmte sowie für den Empfänger erkenn- und entschlüsselbare Information zu einer **Wissenseinheit**.

Beispiel Für das Kleinkind ist der abstrakte Begriff der Zeit nur konkret erfahrbar. Erst im Laufe des Heranwachsens wird die Information einer Uhr erkenn- und entschlüsselbar – mit den sich daraus konkret ergebenden Auswirkungen auf das Leben.

9.1.2 Überblick über einige schriftliche Informationsträger

Zu den Informationsträgern sind diejenigen **Medien** zu zählen, die Wissenseinheiten vermitteln können:

Die wichtigsten schriftlichen Medien im Überblick

- Zeitungen
  Lokalzeitung, Tageszeitung, Wochenzeitung

- Zeitschriften
  Fachzeitschriften

- Fach-/Sachbücher
  Computerhandbücher, Fremdwörterbücher

- Lexika
  Enzyklopädien

- EDV-Systeme
  Diskette, CD-ROM, Online-Datenbanken

9.2 Funktionen von Texten

Texten, aber generell allen sprachlichen Äußerungen werden grundsätzlich drei Funktionen zugewiesen:

Grundfunktionen der sprachlichen Äußerungen

* **Ausdrucksfunktion**
  z.B.: Kommentar, Erzählung, Tagebuch, lyrische Texte ...
  Im Text drückt der Verfasser seine persönliche Meinung, seine Gedanken oder auch seine Gefühle aus.

* **Appellfunktion**
  z.B.: Werbung, Gesetz, Rede ...
  Der Sprecher/Verfasser hat hier die Beeinflussung des Adressaten zum Ziel. Dieser soll dazu gebracht werden, z.B. ein bestimmtes Produkt zu kaufen.

* **Darstellungsfunktion**
  z.B.: Nachricht, Bericht, Protokoll ...
  Die Funktion einer entsprechenden sprachlichen Darstellung liegt in der möglichst objektiven Information über einen Sachverhalt oder ein Ereignis.

Um diese Funktionen/Aufgaben zu erfüllen, müssen jeweils die entsprechenden formalen und stilistischen Mittel eingesetzt werden. Beispiele und Erläuterungen dazu finden Sie im Laufe der folgenden Kapitel.

9.3 Kommunikationsprobleme beim „Lesen"

Prozess des Lesens/ Merkmale

Das Lesen ereignet sich in der Regel als ein Prozess, bei dem ein einzelner Leser schriftlichen und abstrakten Zeichen Bedeutungen zuordnet und diese in einen Zusammenhang bringt. Dies ist ein einseitiger Vorgang, bei dem z.B. Rückfragen nur dann möglich sind, wenn der Autor auch anwesend ist. Lesen ist ein aktiver Prozess des Erarbeitens und Verarbeitens von Informationen.

Der Abteilungsleiter hat seinen Mitarbeiterinnen und Mitarbeitern wohl zu viel zugemutet. Es kann sicherlich unterstellt werden, dass sowohl Sachbearbeiter als auch Gruppenleiter ausreichend mit dem sog. Tagesgeschäft beschäftigt sind. Werden diese dann von der Führungsebene mit Informationen und Material – „Lesestoff" – eingedeckt, so kann dies alles nicht mehr in sinnvoller Weise Berücksichtigung finden.
Eine kurzfristig einberufene Mitarbeiterbesprechung bringt viele in zusätzlichen Zeitdruck; eine fehlende Tagesordnung macht die Veranstaltung offen für thematische Überraschungen.

Gustav Glücklich wird, sollte er seine Informationsverarbeitung nicht einer Revision unterziehen, nicht immer ein glücklicher Mensch sein. Vor der Unterschrift unter einen Kaufvertrag wird er wohl künftig den Text einer genaueren Untersuchung unterziehen.

Aufgaben

1. Versetzen Sie sich in die Situation eines der Gruppenleiter, der zwar alle Unterlagen mit in die Besprechung gebracht hat, der sich aber nicht mehr an die Einzelheiten dieses besonderen Infos erinnern kann.
   Überlegen Sie – auf der Basis der ersten beiden Kapitel dieses Buches –, wie in dieser Situation verfahren werden sollte.

2. Prüfen Sie sich selbst!
   Lesen Sie bei Kaufverträgen alle (!) Passagen durch, bevor Sie unterschreiben?
   Lesen Sie sich – aus Ihrer persönlichen Ablage – insbesondere das „Kleingedruckte" durch. Haben Sie vielleicht auch leichtfertig unterschrieben? Hatten Sie nur mehr Glück als Gustav Glücklich?

9.4 Hilfen zur grundsätzlichen Annäherung an Texte

Um einen Text „richtig" verstehen und dann beurteilen zu können, geht der Leser mit einer **Reihe von Fragestellungen** an ihn heran. Viele dieser Fragen werden mehr oder weniger unbewusst gestellt, da sie sich im Laufe der Jahre – auch der Schuljahre! – als Selbstverständlichkeiten quasi festgesetzt haben.

Herr Lars Lost bewohnt seit zwei Jahren alleine eine Zweizimmerwohnung in der Kölner Innenstadt. Als er vor zwei Wochen feststellte, dass die Mischbatterie in seinem Badezimmer nicht mehr korrekt funktionierte, gelegentlich wurde das Wasser plötzlich eiskalt, rief er seinen Vermieter an und bat ihn, dies in Ordnung bringen zu lassen.

Das Gespräch verlief nun nicht sehr glücklich. Der Vermieter forderte ihn auf, sich nicht so anzustellen, Herr Lost wurde wütend und sagte, er wolle sich das nicht bieten lassen. Er ließ die Reparatur durchführen und schickte dem Vermieter die Rechnung.

Heute liegt ein Schreiben des Vermieters in seinem Briefkasten.

Was denkt sich Herr Lost beim Blick auf den Absender, noch bevor er den Brief öffnet? Welche Erwartungen hat er bezüglich des Inhaltes? Wie wird der „Ton" des Schreibens sein?

Grundsätzliche Fragestellungen werden in dieser Situation deutlich:

◆ Wer ist der **Verfasser** eines Textes?

– In welchem Maße beeinflusst die Person des Verfassers, d.h. sein Charakter, seine soziale Stellung, sein Selbstverständnis, seine Bildung, seine emotionale Verfassung, den Text?   **Textverfasser**

– Welche Ziele, Absichten und Interessen verfolgt er mit diesem Text?

– Welches Bild von der Persönlichkeit des Lesers/des Empfängers hat er?

– Welche sozialen, persönlichen oder sonstigen Beziehungen bestehen zwischen Autor und Adressat?

Lesen als Informationserwerb

Text-empfänger

◆ Wer ist der **Empfänger**/der **Leser**?

– Welche Voraussetzungen müssen beim Empfänger gegeben sein, damit er den Text lesen und verstehen kann?

– Wer wird sich von diesem Text besonders, wer eventuell überhaupt nicht angesprochen fühlen?

– Mit welchen Erwartungen gehen unterschiedliche Leser an diesen Text heran?

– Welche Gefühle, Assoziationen und Reaktionen können oder sollen beim Leser hervorgerufen werden?

Textinhalt

◆ Welche **Inhalte** werden vermittelt?

– Wie heißt das Thema des Textes?

– Welches Problem wird angesprochen?

– Welcher Sachverhalt wird dargestellt?

– Werden Einzelaspekte besonders betont?

– Handelt es sich um ein typisches oder um ein originelles Thema?

– Beschränkt sich der Verfasser auf die bloße Darstellung oder kommentiert er auch?

Textstruktur/ Textform

◆ In welcher **Form** werden die Inhalte präsentiert?

– Gibt es im Text eine erkennbare argumentative Struktur? (Einleitung, Hauptteil, Schluss)

– Ist der Gedankengang nachvollziehbar?

– Welche Form wurde gewählt? (Bericht, Brief ...)

– Wie ist der Text drucktechnisch gestaltet? (Layout)

– Wie ist der Text sprachlich gestaltet? (Rhetorische Mittel, Stil, Wortwahl usw.)

Diverse Ein-flussfaktoren

◆ Welche weiteren **Einflussfaktoren** auf den Text gibt es?

– Aus welcher Situation heraus wurde der Text verfasst?

– Welche geschichtlichen, politischen, wirtschaftlichen, persönlichen oder sonstigen Gegebenheiten fließen in den Text ein?

– Wann und wo wurde der Text verfasst?

– Ist die Aussageabsicht des Textes auch heute noch aktuell?

Diese Fragen zeigen die vielfältigen Möglichkeiten auf, einen Text zu analysieren. Je nach **Art des Textes** und des **Verwendungszusammenhange**s werden diese Fragen unterschiedlich zu gewichten sein und unter Umständen müssen sie spezifiziert oder durch zusätzliche Ansätze ergänzt werden.

Diese Auflistung ist als Anregung gedacht, um die Annäherung an unbekannte Texte zu erleichtern.

Aufgabe

Analysieren Sie auf der Grundlage der aufgelisteten Fragestellungen die Situation, in der Herr Lars Lost den Brief seines Vermieters erhält.

9.5 Hilfen zur Sicherung des Textverständnisses

Angesichts der ständig zunehmenden Menge an Informationen wird es auch immer schwieriger werden, den Inhalt und die Aussagen von Texten zu „behalten" und für die jeweilige – z.B. berufliche – Verwendung zu **sichten** und **abrufbar** zu speichern.

Herr Felix ist in einem Industriebetrieb zuständig für den Einkauf von Kleinmetallteilen. Heute ist ein hektischer Tag, ständig gibt es neue Beschaffungsaufträge. Einige Lieferungen sind noch nicht eingetroffen, in zwei Fällen müssen wohl Beanstandungen der Lieferung geschrieben werden. Als erkennbares Zeichen der Arbeitsfülle ist sein Schreibtisch mit einem Berg von Papier beladen.

Telefonisch wird er gerade gebeten, die Möglichkeit einer Zusatzlieferung durch den Lieferanten Elbus zu prüfen. Da fällt ihm ein, dass er erst am Morgen ein dreiseitiges Schreiben dieser Firma mit Hinweisen auf geänderte Lieferungsbedingungen erhalten hat.

Nun beginnt die Suche auf dem Schreibtisch. Nach zehn kostbaren Minuten ist der Brief gefunden. Da aber Herr Felix sich bei der Lektüre keinerlei Vermerke auf dem Brief gemacht bzw. keine Unterstreichungen vorgenommen hat, weiß er nicht mehr, wo er die nun wichtigen Ausführungen auf den drei Seiten zu suchen hat. Es bleibt ihm nichts anderes übrig, als den Text noch einmal zu lesen.

9.5.1 Hilfsmittel des aktiven Lesens

Viele Leser scheuen davor zurück, gedruckte Texte mit einem Stift oder einem Textmarker zu bearbeiten, die „Bearbeitung" erfolgt lediglich mit den Augen.

Diesen Respekt vor dem gedruckten Wort sollten Sie – falls Sie zu diesen Lesern gehören – verlieren!

Lesen als Informationserwerb

Kennzeichnungen und Markierungen können Sie selbstverständlich nur in eigenen Büchern, Zeitungen, auf Fotokopien oder anderen Texten anbringen, die nicht als Leihgabe zu betrachten sind.

◆ Arten der Markierung

Folgende Markierungen sind üblich:

Markierungs-arten

* **Unterstreichungen:**
  Sie können einfache Unterstreichungen verwenden oder mit verschiedenen Farben arbeiten, die entweder unterschiedliche Themenaspekte kennzeichnen oder eine Hierarchie in die Wertigkeit der Informationen hineinbringen.

* **Verwendung von Symbolen:**
  Ein typisches Mittel ist das Fragezeichen: ? = fraglich. Hier teilen Sie nicht die Meinung des Verfassers. ! = wichtig, das wollen Sie sich unbedingt merken. Es gibt natürlich viele Möglichkeiten, sich eigene Symbole zu erstellen.

* **Randnotizen:**
  Hier können Sie auf allgemein gebräuchliche Abkürzungen, wie z.B. Def. = Definition oder A1 = Argument Nr. 1 zurückgreifen. Es bleibt Ihnen überlassen, hier Kurznotizen oder Kommentare zu vermerken.

Praktische Schritte

Der Text sollte möglichst abschnittsweise gelesen werden. Der Verfasser hat in der Regel den Wechsel zu einem neuen Abschnitt auch mit einem neuen Gedanken, einem neuen Aspekt oder einer neuen These verbunden.

Weiterhin empfiehlt es sich, Kernaussagen und Schlüsselbegriffe zu markieren. Bei längeren Texten kann es auch hilfreich sein, ein kurzes und treffendes Stichwort (Marginalie) neben den Absatz zu schreiben, um so am Ende einen schnelleren Überblick über den gesamten Argumentationsgang und die Aussageabsicht zu erhalten.

◆ Umgang mit Fremdwörtern

Fremdwörter und unbekannte Begriffe sollten direkt mit Hilfe eines Fremdwörterbuches bzw. eines Nachschlagewerkes entschlüsselt werden.

9.5.2 Die Vorteile der Verwendung von Hilfsmitteln

Welche Erleichterungen bringen Markierungen?

Vorteile

* Die wichtigen Textpassagen werden **optisch hervorgehoben** und vom weniger wichtigen Text **abgehoben**. Nimmt man einen solchermaßen bearbeiteten Text nach einiger Zeit wieder in die Hand, so kann man sich in kurzer Zeit den Inhalt und die Aussageabsicht des Textes wieder bewusst machen, d.h. die Zeitersparnis ist sehr groß.

* Das Lesen mit dem Stift in der Hand wird zu einem **viel bewussteren und konzentrierteren Lesen** führen, da man ständig auf der Suche nach den wichtigen Aussagen ist. Dadurch wird verhindert, dass man „liest", ohne sich die Informationen tatsächlich „bewusst" und klar zu machen.

* Der **Text wird strukturiert.** So wird deutlich, wie der Gang der Argumentation ist, wie die Absicht der Aussage vorbereitet und dem Leser als notwendig vorgestellt wird. Unlogische Schlussfolgerungen, Widersprüche und Ungereimtheiten können so erkannt werden.

Hüten Sie sich davor, zu viel mit zu vielen Farben, Symbolen etc. zu kennzeichnen!
Sie erhalten dann den gegenteiligen Effekt. Statt einer übersichtlichen und schnell zugänglichen Struktur erzeugen Sie eine zusätzliche Irritation. Sie sehen „den Wald vor lauter Bäumen nicht mehr".

Aufgabe

Falls Sie bis zu dieser Stelle sehr „schonend" mit diesem Buch – vermutlich Ihrem eigenen – umgegangen sein sollten, so wird es jetzt Zeit, das aktive Lesen zu üben. Nehmen Sie einen Stift – oder mehrere Buntstifte oder auch Textmarker – zur Hand, blättern Sie einige Seiten zurück und „lesen" Sie noch einmal die Abschnitte unter der Überschrift „Hilfen zur Sicherung des Textverständnisses".

9.6 Die Bearbeitung schriftlicher Eingänge

1. Eine grundsätzliche Überlegung besteht darin, den Eingang von Informationen auf das Wesentliche zu begrenzen. Hilfreiche Fragen bei der Informationsbeschaffung könnten beispielsweise sein:
   - Sind die Eingänge für das Unternehmen wichtig?
   - Haben sie sich als Grundlage von Handlungen/Entscheidungen bewährt? Kann man sich auf die Ausführungen inhaltlich verlassen?
   - Müssen die Vorgänge an mich gelangen?

2. Die Vorgänge werden nach Wichtigkeit und Dringlichkeit eingeteilt und entsprechend behandelt. Für die jeweilige Entwicklung ist folgende Skizze nützlich:

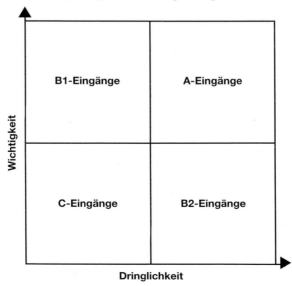

Lesen als Informationserwerb

Erklärung

A-Eingänge sind solche, die als **wichtig und dringlich** erkannt werden.
Konsequenz: Selber sofort erledigen!

B1-Eingänge sind **wichtig**, aber **nicht dringlich**.
Konsequenz: Terminieren (Wiedervorlage); Vorarbeiten delegieren!

B2-Eingänge sind **nicht wichtig**, aber **dringlich**
Konsequenz: Zur sofortigen Erledigung delegieren!

C-Eingänge sind **nicht wichtig** und nicht **dringlich**
Konsequenz: Papierkorb oder, bei Eignung, als Übungsmaterial für Lerngruppen verwenden!

Die Zuordnung ist nicht immer problemlos. Manchmal erscheint ein Vorgang bei der ersten Durchsicht als unbedeutend, stellt sich aber im Nachhinein als wichtig heraus. Hat man beim ersten Durchsehen Zweifel an der Zuordnung, empfiehlt sich eine kurzfristig angesetzte Wiedervorlage. Manches Schriftstück wird dringlich behandelt, ohne aus der Sache heraus dringlich zu sein. Das gilt besonders für innerbetriebliche Rückfragen und terminierte Meldungen. Bei Behörden ist z.B. der Vermerk „Fehlanzeige bis ... erforderlich" im innerbehördlichen Meldewesen verbreitet und wird vermutlich übermäßig verwendet.

3. Vorgänge werden gekennzeichnet, um sie schnell auffinden zu können, und zwar durch

   – Schlagwörter („Auftrag A. Schmitz"; „Mahnung Lieferer J. Tauber") und
   – Aktenzeichen (sachliche Zuordnung, zeitliche Zuordnung, Nummerierung).

A   Aufgaben

1. Ein guter Bekannter, der keine kaufmännischen Kenntnisse besitzt, teilt Ihnen seine Absicht mit, auf ein besonders interessantes Angebot eines Autohändlers einzugehen.
   Worauf sollte er bei der Lektüre des Kaufvertrages achten?

2. Sicher hatten Sie einmal einen Text in der Hand, den Sie nicht „verstehen" konnten. Welche Ursachen waren dafür verantwortlich?

3. Funktionen von Texten:
   Ordnen Sie den folgenden Beispielen die jeweils zugehörige sprachliche Funktion zu:

3.1 Auf der zweiten Seite Ihrer Tageszeitung nimmt ein Journalist kritisch Stellung zu einem innenpolitischen Problem.

3.2 Von einer Plakatwand ruft Ihnen eine Unternehmung entgegen: „Seien Sie ohne Sorge! Kaufen Sie bei Zorge!"

3.3 Im Sportteil Ihrer Zeitung finden Sie eine Übersicht über die sportlichen Veranstaltungen des nächsten Wochenendes.

4. Suchen Sie sich einen beliebigen Text.

4.1 Formulieren Sie an diesem konkreten Beispiel die grundsätzlichen Fragestellungen, die bei der Erschließung des Textes helfen können.

4.2 Bearbeiten Sie Ihren Text mit den Hilfsmitteln des aktiven Lesens.

B Methodische Anmerkungen

Lesen ist ein aktiver Prozess. Eine immer komplexer werdende Welt – im privaten, beruflichen und gesellschaftlichen Bereich – verlangt eine differenzierte Wahrnehmung und Auswertung von Informationen. Lesen hat oft eine rechtliche Konsequenz, z.B. verpflichtet die Unterschrift unter einen Kaufvertrag zur Erfüllung seines Inhaltes.

In diesem Kapitel ist der „aktive" Umgang mit Texten die Voraussetzung zur weiteren Erarbeitung schriftlicher Kommunikation. Texte, „schwarz auf weiß" gedruckte Informationen, fordern die Auseinandersetzung. Respekt vor dem „gedruckten Wort" ist fehl am Platze.

Die eigene Gestaltung von Texten setzt die kritische „Erarbeitung" von Texten voraus.

C Literatur

Lauber, Roswitha, Leimeier, Walter, Krüger-Brand, Heike, Handlungsraum Sprache, Stam Verlag, Köln 1994

Stadler, Hermann (Hrsg.), Deutsch, Verstehen – Sprechen – Schreiben, Fischer TB, Frankfurt am Main 1973

Turley, Joyce, Schnelllesen im Geschäftsleben, Bewährte Techniken zur besseren Bewältigung der Informationsflut, Wirtschaftsverlag Ueberreuter, Wien 1992

10 Das Sichern gelesener Informationen

Mit Hilfe verschiedener Verfahren sichert man für sich und zum Zweck der Weitergabe die Informationen, die man gelesen hat.

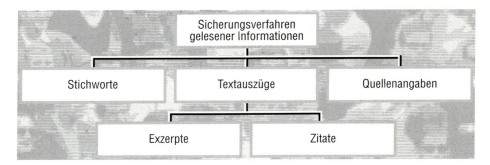

10.1 Stichworte

Stichworte fassen Zusammenhänge, Darstellungen u.ä. mit einem einzigen Wort oder wenigen Begriffen kurz und treffend zusammen.

Sie sind Teilnehmerin/Teilnehmer an einer Besprechung, in der eine Reihe von Beiträgen zu hören ist, die für Sie wichtig sind.

Sie nehmen an einer Informationsveranstaltung teil, in deren Verlauf ein Referent ein Referat hält, das Ihren Arbeitsbereich betrifft.

Sie lesen einen Artikel in einer Fachzeitschrift; der Beitrag berührt Ihr Tätigkeitsfeld.

◆ **Wie macht man sich Stichworte?**

Empfehlungen für die praktische Arbeit

– Nehmen Sie sich viel Platz auf Ihrem Notizpapier, **schreiben Sie nicht zu eng.**

– **Kennzeichnen Sie** gehörte oder gelesene Gedanken **optisch**, indem Sie mit neuen Zeilen beginnen.

– Arbeiten Sie mit üblichen oder eigenen **Abkürzungen**, das erspart Zeit.

– Notieren Sie sich stets die Quelle:
  Zeitschrift, Heft-Nummer und Seite;
  Referent, Thema, Ort und Datum

– Zwingen Sie sich dazu, zunächst tatsächlich nur **Stichworte** zu notieren; versuchen Sie auf keinen Fall, den vollen Text mitzuschreiben! Wer genügend Übung entwickelt hat, kann natürlich kurze und prägnante Sätze aufschreiben.

– Zum Abschluss ist es meistens sinnvoll, den **Stichwortzettel** zu **überarbeiten**, z.B. Details aus dem Gedächtnis heraus zu ergänzen.

Bei dieser Auflistung steht die Notiz auf dem Papier im Vordergrund. Das Verfahren lässt sich auch auf die Möglichkeiten der elektronischen Datenverarbeitung übertragen. Es gibt inzwischen ein breites Angebot an kleineren Rechnereinheiten – Laptops, Notebooks und Notepads –, die gerade in beruflichen Situationen zum Einsatz kommen. Bekannte Beispiele dafür sind die Patientenverwaltungen in Krankenhäusern und Arztpraxen sowie die Kundenbetreuung im Außendienst.

Elektronische Verfahren

Der Vorteil des Einsatzes von Computern liegt darin, dass Sie aus den Notizen z.B. mit Hilfe eines Textverarbeitungsprogrammes sehr schnell und leicht Protokolle, Berichte und ähnliche Dokumente erstellen können.

Aber auch bei elektronischer Unterstützung muss aktiv zugehört bzw. aktiv gelesen werden.

10.2 Auszüge

Die Reagenz AG ist ein großer Kunststoffhersteller in der Region.
Der Ruf in der Öffentlichkeit ist in den letzten Jahren nicht besonders gut gewesen. Zwar wurde die AG gerne als Arbeitgeber gesehen, aber im Laufe der vergangenen Jahre wurden die Umweltbelastungen, insbesondere die Abluftemissionen, immer stärker kritisiert.

Die Unternehmensleitung befürchtet eine zunehmende Verschlechterung des Ansehens. Die Produktionsanlagen wurden modernisiert und besonders der Einsatz recyclefähiger Kunststoffe favorisiert. Aus Anlass dieser Neuerungen wird ein „Tag der offenen Tür" geplant und durchgeführt. Zu diesem Tag sind u.a. Vertreter der Kommune, des Landes und der umliegenden Schulen, Vertreter von Umweltschutzorganisationen und selbstverständlich die Medien eingeladen worden.

Ein Assistent des Vorstandes hat die Aufgabe erhalten, den gesamten Ablauf dieser Veranstaltung in den Medien zu verfolgen und einige Tage danach die öffentliche Resonanz in einem schriftlichen Referat einzureichen.

Aufgabe

Versetzen Sie sich in die Situation dieses Assistenten.
Wie würden Sie an die Aufgabe herangehen?

An dieser Stelle soll im Zusammenhang mit Texten der **Schwerpunkt** auf die **Auswertung von Zeitungen** gelegt werden.
Die in Frage kommenden Zeitungen liegen vor, nun beginnt die Arbeit. Bei Durchsicht der Zeitungen werden zunächst alle Fundstellen – Titelseite, Lokalteil, Kommentare usw. – fotokopiert und ausgeschnitten. Die Texte werden dann unter Angabe der Quelle – Zeitung, Nummer, Datum, Seite – auf Papier aufgeklebt.
Nun beginnt die – Ihnen von den vorangegangenen Seiten her bekannte – Arbeitsweise mit schriftlichen Texten: aktives Lesen bis hin zur Anfertigung von Stichworten.

Der nächste Schritt, um die Textmenge für ein Referat aufzubereiten, besteht darin, Exzerpte der verschiedenen Texte anzufertigen.

Das Sichern gelesener Informationen

10.2.1 Exzerpt

Ein Exzerpt ist ein schriftlicher, mit dem Text der Vorlage übereinstimmender Auszug; lat. „excerpo" = ich nehme heraus, wähle aus.

Gedankengang des Verfassers ist bestimmend

Konkret bedeutet dies, dass die für die Fragestellung der Reagenz AG wesentlichen Aussagen herausgeschrieben werden, wobei der Gedankengang, der Argumentationsansatz sowie der Argumentationszusammenhang des Verfassers erhalten bleiben müssen. Sie sollen **nicht kommentieren, sondern wiedergeben**. Besonders wichtige Aussagen, die Ihnen wegen Ihrer Prägnanz, Wortwahl oder Anschaulichkeit auffallen, sollten wörtlich übernommen und als Zitat gekennzeichnet in das Exzerpt integriert werden.

10.2.2 Zitat

Ein Zitat ist eine wörtliche oder sinngemäße Wiedergabe von Äußerungen mündlicher oder schriftlicher Form. Zitate sind stets geistiges Eigentum anderer Personen und müssen daher immer kenntlich gemacht werden.

Korrekte Handhabung ist unerlässlich

Die Kennzeichnung erfolgt im **Text** durch **Anführungszeichen**. Entweder unmittelbar dahinter oder auch in einer Fußnote am unteren Rand der Seite, am Ende des Kapitels oder des Buches muss die Quelle angegeben werden, aus der das Zitat entnommen wurde.

Nach dem Urheberrecht steht nur dem Urheber – dem Verfasser – das alleinige Verfügungsrecht, z.B. Veröffentlichung oder Vervielfältigung, über seine geistigen Produkte zu. Ein bloßes Zitat mit Quellenangabe ist hingegen genehmigungsfrei.

Halten Sie einzelne Teile des Zitates für besonders wichtig und wollen Sie es z.B. durch Unterstreichung hervorheben, so ist dies zu vermerken, z.B. „Hervorhebung durch den Verfasser".

Sie können längere Zitate natürlich auch abkürzen, dazu müssen die Auslassungen aber durch drei Punkte erkennbar gemacht werden.

Aus Stellungnahmen in den Medien kennen Sie wahrscheinlich folgende Äußerung:

„Das habe ich so nicht gesagt, das ist aus dem Zusammenhang gerissen!"

Was ist geschehen? Eine Person des öffentlichen Lebens – meist ein Politiker – wird mit einem Zitat konfrontiert, das losgelöst aus dem Zusammenhang einen anderen Sinn ergibt.

Achten Sie beim Zitieren darauf, dass die zitierte Stelle einen Sinn ergibt bzw. durch den Sachzusammenhang in notwendiger Weise ergänzt wird.

◆ **Beispiele des Zitierens:**

Abstufungen von „wörtlich" bis „sinngemäß"

`Beispiel` In seinem Buch „Wir amüsieren uns zu Tode" behauptet Neil Postman unter anderem: „Das ist der große Kreislauf der Ohnmacht: Die Nachrichten entlocken uns eine Vielfalt von Meinungen, mit denen wir nur eines tun können – sie wiederum als Stoff für weitere Nachrichten anbieten, mit denen wir ebenfalls nichts anfangen können."

Auf diese Weise können Sie einen ganzen **Satz**, aber auch einen **Satzteil** oder lediglich ein **Wort** in Ihre Ausführungen übernehmen.

> In seiner historischen Darstellung, wie im Laufe der Zeit technische Entdeckungen die Kommunikationsmöglichkeiten der Menschen veränderten, gipfelt Postmans Kritik in der Bewertung des Fernsehens:
> „So wird zum Beispiel die Art, wie wir andere Medien nutzen, in starkem Maße vom Fernsehen bestimmt. Das Fernsehen sagt uns, welche Filme wir uns ansehen, welche Bücher, Schallplatten und Zeitschriften wir kaufen und welche Radiosendungen wir hören sollen. Kein anderes Medium hätte die Macht, unsere Kommunikationsumwelt so nachhaltig zu organisieren, wie es das Fernsehen tut."

In dieser Weise können **wichtige Texte** zitiert und in eigene Darstellungen sinnvoll integriert werden.

> **Beispiel** Neil Postman findet seine Beobachtungen über eine deutlich veränderte Kommunikation auch in den Schulen wieder. In den 60er Jahren wurde es in den USA noch begrüßt, dass das als reines Unterhaltungsmedium betrachtete Fernsehen mit der „Sesamstraße" begann, vier- bis fünfjährigen Kindern Wissenswertes zu vermitteln. Heute scheint es sich aber herausgestellt zu haben, dass „Sesamstraße" nur dann dazu ermuntert, die Schule zu mögen, wenn es dort zugeht wie im Fernsehen.

Der **Gedankengang** des Originaltextes wird hier **sinngemäß zitiert**, d.h., der Leser formuliert und referiert mit seinen eigenen Worten. Diese Möglichkeit ist dann einzusetzen, wenn Gedanken im Original über mehrere Seiten hin erläutert werden.

Die Zitate aus den drei Beispielen sind entnommen aus: Postman, Neil: Wir amüsieren uns zu Tode, Urteilsbildung im Zeitalter der Unterhaltungsindustrie, Frankfurt am Main, Fischer Taschenbuch Verlag, 1. Auflage, 1985, S. 100 und S. 174 f. Titel der amerikanischen Originalausgabe: Amusing Ourselves to Death, Public Discource in the Age of Show Business, erschienen 1985 bei Viking-Penguin, Inc. (Elisabeth Sifton Books), New York.

Vollständige Quellenangabe

Diese Angaben leiten zum nächsten Aspekt über, der beim Zitieren zu beachten ist.

10.2.3 Quellenangaben

Die Quellenangabe bezeichnet die genaue Herkunft eines Zitates (vgl. die ausführlichen Angaben zu Neil Postman einige Zeilen weiter oben).

Zitat aus Büchern
Die oben angeführte Quellenangabe zu Postman zeigt bereits eine der möglichen Formen von Quellenangaben.

Quellenangaben nach der Art der Quelle

Name → Vorname → Titel → Untertitel → Band → Erscheinungsort → Verlag → Auflage → Erscheinungsjahr → Seite (Wiederholung bei Übersetzungen).

Im vorliegenden Druck wird folgende Form praktiziert:

Name → Vorname → Titel → Verlag → Erscheinungsort → Erscheinungsjahr → Seite

Zitat aus Sammlungen
Schieder, Theodor: Vom Deutschen Bund zum Deutschen Reich, in: Gebhardt, Handbuch der deutschen Geschichte, Band 15, München, Deutscher Taschenbuch Verlag, 1. Auflage, 1970, S. 12.

Name → Vorname → Titel → Name der Sammlung → Band → Erscheinungsort → Verlag → Auflage → Erscheinungsjahr → Seite

Zitat aus Zeitungen/Zeitschriften

Neubauer, Rolf: Das Schwerste kommt noch, Ostdeutschland: Eine Pleitewelle rollt durch die neuen Bundesländer – Managementfehler, Absatzprobleme und Eigenkapitalschwäche treten nun zutage, in: DIE ZEIT, Nr. 33, 1995, 11.08.1995, S. 15.

Name → Vorname → Titel → Name der Zeitschrift/Zeitung → Heftnummer und Jahrgang → Erscheinungsdatum → Seite.

◆ Zitat im Zitat

Sonderfall: Zitat im Zitat

Übernehmen Sie ein Zitat nicht aus der Originalquelle, sondern aus einem Text, in dem es auch zitiert wurde, so müssen Sie Ihr Zitat mit einem Zusatz versehen: „zitiert nach ...".

◆ Seitenangaben

Angabe der Seitenzahl

Bei einer einzelnen Seite schreibt man z.B. **S. 13**.

Wollen Sie auch noch die darauf folgende Seite mit angeben, so schreiben Sie z.B. **S. 13 f**.
„f." steht hier einfach für „folgende".

Beziehen Sie sich auf mehrere Seiten, dann schreiben Sie z.B. **S. 13 ff**.
„ff." meint hier „fortfolgende".

Aufgaben

1. Nehmen Sie ein beliebiges Buch und einen Artikel aus Ihrer Tageszeitung.

2. Zitieren Sie aus beiden Texten in einer der vorgestellten Formen.

3. Geben Sie Ihre Quellen genau an.

A   Aufgaben

1. Wählen Sie aus dem Fernsehprogramm einen Spielfilm aus. Machen Sie sich die Mühe, nicht nur einfach zuzuschauen, sondern machen Sie sich Stichworte. Arbeiten Sie den Stichwortzettel im Anschluss an den Film zu einer Filmkritik aus.

2. Suchen Sie sich aus diesem Buch ein Kapitel bzw. Unterkapitel aus, das Sie besonders gut in Erinnerung behalten haben. Lesen Sie es zum zweiten Mal, dann exzerpieren Sie es.
Welche Verfahrensregeln sollten dabei beachtet werden?

3. Achten Sie bei Ihrer täglichen Zeitungslektüre auf Zitate. Suchen Sie gezielt nach einem Artikel mit mehreren Zitaten. Prüfen Sie sowohl die Art und Weise, wie die Zitate in den Text „eingebaut" wurden, als auch die Absicht, die mit der wörtlichen Wiedergabe verfolgt wurde.

B Methodische Anmerkungen

Ist das aktive Lesen als erster Schritt zum Informationserwerb zu betrachten, so ist das Sichern der Informationen der Schritt zum selbständigen „Verarbeiten" der Inhalte. Das systematische „Speichern" setzt Techniken voraus, die nur mit Übung erlernt und beherrscht werden können. Auch hier wird der Leser aus der Rolle des lediglich Aufnehmenden in die des Handelnden versetzt.

C Literatur

Burchardt, Michael, Leichter studieren, Wegweiser für effektives wissenschaftliches Arbeiten, Berlin Verlag Spitz, Berlin 1995

Dichtl, E., Lingenfelder, M., Effizient studieren, Gabler Verlag – Wirtschaftswissenschaften –, Wiesbaden 1995

Hülshoff F., Kaldewey, R., Mit Erfolg studieren, Studienorganisation und Arbeitstechniken, C.H. Beck Verlag, München 1993

Klampf-Lehmann, J., Der Schlüssel zum besseren Gedächtnis, Delphin Verlag, München, Zürich 1986

Lück, W., Technik des wissenschaftlichen Arbeitens, Seminararbeit, Diplomarbeit, Dissertation, Hitzeroth Verlag, Marburg 1990

Schumann, Otto (Hrsg.), Grundlagen und Technik der Schreibkunst, Weltbild-Verlag, Herrsching 1983

Sherman, James R., Plane deine Arbeit – arbeite nach deinem Plan, Planungstypen und -modelle/Die 8 Planungsstufen, Ueberreuter Verlag, Wien 1992

Standop, Ewald, Die Form der wissenschaftlichen Arbeit, UTB, Bern, Stuttgart 1994

Theisen, Manuel R., Wissenschaftliches Arbeiten, Technik, Methodik, Form, Vahlen Verlag, München 1993

Ullmann, F., Bierbaum, G., Nichts vergessen – mehr behalten. Ein Trainingsprogramm, Universitas Verlag, München 1984

11 Informationen darstellen

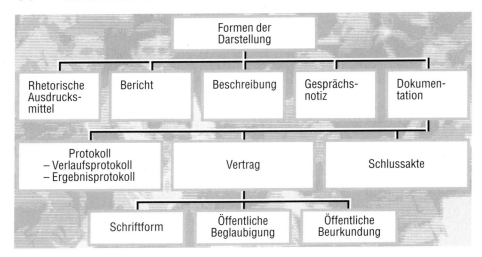

11.1 Rhetorische Ausdrucksmittel

11.1.1 Verteidigung der Redekunst

Die Scriptor AG – Bürobedarfhersteller – feiert im Jahre 19.. ihr fünfzigjähriges Jubiläum.
In einer Festschrift sollen die Geschichte der Unternehmung, die wirtschaftlichen Erfolge und die aktuelle Situation dokumentiert werden. Diese Schrift soll im Rahmen einiger Festveranstaltungen mit PR-Werbung der Belegschaft und besonders den Geschäftspartnern überreicht werden. Es ist auch an Auszüge gedacht, die in die Werbung für einige Produkte integriert werden sollen.
Die Geschäftsleitung beauftragt ein Team, bestehend aus Mitarbeitern verschiedener Abteilungen, diese Festschrift vorzubereiten.

Wie „schreibt" man einen solchen Text?
Welche Formulierungen wählt man?
Mit welchen stilistischen Mitteln kann Interesse geweckt und (aufmerksames) Lesen gesichert werden?
Wie wird Langeweile verhindert?

Formulierung/ Ausdruck

Gleichgültig, ob Reden zu Jubiläen, Ernennungen oder Verabschiedungen gehalten oder Texte zu den verschiedensten Anlässen formuliert werden sollen, stets führen die Überlegungen zu folgenden Fragen:
Wie soll ich das, was ich aussagen möchte, formulieren?
Wie drücke ich mich am besten aus?

In der konkreten Formulierung greifen Redner sowie Autor dann zu den sog. **„rhetorischen Mitteln"**.

◆ **Definition**

Der „Rhetor" leitet sich aus der griechischen und lateinischen Tradition her und bezeichnet den Redner in der Antike.
Die „Rhetorik" wurde seit der Antike zur Wissenschaft von der kunstvollen Gestaltung der öffentlichen Rede. Deren Gestaltungsmittel sind die „rhetorischen Mittel".

Rhetor/ Rhetorische Mittel

> **Beispiel** „Er kämpft wie ein Löwe." – Es handelt sich hier um einen Vergleich, mit dem die Aussage veranschaulicht werden soll. Der Vergleich stellt eine Analogie (Beziehung) zwischen zwei Bereichen her, zwischen denen eine Gemeinsamkeit – hier die Tapferkeit und der Mut – erkannt wird.

◆ **Redekunst kritisch gesehen**

Rhetorik ist erlernbar. Mit ihrer Hilfe können Wirkungen gezielt hervorgerufen werden. Sie wird aber oft als Schönrederei, als leeres Gerede und hohles Pathos verstanden, d.h., die Möglichkeit des Missbrauchs entwertet ein **sprachliches Instrumentarium**. Dazu eine Relativierung:

„Wenn gerade im deutschen Sprachbereich ein so starkes Misstrauen gegen die Rhetorik besteht, so hat das gewisse Gründe. Der Missbrauch, den Demagogen der Wilhelminischen Ära und des Dritten Reichs mit der Redekunst getrieben haben, die tödliche Verführung, die von einer zentral gelenkten Massenpropaganda ausging, haben einen tiefen Schock hinterlassen. In der Folge schlug das Pendel in die andere Richtung aus. Während der zwanziger Jahre suchte Bertolt Brecht seinen Stil der >neuen Sachlichkeit<. Und nach dem Zweiten Weltkrieg entstand ein Stil der Untertreibung (understatement), der Abstraktion, der >Eigentlichkeit<. Man hoffte, auf diese Weise das Rhetorische ein für alle Mal loszuwerden. Heute wissen wir, dass es ein Pathos der Untertreibung gibt, dass auch das >Eigentliche< rasch zum Jargon werden kann. Man wird die Rhetorik offenbar nicht los. Ist es da nicht sinnvoller, sie als Gegebenheit des gesellschaftlichen Lebens anzuerkennen und sie zu beherrschen, indem man sie begreift?"
(Schlüter, Hermann, Grundkurs der Rhetorik, Deutscher Taschenbuch Verlag, München, 7. Auflage, 1981, S. 9)

Missbrauch der Rhetorik

11.1.2 Einige rhetorische Stilmittel

★ Vergleich

Durch **wie**, **wie ... so**, **als ob** und andere Ausdrücke wird eine Beziehung zwischen zwei Bereichen hergestellt, zwischen denen eine **Gemeinsamkeit** – das tertium comparationis (lateinisch = das Dritte des Vergleichs) – besteht oder gesehen wird.

> **Beispiel** Seine Augen leuchteten wie Sterne am Nachthimmel.
> Er kämpfte wie ein Löwe.

★ Bild

Ein Bild ersetzt die sachliche Aussage durch eine gegenständliche, so dass eine **anschauliche Unmittelbarkeit** erreicht wird.

> **Beispiel** Der Fall der Berliner Mauer schrieb den Anfang eines neuen Kapitels der deutschen Geschichte.
> Das Medikament bekämpft die Viren mit der „chemischen Keule".

Informationen darstellen

* Beispiel

Ein Sachverhalt oder ein Vorgang wird durch einen **konkreten Einzelfall** verdeutlicht.

> Beispiel Die deutsche Einheit wird sichtbar: weg mit den Mauern, weg mit den Gräben.
> Die Reform des Gesundheitswesens zeigt Erfolge. Die teuren Medikamente wurden
> z.T. durch preiswertere ersetzt, die dieselbe Wirkung haben.

* Metapher

Ein Wort wird aus seinem gewöhnlichen Kontext gelöst und in einen anderen übertragen. Die Metapher – wörtlich: bildliche Übertragung – konstruiert eine Beziehung zwischen zwei Bereichen, indem ein **Wort im „übertragenen" Sinn** verwendet wird.

> Beispiel Die wirtschaftliche Blütezeit einer Branche
> Der Herbst des Lebens

* Personifikation

Eine Sache, ein Begriff bzw. eine abstrakte und unbelebte Erscheinung wird **wie eine Person** behandelt.

> Beispiel Autos lieben das Benzin XY.
> Ihre Spülmaschine freut sich auf SPÜLFIX.

* Metonymie

Das eigentliche **Wort wird durch einen Gegenstand vertauscht**, der damit in realer – nicht nur, wie bei der Metapher, in begrifflicher – Beziehung steht.

> Beispiel Er hat sich einen BMW gekauft.
> Sie geht nie ohne ihren Walkman auf die Straße.

* Emphase

Ein Wort wird im Kontext durch einen **besonderen Nachdruck** hervorgehoben.

> Beispiel Was für eine künstlerische Leistung!
> Welch ein Sportereignis!

* Euphemismus

Beschönigende Umschreibung eines negativen Ereignisses oder Sachverhaltes

> Beispiel Er ist im Alter von 80 Jahren entschlafen.
> Diese Rede gehörte nicht zu seinen besten.

* Hyperbel

Eine Aussage wird durch starke Vergrößerung oder Verkleinerung so **gesteigert**, dass sie nicht mehr wörtlich genommen werden kann.

> Beispiel Hier sehen Sie das Waschmittel mit der Riesenwaschkraft.
> Er spielte ein überirdisches Tennis.

Informationen darstellen

* Periphrase

Eine Person oder eine Sache wird nicht direkt und konkret genannt, sondern es erfolgt eine **(längere) Umschreibung**.

Beispiel Die Diener des Staates stehen oft in der öffentlichen Kritik.
Die Mitglieder der jungen Generation, die in unseren Betrieben in den verschiedensten Abteilungen in den Berufen ausgebildet werden ...

* Detaillierung

Statt eines Begriffs werden **viele Einzelheiten** genannt, die das Gemeinte umschreiben.

Beispiel Der Gütertransport erfolgt zu Wasser und in der Luft, auf der Schiene und auf der Straße (kürzer: überall).
Unsere Mitglieder in den Gemeinden, den Bezirken, den Kreisen, den Ländern und im Bund ... (kürzer: überall).

* Litotes

Durch die **Verneinung des Gegenteils**, d.h. durch Anwendung eines scheinbar schwächeren Ausdrucks, wird eine stärkere Hervorhebung bewirkt.

Beispiel Er ist nicht arm (d.h., er ist reich).
Sie gehört nicht zu den fleißigsten Mitarbeiterinnen.

* Ironie

Es wird genau das **Gegenteil** von dem gesagt, was tatsächlich gemeint ist.

Beispiel Seine Leistungen sind hervorragend!
Ein Spitzenathlet!

* Wortspiel

Worte erhalten einen **Doppelsinn**.

Beispiel Der Mitarbeiter war ein Träger des Projektes.
Es ist eine Grippe im Anzug.

* (Schein-)Paradox

Eine Aussage **scheint sich zu widersprechen**.

Beispiel Schlagzeile: „Das Opfer war sofort tot – sie lebt!"
„Sie kämpft gegen die Krankheit – Hat sie schon verloren?"

* Alliteration

Die **Stammsilben** mehrerer Wörter in einem Satz beginnen mit dem gleichen Konsonanten.

Beispiel Wir wünschen Glück und Gesundheit!
Mars macht mobil!

* Wortwiederholung

Sie kann durch **Verdoppelung der Wörter** (Gemination) oder durch Beginn mehrerer Zeilen oder mehrerer Sätze mit **dem gleichen Wort** (Anapher) erfolgen.

Beispiel Aber Leistung, Leistung zählt am meisten.
Qualität steht für uns ... Qualität muss ...

* Rhetorische Frage
  Eine Frage, auf die **keine Antwort erwartet** wird, weil sie sich von selbst ergibt.

  > Beispiel Sollen wir uns also um die Wünsche unserer Kunden kümmern?
  > Können wir denn tatenlos zusehen, wie Menschen verhungern?

11.2 Bericht

11.2.1 Ziel des Berichts

Die Auszubildende Andrea Schmitz befindet sich seit einigen Wochen in der Ausbildung zur Industriekauffrau bei der Metallwarenfabrik Esser GmbH. Ihr Ausbildungsleiter hat sie von Beginn an darauf hingewiesen, dass sie ihr Berichtsheft zu führen hat, das regelmäßig von ihm geprüft wird. Nun sitzt Andrea Schmitz am Ende der Woche vor ihrem Berichtsheft und überlegt, was, wo, wie und wann von ihr bearbeitet wurde.

Was trägt sie ein?
Wie trägt sie ein?

Berichte sind **Texte mit Darstellungsfunktion**. Sie sollen den Empfänger/Leser **in sachlicher Form** über ein Ereignis, einen Vorgang oder eine abgeschlossene Handlung informieren.

11.2.2 Merkmale des Berichts

Darlegung der Merkmale

Ein Bericht sollte genau, möglichst knapp und nur so ausführlich wie nötig **Tatsachen wiedergeben.** Der Stil soll objektiv sein. Persönliche Gefühle und Bewertungen, Verallgemeinerungen oder auch Spekulationen gehören nicht hinein. Eine einmalige Tätigkeit oder ein Ereignis wird mit genauer Angabe von Ort, Zeit und beteiligten Personen wiedergegeben und soll ohne Widerspruch vorgestellt werden.
Es ist sinnvoll, den Bericht **chronologisch** zu gliedern, so dass der Leser die Situation nachvollziehen kann.
Der Still sollte möglichst **knapp und präzise** sein, die jeweilige Fachsprache muss beachtet werden.
Aussagen werden in der Regel in **indirekter Rede** wiedergegeben; Ausnahmen sind allerdings wesentliche Zitate oder Äußerungen.

11.2.3 Anlässe und Arten des Berichts

Wir werden fast täglich mit Berichten konfrontiert.

> Beispiel – Zeitungsberichte (Nachrichten)
> – Sportberichte

Für eine Reihe von Situationen gibt es spezifische Berichte.

 – Unfallbericht
– Polizeibericht
– Krankenbericht
– Praktikumsbericht
– Arbeitsbericht
– Reisebericht

Berichte sind **Gebrauchstexte**, die aus einer Situation heraus entstehen und z.T. bereits formalisiert sind, wie z.B. Unfallberichte, die von Kfz-Versicherungen eingefordert werden, sobald es zu einem Unfall gekommen ist. Formalisierte Berichte haben den Vorteil, den Vordrucke im Allgemeinen haben: Die bürokratischen Abläufe können schneller und kostengünstiger bewältigt werden. Sie haben allerdings den Nachteil, dass dem Berichtenden die Möglichkeit fehlt, Besonderheiten des Vorganges hervorzuheben.

Ein anderes Beispiel sind die Kranken- bzw. Patientenberichte. Nach erfolgter Krankenhausbehandlung erhält der Patient den mit PC erstellten Bericht für den behandelnden Hausarzt, d.h., viele Fragen und Informationen werden konkret und in der Fachsprache formuliert weitergegeben.

♦ **Der Ergebnisbericht**
Die Anfertigung eines Ergebnisberichts ist die tägliche Arbeit der Berichterstatter in den Medien. Ein **Zeitungsbericht**, etwa über ein Sportereignis, muss z.B. folgende Fragen beantworten:

Bericht über ein Ergebnis

– Was ereignete sich?
– Wann ereignete es sich?
– Wo ereignete es sich?
– Welche Personen/Vereine waren beteiligt?
– Welche(s) Ergebnis(se) gab es?

Aufgabe

Nehmen Sie Ihre Tageszeitung und suchen Sie sich einen beliebigen Bericht heraus. Nehmen Sie nun einen Textmarker, lesen Sie den Bericht „aktiv" und prüfen Sie, ob und inwieweit der Bericht den genannten inhaltlichen und formalen Anforderungen entspricht.

Im Verlaufe des Vormittages verlassen Sie Ihren Arbeitsplatz im Verwaltungsgebäude, um zwei etwas kompliziertere Probleme mit dem Leiter des Auslieferungslagers zu besprechen.
Auf dem Weg dorthin überqueren Sie die Entladezone der zentralen Warenannahme. Der Fahrer eines Lieferwagens setzt seinen Wagen rückwärts neben einen LKW an die Rampe. Genau an dieser Stelle hat ein Lagerarbeiter gerade seinen beladenen Gabelstapler für einen Moment abgestellt. Ein anderer Fahrer, der das Unglück kommen sieht, läuft rufend auf den Lieferwagen zu, aber zu spät, der Wagen räumt mit seiner Ladefläche den Gabelstapler mitsamt der Ladung ab, Glasteile und elektronische Bauteile stürzen von der Rampe und sind zerstört.

Aufgabe

Der Leiter der Warenannahme bittet Sie um einen schriftlichen Zeugenbericht.

Die Besonderheit des **Zeugenberichts** liegt nun darin, dass der Berichterstatter sich nicht auf diese Situation eingestellt hat und er auch nur eine Seite des Geschehens beobachtet hat.
Liegen in unserem Fallbeispiel nun mehrere Darstellungen vor, so müssten die einzelnen Berichte miteinander verglichen werden, um den tatsächlichen Hergang rekonstruieren zu können.

◆ Der Tätigkeitsbericht

Bericht über eine Tätigkeit/einen Verlauf

Der Tätigkeitsbericht darf nicht mit der Bedienungsanleitung verwechselt werden. Es soll nicht gesagt werden, was zu tun ist, sondern der Verfasser soll darüber berichten, wie er seine Tätigkeit ausgeführt hat.
Der Ausbildungsbericht, den die Auszubildende Andrea Schmitz in ihr Berichtsheft schreiben soll, ist ein solcher Tätigkeitsbericht.

Andrea Schmitz muss somit einen Bericht in der **Zeitstufe des Präteritums** (Vergangenheitsform, z.B. ich rief ... an) verfassen, in dem sie die wesentlichen Tätigkeiten ihrem Ablauf entsprechend darstellt.
In diesem Zusammenhang ist es sinnvoll, dass Andrea festhält, wer ihr die jeweilige Aufgabe übertragen hat, wann sie gearbeitet hat und wie die Arbeit verlaufen ist. Da Berichtshefte für den Tag und die Woche i.d.R. formalisierte Spalten vorgeben, empfiehlt sich eine aufgelistete und z.T. stichwortartige Form.

11.3 Beschreibung

11.3.1 Formen der Beschreibung

– Gegenstandsbeschreibung
– Bildbeschreibung
– Bedienungsanleitung
– Produktbeschreibung
– Montageanleitung
– Reiseführer
– Personenbeschreibung

Informationen darstellen   **213**

11.3.2 Merkmale der Beschreibung

Wie beim Bericht, so wird auch bei einer Beschreibung die **sachliche** und **unpersön-liche Darstellung** erwartet. So soll z.B. knapp und präzise beschrieben werden, wie eine Küchenmaschine zu bedienen ist. Die Sprache sollte entsprechend sein. Klare Formulierungen – möglichst ohne „Fachchinesisch" – und kurze Sätze sind angemessen.
Gegenstand der Beschreibung können grundsätzlich **Gegenstände, Vorgänge** oder **Personen** sein, entsprechend handelt es sich dann um Gegenstands-, Personen- bzw. Vorgangsbeschreibungen.
Im Unterschied zum Bericht stehen Beschreibungen stets im **Präsens** (Gegenwartsform).
Auch hier gibt es Vereinfachungen durch Standardisierungen.

Darlegung der Merkmale

11.3.3 Hilfen bei der Formulierung von Beschreibungen

Die Anfertigung einer Beschreibung setzt am Anfang die Fähigkeit voraus, einen Gegenstand oder einen Vorgang differenziert, präzise und in seiner Gesamtheit erfassen zu können. Die Struktur der Gesamtheit und die Funktion der Teile müssen erkannt werden, die Abläufe müssen sachlogisch nachvollzogen werden.
Die Schwierigkeiten, die dabei entstehen können, kann jeder Leser nachvollziehen, der z.B. versucht hat, ein Möbelstück nach einer Montageanleitung selbst zusammenzubauen.

Voraussetzungen für die Anfertigung

◆ Gegenstandsbeschreibung

Zunächst sollen die wichtigen Einzelteile eines Gegenstandes übersichtlich geordnet werden. Aus dieser Übersicht lässt sich dann der **funktionale** und **sachlogische Zusammenhang** zwischen den Teilen herstellen. Die aufgeführten Teile können dann auch mit erforderlichen Angaben: Größe, Nummer u.Ä. versehen werden.

Übersicht/ Zusammenhang

Nachdem nun die Struktur offen liegt, kann der Text der Beschreibung formuliert werden.

◆ Vorgangsbeschreibung

Hier kommt es darauf an, die zu beschreibenden Vorgänge in der **richtigen Reihenfolge** genau und vollständig zu erfassen. Bei der sprachlichen Gestaltung ist darauf zu achten, dass der Leser, i.d.R. beschäftigt er sich zum ersten Mal mit dieser Sache, als Partner einer schriftlichen und einseitigen Kommunikation berücksichtigt wird.

Reihenfolge

◆ In beiden Fällen wird neben der sprachlichen Darstellung auch noch die bildliche Unterstützung herangezogen, um die beschriebenen Zusammenhänge durch Veranschaulichung leichter nachvollziehbar zu machen.

Bildliche Unterstützung

> **Aufgabe**
> Sie sind sicher im Besitz eines Fernsehgerätes, eines Videorecorders, einer Musikanlage oder eines elektrisch betriebenen Werkzeuges.
> Nehmen Sie die Bedienungsanlage in die Hand und überlegen Sie – da Sie Routine in der Handhabung des Gerätes besitzen –, ob es Formulierungen gibt, die Sie als „Profi" verbessern würden.

11.4 Stellenbeschreibung

Herr Bernd Boje hat sich auf diesen Tag gefreut.

Nach seiner Ausbildung zum Industriekaufmann hat er weitere acht Jahre in seinem ehemaligen Ausbildungsbetrieb gearbeitet. Es handelte sich dabei um eine kleine Firma. Sein Tätigkeitsfeld stellte schon lange keine besonderen Anforderungen mehr an ihn, so dass er sich auf eine Anzeige eines großen Unternehmens der Metallindustrie – der CINI AG – bewarb.

Nach durchlaufenem Bewerbungsverfahren ist heute sein erster Arbeitstag in der Einkaufsabteilung. Sein neuer Chef, der Abteilungsleiter Mocks, hat ihn kurz begrüßt, einem Kollegen vorgestellt und gesagt: „Das ist Herr Meier, halten Sie sich an ihn, der erklärt Ihnen alles Weitere. Alles Gute!" Damit war aus der Sicht des Abteilungsleiters die Einarbeitung des neuen Mitarbeiters gesichert.

Aufgaben

1. Beurteilen Sie diese „Einweisung" bzw. Einführung durch den Abteilungsleiter. Mit welchen Schwierigkeiten wird Herr Boje sich in den nächsten Wochen wohl auseinander setzen müssen?

2. Beurteilen Sie, inwieweit es gelingen kann, einen neuen Mitarbeiter mit Hilfe einer Stellenbeschreibung an sein Aufgabengebiet heranzuführen.

11.4.1 Die Stelle im Rahmen der Organisationsstruktur

Die Stelle ist die kleinste organisatorische Einheit in einem Unternehmen. Sie beinhaltet alle Aufgaben und Tätigkeiten, die von einer Person zu bearbeiten sind.

Die Bündelung der verschiedensten betrieblichen Aufgaben und die Zuordnung zu einem Arbeitsplatz wird als **Stellenbildung** bezeichnet.

* Stellenbeschreibung

    Die wesentlichen und wichtigen **Aufgaben und Elemente einer Stelle** werden dann in der **Stellenbeschreibung** zusammengefasst. Sie wird von der Organisationsabteilung eines Unternehmens in Zusammenarbeit mit der jeweiligen fachlichen Abteilung erstellt.

Kerninhalte der Stellenbeschreibung

Die Stellenbeschreibung erläutert dem Stelleninhaber die von ihm zu bearbeitenden **Aufgaben** und legt somit auch die zu erbringende **Leistung** fest.
Seine Aufgaben und **Kompetenzen** werden definiert und so gegenüber Ranggleichen bzw. Ranghöheren und -niedrigeren in das betriebliche Ganze eingeordnet. Der Mitarbeiter kann aus ihr die eigene Position innerhalb des organisatorischen Gefüges ableiten. Dies erspart Irritationen, Missverständnisse und eventuelle Konflikte.

Auch für die Personalverwaltung erleichtert die Organisation durch Stellen und Stellenbeschreibungen die Arbeit. Geht man z.B. von einer bereits bestehenden Stelle aus, die durch das Ausscheiden eines Mitarbeiters neu zu besetzen ist, so ist für den Ersatzbedarf die Bezeichnung der zu besetzenden Stelle eine ausreichende Information.

Informationen darstellen   **215**

* Elemente der Personalanforderung

  – Neu- oder Ersatzbedarf
  – Anfordernde Abteilung
  – Datum der Anforderung
  – Bezeichnung der Tätigkeit
  – Zu besetzen ab ...
  – Tarifgruppe

  – Aufgabengebiet –> Stellenbeschreibung
  – Besondere Anforderungen
  – Bisher besetzt mit ... (bei Ersatzanforderungen)
  – Besetzungsvorschlag (evtl. interne Versetzung)
  – Begründung des Bedarfes
  – Unterschrift des Abteilungsleiters

Elemente der Personal-anforderung

Eine so aufbereitete Information ist wichtiges Hilfsmittel bei der Personalbeschaffung und der dann erforderlichen Einarbeitung neuer Mitarbeiter. Sie ist Grundlage der Ent-lohnung sowie auch Hilfe in Fragen von Versetzungen oder Höhergruppierungen.
Für andere Stelleninhaber, z.B. in derselben Abteilung, wird die Aufgaben- und Kompe-tenzverteilung transparent. Damit ist eine der Voraussetzungen für die Arbeit im Team geschaffen.

11.4.2   Merkmale der Stellenbeschreibung

Im obigen Falle wäre für Herrn Boje eine Stellenbeschreibung wohl geeignet gewesen, ihm die Orientierung und Einarbeitung an seinem neuen Arbeitsplatz zu erleichtern. In einer solchen Beschreibung finden sich die genauen Informationen über eine bestimm-te Stelle, mit deren Hilfe der Leser – in diesem Fall der neue Mitarbeiter – einen sofor-tigen Einblick in die Aufgaben, Kompetenzen und Anforderungen erhält, die mit dem Arbeitsplatz verbunden sind.
Eine Stellenbeschreibung ist als organisatorisches Instrument auf einen Arbeitsplatz ausgerichtet, nicht auf einen bestimmten Mitarbeiter.

*„Als wesentliche Elemente sollte eine Stellenbeschreibung Informationen zum **Instan-zenbild, Aufgabenbild** sowie zum **Leistungsbild** enthalten.*

*Mit **Instanzenbild** ist im Wesentlichen die Kenntlichmachung der Stelle innerhalb der Unternehmenshierarchie gemeint. Dazu gehören neben der Stellenbezeichnung vor allem Angaben über Über- und Unterstellungsverhältnisse, Regelung der aktiven und passiven Stellvertretung, Zusammenarbeit mit anderen Stellen sowie besondere Voll-machten des Stelleninhabers.*

Wesentliche Elemente einer Stellen-beschrei-bung

*Im **Aufgabenbild** als Kern einer Stellenbeschreibung sollten Funktion und Zweck der Stelle (manchmal auch Ziel der Stelle genannt) kurz und knapp umrissen sein, ergänzt durch die wesentlichen Hauptaufgaben, die mit dem Arbeitsplatz verbunden sind. In der Regel kann eine Stelle mit ca. sieben bis acht Fachaufgaben hinreichend charakte-risiert werden.*

*Das **Leistungsbild** als dritter Bereich einer Stellenbeschreibung bezieht sich auf die Anforderungen, die an den Stelleninhaber zu stellen sind. Damit sind in erster Linie erforderliche Ausbildungen, Berufserfahrung sowie spezielle Kenntnisse gemeint. Da-rüber hinaus können Ergänzungen zu Persönlichkeitsanforderungen (z.B. Führungs-fähigkeit) und Leistungsstandards verankert werden."*
(Anger, Bracey, Christ, Müller, Handlungsfeld Personalwirtschaft, Stam-Verlag, Köln, München, 1996)

Aufgaben

1. Prüfen Sie, ob die Übermittlung einer Stellenbeschreibung als Personaleinführung ausreichend ist.

2. Verfassen Sie für die Stelle, die Herr Bernd Boje übernimmt, eine Stellenbeschreibung. Entscheiden Sie selbst über die Größe der Abteilung, seine genauen Tätigkeiten und andere erforderliche Angaben.

11.5 Gesprächsnotizen

Es gibt eine Reihe verschiedener **Gesprächssituationen**.

 – Unterhaltung
– Diskussion
– Verhandlung
– Verkaufsgespräch

Der Zweck solcher Gespräche kann besonders in der **Information** (sachliche Darstellung), im **Appell** (Aufforderung) oder im **Ausdruck persönlicher Meinungen** liegen.

Abteilungsleiter Friedrich Feldmann hat an einer Abteilungsleiterkonferenz teilgenommen, in der es u.a. um den angestrebten Personalabbau in den nächsten zwölf Monaten ging. Als er nach einigen Tagen vom Schriftführer das Protokoll erhält, stutzt er. An zwei Stellen weichen die Ausführungen von seinen Erinnerungen ab.

Zum Glück hat er sich während der Konferenz Gesprächsnotizen gemacht. Als er diese nun mit dem Protokoll vergleicht, sieht er den Irrtum des Protokollanten. Die entsprechende Passage im Protokoll muss geändert werden.

Verwendungszweck

Gesprächsnotizen werden im beruflichen Bereich, in Betrieben und Behörden zu internen Zwecken angefertigt. Sie können stichwortartig oder ausformuliert sein.

★ Formen von Gesprächsnotizen
  – Aktennotiz
  – Vermerk
  – Telefonnotiz

★ Formalisierte Notiz
  Um die Erfassung vieler Gesprächsinhalte zu sichern, verwenden viele Unternehmen Formulare zur Anfertigung von Gesprächsnotizen.
  Diese Formulare können oft auch für Telefonnotizen verwendet werden.

Der Chef nach dreistündiger Abwesenheit zu einem Mitarbeiter:
„Herr Schnell, hat jemand angerufen?"
Schnell: „Ja."
Chef: „Wer denn? Um was ging es denn?"
Schnell: „Ein Kunde hat sich beschwert."
Chef: „Wer denn? Um was ging es denn?"
Schnell: „Irgendeine Beanstandung, ich weiß nicht mehr, wer das war. Ich habe gesagt, er soll noch einmal anrufen, wenn Sie da sind."

So soll es natürlich nicht sein!

Ein Formular für eine Telefon-/Gesprächsnotiz soll folgende Angaben vorsehen: **Formularinhalt**
- Tag (Datum)
- Gespräch mit Frau ... /Herrn ...
- Zeit
- eigener Anruf/Anruf erfolgte durch ...
- Firma
- Anschrift/Telefonnummer
- Betreff
- ggf. Weitergabe an Frau ... /Herrn ...

Aufgabe

Sollte es an Ihrem Arbeitsplatz keine Formulare für Gesprächs- bzw. Telefonnotizen geben, so fertigen Sie sich doch selbst einen Mustervordruck nach den genannten Kriterien an. Vergessen Sie nicht, sich einige Kopien zu machen. Versuchen Sie dann in der nächsten Zeit, bei Telefongesprächen mit Ihrem Notizzettel zu arbeiten. Untersuchen Sie anschließend den Informationsgewinn und die gewonnene Sicherheit.

11.6 Protokoll

11.6.1 Allgemeine Aspekte

In der Schick & Mick GmbH hat es bei der Planung und besonders bei der Durchführung der letzten Werbekampagne zur Einführung einer neuen Kollektion ein organisatorisches Durcheinander gegeben, das die Kosten anhob und einige wichtige Kunden verärgerte.

Sechs Vertreter aus verschiedenen daran beteiligten Abteilungen sind nun vom Marketingleiter zu einem Gespräch gebeten worden. Am Anfang steht die peinliche Frage: „Wer führt Protokoll?"

In den meisten Fällen wird diese Aufgabe als unangenehm empfunden, da diese Arbeit mit aktivem Zuhören, der Anfertigung von Notizen bzw. Mitschriften und viel Arbeit bei der Formulierung des Textes verbunden ist.

	Informationen darstellen

Begriff

Ein Protokoll ist der Bericht über den Inhalt oder den Ablauf von Gesprächen, Besprechungen oder Verhandlungen, z.B. vor Gericht. Die Sachverhalte sind kurz, knapp und präzise dargestellt. Durch die Unterschrift des Protokollführers sowie des Vorsitzenden erhält das Protokoll dokumentarische Bedeutung.

Abwesende werden informiert über Inhalte, Beschlüsse und Regelungen.

Bedeutung als Dokument

Aus der dokumentarischen Bedeutung erwachsen besondere formale Anforderungen, die vom Protokollführer beachtet werden müssen.

11.6.2 Verlaufsprotokoll

Ein Verlaufsprotokoll gibt vollständig, d.h. ohne Lücken, den chronologischen Ablauf eines Gespräches, z.B. einer Verhandlung oder einer Diskussion, etwa einer Strategiediskussion auf der Ebene der Geschäftsleitung, wieder.

Die Anfertigung eines Verlaufsprotokolles ist dann kompliziert, wenn Gespräche oder Diskussionen umstrukturiert und undiszipliniert verlaufen. Es ist dann schwierig, den „roten Faden" beizubehalten. Wortbeiträge können in direkter oder auch in indirekter Rede aufgegriffen werden.

Aufgabe

Suchen Sie sich aus Ihrer Fernsehzeitschrift eine Sendung informierenden Charakters aus, besonders günstig wäre eine Diskussion.
Versuchen Sie dann, ein Verlaufsprotokoll dieser Sendung anzufertigen.

11.6.3 Ergebnisprotokoll

Begriff

Ein Ergebnisprotokoll hält die inhaltlichen Ergebnisse eines Gespräches und die möglicherweise getroffenen Entschlüsse und Entscheidungen in präziser Weise fest.

Die Unterschriften aller Beteiligten unter das Protokoll, zumindest die des Protokollführers und des Vorsitzenden, bestätigen die Richtigkeit des Textes. Dadurch erhält das Papier die Funktion eines beweiskräftigen Dokumentes. Das Protokoll ist damit eine **Sonderform des Berichtes.**

11.6.4 Gestaltung von Protokollen

⋆ Inhalt
  – Protokolle sind Informationen.
  – Protokolle können Beweismittel sein.
  – Sie beinhalten sachliche Informationen.
  – Sie enthalten präzise Angaben.
  – Die Darstellung ist neutral.

⋆ Aufbau
  Es überwiegt die tabellarische Gliederung:
      TOP 1 = Tagesordnungspunkt 1
      TOP 2 = Tagesordnungspunkt 2

Informationen darstellen   **219**

11.6.5   Beispiel für den Aufbau eines Ergebnisprotokolles

Protokoll der Mitarbeiterbesprechung in der Abteilung ...

Datum: 16. August 19..
Ort: Bildungszentrum, Raum A 014
Vorsitzender: Abteilungsleiter Klever
Teilnehmer: Vgl. Anwesenheitsliste
Tagesordnung: 1. Eröffnung, Ernennung des Protokollführers
                    2. Ist-Analyse des Projektes XYZ 0814
                    3. Festlegung des weiteren Vorgehens
Beginn: 8.30 Uhr
Ende: 11.00 Uhr

TOP 1: ...

TOP 2: ...

TOP 3: ...

Protokollführer   Vorsitzender

Müller   Klever

Aufgabe
Nehmen Sie Ihr Verlaufsprotokoll der von Ihnen ausgewählten Fernsehsendung vor. Arbeiten Sie – nach den gerade dargestellten formalen Gliederungsaspekten – dieses Verlaufsprotokoll nun um in ein Ergebnisprotokoll.
Legen Sie dann beide Protokolle nebeneinander. Welche Unterschiede können Sie ausmachen?

* Sprache

  – Sie sollte sachlich sein (vgl. Bericht).   **Sprachliche**
  – Stilistische Verknüpfungen und Überleitungen zwischen den Absätzen und den   **Gestaltung**
    Tagesordnungspunkten sind nicht erforderlich.
  – Die Formulierungen sollen kurz, knapp und dabei präzise sein.
  – In der Regel wird das Präsens (Gegenwart) als Zeitform gewählt.
  – Im Allgemeinen wird die indirekte Rede gewählt. Ausnahme: Einige besonders
    wichtige Formulierungen oder Sachverhalte sollen – z.B. auf Wunsch eines/der
    Teilnehmer(s) – wörtlich in das Protokoll übernommen werden.

* Arbeitshilfen beim Protokollieren

  – Fertigen Sie Notizen mit wichtigen Elementen des Geschehens an.   **Empfehlun-**
  – Haben Sie Mut! Falls Zahlen sowie andere Daten zu schnell vorgetragen wurden,   **gen für die**
    dann melden Sie sich sofort und bitten um Wiederholung „für das Protokoll".   **Bewältigung**
  – Lassen Sie nicht viel Zeit verstreichen; je eher Sie mit der Ausarbeitung Ihres   **der Aufgabe**
    Protokolles beginnen, umso besser. Je „frischer" Ihre Erinnerungen an die Ab-
    läufe sind, umso eher und umso schneller können Sie zum Ergebnis kommen.
  – Bleiben Sie sachlich. Achten Sie darauf, dass Sie ohne persönliche Kommentare
    oder Wertungen schreiben.

Informationen darstellen

11.6.6 Exkurs: Direkte und indirekte Rede

◆ **Direkte Rede**

Begriff

Die direkte Rede gibt die Äußerungen einer Person wortwörtlich – ohne jegliche Veränderung! – wieder. Sie hat den Charakter der Authentizität; jemand kann „beim Wort genommen" werden.

Die direkte Rede wird im Text – wie ein Zitat, vgl. die Ausführungen dazu in diesem Buch – durch Anführungszeichen kenntlich gemacht.

✶ Verwendungssituationen
  – Mitschriften offizieller Stenographen, z.B. im Deutschen Bundestag
  – Wiedergaben von Äußerungen von Politikern, z.B. in einer Zeitung
  – Äußerung eines Zeugen vor Gericht

  `Beispiel` Der Außenminister sagte am Abend in Bonn: „Ich nehme die Vorgänge sehr ernst ..."

**Begriffs-
annäherung**

◆ **Indirekte Rede**

Die indirekte Rede gibt nicht wörtlich Äußerungen wieder.

  `Beispiel` Der Außenminister sagte am Abend in Bonn, er nehme die Vorgänge sehr ernst und ...

✶ Bei der indirekten Rede wird der Konjunktiv I benutzt. Er leitet seine Formen vom Indikativ des Präsens ab.

Konjunktiv I

  `Beispiel` Indikativ des   Konjunktiv I:
  Präsens:
  er ist   er sei
  er läuft   er laufe
  er gibt   er gebe

Konjunktiv II

✶ Unterscheiden sich die Formen des Konjunktivs I nicht vom Indikativ, so wird der Konjunktiv II eingesetzt – i.d.R. immer dann, wenn die indirekte Rede nicht in der dritten Person Singular steht.

  `Beispiel` Klaus und Peter erzählten, sie nähmen (= Konjunktiv II) nun doch erst den Zug am Freitag.

✶ Die Wahl der Zeitstufe ist abhängig davon, ob ein Geschehen
  – vergangen ist,
  – sich gerade ereignet,
  – noch bevorstehend ist.

Sie ist nicht (!) von der Zeitstufe im einführenden Satz abhängig. Es wird durch sie verdeutlicht, in welcher zeitlichen Beziehung der aktuelle Berichterstatter zum Zeitpunkt der Aussage zu der genannten Person steht.

  `Beispiel` Der Einkäufer berichtete,
  – er habe das Geschäft mit Erfolg abgeschlossen.
  – man stehe noch in der Regelung von technischen Einzelproblemen.
  – man werde sich hoffentlich über die ... verständigen.

11.7 Weitere Formen der Dokumentation

Ein Dokument – lateinisch „documentum" = Beweis – ist ein Beweisstück, oft in Form einer Urkunde, das die Richtigkeit von Aussagen, Absprachen, Eintragungen usw. bestätigt.

Begriff

Der traditionelle Begriff der Dokumentation wird im Zeitalter der elektronischen Datenverwaltung oft ersetzt durch **„Informationswesen"**.

Dieser Bereich umfasst das systematische Erfassen, Ordnen und Speichern von Daten, Fakten und Dokumenten der verschiedensten Bereiche.

Aus der Vielzahl der möglichen Dokumente werden hier zwei Beispiele herausgehoben.

11.7.1 Verträge

Die KRISTALL Zuckerfabrik benötigt wieder neue Verpackungseinheiten für den von ihr hergestellten Kristallzucker. Sie bestellt bei ihrem langjährigen Lieferer, der Karton AG, auf der Grundlage eines Angebotes. Durch Auftragsbestätigung ist der Kaufvertrag geschlossen.

In diesem Rechtsgeschäft haben Vertreter der KRISTALL Zuckerfabrik sowie der Karton AG rechtsverbindlich ihren Willen erklärt, was gewollte Rechtswirkungen nach sich zieht.

Es gibt **einseitige Rechtsgeschäfte,** z.B. die Kündigung, und es gibt **mehrseitige** Rechtsgeschäfte, dies sind Verträge.

11.7.2 Rechtsvorschriften

◆ **Bürgerliches Rechtsgeschäft und Handelsgeschäft**

Es wird zwischen bürgerlichen Rechtsgeschäften und Handelsgeschäften unterschieden.

★ Defintion: **bürgerliches Rechtsgeschäft**

Ein bürgerliches Rechtsgeschäft wird zwischen Nichtkaufleuten geschlossen. Rechtsgrundlage ist das Bürgerliche Gesetzbuch, das BGB.

Unterscheidung nach Personengruppen

★ Definition: **Handelsgeschäft**

Beim Handelsgeschäft wird unterschieden zwischen dem einseitigen Handelsgeschäft – beteiligt sind ein Kaufmann und ein Nichtkaufmann – und dem zweiseitigen Handelsgeschäft – beteiligt sind nur Kaufleute. In beiden Fällen ist sowohl das BGB als auch das HGB – das Handelsgesetzbuch – anzuwenden, wobei gilt, dass das spezielle Recht dem allgemeinen vorangeht.

◆ **Verpflichtungsgeschäft und Erfüllungsgeschäft**

Ein Rechtsgeschäft unterscheidet man in das **Verpflichtungs-** und in das **Erfüllungsgeschäft**. Das erste begründet ein Schuldverhältnis, das zweite verändert Rechte an Sachen.

Unterscheidung nach Rechtsfolgen

Beispiel Herr Eitel bestellt beim Autohändler Düse & Söhne GmbH einen neuen Sportwagen eines amerikanischen Herstellers. Der Kaufvertrag wird von beiden Seiten unterschrieben.

Herr Eitel verpflichtet sich zur Bezahlung, Firma Düse & Söhne GmbH, vertreten durch den Verkäufer Schlau, zur Lieferung des Autos (Verpflichtungsgeschäft).

Nach drei Monaten übergibt Herr Schlau das Auto, Herr Eitel bezahlt den Kaufpreis (Erfüllungsgeschäft), Eigentum und Besitz des Autos gehen auf Herrn Eitel über.

◆ **Formvorschriften**

Unterscheidung nach Formvorschriften

Rechtsgeschäfte sind zunächst einmal **„formfrei"**, d.h. nicht an eine bestimmte Form gebunden.
Um aber Absprachen beweisen zu können, empfiehlt sich die schriftliche Fixierung und Unterzeichnung, der **Vertrag** wird dadurch zum **„Dokument"**, d.h. zum **Beweis eines Rechtsgeschäftes**.

Es gibt aber auch eine Reihe von Rechtsgeschäften, für die die Beachtung und Einhaltung einer bestimmten Form vorgeschrieben ist, es besteht **„Formzwang"**. Es kann sich dabei handeln um:

– die Schriftform,
– die öffentliche Beglaubigung,
– die öffentliche Beurkundung.

Bei Nichtbeachtung des gebotenen Formzwanges gelten Rechtsgeschäfte als „nichtig", d.h. von Beginn an unwirksam, vgl. § 125 BGB:

„Ein Rechtsgeschäft, welches der durch Gesetz vorgeschriebenen Form ermangelt, ist nichtig. Der Mangel der durch Rechtsgeschäft bestimmten Form hat im Zweifel gleichfalls Nichtigkeit zur Folge."

Beispiel Die Schriftform
– Mietverträge (Wohnraum oder Grundstück) mit einer Dauer von mehr als 12 Monaten
– Privattestamente
– Abzahlungsgeschäfte
– Forderungsabtretungen
– Schuldversprechen
– Schuldanerkenntnisse
– Bürgschaftserklärungen von Nichtkaufleuten
– Abtretung von Hypotheken

Beispiel Die öffentliche Beglaubigung

Die betreffende Willenserklärung muss schriftlich erfolgen. Ein Notar beglaubigt lediglich die Unterschrift (vgl. § 65 des Beurkundungsgesetzes).
– Schriftliche Anmeldung zur Eintragung in das Handelsregister
– Anträge zur Eintragung in das Grundbuch

Beispiel Die öffentliche Beurkundung

Der Notar verfasst ein Protokoll der erfolgten Willenserklärung und bestätigt die Echtheit von Unterschrift und (!) Inhalt.

– Kaufvertrag über ein Grundstück
– Veräußerung von Erbschaften
– Schenkungsversprechen
– Verträge von Eheleuten über die Regelung der vermögensrechtlichen Verhältnisse

Informationen darstellen **223**

11.7.3 Ein Beispiel: Die Schlussakte des Handelsmaklers

Der Handelsmakler gehört zur Gruppe der Handelsvermittler.

„Wer gewerbsmäßig für andere Personen, ohne von ihnen auf Grund eines Vertragsverhältnisses ständig damit betraut zu sein, die Vermittlung von Verträgen über Anschaffung oder Veräußerung von Waren oder Wertpapieren, über Versicherungen, Güterbeförderungen, Schiffsmiete oder sonstige Gegenstände des Handelsverkehrs übernimmt, hat die Rechte und Pflichten eines Handelsmaklers."
(§ 93 [1] HGB)

Begriff

Am Beispiel dieses selbständigen Kaufmannes soll gezeigt werden, wie die Dokumentation von geschäftlichen Vorgängen **Bestandteil kaufmännischer Tätigkeit** ist.

Der Handelsmakler – im Gegensatz zum Haus- und Grundstücksmakler, auf dessen Tätigkeit das BGB anzuwenden ist – vermittelt in fremdem Namen und für fremde Rechnung Rechtsgeschäfte.

Rechtsstellung

★ Arten von Handelsmaklern

 – Warenmakler
 – Versicherungsmakler

 – Befrachtungsmakler (Charterung von Seeschiffen)
 – Effektenmakler (Wertpapiere an der Börse)

★ Die Schlussnote

Der Handelsmakler, z.B. der Warenmakler, führt vertragswillige Partner zusammen. Er hat dabei die Interessen beider Seiten zu wahren, über seine Tätigkeiten ein Tagebuch zu führen, in dem alle abgeschlossenen Geschäfte in zeitlicher Reihenfolge zu erfassen sind, sowie Haftung gegenüber den Parteien für von ihm verschuldete Schäden zu übernehmen.

Beispiel Die Comfort AG – Hersteller von Qualitätsledermöbeln – will eine kleine Serie von Designersesseln produzieren, bei denen das Leder einer bestimmten Art südamerikanischer Rinder verarbeitet werden soll.

Die Einkäufer der Comfort AG verfügen selbst über keine Marktkenntnis und keinerlei Erfahrungen in Südamerika. Sie wenden sich daher an Miguel Torro, Handelsmakler mit Sitz in Frankfurt am Main sowie einer Niederlassung in Rio. Er kennt den Markt und die Anbieter der gewünschten Ware. Die Vermittlung erfolgt über ihn.

Zwischen der Comfort AG und der Gauchos Inc. in Rio wird der Kaufvertrag geschlossen.

Der Anspruch auf die Maklergebühr, die sog. „Courtage", entsteht erst nach Abschluss des Geschäftes durch die Vertragspartner.

*„**Der Handelsmakler hat,** sofern nicht die Parteien ihm dies erlassen oder der Ortsgebrauch mit Rücksicht auf die Gattung der Ware davon entbindet, **unverzüglich nach dem Abschlusse des Geschäfts jede Partei eine von ihm unterzeichnete Schlussnote zuzustellen,** welche die Parteien, den Gegenstand und die Bedingungen des Geschäfts, insbesondere bei Verkäufen von Waren oder Wertpapieren deren Gattung und Menge sowie den Preis und die Zeit der Lieferung enthält."*
(§ 94 [1] HGB)

Merkmale der Schlussnote

Die Tätigkeit des Handelsmaklers umfasst somit **Aufgaben der Beweissicherung.** Die Qualität seiner Formulierungen, die Präzision und Vollständigkeit seiner Aufzeichnungen vermitteln den Partnern des Geschäftes kaufmännische und juristische Sicherheit.

Beweissicherung

11.8 Die komplexe Leistung: Das schriftliche Referat

11.8.1 Definition „Referat"

Merkmale

Referat leitet sich aus der lateinischen Sprache her und bedeutet übersetzt: „er/sie/es möge berichten" (referre = Bericht erstatten).

Dieser Bericht kann als Vortrag über ein bestimmtes Thema oder auch als schriftlicher Bericht einschließlich einer Beurteilung verfasst werden. Das schriftliche Referat wird auch als Fachbericht oder Facharbeit bezeichnet.

Zum Begriff „Referat" gehört der „Referent", dessen Aufgabe darin besteht, auf wissenschaftlicher Basis ein **fachkundiges Publikum qualifiziert über ein Thema zu informieren**.

Bei einem „Vortrag" handelt es sich hingegen um allgemein verständliche Ausführungen, die an eine breitere Öffentlichkeit gerichtet sind.
Eine genaue Abgrenzung zwischen „Referat" und „Vortrag" kann allerdings nicht in jedem Falle vorgenommen werden.

Es gibt aber auch viele Verwendungszusammenhänge für die schriftliche Form des Referates. Dies ist auch das Thema auf den nachfolgenden Seiten. Die Aspekte der Vorbereitung und Durchführung des mündlichen Referates wurden bereits an anderer Stelle in diesem Buch behandelt.

11.8.2 Arbeitsschritte und Vorbereitung

Martin Market arbeitet in einer Stabsabteilung und ist zuständig für Trendanalysen.

Er erhält den Auftrag, den US-amerikanischen Freizeitsport auf Tendenzen und Trends hin zu analysieren, die für das eigene Unternehmen, die HERMES Sportartikel AG, mittelfristig in Bezug auf den deutschen und europäischen Markt von Bedeutung sein können. Das Ergebnis sowie seine Einschätzung sollen in einem Referat präzisiert werden, wobei die weitere Verwendung als Vortrag möglich ist.

Was ist zu tun?

> **Aufgabe**
>
> Bevor Sie nun weiterlesen und sich mit den vorgeschlagenen Hilfen und Arbeitsschritten auseinander setzen, stellen Sie spontan die Tätigkeiten und Überlegungen zusammen, die Sie an der Stelle von Martin Market anstellen würden.

Ein Referat soll über ein Thema umfassend informieren und das Wissen seines/seiner Adressaten erweitern.

Referat und Facharbeit erfordern beide systematisches, genaues und **wissenschaftliches Arbeiten**. Die Vorgehensweise bei der Anfertigung ist daher identisch.

◆ Adressatenbezug

Schreiben ist immer ein adressatenbezogener Vorgang. Daher steht am Anfang die Frage: „Für wen ist der Text bestimmt?"

Für wen wird geschrieben

Martin Market erhält den o.g. Auftrag vom Leiter der Stabsabteilung. Das Ergebnis seiner Arbeit soll er ihm vorlegen. Der Weg des Papiers führt dann weiter in die Strategierunde der Geschäftsleitung.

Market „kennt" den beruflichen und sozialen Zusammenhang, in dem das Referat stehen soll. Er weiß, dass seine Formulierungen nicht von Laien, sondern von erfahrenen Praktikern gelesen werden. Damit sind Erläuterungen und Erklärungen zu bekannten Zusammenhängen überflüssig bzw. nur kurz anzusprechen. Er kann die notwendige Fachsprache mit ihren definierten Ausdrücken und Stilmitteln einsetzen.

Andererseits ist klar, dass die Empfänger seines Textes mit entsprechenden Erwartungen an die Lektüre gehen: Sie erwarten eine präzise und zutreffende **Analyse**, einen durchgehenden sachlogischen Gedankengang, eine klare Antwort auf die Fragestellung und damit eine Entscheidungshilfe – und alles dies in einer sachgerechten und stilistisch einwandfreien sprachlichen Form.

◆ Themenanalyse

Viele Menschen haben während ihrer Schulzeit die unerfreuliche Erfahrung gemacht, dass ihre seitenlangen Ausführungen in Interpretationen und Aufsätzen vom Lehrer mit dem Hinweis „Thema verfehlt" und einer nicht ausreichenden Note bewertet wurden. Ähnliche Erlebnisse ereignen sich auch im Berufsleben. Es gibt dann zwar keine Note, aber Vorgesetzte verfügen ja auch über andere – z.T. nicht weniger qualifizierende – Sanktionsmöglichkeiten.
Wie kann es dazu kommen?

Die Antwort ist relativ schnell gegeben: Es fehlt die erforderliche Themenanalyse.

Um unnötige Arbeit und Misserfolge zu verhindern, empfiehlt es sich, an die Themenstellung mit einigen Fragen heranzugehen:

- Welche Ansprüche und Erwartungen stellt das Thema an mich?
- Wird ein Überblick über ein vollständiges Thema erwartet?
- Handelt es sich um einen Ausschnitt aus einem größeren Ganzen?
- Welches Problem steht im Zentrum?
- Was sind die Schlüsselbegriffe in der Aufgabenstellung? Welche Konsequenzen ergeben sich daraus für die Annäherung an das Thema?

Welcher Inhalt wird erwartet

Informationen darstellen

Die SENORA AG – Haushaltsgeräte – will ihre unternehmerische Kommunikationspolitik, Werbung, Public Relations und Salespromotion (verkaufsfördernde Maßnahmen), einer kritischen Revision unterziehen, bei der die Kosten-Nutzen-Analyse im Vordergrund steht.
Hans Quirlig erhält den Auftrag, ein schriftliches Referat mit folgendem Thema zu erarbeiten:
„Die aktuelle Bedeutung der Salespromotion auf dem Markt für Haushaltsgeräte in Deutschland."

„Was für eine Aufgabe!", denkt sich Quirlig und macht sich an die Arbeit.

Aufgaben

1. Untersuchen Sie die Aufgabenstellung sehr gründlich, benutzen Sie dabei auch die oben genannten Hilfsfragen.
2. Welche Themenverfehlungen sind denkbar?
3. Definieren Sie die zentrale Aufgabe!
4. Was möchte die Geschäftsleitung von Quirlig erfahren?

◆ Informationsbeschaffung

An dieser Stelle läuft ein Prozess ab, der in den vorangegangenen Kapiteln dieses Buches dargestellt worden ist:
Welche Medien stehen zur Verfügung? Welche Bücher, Zeitschriften usw. können zur Informationsbeschaffung herangezogen werden?

Martin Market sondiert seine Informationsmöglichkeiten.
Die HERMES AG hat die entsprechenden Fachzeitschriften abonniert. Es gibt eine Bibliothek, die auf dem neuesten Stand ist. Außerdem bestehen Geschäftsbeziehungen zu einigen Firmen in den USA, die einzelne Produkte herstellen, die von der HERMES AG z.T. als Handelsware mit in ihre Produktpalette aufgenommen sind.
Alle diese Informationsquellen sind nun auszuschöpfen.

◆ Sicherung und Aufbereitung der Informationen

An dieser Stelle kann auf die Ausführungen in diesem Buch hingewiesen werden, die sich mit dem **Lesen als Informationsgewinnung** und den Hilfen zur Annäherung an und Erschließung von Texten beschäftigen. Dort finden Sie auch die erforderlichen Hinweise und Hilfestellungen zur Sicherung der gelesenen Informationen.

11.8.3 Aufbau des Referates

Aus der vermutlich großen Anzahl von Notizen oder auch Fotokopien von Statistiken, Graphiken oder Übersichten muss nun ein strukturiertes Referat erstellt werden.

Informationen darstellen **227**

◆ Die Gliederung

Die Gliederung hat den Zweck, die Gesamtdarstellung sachlogisch und adressaten-
bezogen so ausführlich – in Stichworten bzw. kurzen Sätzen – vorzustrukturieren, dass
beim **„Schreiben"** die sprachlich ausformulierte Ausführung der gegliederten Gedanken erleichtert wird.

Eine Gliederung umfasst drei klassische Bestandteile:

- Einstieg
- Hauptteil
- Schlussteil

Klassische Bestandteile der Gliederung

Denken Sie daran:

Eine klare Gliederung mit präzise formulierten Gedanken ermöglicht dem Leser – hier
auch dem Zuhörer – das reibungslose Nachvollziehen Ihres Referates.
Strukturieren Sie daher Ihr Referat auch äußerlich erkennbar. Beenden Sie einen
Gedanken, indem Sie eine **Leerzeile** einfügen, bevor Sie mit einem neuen Argument
fortfahren.

Es ist sinnvoll, durch **Kapitelüberschriften** zu einzelnen Thesen den Blick des Lesers
auf das Wesentliche zu lenken. Werden dann die in der Stoffsammlung erfassten Informationen den Kapiteln zugefügt, kann die **Ausformulierung** beginnen.

A   Einstieg

Der Einstieg in das Referat soll den Leser für das bearbeitete Thema offen und aufnah-
mebereit machen. Es ist nie leicht, einen sinnvollen Anfang zu finden und ihn angemessen zu formulieren. Der erste Eindruck hat bekanntlich eine große Bedeutung für die
weitere Erwartungshaltung des Lesers. Es kann – je nach Thema – sich als sinnvoll er-
weisen, das Thema des Referates, eine erfolgte Schwerpunktsetzung sowie die heran-
gezogenen Hilfsmittel und Informationsquellen zu benennen.

Erwartung der Leser

Ihre in der Vorbereitungsphase erstellte Gliederung wird einfach zum Inhaltsverzeich-
nis, das dem Leser die Orientierung in einem längeren Text erleichtert.
Lesen Sie hierzu die Ausführungen zum Vortrag.

B   Hauptteil

Hier ist der Ort für die Erklärung von Begriffen oder Phänomenen, die im weiteren Verlauf benutzt oder behandelt werden – dies sollte nicht in der Einleitung erfolgen.

Der Text sollte kurz und präzise sein; dazu gehören auch übersichtliche Satzkonstruktionen. Thesen müssen begründet werden. Beispiele helfen durch Anschaulichkeit eine
eindeutige Information zu geben. Eigene Gedanken und Zitate (vgl. dazu die Ausführungen in diesem Buch) müssen klar zu unterscheiden sein. Stilistisch ist es ansprechend, verschiedene Hauptgedanken mit Überleitungen zu verbinden, so dass der
Argumentationsgang deutlich wird.

Inhalte

C   Schlussteil

Der Schluss eines Referates sollte geplant und als eigenständiger Teil konzipiert sein;
das Ende darf nicht durch das letzte Argument des Hauptteiles gebildet werden. Im
Schlussteil wird das entscheidende Fazit erwartet, das den Schluss und die Konsequenzen aus dem Vorgetragenen zieht.

11.8.4 Die formale Gestaltung

Professionelles Layout durch PC

Im Zeitalter der PCs ist die Gestaltung eines Textes leichter und zugleich auch anspruchsvoller geworden, da Textverarbeitungssysteme und Graphikprogramme im Verbund mit leistungsfähigen Druckern ein **professionelles Layout** ermöglichen. Dies hat den Vorteil, dass der Text vom Titelblatt bis zum Anhang leserfreundlich präsentiert werden kann. Über die in diesem Kapitel bereits genannten Gliederungshilfen hinaus kann mit größer und „fett" gedruckten Überschriften optisch eine Orientierungshilfe geleistet werden. Zahlen und Statistiken lassen sich professionell aufbereiten. Den technischen Möglichkeiten sind kaum Grenzen gesetzt.

11.8.5 Der Vortrag des Referates

Über die grundsätzlichen Vortrags- und Präsentationstechniken können Sie sich noch einmal auf den entsprechenden Seiten dieses Buches im Zusammenhang mit der mündlichen Kommunikation informieren. An dieser Stelle soll aber dennoch gezeigt werden, wie ein ausformuliertes und fertiges Referat vorgetragen werden kann.

Ein Referat als vorgetragene mündliche Kommunikation darf nicht einfach nur „vorgelesen" werden – die ermüdende Wirkung auf die Zuhörer ist leicht nachvollziehbar. Nichts ist unsinniger als das wortwörtliche Vorlesen von und Festhalten an Formulierungen, die nicht für den Vortrag konzipiert sind. Deshalb finden Sie hier einige Ideen und Anregungen, wie sich das Referat dennoch „vortragen" lässt.

* Stichwortzettel

Kombination mit Originaltext

Haben Sie Mut!
Fertigen Sie nach Fertigstellung Ihres Referates einen Stichwortzettel an, mit Unterstreichungen und ähnlichen Kennzeichnungen, der Ihnen hilft, nun in einem freien Vortrag die Inhalte und Aussagen Ihres Referates vorzubringen.
Für Details und präzise Formulierungen können Sie dann immer noch auf Ihren Text zurückgreifen.

* Thesenpapier

Thesenpapier für Referent und Zuhörer

Das klassische Thesenpapier ist immer noch ein bewährtes Hilfsmittel für beide, für den Referenten und auch den Zuhörer.
Der Referent muss sich dazu zwingen, auf nicht mehr als einer bis zu drei Seiten sehr pointiert seine Kenntnisse zu formulieren – „auf den Punkt zu bringen" – , damit der Zuhörer einen Leitfaden durch die überwiegend akustisch wahrzunehmenden Informationen hat.

* Präsentationshilfen

Inhalte sichtbar machen

Weitere Verstehenshilfen, die die mündlich erteilten Informationen unterstützen und ergänzen, sind:
- Overheadprojektor
- Flipchart
- ggf. Tafel u.Ä.

Aufgabe

Es versteht sich – angesichts der damit verbundenen Mühen und Arbeit – von selbst, dass Sie nun nicht aufgefordert werden, zu einem beliebigen Thema ein Referat zu schreiben.

Deshalb wird an dieser Stelle die „Aufgabe" ersetzt durch eine
Anregung

Sollte sich in Ihrem beruflichen Tätigkeitsfeld – vielleicht nehmen Sie an einer betrieblichen oder überbetrieblichen Fortbildungsveranstaltung teil – oder in anderen Situationen die Möglichkeit eines Referates ergeben, dann packen Sie diese Herausforderung „beim Schopfe", übernehmen Sie Ihr erstes Referat! Was andere können, das können Sie auch! Nur durch Übung und Erfahrung können Sie in diesem Bereich sicher werden.

11.9 Unternehmen treten an die Öffentlichkeit

Unternehmen leben nicht auf einer Insel, losgelöst von sozialen, wirtschaftlichen und politischen Einflüssen. Sowohl die juristische Person der Firma als auch viele Mitarbeiter stehen in einem **vielfältigen und täglichen Kommunikationsprozess**, z.B. mit Lieferern und Kunden. Viele Informationen werden mit modernen Instrumenten der Telekommunikation schnell und effizient ausgetauscht. Es bleibt aber immer noch die Schriftform, die kaufmännisches Handeln zu einem weitgehend sprachlich fixierten Akt mit Präzision werden lässt.
In diesem Kapitel sollen einige Beispiele für derartige schriftliche Mitteilungen „nach außen" vorgestellt und Hilfen zu deren Formulierung und Gestaltung gegeben werden.

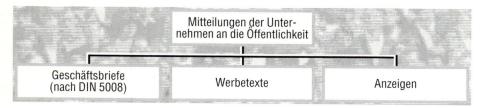

11.9.1 Geschäftsbriefe

Die Auszubildende Silvia Strebsam macht seit einigen Tagen ihre ersten Erfahrungen in der Einkaufsabteilung.

Sie hat ein Gespräch zwischen einem Vertreter der Entwicklungsabteilung und „ihrem" Sachbearbeiter verfolgen können, in dem es darum ging, bisher nicht gebräuchliche Trennscheiben aus Kunststoff zu beschaffen. Da der Vorgang nicht eilig ist, gibt der Sachbearbeiter der Auszubildenden folgenden Auftrag: „Sie haben zugehört, hier sind die Unterlagen. Schreiben Sie eine Anfrage!"
Silvia Strebsam ist nicht wenig überrascht. In den vorangegangenen Abteilungen hat man sie mit Hilfstätigkeiten betraut, nun soll sie etwas schreiben. Ihre Fragen können lauten:

„Wie schreibe ich eine Anfrage?"
„Welche Formulierungen sind üblich?"
„Wie muss ein solcher Brief formal aufgebaut sein?"

Informationen darstellen

◆ Schreibanlässe

Die tägliche Arbeit in einem Unternehmen erfordert auch die Bewältigung eines umfangreichen Schriftverkehrs. Hinzu kommen noch besondere, nicht alltägliche Situationen, die eine besondere Form der Mitteilung erfordern.
In der folgenden Übersicht sollen die wesentlichen Schreibanlässe genannt und kurz erläutert werden.

★ Anfrage

Rechtlich unverbindlich

Die **Anfrage** ist eine **rechtlich unverbindliche Bitte** um z.B. die Zusendung eines Kataloges oder die Vorstellung der Produktpalette. Sie kann auch konkrete Fragen zu einem bestimmten Produkt oder zur Ausführung einer Arbeit beinhalten.
Das Schreiben kann gegebenenfalls einen Bezug enthalten, z.B. auf eine Annonce in einer Fachzeitschrift oder einen Messebesuch. Um das gewünschte Angebot bereits zu konkretisieren, werden Wünsche hinsichtlich des Preises, der Rabatte und der Liefer- und Zahlungsbedingungen in die Anfrage aufgenommen.

So besteht für den potentiellen Kunden die Möglichkeit, sich eine seinen Wünschen entsprechende relative Markttransparenz zu verschaffen, ohne sich durch die Anfrage festzulegen.

Beispiel Musterbrief

Leiterfabrik Langen GmbH – Stahlstraße 24 – 54711 Köln

Stahlhandel
Rohr & Söhne GmbH
Kupferstraße 220

40123 Düsseldorf

Ihre Zeichen	Unsere Zeichen	54711 Köln
	Lf/Sn	24. August 19..
Ihre Nachricht vom	Unsere Nachricht vom	

Anfrage nach 2 000 Stück Leiterrohren für die Herstellung von Haushaltsleitern

Sehr geehrte Damen und Herren,

bei unserem Besuch Ihres Messestandes auf der Handwerksmesse in Köln hatten wir die Gelegenheit, Ihre Produktpalette kennen zu lernen.

Wir beabsichtigen, über unser bisheriges Vertriebssystem nun auch Haushaltsleitern zu verkaufen, bisher waren wir nur im Bereich der sog. Profileitern tätig.

Da es sich hier nicht um eine einmalige Aktion handeln soll, suchen wir einen Zulieferer, der an einer längeren Geschäftsbeziehung interessiert ist.

Wir benötigen Leichtmetallrohre mit einer Länge von 300 Zentimetern, einer Dicke von 3 Millimetern sowie einem Durchmesser von 60 Millimetern – rostfrei. Die Lieferung soll auf Abruf erfolgen, die Zahlungsbedingungen erbitten wir auf der Grundlage unserer Geschäftsbedingungen (vgl. Anlage).

Wir möchten Sie um ein Angebot bitten.

Mit freundlichen Grüßen

i.V. Müller

Langen GmbH

Anlagen
Allgemeine Geschäftsbedingungen

Informationen darstellen　231

* Angebot

Das **Angebot** ist, sofern die Unverbindlichkeit nicht ausdrücklich durch sog. Frei-
zeichnungsklauseln, wie z.B. „solange der Vorrat reicht", hergestellt wird, **rechtlich**
bindend, zumindest für eine angemessene Zeit, die die Transportzeit z.B. des
Briefes sowie eine „Bedenkzeit" von drei bis vier Tagen berücksichtigt.
Der Anlass zur Formulierung und Abgabe eines Angebotes kann z.B. in einer Anfrage oder in allgemeinen Werbeprospekten begründet sein.

Rechtlich
bindend

Der Text nimmt i.d.R. – verbunden mit einem Dank – Bezug auf die Anfrage und
macht dann präzise Aussagen zu Preis, Lieferzeit und Zahlungsbedingungen oder
anderen vom Kunden gewünschten Einzelheiten. Im Schlussteil wird meist der Hoffnung Ausdruck verliehen, dass der Kunde das Angebot mit einer Bestellung
beantwortet.

Aufgabe

Schreiben Sie – auf der Grundlage der Anfrage der Langen GmbH – ein Angebot der
Rohr & Söhne GmbH.
Die inhaltlichen Bedingungen stehen zu Ihrer freien Wahl!

* Bestellung/Auftrag

Die **Bestellung** einer Ware bzw. der Auftrag zur Anfertigung ist **rechtlich verbind-**
lich. Sie bezieht sich auf ein vorliegendes Angebot oder z.B. einen Prospekt des
Herstellers.
Zur Vermeidung von Missverständnissen ist Präzision und Detailfreude geboten. Es
sollten konkrete Aussagen gemacht werden zu folgenden Inhalten:
Art der Ware, Menge, Stück- und Gesamtpreis, genaue Angaben zur Qualität der
Ware, zu Lieferungsbedingungen und dem genauen Liefertermin sowie zu den
Zahlungsbedingungen.

Rechtlich
bindend

* Auftragsbestätigung

Die Auftragsbestätigung hat zwei Funktionen:
Zunächst einmal **dankt man für die erfolgte Bestellung**, dies gehört zur Kundenbetreuung – man erhofft selbstverständlich weitere Geschäftsabschlüsse. Zum
Zweiten wird durch die Bestätigung der Auftragsübernahme mit der vollständigen
Wiederholung der Details der Bestellung eine weitere mögliche Quelle für Missverständnisse ausgeräumt. Sie ist insbesondere in den Fällen sinnvoll bzw. erforderlich, wo Bestellungen telefonisch oder mündlich erfolgten oder wenn die Bestellung Abweichungen vom Angebot aufweist.

Am Ende der Auftragsbestätigung wird in der Regel die termingerechte Ausführung
zur „vollsten Zufriedenheit" zugesichert.

* Kurze Hinweise auf weitere Schreibanlässe

Der vorgesehene Weg von der Anfrage bis zur Bestellungsannahme/Auftrags-
bestätigung ist ein täglich routiniert ablaufender Vorgang in vielen Unternehmen.
An dieser Stelle soll kurz auf weitere Situationen verwiesen werden, die auch ein
typischer Bestandteil kaufmännischen Arbeitens sind.

Weitere
Schreib-
anlässe

In der Erfüllung des Kaufvertrages kommt es des Öfteren zu Störungen, die dann auf der Seite des Käufers zur Formulierung sog. „Mängelrügen" führen. Da in diesem Buch im Zusammenhang mit dem Austausch schriftlicher Informationen – vgl. den Fall der TON AG – bereits auf diese Reaktion eingegangen wurde, reicht hier die Empfehlung, dort noch einmal nachzulesen.

Je nach Branche und Wirtschaftslage sind Situationen häufig, in denen es zum **Lieferungs-** bzw. zum **Zahlungsverzug** kommt. Dies bedeutet, dass entweder der Verkäufer seiner Verpflichtung nicht nachkommt, die Ware termingerecht zu liefern – was fatale Folgen nach sich ziehen kann –, oder der Käufer versäumt es, seinen Zahlungsverpflichtungen termingerecht nachzukommen. Da es sich bei diesen beiden Vorgängen um juristische Phänomene handelt, die sich nicht in Kürze darstellen lassen, soll hier nur der Hinweis erfolgen, dass die Durchführung des entsprechenden Schriftverkehrs ausreichende Sachkenntnis zur Grundlage haben muss.

Als eine weitere Form des Geschäftsbriefes ist die **Kündigung eines Arbeitsverhältnisses** zu nennen. Zwar gilt hier der Grundsatz, dass auch die mündliche Kündigung rechtskräftig ist, jedoch hat die Schriftform eine größere Beweiskraft. Die diesbezüglichen arbeitsrechtlichen Bestimmungen sind komplex und können hier nicht näher erläutert werden. Die gerichtlichen Auseinandersetzungen um erfolgte Kündigungen zeigen die Notwendigkeit präziser und fristgerechter Formulierungen.

◆ **Normen**
Geschäftsbriefe unterliegen, in erheblich stärkerem Maße als Briefe privaten Charakters, formalen Normen, die im Geschäftsleben zu beachten sind.

Die DIN 5008

Zweck-orientierte Gestaltung

Geschäftsbriefe werden in Deutschland vom **Deutschen Institut für Normung e.V. (DIN)** formalisiert, um durch diese Vereinheitlichung die Durchführung des kaufmännischen Schriftverkehrs zu erleichtern und Zeitersparnis zu ermöglichen. Übersichtlich und zweckorientiert gestaltete Schreiben lassen es zu, in kurzer Zeit die Informationen des Textes zu erschließen (vgl. dazu die entsprechenden Kapitel dieses Buches). Die DIN 5008 legt die Vorgaben für das sog. „Maschinenschreiben" fest, also die Texterstellung mit Hilfe einer Schreibmaschine bzw. eines Textverarbeitungssystems. Sie definiert sowohl die Gliederung des Inhaltes als auch die Form der Präsentation, das sog. Layout.

Elemente der DIN 5008

Norm-elemente

– Absenderfeld
  Die Postanschrift des Absenders mit Telefonnummer – ggf. Faxnummer – wird circa 2,5 cm vom oberen Rand links platziert. Absendeort und Datum werden auf der rechten Seite des Briefes angegeben.
  Da moderne Textverarbeitungssysteme viele Gestaltungsmöglichkeiten bieten, sind viele Unternehmen inzwischen zu individuellen Gestaltungen hinsichtlich Anordnung, Größe und Schreibweise dieses Feldes übergegangen.

– Anschriftenfeld
Nach vier Leerzeilen folgt das so genannte Anschriftenfeld mit folgenden Bestandteilen:

1. Zeile:	z.B. Einschreiben oder eine andere besonders hervorzuhebende Versendungsform
3. u. 4. Zeile	Bezeichnung des Empfängers
5. Zeile	Straße und Nummer bzw. Postfach
7. Zeile	Postleitzahl und Ort
9. Zeile	bei Sendungen ins Ausland: Bestimmungsland

– Betreffzeile
Der Begriff „Betreff" wird nicht mehr geschrieben, es steht dort nur noch der Gegenstand des Briefes, z.B. „Angebot" ... Diese Zeile wird drei Zeilen unter der Anschrift formuliert.

– Anrede
Nach zwei Leerzeilen unter dem Betreff erfolgt die Anrede. Hinter der Anrede steht ein Komma, dann folgt eine Leerzeile. Die Wahl der Anrede hängt von dem Bekanntheitsgrad ab, z.B.
Sehr geehrte Frau Müller,
Sehr geehrter Herr Meier,
Sehr geehrte Damen und Herren.

– Brieftext
Für den Brieftext kann es keine allgemein gültigen Normen geben, da die Partner dieser Kommunikation – Absender und Empfänger – jeweils andere Personen und die Situationen/Schreibanlässe von Fall zu Fall unterschiedlich sind.
Unter dem Aspekt der schriftlichen Kommunikation und der Pflege der Geschäftsbeziehungen sollte die Sprache stets sachlich sein und bleiben – dies gilt auch (!) für Mängelrügen und Zahlungserinnerungen.
Da Zeit bekanntlich Geld ist, empfiehlt sich ein kurzer Brieftext, wenn die inhaltlichen Anforderungen nicht dagegen sprechen.

– Grußformel
Als Abschluss des Brieftextes – nach einer Leerzeile – steht die Grußformel des Absenders. Hier hat sich im Laufe der Jahre eine Formulierung durchgesetzt: „Mit freundlichen Grüßen". Nach weiteren vier Leerzeilen erfolgt dann die Unterschrift.

– Anlagenvermerk
Sollen dem Brief Anlagen beigefügt werden, z.B. eine Preisliste, so wird zwei Leerzeilen unter der Unterschrift der Hinweis „Anlagen" geschrieben, in der Zeile darunter der inhaltliche Hinweis, z.B. Preisliste.

◆ **Die Beherrschung der deutschen Sprache**

Wer hat noch nie einen Brief erhalten, in dem es nicht eine oder mehrere „originelle" Rechtschreibung/en, eine falsche Zeichensetzung oder einen irritierenden Gebrauch der deutschen Grammatik gab?
Nun, das ist eine Angelegenheit von Sprachwissenschaftlern und Deutschlehrern, so könnte man meinen. Dabei wird aber übersehen, dass ein **Geschäftsbrief die Visitenkarte eines Unternehmens** ist, dass ein fehlerhafter Brief die Annahme provozieren kann, auch einen nachlässigen und fehlerhaften Umgang z.B. mit Bestellungen und Kundenaufträgen erwarten zu müssen.

Korrekter Umgang mit Sprache

Es kann nicht ausreichend sein, sich auf die Rechtschreibhilfen der Textverarbeitungssysteme zu verlassen, denn dies ist relativ zeitaufwendig und schützt nicht vor Fehlern im Bereich der Zeichensetzung und Grammatik.

Es führt kein Weg daran vorbei: Zur Sorgfaltspflicht des Kaufmannes gehört auch der korrekte Umgang mit der Sprache. So verlangt die Industrie- und Handelskammer bis heute z.B. in der Abschlussprüfung der Industriekaufleute die Anfertigung eines Briefes auf der Basis einer Situationsvorgabe oder die Ausarbeitung eines Fachberichtes.

Aufgabe

Für die Formulierung und Gestaltung von Geschäftsbriefen kann die Methode nur lauten: „Learning by Doing" – nur mit der Übung kommt der Erfolg.

Bearbeiten Sie folgende Aufgabenstellung der Industrie- und Handelskammer aus der Abschlussprüfung für Industriekaufleute aus dem Sommer 1995 (im Folgenden sind lediglich die Aufgabenstellungen zum Schriftverkehr übernommen):

Für die Fertigung eines Kundenauftrags hat die Maschinenbau GmbH, 47053 Duisburg, bei ihrem langjährigen Lieferer, der Gießerei AG, 45470 Mülheim, 100 Gussteile CMC 70 nach vorgegebener Konstruktionszeichnung zum Preis von 100,00 DM je Stück (netto) bestellt. Die Lieferung ist für Mitte April vereinbart, um einen Kundenauftrag termingerecht Mitte Mai ausführen zu können.

Dieser Tatbestand ist der Gießerei AG bekannt.

Am 18. April ruft der Verkaufsleiter der Gießerei AG, Herr Klein, an und teilt mit, die Gussteile könnten wegen eines Defekts in der Gießmaschine (Bedienungsfehler) in absehbarer Zeit nicht geliefert werden.

Die Maschinenbau GmbH möchte den Kundenauftrag dennoch möglichst fristgerecht ausführen; sie kann auf ein Angebot der Kampf Gießerei GmbH, 47803 Krefeld, über die Lieferung der Gussteile zurückgreifen: Preis 110,00 DM je Stück (netto), Lieferung acht Tage nach Eingang des Auftrags und der Konstruktionszeichnungen.

a) Erstellen Sie gemäß dem Vordruck (s.u.) eine Gesprächsnotiz über das Telefonat mit dem Verkaufsleiter, Herrn Klein.

b) Verfassen Sie den Brief der Maschinenbau GmbH an die Gießerei AG, Mülheim, in dem Sie den Sachverhalt darstellen, Ihre Entscheidung mitteilen und Rechtsansprüche geltend machen; Datum: 04.05.19..
(Weitere Angaben nach eigener Wahl)

Gesprächsnotiz

für: – persönliches Gespräch
         – Telefongespräch

Uhrzeit: _____ Gesprächspartner: _____

Firma/Abteilung: _____ Telefon: _____

Inhalt des Gesprächs:

_____

_____

Erledigungsvermerk:

_____

_____

_____

Datum   Unterschrift

Informationen darstellen **235**

11.9.2 Werbetexte

Werbung bezeichnet alle Formen der Kommunikation, mit denen versucht wird, Menschen und ihr Verhalten gegenüber einer beliebigen Sache zu beeinflussen.

Begriff

Das Substantiv leitet sich vom Verb „werben" ab, das sprachgeschichtlich folgende Bedeutungen angenommen hat:

> „sich drehen, bewegen, sich umtun, bemühen"

(vgl. DUDEN, Das Herkunftswörterbuch, cf. werben)

Die **Kommunikationsmöglichkeiten eines Unternehmens** lassen sich auf drei Bereiche zurückführen:

- Public Relations (Öffentlichkeitsarbeit)
- Salespromotion (verkaufsfördernde Maßnahmen)
- Werbung (Produktwerbung)

◆ **Funktionen der Werbung**

Ein Unternehmen betreibt Werbung, indem es mit Hilfe so genannter Werbeträger – Zeitung, Plakat u.ä. Medien – eine Nachfrage nach seinen Produkten wecken möchte.

„Die Absatzwerbung umfasst die den Unternehmenszielen dienende absichtliche und zwangsfreie Beeinflussung von Menschen mit Hilfe spezieller Kommunikationsmittel.

Gerade im Bereich der Werbung spielt das Kommunikationsmodell eine große Rolle. Hier werden jedoch andere Begriffe verwendet. So bezeichnet man den Sender als Werbungtreibenden und die Nachricht als Werbebotschaft oder -aussage. Die Werbebotschaft gelangt mit Hilfe eines Werbemittels über das Medium Werbeträger an den Empfänger Werbesubjekt oder Zielgruppe. Durch das Feedback wird im Rahmen der Werbeerfolgskontrolle der ökonomische und außerökonomische Erfolg einer Werbemaßnahme gemessen. Das zu bewerbende Produkt wird als Werbeobjekt bezeichnet."

Begriffe der Kommuni-kations-wissenschaft anders verwendet

(Blank, Murzin, Handlungsfeld Marketing, Stam-Verlag, Köln, München 1996, S. 124)

Werbung hat zwei Funktionen, die **Informationsfunktion** und die **Motivationsfunktion**.

a) Informationsfunktion

„Damit der Kaufwunsch nach einem Produkt entstehen kann, muss das Produkt mit seinen Eigenschaften auf dem Markt bekannt sein. Die dazu notwendige Information der potentiellen Käufer umfasst verbale Angaben wie

- *Name des Produktes,*
- *Name des Anbieters,*
- *Gattungsbezeichnung des Produktes (Tiefkühlkost, Puddingpulver, Herrensocken),*
- *Eigenschaften, insbesondere Vorzüge, und Nutzenqualitäten (auch Zusatznutzen) des Produktes,*
- *Leistungsvorteile des Anbieters,*
- *Verwendungszweck(e) des Produktes,*
- *Bedienungsanleitung, Gebrauchsanweisung und Rezepte,*
- *Bezugsquellen."*

Informations-funktion der Werbung

(Witt, Jürgen, Das Marketing, in: Preitz, Otto [Hrsg.], Allgemeine Betriebswirtschaftslehre für Studium und Praxis, Verlag für Unternehmensführung Dr. Max Gehlen, Baden-Baden und Bad Homburg vor der Höhe, 1986, S. 371)

Eine Werbebotschaft kann nur **sprachlich**, z.B. als Radiospot, reine Textwerbung, nur **optisch**, z.B. als Plakatwand, Zeitung, oder in einer **Kombination** aus verschiedenen Sinneswahrnehmungen vermittelt werden, z.B. als Fernsehspot. Das Bild, das sich der umworbene Konsument vom Produkt machen soll, wird durch viele Gestaltungselemente hervorgerufen. Wichtig ist dabei die Auslösung von Assoziationen und Gefühlen, die dem Betrachter/Leser nicht offenkundig und bewusst werden, das Produkt aber in einen positiven und geschätzten Kontext stellen.

b) Motivationsfunktion

Motivationsfunktion der Werbung

Die Information ist der erste Schritt hin zu der letztlich **gewünschten Handlung**, dem **Kauf der Ware**. Der potentielle Käufer soll dazu motiviert werden, das beworbene Produkt und kein anderes zu kaufen.

„Eine Werbung, die auf einen langfristigen Absatzerfolg ausgerichtet ist, muss darauf bedacht sein, die beworbenen Produkte sachlich darzustellen. Das schließt nicht aus, dass die Werbung über ein Produkt auf der Grundlage seiner tatsächlichen Eigenschaften möglichst vorteilhaft berichtet, um nämlich den Umworbenen zum Kaufentschluss zu veranlassen. Damit eine Werbebotschaft absatzfördernd wirkt, muss sie Kaufgründe enthalten, die rationaler und emotionaler Art sein können."

(Witt, Jürgen, a.a.O., S. 372)

Werbung will also den Verbraucher gezielt beeinflussen, damit er zum Käufer des Produktes wird. Werbetexte sind daher Texte mit appellativer Funktion.
Traditionell werden vier Wirkungsstufen der Werbung mit Hilfe der sog. AIDA-Formel genannt:

Wirkungsstufen der Werbung

A = Attention   Aufmerksamkeit (erregen)
I = Interest   Interesse (hervorrufen)
D = Desire   Bedürfnis/Wunsch (aktivieren)
A = Action   Handlung = Kauf (durchführen)

Durch einen interessant und originell gestalteten Werbetext in der Zeitung wird der Leser aufmerksam, durch informative oder motivierende Elemente wird sein Interesse auf das Produkt gelenkt. Durch Farbe und Slogan prägen sich das Produkt, der Produktname sowie das Schriftbild ein. Einige Tage später, bei einer Kaufentscheidung, wird bei dem meist unbewussten Wiedererkennen der Wunsch aktiviert, dieses Produkt zu besitzen: Es kommt zum Kauf.

Aufgaben

1. Achten Sie im Laufe eines Tages auf die Zeiten und Orte, an denen Sie Werbung in jeglicher Form begegnen. Stellen Sie diese Beobachtungen zusammen und prüfen Sie selbstkritisch, ob und inwieweit Sie sich davon in Ihrem Leben beeinflussen lassen.

2. Blättern Sie in einer beliebigen Zeitschrift. Welche Werbung ist Ihnen am besten in Erinnerung geblieben? Blättern Sie zurück, analysieren Sie diese Werbung und achten Sie dabei auf die verschiedenen Kompositionsbestandteile.

11.9.3 Stellenanzeigen

Die Pro Vita AG – Lebensversicherungen – ist mit Erfolg dabei, ihren Marktanteil in den neuen Bundesländern zu erweitern. Da es sich um ein traditionsreiches und solides Unternehmen handelt, ist der Ruf in der Branche und auch bei vielen potentiellen Versicherungsnehmern gut.

Trotz aller Rationalisierungsmaßnahmen und trotz moderner, computergestützter Verwaltung werden viele neue Mitarbeiterinnen und Mitarbeiter benötigt, die als erfahrene Sachbearbeiter(innen) die Antragsbearbeitung in der Zentrale in Stuttgart beschleunigen sollen.

Die Stellenausschreibung soll durch Anzeige in Zeitungen erfolgen.

Aufgabe

Formulieren Sie den Text dieser Anzeige, die sowohl in der Lokal- als auch in der Regionalzeitung erscheinen soll. Die dazu erforderlichen Daten können Sie selbst erfinden.
Auch wenn Sie nicht in der Versicherungsbranche arbeiten, versuchen Sie es einfach!
Bearbeiten Sie den folgenden Text bitte erst anschließend.

◆ **Anzeigenträger**

Als Anzeigenträger werden verschiedenen Zeitungen/Zeitschriften verschiedene **berufliche Hierarchieebenen** zugeschrieben.

Die lokale und regionale Tageszeitung ist geeignet, Mitarbeiter der unteren bis mittleren Ebene anzuwerben; die Anzeige in großen überregionalen Zeitungen entfällt, da hier i.d.R. die Mobilität der in Frage kommenden Personen nicht ausreichend ist. — *Auswahlkriterien*

Qualifizierte Stellen werden daher auch ausschließlich in überregionalen Tageszeitungen – z.B. Frankfurter Allgemeine Zeitung – bzw. überregionalen Wochenzeitungen ausgeschrieben – z.B. DIE ZEIT.

Fachzeitschriften eignen sich besonders dazu, Mitarbeiter mit besonderen **Spezialkenntnissen**, insbesondere im Hinblick auf technische Fertigkeiten, anzuwerben. Das Zielpublikum ist hier konzentriert vorzufinden.

◆ **Anzeigenarten**

Hinsichtlich der Anzeigenarten wird differenziert, ob das Unternehmen in der Annonce erwähnt wird oder nicht. Da sind zunächst die **offenen Stellenanzeigen** zu nennen. Hier weiß der Interessent genau, bei welchem Unternehmen er sich bewerben möchte. — *Offene Stellenanzeigen*

Bei **Chiffreanzeigen** ist dies nicht gegeben, entsprechend gering ist vielfach die Bereitschaft, einem fremden Adressaten Informationen über die eigene Person sowie den beruflichen Werdegang zuzuschicken.

Eine dritte Variante bilden seit vielen Jahren die Anzeigen der Personalberatungsunternehmen, der sog. „Head-Hunters", die unter ihrem Namen z.B. „für eine der größten deutschen Lebensversicherungen" geeignete Abteilungsleiter oder Geschäftsführer suchen. Hier ist zwar auch zunächst die Versicherung unbekannt, der Bewerber läuft aber nicht Gefahr, dass er – wie bei einer Chiffreanzeige – seine Daten ungeschützt verschickt. — *Chiffrierte Stellenanzeigen*

◆ **Größe, Aufmachung und Positionierung der Anzeige**

Im Folgenden wird von einer offenen Stellenanzeige ausgegangen, die Unternehmung ist also bekannt.

★ Allgemeine Anmerkungen

Zusammenhänge zwischen Gestaltung der Anzeige und Bedeutung der Stelle

Stellenanzeigen sind in der Regel „schwarz auf weiß" gedruckt; der Leser des Stellenmarktes einer Zeitung erwartet in Größe, Layout und Farbe die „typische" Stellenanzeige. Der geübte Leser kennt und erwartet den sofort erkennbaren Zusammenhang zwischen der Größe der Anzeige und der Bedeutung der ausgeschriebenen Stelle. Mit einem Schlagwort und/oder dem Firmenzeichen wird der Blick auf die Anzeige gelenkt, die Informationen befinden sich in einem Textblock, die „Überschrift" besteht in der Bezeichnung der zu besetzenden Stelle. **Seriosität** sollte durch das Erscheinungsbild vermittelt werden. Der Inhalt sollte sachlich und ohne Übertreibungen dargestellt werden. Das Layout sollte diesem Anspruch gerecht werden. Da Firmenzeichen sehr verbreitet sind, sollte die Gestaltung von Stellenanzeigen kontinuierlich sein. Der Leser „erkennt" im Laufe der Zeit das ausschreibende Unternehmen auf den „ersten Blick".

★ Größe und Aufmachung

Die Anzeige als **„Visitenkarte"** prägt auch das Image des Unternehmens. Die Dringlichkeit der zu besetzenden Stelle, aber auch das Selbstwertgefühl bzw. Selbstverständnis des Unternehmens am Markt kommen in der gewählten Größe und Gestaltung zum Ausdruck.

Denken Sie daran, die Konkurrenz liest mit!

Größe/ Gestaltung/ Aufmachung

Geraten z.B. die Anzeigen plötzlich auffallend kleiner – und damit natürlich auch billiger –, entsteht der Eindruck, dass wohl gespart werden muss.
Weitere Einflussgrößen sind natürlich die Arbeitsmarktlage und auch die eventuellen Personalprobleme der Konkurrenz sowie der Werbeetat.
Allgemein gilt die Faustregel, wonach die Kosten, die für eine Anzeige aufgewendet werden können, sich in etwa an der Höhe eines Monatsgehaltes der zu besetzenden Stelle orientieren.
Da – in Zeiten von Rationalisierungen und Personalabbau – neu zu besetzende Stellen als Indikator für den marktwirtschaftlichen Erfolg eines Unternehmens angesehen werden, kommt der Stellenanzeige eine über den personalwirtschaftlichen Zweck hinausgehende Funktion zu.
Dies erklärt auch das Interesse der Unternehmen, in der Stellenanzeige das Unternehmen besonders hervorzuheben, so z.B. durch:
- Namen und Logo (Zeichen)
- Erzeugnis bzw. Produktpalette
- Größe und Beschäftigtenzahl
- Traditionen, z.B. in einem besonderen geographischen Raum
- Hervorhebung der zu besetzenden Stelle (Aufgaben, Position u.Ä.)

Informationen darstellen 239

⋆ Positionierung

Neben der **Auswahl des Anzeigenträgers**, des geeigneten Erscheinungstermins, so z.B. nicht in der Ferien- und damit Hauptreisezeit, sowie der Gestaltungselemente ist noch die Frage der **Positionierung in der Zeitung**, genauer der Seite und des Druckplatzes, von Bedeutung. Aus Untersuchungen der Verhaltensforschung und der Werbepsychologie ist bekannt, dass der oberen rechten Ecke einer Seite quasi instinktiv die größte Aufmerksamkeit des Betrachters gilt. Die Platzierung der Anzeige auf Seite acht des Stellenteiles ist natürlich auch weniger günstig als auf den ersten Seiten.

Das alles ist aber – was sonst! – eine Frage des Preises.

Positionierung

Aufgabe

Analysieren Sie den Stellenteil Ihrer Tageszeitung!

Nehmen Sie exemplarisch drei Anzeigen, die Ihnen besonders positiv aufgefallen sind. Gehen Sie an diese Texte heran, indem Sie die in diesem Kapitel dargestellten Elemente betrachten und bewerten.

Bewahren Sie diese Anzeigen und Ihre Notizen bitte auf, nach wenigen Seiten kommen Sie darauf zurück.

◆ Ausschreibung der angebotenen Stelle

Bei der Analyse des Stellenmarktes Ihrer Tageszeitung ist Ihnen sicherlich sehr schnell aufgefallen, dass die Anzeigen i.d.R. ihre Informationen in einer bestimmten Reihenfolge strukturieren und gliedern.

Am Anfang stehen meist Aussagen über das Unternehmen, hier erfolgt die **Selbstdarstellung**. Dann wird die angebotene Stelle mit dem Grund für die Ausschreibung, mit der Beschreibung der Tätigkeiten und Kompetenzen sowie den vorgesehenen Entwicklungsmöglichkeiten dargestellt.

Mischung aus Selbstdarstellung und Ausschreibungsinhalten

Der **Wunschkandidat** wird nun skizziert:

- formale Qualifikationen
- Kenntnisse und Fertigkeiten
- Berufserfahrung
- eventuell besondere Eigenschaften und Qualifikationen
- eventuell Angaben zum Alter

Dann werden die Leistungen genannt, Lohn/Gehalt und eventuell diverse Zusatzleistungen.

Zuletzt wird entweder kurz um die „üblichen Bewerbungsunterlagen" gebeten oder es erfolgt deren genaue Aufzählung; gelegentlich wird noch der Name des Ansprechpartners im Unternehmen genannt.

◆ Anmerkungen zur Sprache

Die Formulierung einer Stellenanzeige ist eine sich von Zeit zu Zeit – für je andere Stellen im Unternehmen – wiederholende Aufgabe der Personalabteilung. Hier bietet sich natürlich die **Formalisierung** an, um die Arbeit zu erleichtern.

Formalisierte Sprache

Dies erklärt, dass sich auch in diesem Bereich, ähnlich wie bei der Formulierung von Arbeitszeugnissen, **Standardformulierungen** gebildet haben. Hier wie dort wird der Text für den Leser zu einem Objekt der Interpretation – in beiden Fällen wird versucht, negative Aspekte möglichst positiv zu formulieren.

Informationen darstellen

> **Beispiel** Die tägliche Arbeitszeit sowie der räumliche Einsatz überall in Deutschland lassen in der Woche kaum Freizeitplanungen zu. Daraus wird dann in der Anzeige: „Wir erwarten große Flexibilität und Bereitschaft zu unkonventionellem Handeln."
> Die Kenntnis dieser Standards ermöglicht dem routinierten Leser den Blick hinter die Kulissen. Dazu einige Sprachbeispiele:

> **Beispiel** Wie es in der Stellenanzeige steht: Was sich dahinter verbirgt:

Ansätze zur verdeckten Kommunikation

Positive Darstellung von Nachteilen

Wie es in der Stellenanzeige steht	Was sich dahinter verbirgt
„junges aufstrebendes Unternehmen"	– Gründung ist gerade erfolgt – Zukunft nicht gesichert – Risikobereitschaft ist nötig, wenn aus fester Position gewechselt werden soll
„landschaftlich reizvoller Standort"	– der nächste Flughafen ist eine halbe Tagesreise entfernt – Einkaufs-, Bildungs- und Freizeitmöglichkeiten allenfalls auf Kleinstadtniveau
„traditionell geführtes Familienunternehmen"	– Familienbetrieb, Entscheidungen werden im kleineren Kreis der Verwandten „am Frühstückstisch" getroffen – einzige Einflussgröße für Außenstehende: einheiraten

Kurzformen für Positivbeschreibungen

„der Wichtigkeit der Position angemessenes Einkommen" „Sozialleistungen eines Großunternehmens"	– Gehaltsniveau im Durchschnitt der Branche – im Vergleich meist kein besonderes Angebot

(Schubert, Manfred G., Die richtige Bedeutung von Anzeigentexten, in: Versicherungskaufmann 8/94, S. 60)

Aufgabe

Nehmen Sie die drei Anzeigen, die Sie in der vorangegangenen Aufgabe bearbeitet haben. Lesen Sie den Text nun noch einmal sehr genau. Finden Sie Standardformulierungen, die noch „übersetzt" werden müssen? Wie lauten Ihre „Übersetzungen"?

11.10 Die schriftliche Bewerbung

11.10.1 Der Ansatz des Unternehmens

Die Stellenbeschreibung ist das Ergebnis einer innerbetrieblichen Personalbedarfsanalyse, nach deren Ergebnis eine existierende Stelle entweder wieder oder eine neu einzurichtende Stelle erstmalig besetzt werden soll.
Die **Formulierung der Stellenanzeige** ist – s. o. – mit Arbeit und Kosten verbunden, dies gilt auch für alle anderen Schritte: von der Sichtung der eintreffenden Bewerbungen über Tests bzw. ein Assessment-Center bis hin zur Formulierung und Fixierung des Arbeitsvertrages.
Die Feststellung des Eignungspotentials von Bewerbern erfolgt durch die **Auswertung der Bewerbungsunterlagen** sowie den Einsatz insbesondere von psychologischen Testmethoden oder die Beobachtung der Probanden in simulierten Situationen des beruflichen Zusammenhanges im Assessment-Center.

Informationen darstellen **241**

In diesem Kapitel soll die schriftliche Bewerbung zum Thema gemacht werden.

Bei der Auswertung der Bewerbungsunterlagen spielt der **erste Eindruck** oft schon eine vorentscheidende Rolle. Zu einer vollständigen Bewerbung gehören folgende Unterlagen:

Auswertung der schriftlichen Unterlagen

- Anschreiben
- Tabellarischer Lebenslauf mit kurzen Erläuterungen zu beruflichen Stationen
- Kopien des Berufsabschlusszeugnisses, der Arbeitszeugnisse und des letzten Schul- bzw. Universitätszeugnisses
- Foto in Passbildgröße

Die Bewerbungsunterlagen vermitteln einen ersten Eindruck vom Bewerber und haben demzufolge eine entscheidende Bedeutung. Verstößt ein Bewerber z.B. bereits gegen bestehende formale Anforderungen an den Schriftverkehr oder lässt der äußere Gesamteindruck die **kaufmännische Sorgfaltspflicht** vermissen, so ist meist eine weitere Beschäftigung mit der Bewerbung ausgeschlossen.

Der erste Gesamteindruck entsteht auf der Grundlage folgender Einzelbeobachtungen:

- Sind die Unterlagen vollständig?
- Entspricht die Anordnung der Unterlagen der üblichen Systematik?
- Welchen Eindruck hinterlässt die äußere Form?

11.10.2 Anschreiben

Das Anschreiben zeigt bereits auf den ersten Blick, ob und inwieweit ein Bewerber den normgerechten Schriftverkehr beherrscht und in der Lage ist, die äußere Gestaltung – das Layout – korrekt und entsprechend zu gestalten.

Anschreiben normgerecht und ansprechend

Auf dem Buchmarkt gibt es zahlreiche sog. „Ratgeber", die dem Hilfesuchenden mit Formulierungen zur Seite stehen möchten. Hier sollte man aber vorsichtig sein, denn standardisierte und allgemein bekannte Formulierungen und Floskeln sind nicht originell und zeigen nicht gerade eine ausgeprägte Neigung zur Kreativität. Oft handelt es sich um langweilige Phrasen, wie z.B. „in achtjähriger Tätigkeit als ... konnte ich Erfahrungen in den Bereichen ... sammeln".

Die Bewerbung ist eine Form der „Werbung". Sie werben für Ihre Person, Sie sind das „Produkt", das dem Arbeitgeber „verkauft" werden soll. Preisen Sie Ihr Produkt an! Fordern Sie zum „Kauf" auf!

Berücksichtigen Sie daher all das, was Sie im Kapitel zur Formulierung von Werbetexten gelesen haben. Das **Bewerbungsschreiben ist ein Werbetext**, der auf Sie aufmerksam machen und den Wunsch wecken soll, Sie – und keine(n) andere(n)! – einzustellen.

Werbender Charakter

Würden Sie ein langweiliges und trostloses Produkt kaufen?

Welche Werbung fällt Ihnen angesichts der Menge der Produkte auf?

Sie sollen nun keineswegs zu Übertreibung und den Superlativen der Werbung aufgefordert werden. Aber haben Sie Mut, formulieren Sie selbst, verzichten Sie auf standardisierte Floskeln.

242 Informationen darstellen

Aufgabe

Lesen Sie unter Berücksichtigung des oben Gesagten das folgende Bewerbungs-schreiben des Herrn Fröhlich.

Lesen Sie „aktiv", korrigieren Sie all das, was Sie eventuell für nicht gelungen halten.

Helfen Sie Herrn Fröhlich, schreiben Sie ihm eine neue Bewerbung.

Franz Ferdinand Fröhlich

504711 Köln-Gremberg
Birkenpollenweg 33
Fernruf: 0221/23007

Mutlos AG
Industriestraße 15
44556 Dortmund
Werkzeugmaschinenfabrik

Köln, 23.09.19..

Sehr geehrte und verehrte Herren!

Betreff: Bewerbung

Unter Bezugnahme auf Ihre werte Annonce im Kölner Stadt-Anzeiger vom 15.09.19.., die ich übrigens für sehr gelungen halte, nehme ich mir die besondere Freiheit, mich um jene Stelle hiermit freundlichst zu bewerben.

Ich bin ein ausgesprochen dynamischer, intelligenter und zielstrebiger junger Mann, der mit möglichst großem Engagement und großem Arbeitseifer aufwarten kann.

Ich bin topfit und höchst belastbar, wenn es sein muss, und möchte mir daher sehr bald eine renommierte Position erarbeiten.

Es war schon immer mein größter Wunsch, eines Tages bei Ihrer so renommierten Firma die Okkasion zu erhalten, meine reichen beruflichen Kenntnisse und Erfah-rungen zum Wohle Ihres Unternehmens und zur Freude der Aktionäre einbringen zu können, insbesondere da mir Ihre hergestellten Werkzeugmaschinen besonders konvenieren.

Ich würde mich echt freuen, wenn ich das irre Glück haben sollte, möglichst zum nächsten Termin – im Dezember muss ich aber zwei Wochen Urlaub vormerken – in Ihrem Top-Unternehmen aktiv werden zu können.

Da ich in der nächsten Zeit wohl Ihre positive Antwort erhalten werde, bitte ich Sie hier höflichst um die Kenntnisnahme der beiliegenden Bewerbungsunterlagen, die Ihnen ein eindrucksvolles Bild meiner Persönlichkeit und meines schulischen und beruflichen Werdeganges vermitteln werden.

Mit der vorzüglichsten Hochachtung
sowie
den allerfreundlichsten Grüßen

_____

Anlagen
Curriculum Vitae
Zeugnisse und Belobigungen
Porträt

Informationen darstellen   **243**

11.10.3 Lebenslauf

Der Lebenslauf ist eine geschlossene Gesamtdarstellung der persönlichen und beruflichen Entwicklung eines Menschen.

◆ Gestaltung

Jeder, der in verschiedenen Phasen seines Lebens vor der Aufgabe stand, sein „Leben" in einen Lebenslauf zu komprimieren, musste die Frage klären: „Was gehört hinein?"

Heutzutage ist es längst selbstverständlich geworden, den **Lebenslauf in tabellarischer Weise** anzufertigen. Die Begründung dafür ist einleuchtend: Angesichts der zahlreichen Bewerbungen, die auf eine Stellenausschreibung eingehen, wird der organisatorische und zeitliche Aufwand – natürlich auch der damit verbundene Kostenanteil – immer größer; tabellarische Übersichten sind eben schneller zu bearbeiten. Der Lebenslauf wird nur auf besondere Anforderung handschriftlich verfasst, i.d.R. wird Maschinenschrift erwartet.

Tabellarische Form üblich

Aufgabe

Werten Sie den folgenden, erheblich gekürzten Lebenslauf unseres Bekannten, Franz Ferdinand Fröhlich, aus.
Welche Ratschläge würden Sie ihm geben?

Beispiel LEBENSLAUF

Ich, Franz Ferdinand Fröhlich, wurde am 1. April des Jahres 1970 in Auerbach an der Bergstraße als zweiter Sohn des Weingutbesitzers Philipp Paulus Fröhlich und seiner Ehefrau Anna Agathe Fröhlich, geb. Traurig, wohnhaft daselbst, geboren, am 4. Juni in der Klosterkirche St. Nikolaus getauft und fortan im Sinne der Heiligen römisch-katholischen Kirche erzogen.

Meine umfangreiche Schulbildung nahm ihren Anfang am 1. August 1976, denn an diesem Tage wurde ich feierlich in die Grundschule in Bensheim-Auerbach aufgenommen ...

... wo ich nach erfolgter Prüfung vor der Industrie- und Handelskammer zu Köln als ausgebildeter und geprüfter Industriekaufmann in die verantwortungsvolle Position eines Exportsachbearbeiters berufen wurde.

Der Lebenslauf soll übersichtlich sein, kurz und präzise diejenigen Daten nennen, die für die angestrebte Tätigkeit von Bedeutung sind. Im Allgemeinen zählen dazu:

- Name und Vorname
- Geburtstag und -ort
- Familienstand
- Schulbildung inklusive Abschlüsse
- gegebenenfalls Studium (Fachhochschule, Universität mit Angabe der Fachrichtung inklusive Abschlüsse)
- Wehr- bzw. Zivildienst
- Berufsausbildung
- Berufserfahrung
- Sprachkenntnisse oder sonstige besondere Kenntnisse
- Ort und Datum

Erwartete Inhalte des Lebenslaufs

244 Informationen darstellen

◆ **Auswertung**

Die Formulierung des Lebenslaufs wird dadurch erleichtert, dass man sich in die Situation des Empfängers versetzt. Welche Erwartungen hat er? Was will er wissen? Was interessiert ihn wahrscheinlich?

Kriterien der Auswertung

Die **chronologische Auflistung** zeigt die **Entwicklung einer Persönlichkeit**. So lässt sich insbesondere aus dem Arbeitsplatzwechsel in Verbindung mit den Zeitangaben Stetigkeit oder auch eine fehlende Integrationsfähigkeit herauslesen. Lücken in der Chronologie sind verhängnisvoll, hier hat jemand offenbar etwas zu „verbergen". Das macht misstrauisch und lädt nicht zur näheren Beschäftigung mit diesem Menschen ein.

Aus den ausgeübten Tätigkeiten ergibt sich ein Bild des beruflichen Erfolges. Gab es nur Aufstiege – oder auch Abstiege? Für ein Bewerbungsgespräch sind auch festzustellende Wechsel des Tätigkeitsgebietes oder des Berufes interessant, hier drängt sich natürlich die Frage nach dem „Warum?" auf.

In der Gesamtbetrachtung werden allgemeine Entwicklungstendenzen einer Person, gesellschaftliches Niveau und auch ihre individuellen Züge und Richtungen deutlich.

Aus all dem wird ersichtlich, wie wichtig es ist, die Formulierung und Gestaltung des Lebenslaufs zu optimieren und Zeit dafür zu investieren.

11.10.4 Zeugnisse

Das Zeugnis – abgeleitet von „Zeugen" vor Gericht – ist ein Beweismittel für „nachgewiesene" Kenntnisse und Fertigkeiten.

◆ **Schulzeugnisse**

Mit Schulzeugnissen hat jeder seine Erfahrungen gemacht, gute, aber oft auch schlechte. Die Schulnoten, die zunächst lediglich die Aufgabe haben, die erbrachten Leistungen einer Schülerin/eines Schülers am Ende eines Ausbildungsabschnittes zu bescheinigen, können Ängste auslösen, zumal sie auch über den Erfolg eines Lebensweges entscheidend mitbestimmen.

Eltern und Schüler kennen die entsprechenden Situationen nur zu gut.

Rechts-charakter der Schul-zeugnisse

Ein Schulzeugnis besitzt den „**Rechtscharakter der öffentlichen Urkunde**, weil es durch eine öffentliche Behörde innerhalb ihrer Amtsbefugnisse und zum öffentlichen Glauben für und gegen jedermann ausgestellt wird".

(Pöttgen, Heribert, u.a., Allgemeine Schulordnung ASchO, Kommentar für die Schulpraxis, 11. Auflage, Wingen Verlag Essen 1987, S. 115)

Schulzeugnisse lassen Rückschlüsse auf Interessengebiete und Neigungen zu, sie sagen aber auch viel über die allgemeine Leistungsbereitschaft eines Menschen aus.

◆ **Betriebszeugnisse**

Inhalt der Betriebs-zeugnisse

Ein Betriebszeugnis ist gemäß § 630 BGB bei der Beendigung eines dauernden Dienstverhältnisses zu erstellen, es gibt Auskunft über die **ausgeübten Tätigkeiten** sowie die **Dauer des Dienstverhältnisses**. Der Mitarbeiter kann zusätzlich eine Beurteilung der Führung sowie der Leistungen verlangen.

Informationen darstellen **245**

Aus dem Dokumentencharakter folgt die Forderung nach größter Sorgfalt bei der Formulierung. Bekannt und verbreitet sind die Auseinandersetzungen um Ausführungen in den Arbeitszeugnissen. Um viele Aussagen bzw. Formulierungen wird gerungen, da Sie interpretierbar sind und da vermutet wird, dass sich Personalchefs quasi mit einem Code über die tatsächlichen Leistungen und Charaktereigenschaften von Mitarbeitern verständigen.

Beispiel	Wie es im Zeugnis steht	Was sich dahinter verbirgt
	„Er hat alle Arbeiten ordnungsgemäß erledigt."	– Er arbeitet bürokratisch, es fehlt jede Initiative.
	„Er hat die ihm übertragenen Arbeiten stets zu unserer vollsten Zufriedenheit erledigt."	– Sehr gute Leistungen.
	„Er zeigte für seine Arbeit Verständnis."	– Er war bequem und hat nichts geleistet.

Verdeckte Kommunikation

Die Interpretation der Formulierungen führt gelegentlich zu Streitigkeiten, die erst durch das Arbeitsgericht beendet werden.

11.11 Exkurs

Formulare

„Von der Wiege bis zur Bahre: Formulare, Formulare."

Freie Formulierung oder Formulare?

Dieser Seufzer ist eigentlich unberechtigt, denn würde von denjenigen, die Erklärungen abgeben sollen, „freie Formulierung" erwartet, wären die Seufzer sicher noch stärker. Ein Vordruck vermerkt die notwendigen Angaben zum Inhalt. In einem Quittungsformular sind z.B. folgende Angaben verlangt: Name des Verpflichteten, Name des Begünstigten, DM-Betrag, gegebenenfalls noch der Grund für die Verpflichtung, bestimmt noch der Satz, dass der Begünstigte das Geld erhielt, Datum, Unterschrift des Begünstigten.

Der Vorteil des Formulars liegt in der Vollständigkeit der Erklärung. Es wird nichts Wichtiges vergessen. Die Hemmungen vieler Menschen Formularen gegenüber sind wohl so zu erklären, dass sich der „Ausfüller" auf die Denkweise des Organisators, desjenigen also, der das Formular entworfen hat, einstellen muss. Das wird vielleicht als eine Art Fremdbestimmung empfunden. Wenn noch hinzukommt, dass die Fragen als zu weitgehend angesehen werden bzw. die Beantwortung auch deshalb Schwierigkeiten macht, weil Dinge gefragt werden, die überhaupt nicht in der Blickrichtung, im Erwartungshorizont oder im Wissensbereich des Befragten liegen, ist die innere Ablehnung komplett. Ergibt sich insgesamt eine Begünstigung für den Befragten (z.B. beim Rentenantrag), mag die negative Besetzung etwas gemildert werden.

Vollständigkeit

Eine innere Ablehnung erfolgt insbesondere auch dann, wenn das Ausfüllen von Formularen als überflüssig (z.B. „nur" für statistische Zwecke) erachtet wird.

| **Positive Einstellung gewinnen** | Eine positive Einstellung zum betrieblichen, behördlichen oder anderen Formularwesen erreicht man durch folgende Schritte: |

1. Übungen im Entwerfen eigener Formulare
2. die Zwecke von Formularen bzw. auch das z.T. weite Ausholen zu ergründen suchen
3. über Verbesserungsvorschläge nachdenken

Alle drei Wege haben den gleichen Ansatz:

Man gewinnt eine neue Einstellung zu einer Sache, mit der man sich beschäftigt und die man dadurch gut kennt.

A   Aufgaben

1. Beurteilen Sie, inwieweit es sich bei der „Redekunst" um eine positiv oder kritisch zu beurteilende Verwendung von Sprache handelt.

2. Zur Tätigkeit der Berufspolitiker gehört es, zu den verschiedensten Anlässen und Gegebenheiten und an vielen Orten Reden zu halten. Oft finden Sie derartige Reden – vollständig oder in Auszügen – in Zeitungen und Zeitschriften.
Untersuchen Sie eine solche Rede mit Hilfe der in Kapitel 11.1.2 vorgestellten rhetorischen Stilmittel.

3. Analysieren Sie einen Sportbericht in Ihrer Zeitung.
Prüfen Sie dabei, inwieweit die Anforderungen an einen Bericht in inhaltlicher und sprachlicher Hinsicht berücksichtigt wurden.

4. Skizzieren Sie die Anforderungen, die eine Beschreibung – z.B. die Bedienungsanleitung für einen CD-Player – erfüllen muss.
Welche Fehler sollten dabei vermieden werden?

5. Stellenbeschreibung

5.1 Falls Ihr Arbeitsplatz auf der Grundlage einer Stellenbeschreibung eingerichtet und besetzt wurde, prüfen Sie kritisch, ob und in welchem Maße Ihre Arbeiten dieser Stellenbeschreibung (noch) entsprechen.
Gibt es einen Handlungsbedarf zur Ergänzung oder Neuformulierung?

5.2 Arbeiten Sie auf einer Stelle ohne Stellenbeschreibung, so wird es Zeit, Ihre Tätigkeiten zu formulieren.

6. Im Laufe Ihrer Arbeit gibt es sicherlich oft Gesprächssituationen.
Entwerfen Sie Ihr eigenes Formular für Telefonnotizen. Testen Sie Ihren Entwurf in täglichen „Ernstfällen".

7. Sollten Sie die Möglichkeit haben, eventuell auch für Sie selbst ein Protokoll in einer Besprechung anzufertigen, dann nutzen Sie sie.
Achten Sie dabei auf die Unterscheidung zwischen direkter und indirekter Rede.

Informationen darstellen **247**

8. In vielen Bereichen der beruflichen Fort- und Weiterbildung werden Teilnehmerinnen und Teilnehmer mit der Aufgabe konfrontiert, ein Referat zu schreiben bzw. zu halten.
   Versuchen Sie, die Arbeitsschritte von der Themenerfassung bis zur Niederschrift des Referates in der Form eines Ablaufdiagrammes darzustellen.

9. Lesen Sie Geschäftsbriefe, die Sie erhalten, nach der Arbeit mit diesem Buch sehr kritisch. Welche Fehler bzw. Unzulänglichkeiten fallen Ihnen auf?

10. Achten Sie auf die Bild- und Textwerbungen, denen Sie im Laufe des Tages ausgesetzt sind. Welche Werbungen sind Ihnen aufgefallen? An welche können Sie sich besonders gut erinnern? Analysieren Sie eine Werbung bezüglich ihrer Gestaltungselemente.

11. Weiterbildung verfolgt Zwecke.
    Sollte Ihr Beweggrund für die Arbeit mit diesem Buch darin liegen, eine berufliche Verbesserung zu erreichen, dann gehen Sie einen weiteren Schritt in diese Richtung: Schreiben Sie Ihren Lebenslauf in einer neuen Formulierung und Gestaltung. Formulieren Sie eine fiktive Bewerbung, in der Sie Ihre neuen, zusätzlichen Qualifikationen zur Geltung bringen.

B   Methodische Anmerkungen

Die Darstellung von Informationen wird durch intentionale und funktionale Aspekte geprägt. Schreibanlässe ergeben sich aus beruflichen Situationen, die eine angemessene inhaltliche und auch sprachliche Aktion verlangen. Die hierzu erforderlichen Kenntnisse und Fertigkeiten leiten sich sowohl aus der Beherrschung der formalen Sprachnormen als auch der Sachkenntnisse des jeweiligen beruflichen Feldes her.

Schriftliche Kommunikation besonders im Rahmen des Schriftverkehrs und in anderen beruflichen Zusammenhängen verlangt Fähigkeiten, die nicht immer Gegenstand der jeweiligen beruflichen Ausbildung sind. Rückt diese Ausbildungszeit immer mehr in die Vergangenheit, so wird die Lücke zwischen erlernten Kenntnissen bzw. erworbenen Fähigkeiten und den kommunikativen Erwartungen einer sich stets im Wandel befindlichen Berufswelt immer größer.

Die zahlreichen Aufgaben in diesem Kapitel sollen den Leser dazu ermuntern, Kenntnisse wieder zu aktivieren bzw. über die vorliegenden Kapitel hinaus eine Vertiefung beruflich relevanter Ausdrucksmöglichkeiten zu verfolgen.

Informationen darstellen

C Literatur

Anger, Bracey, Christ, Müller, Handlungsfeld Personalwirtschaft, Stam-Verlag,
Köln 1996

Beier, Heinz, Grundkurs Deutsch 1 – Kommunikation, Rhetorik, Drama –,
Bayerischer Schulbuch-Verlag, München 1980

Blank, A., Murzin, M., Handlungsfeld Marketing, Stam-Verlag, Köln 1995

Braun, Preiss, Pflips, Der kaufmännische Schriftverkehr, Merkur Verlag, Rintlen 1994

Bungert, Gerhard, Weiter im Text, Schreiben für Werbung, Presse und Öffentlichkeit,
Orell Füssli Verlag, Zürich 1994

Bünting, Karl Dieter, Schreiben im Studium, Ein Trainingsprogramm,
Cornelsen Scriptor Verlag, Frankfurt 1995

Bürkle, H., Brogsitter, B., Die Kunst, sich zu vermarkten, Bewerbungsratgeber für
Ein- und Umsteiger, Schäffer-Poeschel Verlag, Stuttgart 1995

Dauenhauer, Karlheinz, Sprech- und Schreibanlässe im Beruf, Gehlen Verlag,
Bad Homburg 1994

Hufnagl, Gerhard, Spengler, Franz, Sprachpraxis, Kieser Verlag, Neusäß 1990

Kottmann, Emil, Kaufmännischer Schriftverkehr, Heckners Verlag, Wolfenbüttel 1983

Langer, Inghard, Sich verständlich ausdrücken, Ernst Reinhardt Verlag, München 1981

Lemmermann, H., Lehrbuch der Rhetorik, Goldmann TB, München o.J.

Manekeller, Wolfgang, So bewirbt man sich, Humboldt Taschenbuchverlag,
München 1980

Miller, Michael, Texte formulieren lernen, Gehlen Verlag, Bad Homburg 1994

Pade, Peter, Huhn, Franz, Brief und Fachbericht, Übungen für den Industriekaufmann,
Kiehl Verlag, Ludwigshafen 1981

Pöttgen, Heribert, u.a., Allgemeine Schulordnung ASchO. Kommentar für die Schulpraxis, Wingen Verlag, Essen 1987

Schlüter, Hermann, Grundkurs der Rhetorik, dtv, München 1981

Schubert, Manfred G., Die richtige Bedeutung von Anzeigentexten,
in: Versicherungskaufmann 8/1994

Stevens-Bartel, Eckart, Bewerbung – Einstellung – Vertragsabschluss,
Beck-Rechtsberater im dtv, München 1988

Witt, Jürgen, Das Marketing, in: Preitz, Otto (Hrsg.), Allgemeine Betriebswirtschaftslehre für Studium und Praxis, Verlag für Unternehmensführung Dr. Max Gehlen,
Baden-Baden und Bad Homburg 1986

Ausklang

Beurteilen Sie die nachfolgenden Situationen unter dem Gesichtspunkt der Kommunikationswissenschaft.

* Ein Engländer reist mit seiner Frau durch Frankreich. Auf einem Provinzbahnhof tritt er an die Fahrkartenausgabe und verlangt: „Two to Toulouse." – Der zunächst verdutzte Schalterbeamte legt seine Hände wie ein Megaphon an den Mund und schmettert ihm entgegen: „Täh-teräh-täh!"

* Es hat Zeugnisse gegeben. Georg kommt nach Hause, blickt seinen Vater treuherzig an und sagt: „Nicht wahr, Vati, Hauptsache, wir sind alle gesund!"

* Im Gemeinderat wird heftig gestritten und gegenseitige Beleidigungen bleiben nicht aus. Bis es einem Gemeinderatsmitglied zu dumm wird und es laut in die Versammlung schreit: „Die Hälfte der Gemeinderatsmitglieder sind Ochsen!" Große Empörung und der Beschluss: Der Sprecher muss diese Beleidigung zurücknehmen. Darauf der Zurechtgewiesene: „Ich nehme die Beleidigung mit dem Ausdruck des Bedauerns zurück und stelle fest: Die Hälfte der Gemeinderatsmitglieder sind keine Ochsen!"

* „Gerda", erklärt die Dame des Hauses der neuen Haushaltshilfe, „es ist bei uns Sitte, abends immer gute Nacht zu sagen." Am Abend kommt Gerda aus der Küche und sagt ziemlich laut: „Gute Nacht! Ich gehe jetzt schlafen!" – „Leise, Gerda! Sie müssen das leise sagen", wird sie belehrt.
Am nächsten Abend ist der Hausherr mit ein paar Kollegen allein. Da kommt Gerda ins Zimmer, geht auf den Hausherrn zu und flüstert: „Ich geh' jetzt schlafen."

* Ein Mann tritt in einer fremden Stadt aus dem Bahnhof. Er fragt den erstbesten Passanten nach dem Weg zum Rathaus. Der sagt, er habe keine Ahnung. Antwortet der Fremde: „Macht nix, Hauptsache, wir haben mal drüber geredet."

* Urlaubszeit, und der junge Vater unternimmt mit seinem Sohn allerhand. Vorgestern waren sie im Zoo. An der Kasse ging es um das Alter des Jungen. Der Vater entschied: „Fünf Jahre". Das war billiger. Gestern im Kino war Hans sieben, sonst hätte es Schwierigkeiten mit dem Eintritt gegeben. Heute stehen beide vor den Preisschildern an der Seilbahn. Fragt Hans: „Wie alt bin ich heute, Papa?"

Literaturverzeichnis

* Literatur zur mündlichen Kommunikation

Ammelburg, Gerd, Erfolgreich reden – leicht gemacht, Herderbücherei Band 834, Freiburg 1980

Ammelburg, Gerd, Aussprachen und Reden für alle Anlässe, Herderbücherei Band 835, Freiburg 1981

Argyle, M., Körpersprache und Kommunikation, Jungfermann-Verlag, Paderborn 1992

Belardi, Nando, Supervision, Jungfermann-Verlag, Paderborn 1992

Berne, Eric, Spiele der Erwachsenen, Rowohlt Verlag, Hamburg 1970

Birkenbihl, V., Kommunikationstraining, mvg Verlag, München 1991

Brauneck, Peter, Brönstrup, Uwe, Horster, Leonhard, Rottmayer, Birgit, Moderatorenschulung, Materialien zur Lehrerfortbildung, Landesinstitut für Schule und Weiterbildung, Soest 1988

Conen, H., Die Kunst mit Menschen umzugehen, DuMont Buchverlag, Köln 1991

Drever, Fröhlich, Wörterbuch zur Psychologie, in: Stroebe, R. W., Kommunikation I, Sauer Verlag GmbH, Heidelberg 1991

Fatzer, Gerhard, Eck, Claus D. (Hg.), Supervision und Beratung, Edition Humanistische Psychologie, Köln 1990

Fritz, J., Körpersprache lernen, in: Praxis Spiel und Gruppe 2, Zeitschrift für Gruppenarbeit, Verlag Grünewald, Mainz 1991

Gelb, Michael J., Überzeugend reden, erfolgreich auftreten, Synchron-Verlag, Berlin 1989

Goosens, Franz, Erfolgreiche Konferenzen und Verhandlungen, verlag moderne industrie, München 1964

Gordon, T., Managerkonferenz, Wilhelm Heyne Verlag, München 1991

Gröschel, U. C., Reden vorbereiten – Reden halten, Bund-Verlag, Köln 1994

Hartmann, Funk, Nietmann, Präsentieren, Beltz Verlag, Weinheim 1991

Harris, T. A., Ich bin o.k. – Du bist o.k., Rowohlt Verlag, Hamburg 1981

Hauke, M., Mehr Erfolg am Telefon, Droemer Knaur, München 1992

Hinrichs, Karin, Marketing-Instrument Telefon, verlag moderne industrie, Landsberg am Lech 1990

Holzheu, H., Aktiv zuhören – besser verkaufen, verlag moderne industrie, Landsberg 1992

Kersting, Heinz J., Neumann-Wirsig, Heide, Supervision, Konstruktion von Wirklichkeiten, Wissenschaftlicher Verlag des Instituts für Beratung und Supervision, Aachen 1992

Kratz, Hans-Jürgen, Rhetorik, Modul-Verlag, Wiesbaden 1989

Langer, Schulz v. Thun, Tausch, Sich verständlich ausdrücken, Ernst Reinhardt Verlag, München 1990

Maslow, A., Motivation und Persönlichkeit, Rowohlt Verlag, Hamburg 1987

Mohl, A., Auch ohne dass ein Prinz dich küsst, Jungfermann-Verlag, Paderborn 1994

Molcho, S., Körpersprache, Gromann-Verlag, München 1996

Neuberger, O., Das Mitarbeitergespräch, Bratt Institut für Neues Lernen GmbH, Goch 1980

Reutler, B. H., Körpersprache im Bild, Englisch Verlag, Wiesbaden 1986

Rüttinger, Bruno, Konflikt und Konfliktlösen, Bratt Institut für Neues Lernen,
Goch 1980

Schulz von Thun, F., Miteinander reden, Rowohlt Verlag, Hamburg 1988

Schweinsberg-Reichart, Rednerschulung, Kerle-Verlag, Heidelberg 1978

Seifert, Pattay, Visualisieren – Präsentieren – Moderieren, GABAL-Verlag, Speyer 1990

Watzlawick, Beavin, Jackson, Menschliche Kommunikation, Verlag Hans Huber, Bern
1990

Watzlawick, P., Anleitung zum Unglücklichsein, Piper Verlag, München 1983

Watzlawick, P., Wie wirklich ist die Wirklichkeit?, Piper Verlag, München 1985

* Literatur zur schriftlichen Kommunikation

Anger, Bracey, Christ, Müller, Handlungsfeld Personalwirtschaft, Stam-Verlag,
Köln 1996

Beier, Heinz, Grundkurs Deutsch 1 – Kommunikation, Rhetorik, Drama –,
Bayerischer Schulbuch-Verlag, München 1980

Blank, A., Murzin, M., Handlungsfeld Marketing, Stam-Verlag, Köln 1995

Braun, Preiss, Pflips, Der kaufmännische Schriftverkehr, Merkur Verlag, Rinteln 1994

Bungert, Gerhard, Weiter im Text, Schreiben für Werbung, Presse und Öffentlichkeit,
Orell Füssli Verlag, Zürich 1994

Bünting, Karl Dieter, Schreiben im Studium, Ein Trainingsprogramm,
Cornelsen Scriptor Verlag, Frankfurt a.M. 1995

Burchardt, Michael, Leichter Studieren, Wegweiser für effektives wissenschaftliches
Arbeiten, Berlin Verlag Spitz, Berlin 1995

Bürkle, H., Brogsitter, B., Die Kunst, sich zu vermarkten, Bewerbungsratgeber für
Ein- und Umsteiger, Schäffer-Poeschel, Stuttgart 1995

Dauenhauer, Karlheinz, Sprech- und Schreibanlässe im Beruf, Gehlen Verlag,
Bad Homburg 1994

Dichtl, E., Lingenfelder, M., Effizient Studieren,
Gabler Verlag – Wirtschaftswissenschaften –, Wiesbaden 1995

Ebelin, Peter, Rhetorikhandbuch, Praktische Rhetorik und Selbstsicherheitstraining,
Dt. Sparkassenverlag, Stuttgart 1994

Hufnagl, Gerhard, Spengler, Franz, Sprachpraxis, Kieser Verlag, Neusäß 1990

Hülshoff, F., Kaldewey, R., Mit Erfolg studieren,
Studienorganisation und Arbeitstechniken, C.H. Beck, München 1979

Klampf-Lehmann, J., Der Schlüssel zum besseren Gedächtnis, Delphin Verlag,
München, Zürich 1986

Kottmann, Emil, Kaufmännischer Schriftverkehr, Heckners Verlag, Wolfenbüttel 1983

Langer, Inghard, Sich verständlich ausdrücken, Ernst Reinhardt Verlag,
München 1981

Lauber, Roswitha, Leimeier, Walter, Krüger-Brand, Heike, Handlungsraum Sprache,
Stam-Verlag, Köln 1994

Lemmermann, H., Lehrbuch der Rhetorik, Goldmann TB, München o.J.

Lück, W., Technik des wissenschaftlichen Arbeitens, Seminararbeit, Diplomarbeit,
Dissertation, Hitzeroth Verlag, Marburg 1990

Manekeller, Wolfgang, So bewirbt man sich, Humboldt Taschenbuchverlag,
München 1980

Miller, Michael, Texte formulieren lernen, Gehlen Verlag, Bad Homburg 1994

Niedermüller, Isabel, Weis, Hermann, Erfolg mit Deutsch, Gehlen Verlag,
Bad Homburg 1992

Pade, Peter, Huhn, Franz, Brief und Fachberichte
Übungen für den Industriekaufmann, Kiehl Verlag, Ludwigshafen 1981

Postman, Neil: Wir amüsieren uns zu Tode, Urteilsbildung im Zeitalter der
Unterhaltungsindustrie, Fischer TB, Frankfurt am Main 1988

Pöttgen, Heribert, u.a., Allgemeine Schulordnung ASchO,
Kommentar für die Schulpraxis, Wingen Verlag, Essen 1987

Schlüter, Hermann, Grundkurs der Rhetorik, dtv, München 1981

Schubert, Manfred G., Die richtige Bedeutung von Anzeigentexten,
in: Versicherungskaufmann 8/1994

Schumann, Otto (Hrsg.), Grundlagen und Technik der Schreibkunst, Westbild Verlag,
Herrsching 1983

Sherman, James R., Plane deine Arbeit – arbeite nach deinem Plan,
Planungstypen und -modelle/Die 8 Planungsstufen, Ueberreuter Verlag, Wien 1992

Stadler, Hermann (Hrsg.), Deutsch, Verstehen – Sprechen – Schreiben, Fischer TB,
Frankfurt am Main 1973

Standop, Ewald, Die Form der wissenschaftlichen Arbeit, UTB,
Heidelberg und Wiesbaden 1994

Stevens-Bartel, Eckart, Bewerbung – Einstellung – Vertragsabschluss,
Beck-Rechtsberater im dtv, München 1988

Theisen, Manuel R., Wissenschaftliches Arbeiten, Technik, Methodik, Form,
Vahlen Verlag, München 1993

Turley, Joyce, Schnelllesen im Geschäftsleben, Bewährte Techniken zur besseren
Bewältigung der Informationsflut, Wirtschaftsverlag Ueberreuter, Wien 1992

Ullmann, F., Bierbaum, G., Nichts vergessen – mehr behalten, Ein Trainingsprogramm,
Universitas Verlag, München 1984

Witt, Jürgen, Das Marketing, in: Preitz Otto (Hrsg.), Allgemeine Betriebswirtschaftslehre für Studium und Praxis, Verlag für Unternehmensführung Dr. Max Gehlen,
Baden-Baden und Bad Homburg 1986

⋆ Erweiterte Literaturangaben zur mündlichen Kommunikation

Anger, Bracey, Christ, Müller, Handlungsfeld Personalwirtschaft, Stam-Verlag, Köln,
München 1996

Blank, A., Murzin, M., Handlungsfeld Marketing, Stam-Verlag, Köln, München 1995

Conen, H., Die Kunst mit Menschen umzugehen, DuMont Buchverlag, Köln 1991

Handbuch und Nachschlagewerk für die allgemeinen Wissensgebiete des öffentlichen
und privaten Lebens, 2. Teil, Verlag E. G. Weimann, Leipzig 1928

Ley, R., Führen durch das Wort, Ullstein Sachbuch, Hamburg 1983

Metzig, W., Schuster, M., Lernen zu Lernen, Springer-Verlag, Berlin, Heidelberg,
New York 1993

Riemann, F., Grundformen der Angst, Ernst Reinhardt Verlag, München 1992

Rosenstiel, Lutz von, u.a., Führung von Mitarbeitern, Schäffer-Poeschel Verlag,
Stuttgart 1993

Saul, Siegmar, Führen durch Kommunikation, Beltz Verlag, Weinheim, Basel 1993

Sprenger, Reinhard K., Das Prinzip der Selbstverantwortung, Campus Verlag,
Frankfurt 1995

Literaturverzeichnis **253**

* Erweiterte Literaturangaben zur schriftlichen Kommunikation

Briese-Neumann, Gisa, Wer führt Protokoll? Effektive Protokollführung, Humboldt Ratgeber, München 1994

DUDEN, Briefe gut und richtig schreiben, Duden-Verlag, Mannheim, Leipzig, Wien, Zürich 1987

Franck, Norbert, Schreiben wie ein Profi, Artikel – Berichte – Briefe – Pressemeldungen – Protokolle – Referate und andere Texte, Bund-Verlag, Köln (2) 1995

Jonas, Renate, Effiziente Protokolle und Berichte, Zielgerichtete Erstellung mit weniger Zeitaufwand, expert Verlag, Renningen-Malmstein 1995

Kirst, H., Manekeller, W., Moderne Korrespondenz, Handbuch für erfolgreiche Briefe, Falken Verlag, Niedernhausen/Ts. 1994

Lennartz, Michael, Schreiben zu offiziellen Anlässen, verlag moderne industrie, Landsberg am Lech 1988

Manekeller, Frank, Mit Textbausteinen besser und kostengünstiger korrespondieren, verlag moderne industrie, Landsberg am Lech 1988

Manekeller, Wolfgang, So schreibt man Geschäftsbriefe, Humboldt Ratgeber, München 1993

Neumann, Rudolf, Zielwirksam schreiben. Ein zeitgemäßer Ratgeber für beruflichen und privaten Gebrauch, expert verlag, Renningen-Malmstein 1994

Ribbat, Sonja, Briefe – modern schreiben, Musterbriefe für Geschäfts- und Privatkorrespondenzen, Econ Taschenbuch, Düsseldorf 1992

Schneider, Wolf, Deutsch für Profis, Wege zu gutem Stil, Goldmann Stern-Buch, Verlag Gruner + Jahr, Hamburg (12) 1993

Stein, Günter (Hrsg.), Die besten Briefe von A bis Z, Handbuch für erfolgreiches Briefe-Schreiben, Loseblatt-Sammlung, Verlag Norman Rentrop, Bonn 1995

Werder, Lutz von, Erfolg im Beruf durch kreatives Schreiben, Schibri-Verlag, Berlin, Milow 1995

* Weitere Literatur

Birkenbihl, Vera F., Freude durch Stress, mvg-Verlag, München 1994

Hirsch, Rüdiger, Pfingsten, Ulrich, Gruppentraining sozialer Kompetenzen, Urban & Schwarzenberg, München/Wien/Baltimore 1983

Hoberg, Gerrit, Vollmer, Günter, Top-Training, Stress unter Kontrolle, Ernst Klett Verlag für Wissen und Bildung, Stuttgart 1990

Vester, Frederic, Phänomen Stress, dtv Sachbuch 1396, München 1991

Zimbardo, Philip G., Psychologie, Springer-Verlag, Berlin, Heidelberg, New York 1995

Sachwortverzeichnis

A

Abstimmungsverhältnis
– in Konferenzen 137
AIDA-Formel 236
Aktennotiz 216
aktives Lesen 195
Allzweck-Rede 15
Anekdoten 162
Anfrage 229
Angebot 231
Angstreduktion 109
Anlassreden 168
– Anlässe 168, 173
– äußere Bedingungen 171
– Durchführung 171
– Formulierungsvorschläge 172
Anrede 161, 233
Anrufbeantworter 117
Anschriftenfeld 232
Anwärmfragen 109
Anzeigen 237
– Arten 237
– Aufmachung 238
– Größe 238
– Positionierung 239
– Träger 237
Appellaussage 23, 27, 31
Argumente 126
Auftrag 231
Auftragsbestätigung 231
Auftreten 16, 163
Ausschreibung 237
Aussprache 16, 164
Auszüge 201
Axiom 33

B

Bedürfnisse, Maslow 47
Bekanntmachen 119
Bericht 210
– Anlässe 210
– Ergebnisbericht 211
– Merkmale 210
– Tätigkeitsbericht 212
Beschlüsse
– in Konferenzen 137
– Behandlung 138
Beschreibung 212
– Formen 212
– Formulierungshilfen 213
– Merkmale 213
Bestellung 231
Betonung 16, 164
Betriebsklatsch 119
Bewerbung 241
– Anschreiben 241
– Auswertung 244
– Lebenslauf 243
Bewerbungsgespräch 109, 111
Beziehungsaussage 23, 26, 31
Beziehungsebene 34
Beziehungsohr 60, 78
Beziehungsstörungen 36, 78
Beziehungsaspekt 34
Blickkontakt 10, 166

C

CD-ROM 191
Chiffreanzeige 237
Checkliste Präsentation 179
Coach 88
Coaching 154
– Anlässe 155
– Verlauf 154
Codierung 20

D

Datennetze 191
Dauerstresssituation 90
Debatte 130
Decodierung 20, 28
Denk- und Handlungsstile 53
Deutsches Institut
    für Normung e.V. 232
dialogische Kommunikation 94
– spezielle 123
DIN 5008 232
direkte Rede 220
Diskussion 130
Disstress 81
– Bewältigung 88
Drei-Stufen-Feedback 61
dominante Verhaltensweisen 44
Du-Botschaften 72

E

effziente Besprechungen 131
– Bedingungen 131
einseitige Kommunikation 183
Einwandbehandlung 126
Einzelprüfung 143
Eltern-Ich 38
– kritisches 39
– nährendes 39
Empfänger 14, 18
Entschlüsselung 14, 24, 28
Enzyklopädien 191
Ergebnisbericht 211
Ergebnisprotokoll 218
– Aufbau 219
Egogramm 43
Erwachsenen-Ich 38
Eustress 81
Exzerpt 202

F

Feedback 14
Feldherrenhügel 77
Fernsehen 11
Feuerzeichen 11
Film 11
Flipchart 151
Flöten/Pfeifen 9
Formulare 245
Fragen, Gestaltung 73
– Alternativfrage 74
– Begründung 75
– geschlossene Frage 71, 146
– indirekte Frage 146
– keine Anworterwartung 75
– Mehrfachfragen 146
– Negativfrage 146
– offene Frage 74, 109, 146
– provokative Frage 146
– rhetorische Frage 75
– Suggestivfrage 75, 146
Fragenkatalog 109
– Bewerbungsgespräch 109, 110
Fragestellung 73, 145
– generell 73
– in Prüfungen 145
freier Vortrag 159, 166, 171
Funktion der Werbung 235
– Information 235
– Motivation 236
Funktionen von Texten 192
– Appellfunktion 192
– Ausdrucksfunktion 192
– Darstellungsfunktion 192

G

Gebrauchstexte 211
Gefühl 62
Gefühlston 165
Gegenstandsbeschreibung 213
Geschäftsbrief 229
Geschäftsordnungs-
    fetischismus 136
Gespräch
– mit sich selber 10
Gesprächsnotiz 216
– Formularinhalt 217
Gesprächstechniken 57
– Aktives Zuhören 65
– Feedback 59
– Fragetechniken 73
– Ich-Botschaften 71
– Meta-Kommunikation 76
Gestik 9, 40
Glocken 11
Glückwunsch 169, 173
Gruppenprüfung 142, 143

H

Haltung 40
Handlungskompetenz 13
Hearing 130
Herrmann-Dominanz-Modell 51
Hörvermögen 11

I

indirekte Rede 220
Information an die Zukunft 10
Information, Begriff 191
Informationsbeschaffung 188
– Quellen 188
Informationserwerb 190
– durch Lesen 190
Informationsflut 187
Informationsgesellschaft 12, 187
Informationsquellen 187
Informationsträger Text 184, 191
Informationsverarbeitung 18
Inhaltsaspekt der
    Kommunikation 34
inkongruente Nachrichten 17
inoffizielle Kommunikation 120
Interaktionen 41
Interpretation 62, 64
Interpunktion 35

Interview 147
– Inhalt 148
– personelle Voraussetzungen 148
– Planungsschritte 147

J

job-enlargement 90

K

Kindheits-Ich 38
– angepasstes 39
– freies 39
– rebellisches 39
Kommunikant 20
Kommunikation, Faktoren 14, 46
– Motivation 47
– Rahmenbedingung 52
– Selbstwert 49
– situativer Hintergrund 52
– Verhaltensstil 50
Kommunikation, Funktionen
– als Brücke 10
– als Trennung 10
Kommunikation, Modalitäten 36
– analoge 36
– digitale 36
Kommunikationsfähigkeit 11, 90
Kommunikationsformen 10, 130
Kommunikationsgeschehen 13
Kommunikationskompetenz 10
Kommunikationsmittel 13, 18
– nonverbale 16
– paraverbale 16
– technische 19
– verbale 15
Kommunikationsmodelle
– Berne 38
– Schulz v. Thun 19
– Watzlawick 33
Kommunikationspartner 14, 20
Kommunikationsprozess 14
Kommunikationsstörer 68
– ausfragen 69
– bagatellisieren 69
– befehlen 70
– beruhigen 69
– bewerten 70
– dirigieren 69
– drohen 70
– herunterspielen 69
– interpretieren 70
– Lösungen liefern 69
– moralisieren 70
– Ratschläge erteilen 69
– Ursachen aufzeigen 70
– urteilen 70
– von sich selbst reden 69
– Vorwürfe machen 70
– warnen 70
Kommunikationstechniken 11
– Konservierung 11
Kommunikationsverarbeitung 14
Kommunikationsverlauf 14, 18, 35
– komplementärer 37
– symmetrischer 37
Kommunikation,
    Grundsätze nach Watzlawick 33
Kommunikator 20
Konferenz 132
– Beschlüsse 135
– Einladungen 132

– Konferenzraum 134
– Medien 133
– Mitglieder 132
– Nachbereitung 138
– Tagesordnung 133
– Tischvorlagen 133
– Verlauf 134
Konferenzleiter 135
– Behandlung von
    Rednertypen 135
– Gleichmut 135
– sprachliches Geschick 135
Konferenzphasen 134
– Beschlussphase 135
– Erörterungsphase 134
– Problemsituationen 140
Konfliktgespräch 102
– Inhalt 104
– Verlauf 104
Konfliktlösungsstrategien 103
Konfliktstufen 103
Konfliktursachen 102
Kongress 130
konservierte
    Lebensäußerungen 11
Kontaktfähigkeit 12
Konversation 118
Kooperationsfähigkeit 12, 90
Körperhaltung 163
Körpersprache 16, 33, 37, 61
– fehlende 113, 184
Kritikgespräch 98
– Abschluss 101
– Gestaltung 99
– Zielkonzeption 99
Kuss 17, 22

L

Lächeln 9
Lampenfieber 163
Lautstärke 11, 16, 164
Lebenslauf 243
Lernzielstufen 143
Lesen 190
– Informationserwerb 190
– Kommunikationsprobleme 192
Lexika 191

M

Markierung von Texten 196
Marginalie 196
Maximalforderungen 128
Meta-Kommunikation 76
Mimik 9, 40
Minimalforderungen 128
Mitarbeitergespräch 94
– Abschlussphase 97
– Eröffnungsphase 95
– Gesprächsnachbereitung 97
– Informationsaustausch 96
– Vereinbarungsphase 97
– Verhandlungsphase 97
Moderation 103
– Ablauf 104
– personale Kompetenz 152
mündliche Prüfung 140
– Ablauf 141
– Beteiligte 141
– Dauer 141
– Fächer 141
– Zweck 141

N

Nachricht 14
Nachschlagewerke 191
Nachzeichenübung 57
nonverbale
    Kommunikation 16, 163, 184
Normen 232
Notebook 182

O

offene Fragen 74, 109, 146
öffentliche Beglaubigung 222
öffentliche Beurkundung 222
Overhead-Display 181

P

Pausen 9, 16
Pantomime 36
Persönlichkeitsstruktur 38
– Sprachverhalten 40
Pinnwand 151
Podiumsdiskussion 130
Powerpoint 182
Präsentation 174
– Ablaufplan 178
– Checkliste 179
– Inhalte 176
– Leitfragen 174
– Mittel 177
– moderne Techniken 181
– Zielgruppe 175
Primär-Affekte 17
Prüfungsgespräch 144
problemlösendes Denken 143
Profildarstellung 53
Profilermittlung 53
Protokoll 217
– Arbeitshilfen 218
– Ergebnis- 218
– Verlaufs- 218
Provokation 162
Prüfungsablauf 141
Prüfungstag 141
– Beobachtungen 141

Q

Quellenangabe 203

R

Rauchzeichen 11
Redekunst 207
Rednerpersönlichkeit 166, 169
Referat 224
– Adressatenbezug 225
– Arbeitsschritte 224
– Aufbau 226
– Gliederung 227
– Informationsbeschaffung 226
– schriftliches 224
– Themenanalyse 225
Referenz 126
Rhetorik 12, 207
rhetorische Ausdrucksmittel 206
rhetorische Frage 161, 210
rhetorische Stilmittel 207
– Alliteration 209
– Beispiel 208
– Bild 207
– Detaillierung 209
– Emphase 208
– Euphemismus 208

– Hyperbel 208
– Ironie 209
– Litotes 209
– Metapher 208
– Metonymie 208
– Paradox 209
– Periphrase 209
– Personifikation 208
– rhetorische Frage 210
– Vergleich 207
– Wortspiel 209
– Wortwiederholung 209
Rollenspiel 92
– Methode 92

S

Sachaussage 21, 25, 30
Sachebene 35
Sachverständigenbefragung 130
Satzbildung 165
Schlussakte 223
schriftliche Eingänge 197
– Dringlichkeit 197
– Wichtigkeit 197
schriftliche
    Kommunikation 183, 184
Schwerhörigkeit 12
Schweigen 9, 33
Selbstaussage 21, 26, 30
Selbstbeobachtung 44
Selbsteinschätzung 44
Selbstpräsentation 111
Selbstwertgefühl 12, 49, 109
Semantik 36
Sender 14, 18
small talk 118
Sonnenfinsternis, Beispiel 58
Sprachbeherrschung 141, 233
Spracherwerb des Kindes 10
Sprachfehler 12
Sprachverhalten 16, 126, 164
Sprechmerkmale 16, 113, 164
– Aussprache-
    deutlichkeit 16, 113, 164
– Betonung 16, 164
– Gefühlston 165
– Lautstärke 16, 113, 164
– Sprechgeschwindigkeit 16, 113
– Sprechmelodie 16
– Sprechpause 16
– Tonhöhe 16
Sprichwörter 162, 173
Stelle 214
Stellenanzeige 237
– Sprache 239
Stellenbeschreibung 214, 215
Stichwörter 196, 200
Stichwortzettel 228
Stressoren 81
– Arten 82
Stress 81, 109, 163, 185
– Auswirkungen 86
– Prävention 87

Stress-Thermometer 84
Stressanalyse 83
– personenbezogene 83
Stressauswirkungen 86
– körperliche Beschwerden 86
– Verhaltensstörungen 86
– Denk- und Sprechbereich 86
Stressbewältigung 88
– institutionell 89
– persönlich 88, 90
Supervision 153
– Gegenstände 154
– Verlauf 153
Symbiosen im Verhalten 45
– Bündnis 45
– Opfer–Helfer 45
Symbol 9, 36, 196
Syntax 36

T

Tätigkeitsbericht 212
Telefongespräch 113
– Gesprächsgestaltung 114
– Marketing-Instrument 113
– Sprache 113
Telefonnotiz 216
Texterfassung 196
Textverständnis 193
– Empfänger 194
– Form 194
– Hilfsmittel 195
– Inhalt 194
– Verfasser 193
– Verwendungs-
    zusammenhang 195
Thesenpapier 228
Tonfall 40
Transaktion 42
– gekreuzte 42
– parallele 42
– verdeckte 43
Trickkiste 128

U

Unterhaltung 118

V

verbale Zuwendungen 10
Verfestigung der Gedanken
– beim Reden (Kleist) 169
Verhalten 44
– Bündnisse 45
– dominantes 44
– personenspezifisches 44
– Stil 50
– Symbiosen 45
Verhandlung 123
– Ablauf 125
– Abschluss 127
– Vorbereitung 124
Verhandlungseinleitung 125
Verhandlungsstrategie 127
Verlaufsprotokoll 218
Verschlüsselung 14, 24

Verständlichmacher 25
Verträge 221
– formfreie 222
– öffentliche Beglaubigung 222
– öffentliche Beurkundung 222
– Schriftform 222
verdeckte
    Kommunikation 240, 245
Videokonferenz 130
Vier-Seiten-
    Kommunikations-Modell 19
Vorgangsbeschreibung 213
Vorstellen, Bekanntmachen 119
Vorstellungsgespräch 108
– Sicht des Bewerbers 111
– Sicht des Einstellenden 108
– Ziele 112
Vortrag 158
– Anrede 161
– Auftreten 163
– des Referates 228
– einleitende Formulierungen 161
– Sprache 164
– Vortragsmanuskript 158
Vortragsbausteine 159
– Deduktion 160
– Induktion 160
– Kompromiss 160
– logische Kette 159
– Reihung 159
– Synthese 160
– These 160
– zeitliche Kette 160
Vortragsdauer 159
Vortragsmanuskript 158

W

Wahrnehmung 62, 64
Weiterbildungsmaßnahmen 89
Werbetext 235
Wirklichkeit zweiter Hand 11, 22
wörtliche Rede 162

Z

Zeichen 9, 36
Zeichenexperiment 57
Zeugnisse 244
– Betriebszeugnisse 244
– Schulzeugnisse 244
Zielvereinbarungsgespräch 105
– Ablauf 107
– Durchführung 107
– Phasen 107, 108
– Zielformulierung 106
– Zielkonzeption 106
Zitate 162, 202
Zitierweise 202
Zuhörerkontakt 166
Zuhörerschaft, Publikum 165
zwischenmenschliche
    Kommunikation
– vervollständigtes Modell 59